Gerd Bauer
Heiner Boehncke
Hans Sarkowicz

Das große Hessenlexikon

SOCIETÄTSVERLAG

Bildnachweise
Coverbild unter Verwendung von Motiven von wikipedia, fotolia, und Brüder Grimm-Museum, Kassel – © 2007 by BGG – All rights reserved
© Hessischer Rundfunk: Bild auf S. 171, 180, 189, 256, 342
S. 14: © Chris Kurbjuhn
S. 16: © Museum Kelsterbach
S. 33: © Dieter Mayer-Gürr, Marburg
S. 40: © Maruhn GmbH & Co KG
S. 47: © Pressestelle Stadt Trendelburg
S. 85: © Eintracht Frankfurt
S. 93: © Eugen Duell
S. 95: © Horst Schüßler
S. 99: © Schloss Vollrads GmbH & Co KG
S. 127: © Frankfurt Lions
S. 137: © FSV Frankfurt
S. 192: © Jochen Schmidt
S. 226: © Desietra GmbH
S. 233: © Kickers Offenbach
S. 238: © Bäckerei am Sandhas, Dieter Müller
S. 262: © Mathematikum Gießen / Fotograf: Rolf K. Wegst
S. 340: © Michael Farin, München
S. 348: © Koziol, Erbach
S. 368: © Pressestelle Stadt Hofgeismar
S. 369: © SV Wehen Wiesbaden
S. 387: © Schloss Reinhartshausen, Kempinski

Satz und Layout: Oliver Schmitt, Mainz
Schutzumschlaggestaltung: Stiasny Design, Frankfurt
Druck und Verarbeitung: freiburger graphische betriebe
Printed in Germany 2008

ISBN 978-3-7973-1093-4

A

»Ab nach Kassel«

Die Redensart entstand während des amerikanischen Unabhängigkeitskriegs. Gegen Geld stellten die Kasseler Landgrafen England als Kolonialmacht Soldaten zur Verfügung. Um die festgelegten Kontingente für den »Soldatenverkauf« erfüllen zu können, gingen die Werber oft skrupellos vor. Selbst im deutschen »Ausland«, wie in Frankfurt, wurden junge Menschen aufgegriffen, überredet oder betrunken gemacht und nach Kassel zum zentralen Sammelplatz verfrachtet. Für Proteste oder Flucht war es dann zu spät. Wer »ab nach Kassel« ging, kam nur selten zurück. Nicht-Kasseläner verwenden die Redensart auch gelegentlich im übertragenen Sinn als nicht gerade freundlich gemeinte Aufforderung, einen bestimmten Platz möglichst schnell zu verlassen und so bald nicht zurückzukehren.

Lit.: Friedrich Knapp, Der Soldatenhandel deutscher Fürsten nach Amerika, Berlin 1864

Äbbelwoi ➛ Apfelwein

Achtundsechziger (68er)

Was haben Johnny Klinke, Daniel Cohn-Bendit, Joschka Fischer, Thomas Schmidt und Tom Koenigs gemeinsam? Wenig auf den ersten Blick. Der eine ist geachteter Chef des Frankfurter »Tigerpalasts«, der andere Europaparlamentarier und Fernsehmoderator, der ehemalige Außenminister lehrt jetzt als Gastprofessor in den USA, Thomas Schmidt amtiert als Chefredakteur der »Welt« und Tom Koenigs steht in Diensten der Vereinten Nationen.

Geht man etwa vierzig Jahre zurück, findet man diese Herren allesamt in Frankfurt als mehr oder weniger prominente Akteure der Studentenbewegung. Was sehr ungenau ist, denn viele 68er haben überhaupt nicht studiert. Vielleicht hat sich gerade wegen der Vielfalt der Positionen und Strömungen, der Unter- und Obergruppen, der politischen Differenzen zwischen den »Parteien« und Organisationen eingebürgert, alle diese Phänomene in den Sack der 68er zu stecken. Seit langem wird darüber gestritten, wie die 68er-Bewegung zu bewerten ist. Dabei kommt es gelegentlich zu schrillen Ansichten. Die einen behaupten, noch der Pisa-Schock gehe auf die 68er zurück, weil besonders in Schule und Universität jede Autorität zerstört worden sei; andere übertreiben ein wenig, wenn sie meinen, die allgemeine Entkrampfung der Sitten und Gebräuche sei ein Verdienst dieser Bewegung. Sogar der Mini-Rock.

Unbestreitbar hat die so genannte 68er Bewegung in all ihren Facetten frischen Wind durch die Bundesrepublik geblasen und eine ganze Menge scheinbarer Gewissheiten, erstarrter Traditionen und gesellschaftlicher Tabus kräftig infrage gestellt. Vielleicht war das Schweigen der Väter, von denen die meisten in den Nationalsozialismus verstrickt gewesen waren und Hitlers Angriffskrieg als Soldaten geführt hatten, die wichtigste Ursache für das Aufbegehren ihrer Kinder. Neben allen Reformansätzen und gescheiterten Revolutionsfantasien nahm in dieser Zeit auch eine neue Frauenbewegung ihren Anfang, der ein anhaltender Erfolg nicht abgesprochen werden kann.

Frankfurt war eines der Zentren der 68er-Bewegung. Animiert von den Ereignissen im Pariser Mai 1968 kam es in der Bundesrepublik zu kurzfristigen, am Ende brüchigen Bündnissen zwischen aufbegehrenden Studenten und Arbeitern, die zum Teil von den Gewerkschaften mitgetragen wurden. Im Bonner Bundestag stand die dritte Lesung der scharf kritisierten Notstandsgesetze auf dem Plan. Am 28. Mai benannten die revoltierenden Studenten die Johann Wolfgang Goethe-Universität in Karl Marx-Universität um und stürmten das Schauspielhaus. Am Tag darauf glaubten sie, es sei Zeit für einen Generalstreik, der in Frankreich immerhin den Präsidenten der Republik zur vorübergehenden Flucht ins Ausland bewegt hatte. Die

Studenten zogen vor die Betriebe. Einige Arbeiter traten in studentischen Vollversammlungen auf. Es war die Stunde der antiautoritären Bewegung, der »Spontis«, die in Frankfurt die Bewegung dominierten. Der Generalstreik kam in der Bundesrepublik nicht zustande, wohl aber am 29. und 30. Mai die dritte und letzte Lesung der Notstandsgesetze im Bundestag. In Deutschland, so mussten die revoltierenden Studenten und Gewerkschafter einsehen, war ein politischer Streik nicht durchzusetzen. Schon nach dem 2. Juni 1967, an dem der Berliner Student Benno Ohnesorg von einem Polizisten erschossen worden war, und nach dem Attentat auf Rudi Dutschke am 11. April 1968 hatte sich unter den Studenten Trauer und Entsetzen ausgebreitet, die Masse der Bevölkerung indes blieb ruhig.

In Frankfurt residierte der SDS (Sozialistischer Deutscher Studentenbund), der sich als Avantgarde der Bewegung begriff und in dessen Umkreis in der Tat die großen Debatten über den Vietnamkrieg, die unbewältigte Vergangenheit und die Notstandsgesetze angezettelt und begleitet wurden. Hans-Jürgen Krahl war der theoretische Kopf des Frankfurter SDS. An seiner Person (er starb bei einem Autounfall im Februar 1970) lassen sich die Widersprüche der 68er-Bewegung deutlich machen. Geprägt durch die Sozialphilosophie der ➛ Frankfurter Schule mit Adorno, Horkheimer und Habermas versuchte er, eine radikal verstandene politische Theorie mit der Praxis revolutionärer Bewegungen zusammenzuschließen. Dabei spielte der weltweite Protest gegen den Vietnamkrieg eine erhebliche Rolle. Im erregten Klima des Protests gegen die Kriegsführung der USA, gegen den Imperialismus und die Springer-Presse, die als Hetz- und Verdummungsorgan verteufelt wurde, überschlugen sich die Debatten und die revolutionären Fantasien. Immer wieder spalteten sich die neu gegründeten kommunistischen Bünde und Parteien, weil führende Kader der einen Gruppierung der Ansicht waren, die anderen hätten ein gestörtes Verhältnis zur Arbeiterklasse, der das allerdings vollkommen gleichgültig war.

Dass auch der Terror der RAF (Rote Armee Fraktion) mit den zwei Kaufhausbränden, die Gudrun Ensslin und Andreas Baader am 2. April 1968 gelegt hatten, in Frankfurt seinen Anfang nahm, bleibt eine verstörende Tatsache. Schließlich ist der Häuserkampf im Frankfurter Westend zu erwähnen, in dem es in den Jahren 1972 bis 1974 einigen relevanten Teilen der 68er-Bewegung gelang, sich mit dem Bürgerprotest gegen die Zerstörung des Frankfurter Westens zu verbünden.

Wie sehr die Aktionen und Reflexionen der 68er noch heute die Gemüter bewegen, zeigen die immer wieder neu aufkommenden Versuche, die Deutung dieser irritierenden und einschneidenden Ereignisse zu verändern. Auch die große Ausstellung im Frankfurter Historischen Museum im Jubiläumssommer 2008 bezeugte die andauernde Wirkung.

Lit.: Ingrid Gilcher-Holtey, Die 68er Bewegung, München 2001
Uwe Wesel, Die verspielte Revolution, München 2002
Norbert Frei: 1968. Jugendrevolte und globaler Protest, München 2008
Gerd Koenen: 1968. Bildspur eines Jahres, Köln 2008
Die 68er. Kurzer Sommer – lange Wirkung. Ausstellungskatalog Historisches Museum Frankfurt am Main 2008

Adlerhorst

Schloss Ziegenberg um 1900.

Im Zuge der Vorbereitungen für den Überfall auf Polen und den dann zu erwartenden Krieg mit Frankreich wurde 1939 vom Oberkommando der deutschen Wehrmacht ein geeigneter Platz für ein Führerhauptquartier gesucht. Die Entscheidung fiel auf Schloss Ziegenberg in dem gleichnamigen Ort, der heute zu Ober-Mörlen gehört. Am 9. September 1939 wurde den Besitzern des Schlosses, den Freiherrn von Schäffer-Bernstein, die Beschlagnahme mitgeteilt. Danach begann der Ausbau zum »Führerhauptquartier Adlerhorst« mit entsprechenden Bunkeranlagen. Mindestens sechs- bis siebentausend Menschen waren auf den Baustellen in Ziegenberg, Wiesenthal und Kransberg beschäftigt. Aber Hitler lehnte es ab, von dort aus die Angriffe im Westen zu befehligen – entweder weil der Ort zu weit von der Front entfernt lag,

Adolf Hitler am 5. Januar 1945 mit Feldmarschall Kesselring in seinem Hauptquartier »Adlerhorst«.

weil er nachrichtentechnisch noch nicht fertig ausgebaut war oder weil Hitler die Unterbringung in einem Schloss nicht behagte. Von Juli bis November 1940 wurde die Anlage Ziegenberg als Planungszentrum für die dann aufgegebene »Landungsoperation gegen England« genutzt. Danach standen die Gebäude leer, bis Mitte 1941 ein Genesungsheim des Heeres einzog. Militärisch wurde die aus mehreren Bunkern und Gebäuden bestehende Anlage wieder ab Mitte Oktober 1944 genutzt. Der »Oberbefehlshaber West«, Generalfeldmarschall von Rundstedt, bereitete dort die so genannte Ardennenoffensive vor, die den alliierten Vormarsch auf die deutsche Westgrenze aufhalten sollte. Am Morgen des 11. Dezember 1944 traf Hitler im »Führerhauptquartier Adlerhorst« ein, um die militärischen Angriffe im Westen zu leiten. Aber schon nach wenigen Tagen war die deutsche Offensive zusammengebrochen, und Hitler fuhr am 15. Januar 1945 in seinem Sonderzug nach Berlin zurück. Nachdem alliierte Bomber große Teile von Ziegenberg zerstört hatten, wurde das »Hauptquartier des Oberbefehlshabers West« Ende März 1945 aufgegeben.

Die Reste der gewaltigen Bunkeranlage können bei den alternativen Wetteraurundfahrten der DGB-Kreisverbände Hochtaunus und Wetterau besichtigt werden.

Lit.: Studienkreis Deutscher Widerstand (Hrsg.), Heimatgeschichtlicher Wegweiser zu Stätten des Widerstands und der Verfolgung 1933–1945, Hessen 1, Regierungsbezirk Darmstadt, Frankfurt am Main 1995
Werner Sünkel/Rudolf Rack/Pierre Rhode, Adlerhorst. Autopsie eines Führerhauptquartiers, Offenhausen 3-2002

Adolf von Nassau, Deutscher König

Wenn die Kurfürsten des Heiligen Römischen Reiches Deutscher Nation (962–1806) zusammenkamen, um einen König zu wählen, begann ein Kungeln und Feilschen. Da wurden von den Kaiser-Kandidaten die tollsten Versprechungen gemacht, die herrlichsten Belohnungen im Falle der Wahl in Aussicht gestellt. Das war bei Adolf von Nassau, der am 5. Mai 1292 zum König gewählt wurde, nicht anders. Aber: Der Grund dafür, dass Adolf von Nassau nur sechs Jahre lang König war, lag gerade in seinen besonders dreisten Versprechen, beziehungsweise darin, dass er die meisten nicht gehalten hat. Für den Kandidaten Adolf hatte zunächst sehr wenig gesprochen. Eigentlich wollte König Rudolf von Habsburg (der Krönungstermin in Rom war nicht zustande gekommen) seinen Sohn Albrecht zum Nachfolger wählen lassen. Aber die Kurfürsten hatten sich stets gegen Familiendynastien gewandt und verwehrten Rudolf sein Ansinnen.

Nun verabredeten sich der Erzbischof von Mainz und der böhmische König Wenzel II. mit dem Kölner Erzbischof und einigen anderen Kollegen, den armen Grafen Adolf von Nassau gleichsam als gekauften Kandidaten zum König zu machen.

Adolf war der Sohn des Grafen Walram II. von Nassau-Wiesbaden-Idstein, und er verfügte nicht einmal über den gesamten Familienbesitz, wohl aber über gute Beziehungen. Immerhin sprach er Französisch und Latein, was zu der Zeit auch in Adelskreisen selten war.

Adolfs Wähler ließen sich die Wahlversprechen beurkunden. Dem einen hätten 25 000 Mark in Silber zugestanden, dem anderen die Verpfändung einer Reichsstadt, wieder andere ließen sich allgemeinen Beistand zusichern.

Als der Graf von Nassau dann König geworden war, verprellte er rasch seine Gönner, entwickelte sich aber ebenso schnell zu einem gewieften Diplomaten mit ausgeprägtem Hang zum Husarenstück. Eines leistete er sich, indem er Heinrich I., den Herrscher des neu begründeten Landgrafenhauses Hessen, eine Woche nach seiner Wahl zum König in den Reichsfürstenstand erhob. Und zwar so: Heinrich vermachte die Stadt Eschwege und die prächtige Boyneburg dem frisch gewählten König, der beide sogleich als Reichsfürstenlehen an den hessischen Landgrafen zurückgab. Denn nur durch ein feierlich übergebenes Lehen konnte ein Landgraf zum Fürsten befördert werden.

Nach solcherart Tricksereien geschah es zum ersten Mal in der Geschichte des Heiligen Römischen Reiches, dass ein geistig und körperlich gesunder König ohne Bannausspruch des Papstes von den Kurfürsten abgesetzt wurde. Der Mainzer Erzbischof erklärte ihn in einem Gerichtsverfahren seines Amtes für unwürdig. Das wurde allgemein als ungeheuerlich empfunden; schließlich wurde man König durch Gottes Gnade, und der Papst hatte keineswegs den Bannfluch verhängt.

Nun war der König von den Fürsten zwar abgesetzt, nicht aber von der Macht vertrieben worden. Das wurde dann in einer Schlacht geregelt. Am 2. Juli 1298 trafen die Heere Adolfs und Albrechts von Habsburg bei Göllheim (in der Nähe von Worms) und Kaiserslautern aufeinander. Adolf fiel zusammen mit seinem Bannerträger und ein paar Getreuen, sein Heer stob auseinander. Der Fall Adolf von Nassau war geklärt. Die Kurfürsten wählten nun Albrecht von Habsburg zum König.

Lit.: Alois Gerlich, Adolf von Nassau (1292–1298). Aufstieg und Sturz eines Königs, Herrscheramt und Kurfürstenfronde, in: Nassauische Annalen 105, 1994, S. 17–78
Christine Reinle, Adolf von Nassau, in: Bernd Schneidmüller, Stefan Weinfurter (Hrsg.), Die Deutschen Herrscher des Mittelalters, München 2003, S. 360–371
Herbert Schmidt-Kasper, »Kaiser, König, Edelmann«. Das Heilige Römische Reich deutscher Nation. Ein Streifzug durch 1000 Jahre, München 2006

Äskulapnatter

Symbol der Heilberufe: die ungiftige Äskulapnatter.

Die bis zu zwei Meter lange Schlange ist Hessens größtes Reptil. Ihre Farbe variiert zwischen Grau und Beige. Sie ist die einzige Kletternatter Mitteleuropas und streng geschützt. Das seltene Tier hat im Rheingau sein nördlichstes Verbreitungsgebiet. Nördlich der Alpen kommt es überhaupt nur in vier kleinen Arealen vor. Im Mittelmeerraum ist *Elaphe longissima* häufiger. Gelegentlich legen mehrere Äskulapnattern ihre Eier gemeinsam in einem Laubhaufen ab oder nutzen dafür die Kompostmieten von Kleingärten. Dann sind die Gelege natürlich durch Störungen gefährdet. Etliche Gartenbesitzer sind deshalb bereits zur Anlage eines zweiten Komposthaufens übergegangen: einen für die Schlangen und einen für den Garten. Anfang September schlängeln sich dann die Jungen schnürsenkelgroß durch die Gurkenbeete. Folgt man der Sage, dann brachten die Römer diese Natter in den Rheingau. Sie hätten, so heißt es, die heilige Schlange des Gottes Äskulap in ihren Thermen bei Schlangenbad frei gehalten. Zum einen, um den Gott der Heilkunst um Segen zu bitten, zum anderen aber, um unerwünschte Nager in den Badehäusern artgerecht zu vertilgen. Das heutige Staatsbad Schlangenbad hat denn auch die Äskulapnatter im Wappen. Allerdings wurden rund um das Kurstädtchen keinerlei Reste römischer Thermen entdeckt, und die Biologen legen Wert auf die Feststellung, dass *Elaphe longissima* hierzulande ein Relikt der letzten Warmzeit ist. Vor etwa 30 000 Jahren lebte das Tier überall in Europa. Als das Klima dann rauer wurde, hat es sich nur an klimatisch günstigen Plätzen halten können. Der Rheingau mit seinen großflächigen Südhängen gehört dazu.

Lit.: Naturschutz in der Gemeinde Schlangenbad. Die Äskulapnatter, hrsg. von der Gemeinde Schlangenbad und dem Rheingau-Taunus-Kreis, Schlangenbad o. J.
Gerd Bauer, Geheimnisvolles Hessen, Frankfurt am Main 2005, S. 361 ff.

Der Stolz des Nordens: die ahle Wurscht.

Ahle Wurscht

Unklarheit herrscht zunächst einmal über die Schreibweise dieser nordhessischen Wurstspezialität, die ursprünglich nur bei ländlichen Hausschlachtungen hergestellt wurde. In der Regionalliteratur wird sie nämlich auch als »Ale Wurst« oder »Aale Wurscht« geführt. In allen drei Schreibweisen steht das »ahl«, »al« oder »aal« für alt im Sinne von gut abgehangen. Des Weiteren existieren Wurstvarianten, die je nach Gegend rein luftgetrocknet oder zusätzlich noch geräuchert werden. Im Werraland schwört man beispielsweise auf Buchenrauch mit Wacholderbeeren, der nach vier Wochen Lufttrocknung dem Füllsel in den Naturdärmen den spezifischen Beigeschmack verleiht. Im Kasseler Land hält man's traditionell mit der Konservierung durch die pure Luft. Allen Versionen gemeinsam ist die Herstellung der Wurstmasse aus fast allen Teilen des Schweins. Nur der Kopf und die Eisbeine bleiben außen vor. Unser Detailwissen stammt aus der Kasseler Traditionsmetzgerei Brosche, die zum Würzen Pfeffer, Kochsalz, Knoblauch und Muskat verwendet. Zur Erzeugung der sortentypisch roten Farbe werden dann noch geringe Mengen Zucker und Salpeter zugesetzt. Bei Brosche sind das ganze 0,5 Gramm Zucker und 0,01 Gramm Salpeter auf ein Kilo Schweinefleisch. Die Färbung verhalf der »ahlen Wurscht« zu ihrem zweiten Namen »rote Wurscht«, der vor allem im Fuldatal gebräuchlich ist. Einige Hausmetzger geben auch noch etwas Kümmel in die Wurstmasse, die dann in die anfallenden Schweinedärme oder in zugekaufte Rindsdärme gefüllt wird. Metzger Brosche lässt seine Würste mindestens drei Monate abhängen. In dickwandigen Mastdärmen kann es sogar sechs bis sieben Monate dauern, bis die nordhessische »Nationalwurst« schnittfest ist. Erst dann kommt sie unter die Leute.

AKK

Titelblatt einer Broschüre aus den fünfziger Jahren.

Gängige Abkürzung für die Ortschaften Amöneburg, Kastel und Kostheim, die sich durch einen in Hessen einmaligen Sonderstatus auszeichnen. Es handelt sich um drei historische Stadtteile von Mainz, dessen Kernstadt nach Kriegsende von den Besatzungsmächten aus Hessen ausgebürgert wurde und zur Landeshauptstadt des neu erfundenen Rheinland-Pfalz avancierte. Die sechs rechtsrheinischen Stadtteile blieben hessisch. Während Bischofsheim, Ginsheim und Gustavsburg wieder selbstständige Gemeinden wurden, verfügte die amerikanische Kommandatur für AKK die treuhänderische Verwaltung durch Wiesbaden. Damals ging man allgemein von einer nur provisorischen Gliederung der Bundesrepublik aus, deren Ländergrenzen erst durch spätere Volksentscheide endgültig festgelegt werden sollten. Seither gab und gibt es starke Bestrebungen für eine Rückgliederung, die sich in einer Bürgerbefragung auch als Mehrheitswunsch der etwa 20 000 AKK-Einwohner manifestierte. Dies ginge nach Bundesrecht nur durch einen Staatsvertrag zwischen Rheinland-Pfalz und Hessen. Doch dem hat die Hessische Staatskanzlei mehrfach eine klare Absage erteilt. So bleibt die AKK-Frage ein kommunalpolitischer Zankapfel zwischen den beiden Landeshauptstädten, der insbesondere in Wahlkampfzeiten immer wieder auf den Tisch kommt. Nach wie vor hat AKK einen eigenständigen Haushalt und die offiziellen Ortsbezeichnungen Mainz-Amöneburg, Mainz-Kastel und Mainz-Kostheim. Die meisten Versorgungsleitungen kommen aus Mainz und werden von den dortigen Stadtwerken unterhalten. Gleiches gilt für den öffentlichen Nahverkehr. Selbst das Gemeindeland ist grundbuchmäßig Eigentum der Stadt Mainz. Autokennzeichen aus AKK tragen das ungeliebte »WI«, die Postleitzahlen und die Telefonvorwahl sind aber unübersehbar an Mainz angelehnt.

Alles, was blieb: die Kunststoff-Kopie im Museum Kelsterbach.

Die Alte von Kelsterbach

Es war an einem grauenhaft trüben Frühlingstag des Jahres 1952, als in einer Kiesgrube bei Kelsterbach ein Bagger aus 4,60 m Tiefe eine menschliche Schädeldecke zutage förderte. Die Nachsuche nach weiteren Skelettresten blieb erfolglos. Auf Grund der Fundumstände und der Beschaffenheit der Hirnschale wurde ihre Überstellung an das Institut für Anthropologie und Humangenetik der Universität Frankfurt veranlasst. Die dortigen Fachleute identifizierten den Fund als Schädeldecke einer etwa vierzigjährigen Frau. Es war allerdings nicht festzustellen, ob sie etwa eines gewaltsamen Todes gestorben oder auf völlig unspektakuläre Weise aus dem Leben geschieden war. Lediglich eine kleinere Fraktur wurde ermittelt, die jedoch Verheilungsspuren aufwies und wohl von einer Schädelverletzung zu Lebzeiten stammte. Die Einschaltung von Polizei und Staatsanwaltschaft erübrigte sich, nachdem der Zeitpunkt des Todes mittels Radiocarbon- und Aminosäuren-Datierung festgestellt war: Die Dame aus dem Kies starb vor 32 000 Jahren. Es handelte sich um die Schädeldecke eines unserer direkten Vorfahren, des anatomisch modernen Menschen. Die Wissenschaft klassifiziert ihn als *Homo sapiens sapiens*. Gewöhnlich firmiert jener Menschentyp, der nach dem Neandertaler Europa besiedelte, als »Cro-Magnon-Mensch«. Namensgebend war der erste Fundort, eine Ortschaft in Frankreich. Die dortigen Skelettfunde sind aber lediglich 28 000 Jahre alt. Die Alte von Kelsterbach wäre demnach also nicht nur die älteste Hessin, sondern auch der früheste Beleg für den »anatomisch modernen Menschen« in Europa. Von ihm wird heute angenommen, dass er damals aus Afrika einwanderte.

Die sensationelle Altersbestimmung wurde vom damaligen Leiter des Instituts für Anthropologie und Humangenetik Prof. Reiner Protsch von Zieten vorgenommen. Dessen wissenschaftlicher Ruf ist aber mittlerweile stark beschädigt. 2005 bezichtigte die »Kommission zum Umgang mit wissenschaftlichem Fehlverhalten« der Universität Frankfurt den Anthropologen, »im Verlauf der vergangenen 30 Jahre immer wieder wissenschaftliche Fakten gefälscht und manipuliert« zu haben. Unter anderem soll er vermeintliche Schädelfunde aus der menschlichen Vorgeschichte um Zehntausende von Jahren vordatiert und damit ein verfälschendes Bild von der Entwicklung des Menschen gezeichnet haben. Erneute Untersuchungen ergaben nach Expertenangaben, dass von Protsch als Sensationsfundstücke vorgestellte Schädelfragmente statt mehr als 30 000 Jahre nur wenige hundert Jahre alt waren. Als Reaktion versetzte die Universität den Professor in den Ruhestand.

Ob die »Alte von Kelsterbach« ebenfalls falsch datiert wurde, lässt sich leider nicht mehr klären. Der Originalschädel – bis dato in einem Stahlschrank des Instituts verwahrt – ist nämlich seit 2004 verschwunden. Festgestellt wurde der Verlust kurz nach den ersten Vorwürfen gegen den Institutsleiter. So konnte die später eingesetzte Untersuchungskommission den Schädel nicht überprüfen.

Doch wer sich »die Alte« ansehen will, braucht nur ins Museum von Kelsterbach zu gehen. Dort wird eine gute Kopie gezeigt.

Lit.: Reiner Protsch von Zieten, Der älteste »anatomisch moderne Mensch in Europa« aus Kelsterbach, in: Forschung Frankfurt 1/94, S. 51 ff.
»Keine Rente für den Fälscher-Prof«, in: Stern vom 17.2.2005

Aluminium

Kein Flugzeug würde fliegen, und selbst der ICE hätte Probleme beim Fahren. Ohne Aluminium gäbe es selbstverständlich auch keine Alufolie und keine metallic lackierten Autos. Entdeckt wurde das Leichtmetall erst relativ spät, und natürlich von einem Hessen – dem am 31. Juli 1800 in Frankfurt geborenen Friedrich Wöhler. In die Geschichte der Naturwissenschaften ist Wöhler vor allem als Begründer der ➛ Organischen Chemie eingegangen. Darüber wurde fast vergessen, dass er am 22. Oktober 1827 das Aluminium fand, was damals aber die Fachwelt wenig beeindruckte, denn niemand konnte sich Verwendungsmöglichkeiten dafür vorstellen. Wöhler hatte mit

Tonerde und Chlorgas experimentiert und war dabei auf »ein graues Pulver« gestoßen, »das bei näherem Hinsehen, besonders im Sonnenscheine, als aus lauter winzig kleinen Metallflittern bestehend erschien«. Das Metall verbrannte »mit einem Glanze, den das Auge kaum ertragen kann«. So weit Wöhler selbst. Heute ist Aluminium das wichtigste Nichteisenmetall mit einer jährlichen Produktion von 30 Millionen Tonnen.

Lit.: Ernst F. Schwenk, Sternstunden der frühen Chemie, München 1998 (bes. S. 214–232)
Erwin Chargaff, Auf Flügeln des Gestanks. Friedrich Wöhler, in: Hans Sarkowicz (Hrsg.), Die großen Frankfurter, Frankfurt am Main und Leipzig 1994, S. 154–162

Alzheimer

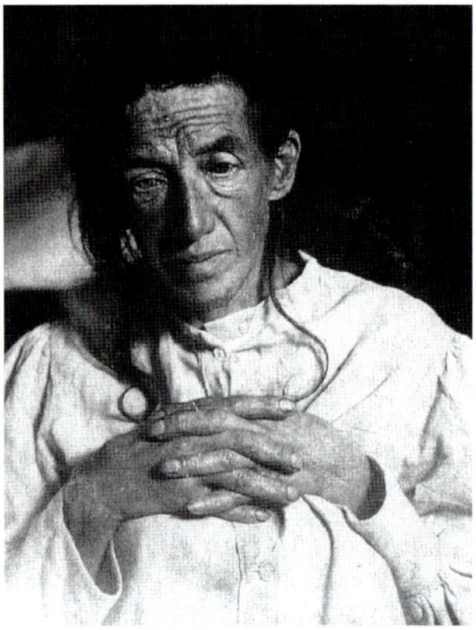

Auguste D.

Als der im unterfränkischen Marktbreit geborene Alois Alzheimer 1888 nach Frankfurt kam, da konnte er noch nicht ahnen, dass einmal eine der schrecklichsten Krankheiten nach ihm benannt werden würde. Er war gerade 24 Jahre alt, hatte sein Medizinstudium absolviert und wollte in Frankfurt an der Städtischen Heilanstalt für Irre und Epileptische arbeiten. Diese Klinik, die später dem IG-Farben-Hochhaus weichen musste, war vor allem durch eine Person berühmt geworden: Heinrich Hoffmann. Der ➛ »Struwwelpeter«-Autor hatte die Irrenanstalt bis kurz vor seinen Tod geleitet und Maßstäbe in der Behandlung von geistig verwirrten Menschen gesetzt. »Wahrlich«, schrieb er einmal, »die Schmerzen des Körpers können zur Verzweiflung treiben; aber grässlicher, entsetzlicher sind die Schmerzen, unter denen sich die Seele des Geisteskranken windet!« Als Alzheimer seine Tätigkeit an der Klinik aufnahm, hatte Hoffmann die Leitung gerade an seinen Nachfolger Emil Sioli abgegeben. Schon als junger Arzt wollte sich Alzheimer nicht mit der Behandlung von Geisteskranken zufriedengeben, sondern er suchte nach den Gründen für die Veränderungen im Gehirn. Und sein eigenes Schicksal verschränkte sich immer mehr mit seinem Beruf. 1894 heiratete er die Witwe des Frankfurter Kaufmanns und Diamantenhändlers Otto Geisenheimer, der an der so genannten Gehirnerweichung gestorben war. Alois und Cecilie Alzheimer führten eine glückliche Ehe, die aber nur von kurzer Dauer war. Anfang 1901 erkrankte Cecilie Alzheimer schwer und starb am 28. Februar. Für Alois Alzheimer war das ein harter Schicksalsschlag, der sein Leben noch einmal grundlegend veränderte. Er heiratete nicht mehr und widmete sich noch intensiver seiner Arbeit. Am 26. November 1901 untersuchte er eine 51-jährige Patientin, die sich nichts mehr merken konnte, noch nicht einmal ihren Familiennamen. Das war für ihr Alter höchst ungewöhnlich. Auguste D., die Frau eines Eisenbahnkanzlisten, stammte aus dem Dorf Kassel (heute: Biebergemünd-Kassel) im Spessart, lebte aber schon in Frankfurt. Auf der 37. Versammlung der Süddeutschen Irrenärzte schilderte er 1905 einen Dialog mit Auguste D., um die Kollegen von seiner Entdeckung zu überzeugen:

> *»Wie heißen Sie?« – »Auguste.«*
> *»Familienname?« – »Auguste«.*
> *»Wie heißt Ihr Mann?« – »Ich glaube Auguste.«*
> *»Ihr Mann?« – »Ach so, mein Mann ...«*
> *»Sind Sie verheiratet?« – »Zu Auguste.«*
> *»Frau D.?« – »Ja, zu Auguste D.?«*

Die Kollegen glaubten nicht an eine neue Krankheit, sondern sprachen von Altersdemenz und Verkalkung. Aber Alzheimer ließ sich davon nicht entmutigen. Er hatte eine ausführliche Krankenakte angelegt, die er sich nach dem Tod der Patientin (1906) zusammen mit ihrem Gehirn nach München schicken ließ, wo er seit 1903 praktizierte. Er untersuchte das Gehirn genau und fand Ablagerungen auf der Hirnrinde, abgestorbene Hirnzellen und zerstörte Nervenbahnen, eine zerfurchte, brüchige Masse. Damit konnte Alzheimer zum ersten Mal eine Krankheit beschreiben, die noch im selben Jahr seinen Namen bekam. Alzheimer starb 1915 als Professor für Psychiatrie in Breslau. Er ist neben seiner Frau auf dem Frankfurter Hauptfriedhof beigesetzt.

In unserer Gesellschaft, die alles dafür tut, die Lebenserwartung von Männern und Frauen kontinuierlich zu steigern, ist Alzheimer zur bedeutendsten Alterserkrankung der westlichen Welt geworden. Früher wurde sie verschwiegen oder ignoriert, heute wird die unheimliche Krankheit, die schleichend die Persönlichkeit eines Menschen erlöschen lässt, zum Thema von Romanen, Filmen und Bildern. Selbst Hollywood hat unterdessen das Phänomen Alzheimer entdeckt. In »Forget me never« spielt Mia Farrow die moderne Nachfolgerin der Auguste D.

Lit.: Konrad und Ulrike Maurer, Alzheimer. Das Leben eines Arztes und die Karriere einer Krankheit, München 1998
Alex Rühle, In dunkler Nacht ging ich aus meinem stillen Haus. Das Gehirn als Wunder und Fleischmasse: Keine Krankheit beschäftigt die Künste derzeit so stark wie Alzheimer, in: Süddeutsche Zeitung vom 3.4.2003

Bembel auf Bembel: hessische Apfelweinwirtschaft.

Apfelwein

Der Apfelwein gilt als hessisches »Nationalgetränk«, was aber nicht heißen soll, dass die Hessen da ein Monopol hätten. So schwören die Badener auf ihren »Moscht«, der unter Zusatz von Birnen gekeltert wird. Eine Rezeptur, die auch dem »Viez« des Moseltals zugrunde liegt, und die Österreicher haben eine ganze Region nach ihrem Apfelwein »Mostviertel« genannt. Sieht man in Hessen genauer hin, dann erweisen sich der Norden und Osten des Landes als apfelweinfreie Zonen, und die Rheingauer und Bergsträßer reagieren auf die Erwähnung des »Stöffche« (Frankfurter Lokalidiom) meist mitleidig bis angewidert.

Am Rhein und an der »strata montana« wird vornehmlich Wein getrunken. Die unsichtbare Trinkergrenze verläuft kurvenreich von Groß-Umstadt nach Wicker und verliert sich dann im Dunkel der Taunuswälder. Allerdings kann die Zugehörigkeit einer Ortschaft zum Wein- oder Apfelweinbereich leichterdings in jeder Gastwirtschaft ermittelt werden, indem man dort einen »Sauer-Gespritzten« bestellt: Je nachdem, ob nun das Mineralwasser mit Wein oder mit Apfelwein vermischt wird, befindet man sich diesseits oder jenseits der besagten Grenze. Ehrlicherweise kann also der Apfelwein nur als »südhessisches Regionalgetränk« bezeichnet werden. Einzig die kulturelle Dominanz der Apfelwein-Metropole Frankfurt verschaffte dem »Eppler« (Jugendjargon) sein gesamthessisches Image. In den Lokalen der Bankenstadt und ihres Umlandes trinkt man ihn vorzugsweise aus dem ➤ Bembel, einem Schankkrug aus graublau lasierter Keramik. Eingeschenkt wird in konische Gläser mit einer rautenförmigen Rippenstruktur, deren Ursprünge im Mittelalter liegen. Die Kelteräpfel stammen überwiegend aus Streuobstbeständen. Es sind alte, hochstämmige Apfelsorten, die nicht über Winter gelagert werden können. Den zerkleinerten Äpfeln werden häufig Früchte des ➤ Speierlings zugesetzt. Sie verleihen dem Apfelwein jene markant herbe Note, die als typisch hessisch gilt.

Gelegentlich wird der »Eppler« auch mit Schlehen, Ebereschen, Quitten oder Mispeln ausgebaut. Je nach zugesetzter Frucht verändert sich die Charakteristik des Geschmacks.

Der Überlieferung nach soll die Weinbereitung aus Äpfeln in fränkischer Zeit an den Untermain gekommen sein. Allerdings kannten bereits die Römer Rauschgetränke aus verschiedenen Obstsorten. Die örtliche Sage jedenfalls bezieht sich auf Karl den Großen, dessen Statue, mit Schwert und Reichsapfel in der Hand, vor Frankfurts Historischem Museum steht. Ein Vater und sein Sohn besahen sich die Figur, und der Sprössling wollte wissen, wen sie darstellen soll. Der Vater war zunächst ratlos, überlegte dann einen Moment und sagte: »Dumm Oos, waaßt de dann des net? Der Mann hott doch en Abbel in de Hand! Des is de Erfinner vom Eppelwoi!«

Eingeschworene ➤ »Schoppepetzer« behaupten sogar, dass die biblische Schöpfungsgeschichte anders verlaufen wäre, hätten Adam und Eva bereits den Apfelwein gekannt: Niemals hätten sie den paradiesischen Apfel auch nur angebissen, sondern ihn gekeltert und zu Wein vergoren. Dann wäre der Menschheit viel erspart geblieben.

Lit.: Michaele Scherenberg/Karl-Heinz Stier, Zum Anbeißen. Das hessische Apfelbuch, Frankfurt am Main 1996

Armen-Export

Union.
Concessionirte Deutsch-Englisch-Amerikanische Gesellschaft
zur Beförderung von
Auswanderern nach Amerika
über
Rotterdam und Liverpool.

Regelmäßige wöchentliche Paket-Schifffahrt
auf den ganz neuen, zum Zweck der Auswanderer-Beförderung eigens eingerichteten Nord-Amerikanischen Schiffen der
Black Star Company in New-York.

Diese Reise-Gelegenheit ist die beste; sie ist die schnellste und sicherste.

Ueberfahrts-Preis von Mainz oder Biebrich bis New-York:
Für einen Erwachsenen . . . . fl. 68. —
„ ein Kind von ein bis 12 Jahren . . . . „ 54. —
In diesem Preis ist einbegriffen:
a) Der ganze Seeproviant, (Schiffsbrod, Reis, Mehl, 12 Pfund Fleisch rc.)
b) Freies Logis und Verköstigung in Liverpool, von der Ankunft daselbst bis zur Abreise, im eigenen deutschen Gasthause der Union.
c) Kostenfreie Beförderung von zwei Zentner Gepäck für einen Erwachsenen und eines Zentners für ein Kind.
d) Alle Leistungen der Amerikanischen Gesellschaft bei Ankunft der Passagiere in New-York, (siehe das Nähere in meinem Prospekte.)
(Jede Expedition wird von einem in meinen Diensten stehenden Conducteur bis Liverpool begleitet.)

Wilhelm Rieger
in Frankfurt a. M. und Mainz.

Agenten im Herzogthum Nassau: Herren Gebrüder Blees in Biebrich und Wiesbaden, General-Agenten; Herr Carl Streicher, Goldarbeiter in Limburg a. d. Lahn; Herr Bürgermeister Schmug in Wiedselters; Herr Philipp Bouffier in Camberg; Herr C. A. Vietor in Oberlahnstein; Herr Carl Schneider in Weilburg. (1137)

Werbeanzeige aus der »Freien Zeitung«, 1850.

Schon im 17. Jahrhundert hatten Hessen ihre Heimat verlassen, um in der Neuen Welt ihr Glück zu suchen. Zunächst waren es vor allem religiös Verfolgte, die ihren Glauben frei leben wollten. Aber bald verließen immer mehr Menschen Haus und Hof, weil sie kein Auskommen mehr finden konnten oder allzu frei ihre politische Meinung gesagt hatten. Große Kriege und wirtschaftliche Rückständigkeit hatten die Bevölkerung verarmen lassen. Da in anderen Teilen der Welt vor allem Bauern und Handwerker fehlten, um Land fruchtbar zu machen, große Schafherden zu hüten oder Siedlungen aufzubauen, saßen Ende des 18. und in der ersten Hälfte des 19. Jahrhunderts in allen großen hessischen Städten Werber, die den Auswanderungswilligen goldene Berge versprachen. Und Tausende von Hessen ließen sich auf den Zug ins Ungewisse ein – nach Nordamerika, Brasilien, Australien, Russland oder Ungarn. Nicht alle von ihnen machten ihr Glück. Die Reisen über Land waren beschwerlich, und wer mit einem Seelenverkäufer übers Meer musste, der konnte sich glücklich schätzen, wenn er ohne größere Schäden in der neuen Heimat ankam. Und da, wo eigentlich Milch und Honig fließen sollten, erwartete die Neusiedler in der Regel harte Arbeit und geringer Lohn. Als zwischen 1842 und 1846 zwei Dürrewellen und die Kartoffelfäule zu Hungersnöten führten, schwoll die Zahl der Auswanderungswilligen stark an. Und wer nicht freiwillig gehen wollte, der musste damit rechnen, abgeschoben zu werden. Denn aus der Sicht der Regierenden brachte die Auswanderung nur Vorteile. »Unnütze Esser«, die nichts besaßen, verschwanden auf Nimmerwiedersehen und fielen damit den öffentlichen Unterstützungskassen nicht mehr zur Last. Ein gutes Geschäft allemal, selbst wenn die Gemeinden die »Reise«kosten übernahm. Die Bewohner von Wernings, einem 160-Seelen-Dorf im Vogelsberg, kamen dem zuvor, indem sie ihren gesamten Besitz mit Häusern und Grundstücken an den Grafen von Solms-Laubach verkauften und 1842 geschlossen nach Amerika auswanderten. Ein ähnliches Schicksal erlitt 1847 die Gemeinde Pferdsbach bei Büdingen. In diesem Fall sorgte der Fürst von Isenburg-Büdingen dafür, dass die Einwohner durch den Verkauf ihrer Habseligkeiten genügend Geld für die Überfahrt erhielten.

Weniger zimperlich war man in anderen Orten des (Darmstädter) Großherzogtums. Aus 56 Gemeinden wurden die Ärmsten der Armen zwangsweise nach Amerika verschickt. Zu trauriger Berühmtheit gelangte dabei Groß-Zimmern. Nicht weniger als 700 mittellose Einwohner wurden im Sommer 1846 von der Gemeindeverwaltung über Rotterdam nach Amerika abgeschoben – auf schlecht ausgestatteten Schiffen mit miserabler Verpflegung und mangelnder Hygiene. Die Aktion kostete trotzdem die stolze Summe von 50 000 Gulden. Offenbar rechnete sich das für den Bürgermeister und seine Helfer. In New York dagegen, wo die »exportierten« Almosenempfänger aus Groß-Zimmern entkräftet und krank landeten, war man weniger glücklich. Denn die Ankömmlinge, die nicht zu den begehrten Arbeitskräften gehörten, mussten in den städtischen Armenhäusern versorgt werden. Der Ärger in New York war groß, und er erreichte auch die großherzogliche Regierung in Darmstadt, die daraufhin die Machenschaften der skrupellosen Vermittler genauer in den Blick nahm. Auch der amerikanische Kongress reagierte und erließ ein Gesetz gegen die unmenschlichen Bedingungen auf den Auswandererschiffen.

Neben Amerika war auch die französische Kolonie Algerien als Abschiebeland beliebt. Sie hatte den Vorteil, dass die »Reisekosten« erheblich niedriger lagen als bei der Fahrt über den großen Teich. In Hirschhorn saß ein professioneller Vermittler, der vor allem südhessische Familien anwarb. 1847 schickte Michelstadt seine Ortsarmen nach Algerien, ohne danach zu fragen, wie die Menschen in der für sie vollkommen fremden Welt zurechtkommen würden. Wichtig war lediglich, alle Versorgungsempfänger loszuwerden, und das mit einem möglichst geringen Aufwand. Allein zwischen 1841 und 1847 verließen 16 500 Menschen Hessen-Darmstadt. Das war jeder fünfzigste Einwohner.

Lit.: Hans Herder (Hrsg.), Hessisches Auswandererbuch. Berichte, Chroniken und Dokumente zur Geschichte hessischer Einwanderer in den Vereinigten Staaten 1683–1983, Frankfurt am Main 1983
Inge Auerbach u. a., Auswanderung aus Hessen, (Ausstellungskatalog) Marburg 1984
Peter Assion, Von Hessen in die Neue Welt. Eine Sozial- und Kulturgeschichte der hessischen Amerikaauswanderung, Frankfurt am Main 1987

B

Badesalz: Gerd Knebel und Henni Nachtsheim.

Badesalz

»Badesalz«, schrieb weiland Matthias ➛ Beltz, »ist angenehmer als das Christentum, das letztlich zu viel Enthaltsamkeit an guten Dingen fordert, freundlicher als der Islam, der manchmal ein grimmiges Angesicht zeigt, und nicht so abgehoben wie Buddha, der schon grinst, bevor die erste Pointe gefallen ist. Badesalz hat aber auch das Positive aller anderen Weltreligionen, nämlich die Botschaft des Mitleids mit den kleinen Deppen, den Arschlöchern und Knallköppen dieser Welt.«

Mit anderen Worten: Das Kabarettduo Hendrik Nachtsheim und Gerd Knebel bringt auf sehr globale Weise das Beste auf jenen Punkt, der bundesweit für Hessen stehen kann. Optisch jedoch sind »der Henni und der Gerd« nur für Eingeweihte zu unterscheiden. Beide sind nämlich gleichermaßen blond. Nur der eine hat halt keine Haare mehr.

Ihre biographischen Angaben sind lückenhaft.

Angeblich trafen sie sich kurz nach Kriegsende beim gemeinsamen Tanz im russischen Staatsballett, kamen sich aber erst später bei einer Brauerei-Pferde-Auktion im holländischen Heiloo näher, wo sie beide dasselbe Ross ersteigern wollten. Weniger glaubwürdig scheint die Version, sie hätten sich in der Hessischen Weltraumbehörde beim Sauerkrautstampfen in absoluter Schwerelosigkeit kennen gelernt. Recherchen bei der Hessischen Staatskanzlei ergaben nämlich, dass dies bis heute ein Privileg des Regierungssprechers ist.

Kurz nach dem Beitritt der DDR eroberten sie jedenfalls mit ihrer legendären Sprechplatte »Nicht ohne meinen Papa« die gesamtdeutschen Charts und brachten es sogar zu einer eigenen Fernsehshow. Ihre Open-Air-Auftritte mit der Popformation »Pur« in Mannheim und ohne »Pur« in Frankfurt schlugen Zehntausende in ihren Bann. Auf den siegreichen Einmarsch der Alliierten in den Irak reagierte Badesalz kompromisslos mit einer knallharten CD: »Du packst es Jutta« gilt mittlerweile als die hessische Antwort auf alle offenen Fragen.

Probleme älterer Damen, die häufig über Handykabel stolpern, werden dort ebenso behandelt wie das osthessische Hohmann-Phänomen, dem Nachtsheim und Knebel mit ihrer Gourmet-Initiative »Essen gegen Rechts« die fettige Lippe zeigen.

Erklärtes Ziel des Duos war es von Anfang an, seine hessische Muttersprache (➤ Hessisch) im bundesweiten Bewusstsein ins rechte Licht zu rücken. Doch gerade hier mussten beide eingestehen, dass trotz »unermüdlichsten Mundart-Einsatzes das Hessische in der Beliebtheits-Rangliste der deutschen Dialekte bislang nicht über einen hinteren Tabellenplatz hinausgekommen ist. – Schon schade«, findet zumindest Hendrik Nachtsheim. Und Gerd Knebel fährt sich verlegen durchs Haar.

Lit.: Badesalz, Vaz daz den?, Niedernhausen 1993

Lockere Badesitten

Historischer Badespaß: die Kur im warmen Quellwasser.

Mitte des 15. Jahrhunderts sorgten sich aufrechte Gottesmänner um die Moral in den Kurorten des Taunusgebirges. Die Theologen führten Klage über ausschweifende Festlichkeiten, die unter dem Mantel heilsamer Badekuren längst zu erotischen Events geworden seien. Vor allem der begüterte Adel genoss die sommerlichen Kuren in Bad Schwalbach (➤ Tut-ench-Amun), das damals noch Langinswalbach hieß. Beliebt waren auch die Lustbarkeiten rund um den Wiesbadener »Brühborn«, den man heute als »Kochbrunnen« kennt. Sein warmes, schwefelhaltiges Wasser speiste vorzeiten ein gutes Dutzend Badehäuser mit mehreren Badebecken. Sie wurden von Kurgästen beiderlei Geschlechts gemeinsam genutzt.

Was dort genau zu passieren pflegte, ist aus den kirchlichen Beschwerden nicht zu entnehmen. Pikante Details verkniff man sich. Wegen der christlichen Schamhaftigkeit. Aber mit Sünde muss es etwas zu tun gehabt haben.

Die Strafe Gottes ließ denn auch nicht lange auf sich warten. Um 1496 grassierte eine neuartige Geschlechtskrankheit, die der Volksmund »Blattern« oder auch »Franzosenkrankheit« nannte. Ihr späterer Name: Syphilis.

Woher sie kam, weiß niemand so genau. Gerüchten zufolge brachten sie spanische Seefahrer aus dem neu entdeckten Amerika mit. Nicht nur in den Badeorten, sondern überall im Land kursierten bald Broschüren und Handzettel, die zur Bekämpfung der »Lustseuche« die wunderlichsten Therapien anboten. Doch es gab kein wirksames Medikament. So blieb der Obrigkeit nur die Prävention.

Der Rat der Stadt Frankfurt griff am härtesten durch und schloss die öffentlichen Badestuben. Doch die hatten weniger der Sinnenlust als der Körperhygiene der Stadtbewohner gedient, die ja damals in den Wohnungen keinen Wasseranschluss hatten. Von stillgelegten Kuranlagen hat man indessen nichts gehört. Das niedere Volk musste es mal wieder ausbaden.

Wen die Seuche ereilte, der fand sich bald im städtischen »Pestilenzhaus« wieder. Es sei denn, er war wohlhabend genug, sich einen privaten »Medicus« zu leisten. Dem Frankfurter Ratsherrn Arnold Schwarzenberg hat auch das nichts mehr genützt. Er hatte im Juli 1497 am Reichstag zu Worms teilgenommen und kam »mit den blotern beladen« zurück. Die Krankheit zwang ihn, alle Ämter aufzugeben. Im Herbst des Jahres 1500 trug man ihn zu Grabe.

Lit.: Eckhart G. Franz (Hrsg.), Die Chronik Hessens, Dortmund 1991, S. 94 u. S. 110

Battenberg/ Mountbatten

Battenberg (Stich von 1849).

Hochzeiten aus Liebe waren beim europäischen Adel im 19. Jahrhundert nicht gern gesehen. Denn geheiratet wurde nach politischen Erwägungen. Ließ sich das eigene Ländchen dadurch vergrößern oder ein Krieg verhindern, ein neuer Bündnispartner gewinnen oder die Erbfolge sichern? Das waren die Fragen, die hochfürstliche Väter und Mütter bewegten. Kein Wunder also, dass Prinzessin Marie, die Schwester des Darmstädter Großherzogs, 1841 den russischen Thronfolger heiratete. Das war standesgemäß und verschaffte dem kleinen Großherzogtum mitten in Deutschland einen mächtigen Bundesgenossen. Auch Maries Bruder Alexander hätte in diesem Sinn einiges für seine Heimat tun können, wäre er nur in Darmstadt geblieben. Aber er folgte seiner Schwester nach Petersburg nach und verliebte sich Hals über Kopf in Julia Theresa von Hauke. Die 1825 in Warschau geborene Hofdame war zwar adelig, aber mehr auch nicht. Sie stammte aus keinem berühmten Geschlecht, hatte keinen politischen Einfluss und besaß kein Vermögen. Die zukünftige Zarin war entsetzt und versuchte die Liaison zu unterbinden. In Petersburg, das merkte das unstandesgemäße Liebespaar bald, war keine Zukunft. In Darmstadt allerdings auch nicht, denn der regierende Bruder Ludwig dachte nicht anders.

So entschieden sich Julia und Alexander zu flüchten und heimlich zu heiraten. Am 28. Oktober 1851 schlossen sie in Breslau den Bund fürs Leben, und schon wenig später war Nachwuchs unterwegs. Der großherzogliche Bruder, der natürlich Wind von der Sache bekommen hatte, versuchte den Schaden für die Familie so gering wie möglich zu halten und ernannte Julia unmittelbar nach der Hochzeit zur Gräfin. Da sie nicht wie ihr Mann heißen durfte, erhielt sie den Namen eines nordhessischen Geschlechts, das 1314 ausgestorben war. Als Gräfin von Battenberg brachte sie 1852 ihren Sohn Ludwig zur Welt, der wie ihre vier weiteren Kinder den Namen der Mutter tragen musste. Geburtsort war nicht Darmstadt, sondern Genf, wohin sich das Paar mehr erzwungen als freiwillig zurückgezogen hatte. Bruder Ludwig blieb auf Distanz. Um diesen Zustand zu beenden und den Familienfrieden wiederherzustellen, entschloss sich Alexander, seine gesellschaftliche Rehabilitierung anzustreben. Das war in dieser Zeit am besten im Militärdienst möglich. Schon in Petersburg hatte er als General gedient. Jetzt trat er in die österreichische Armee ein, und der Großherzog war beeindruckt. Er beendete den Streit und erhob Julia 1858 zur Prinzessin von Battenberg. Die nordhessische Stadt, nach der sie hieß, besuchten Julia und ihr Mann aber erst 1865. Die Bewohner des kleinen Städtchens, das plötzlich jeder kannte, bereiteten »ihrem« neuen Herrscherpaar 1865 einen festlichen Empfang – allerdings nicht ohne Pannen. Just in dem Augenblick, als die prunkvolle Kutsche durch den eigens errichteten Triumphbogen fuhr, brach er zusammen. Verletzt wurde niemand, aber das Unglück galt als schlechtes Vorzeichen. Die Schwarzseher sollten nicht Recht behalten.

Dass die Ehe ihrer Eltern unter ungünstigen Vorzeichen stand, schadete den Kindern wenig. Sie blieben zwar von der Darmstädter Erbfolge ausgeschlossen, waren aber ansonsten im europäischen Hochadel akzeptiert. Als 1878 auf dem Berliner Kongress von den Großmächten beschlossen wurde, das bis dahin zum türkischen Einflussbereich gehörende Bulgarien selbstständig werden zu lassen, und ein Regent für das neue Fürstentum gesucht wurde, da fiel die Wahl auf Prinz Alexander von Battenberg, den Sohn von Julia und Alexander. Sein Onkel, Zar Alexander II., hatte sich für ihn eingesetzt, weil er hoffte, in dem jungen Prinzen einen Erfüllungsgehilfen für seine eigene Balkanpolitik zu finden. Am 29. April 1879 wurde der gerade 22-jährige Alexander von der Nationalversammlung zum Fürsten von Bulgarien gewählt. Der junge Fürst sah sich aber keineswegs als russischer Befehlsempfänger, sondern arbeitete auf einen unabhängigen bulgarischen Nationalstaat hin. Das sorgte für Verstimmung am Petersburger Zarenhof, wurde aber so lange hingenommen, wie sein Onkel Zar Alexander II. an der Macht war. Als 1881 Alexander III. die russische Regierung übernahm, wurde der Ton rauer. Zum offenen Konflikt kam es, als Fürst Alexander 1885 die Serben schlug, Ostrumelien mit Bulgarien vereinigte und damit eine erneute Balkankrise auslöste. Eine vom Zarenhof gesteuerte Offiziersverschwörung setzte der Regierung des Fürsten aus dem Hause Battenberg ein Ende. 1886 musste Alexander abdanken und wurde wenig später durch einen Prinzen von Sachsen-Coburg-Gotha-Koháry ersetzt.

Als abgesetzter Regent war Prinz Alexander nur noch eine begrenzt interessante Partie. Um das Verhältnis zu Russland nicht zu belasten, ließ Bismarck die Verlobung mit der preußischen Kronprinzessin Victoria auflösen. Alexander heiratete 1888 die Darmstädter Kammersängerin Johanna Loisinger, trat als Offizier in die österreichische Armee ein und nannte sich seit 1889 Graf von Hartenau. Am 17. November 1893 ist er in Graz als österreichischer Generalmajor gestorben.

Sein älterer Bruder Ludwig, der nach England gegangen war, begründete dort eine Familiendynastie. Er ist der Großvater von Prinz Philipp, dem Gemahl von Königin Elisabeth II. 1917, mitten im Ersten Weltkrieg, musste der britische Zweig seinen Namen ändern. Er war zu deutsch. Aus Battenberg wurde, fast wörtlich übersetzt, Mountbatten.

Julia und Alexander blieben auch im Tod vereint. Ihr gemeinsames Grab fanden sie bei Schloss Heiligenberg in der Nähe von Jugenheim. Dort hatte das Paar besonders gern seine Sommer verbracht.

Bis zu ihrem Tod im Januar 1997 erhielt die letzte Darmstädter Prinzessin Margaret von Hessen regelmäßig Besuche von Prinz Charles in Wolfsgarten. Er nannte sie schlicht »Tante«.

Lit.: Kurt S. Jaeger, Hessischer Kuriositätenführer, Königstein 1981
750 Jahre Battenberg, hrsg. vom Magistrat der Stadt Battenberg, Battenberg 1984
Hans Sarkowicz, Verbotene Liebe – mit weltpolitischen Folgen, in: Hadwig Fertsch-Röver/Birgit Spielmann (Hrsg.), Hessen: Wo die Liebe hinfällt, Marburg 2001, S. 34 ff.

Beerfelder Galgen

Superlative sind wichtig für den Fremdenverkehr. Und wenn man von Beerfelden nach Airlenbach will, kommt man unweigerlich an einem vorbei, der malerisch zwischen Linden steht: Deutschlands besterhaltener dreischläfriger Galgen. Die Betonung liegt auf der Drei.

Drei Sandsteinsäulen mit toskanischen Kapitellen, auf denen drei hölzerne Querbalken ruhen. Ein tödliches Dreieck, errichtet Ende des 16. Jahrhunderts. Die Konstruktion wird durch eiserne Klammern gehalten, und die, so erzählt man im Mümlingtal, sind in all den Jahrhunderten nicht verrostet. Geheimnisvoller Odenwald: Das dauerhafte Material stammt aus einer Michelstädter Eisenhütte, die damals vor allem den Schiffbau belieferte. Ihr Eisen war deshalb eine Speziallegierung, die selbst Salzwasser gewachsen sein musste.

Die Geräumigkeit des Galgens lässt nun keineswegs Schlüsse auf die Odenwälder Verbrechensrate zu. So ein prachtvoller Galgen hatte vor allem Repräsentationsfunktion. Je opulenter das Gerät der Vollstreckung, desto wichtiger der Gerichtsort. Und in Beerfelden saß immerhin das obere Zentgericht der Grafschaft Erbach. Von Massenhinrichtungen ist denn auch nichts überliefert. Selbst einzelne Liquidationen sind nicht belegt. Irgendwann fielen nämlich die Gerichtsakten einer Feuersbrunst zum Opfer. So behilft man sich denn mit mehr oder weniger sagenhaften Geschichten. Etwa von jener Zigeunerin, die man 1804 zu Beerfelden gehenkt habe, nur weil sie ein Huhn und zwei Laib Brot für ihr hungriges Kind gestohlen hatte. Sie soll die letzte Delinquentin gewesen sein. Landesherrn waren damals die Erbacher Grafen, deren Gesetzgebung als eher liberal beschrieben wird. Kaum vorstellbar, dass sie Mundraub mit dem Strick bedrohte. Eher Dichtung als Wahrheit ist denn auch jene Beerfelder Galgengeschichte, die der Odenwälder Autor Adam Karrillon zu Papier gebracht hat:

> *Als noch die Grafen von Erbach ihre eigenen Zentgerichte hatten, war mein Großvater Scharfrichter. Gar manchem hat er bei gutem und schlechtem Wetter hier an dem Querbalken in die Höhe geholfen, damit er sich die Gegend noch einmal gründ-*

lich betrachten und dann Abschied nehmen könne. So schritt er auch eines Tages neben Kaspar Sachs von Kirch-Brombach nach dem Hochgericht; denn Kaspar Sachs hatte im gräflichen Revier einen Hirsch geschossen, sah sein Unrecht ein und ging, die Pfeife im Munde, der Ewigkeit gelassenen Schrittes entgegen.

Richtplatz für drei: der Beerfelder Galgen.

»Lieber Henker«, sagte er unterwegs, »die Pfeife ist unter Brüdern einen Gulden wert und zur Stunde frisch gestopft. Sie soll nach meinem Tode dein eigen sein, wenn du mir einen kleinen Gefallen tun willst. Sieh her, ich habe einen Kropf. Nun bin ich da unter der garstigen Kohlrübe ein wenig kitzelig, sei darum so gut und lege deine hänfne Halsbinde getrost über des Kropfes größte Wölbung. Die Pfeife wird noch brennen, wenn ich ausgeschnauft habe, 's ist guter Tabak drin und du kannst sie ruhig weiterrauchen, ohne Feuer zu schlagen.«

Meinem Großvater gefiel der Handel, und er tat wie verabredet. Einen Augenblick baumelte Kaspar Sachs, dann rutschte die Schlinge ihm übers Gesicht, drückte die Nase ein wenig platt, und nach dieser Unbequemlichkeit stand der Gehängte mit beiden Stiefeln wieder auf dem Rasen unter dem Galgen.

»Wer einen Hirsch schießt«, sagte der Zentrichter, »der soll gehängt werden, so verlangt es das Gesetz. Gehängt ist der Kaspar Sachs, also haben wir mit der Sache nichts mehr zu tun.«

Der Wilddieb bückte sich nach seiner Pfeife, sie brannte noch, und nun lief er mit großen Schritten nach Kirch-Brombach zu. Mein Großvater stand grün vor Ärger auf der Leiter und rief dem Davoneilenden nach: »Halunke, ein andermal mach ich den Strick dir unter *die Rübe.«*

Dass die Beerfelder Richtstätte noch heute steht, verdankt der südliche Odenwald vermutlich seiner Abgeschiedenheit. Bereits 1788 hatte nämlich Kaiser Joseph II. den Abriss aller Galgen in seinem Machtbereich verfügt. Der aufgeklärte Monarch wollte die Todesstrafe abschaffen. Doch die kaiserliche Order aus dem fernen Wien drang nie bis zur Grafschaft Erbach. Ebenso wenig wie die gleich lautende Anordnung des Darmstädter Großherzogs von 1816. Das tödliche Dreieck wurde schließlich restauriert und so zum touristischen Superlativ, der rund um die Uhr besichtigt werden kann. Neblige Vollmondnächte gelten als Geheimtipp.

Lit.: Bettina Schmidt-Matthiesen, Gottesgericht und Rabenfraß. Der Beerfelder Galgen, in: Martin Maria Schwarz/Ulrich Sonnenschein (Hrsg.), Hessen kriminell. Orte des Verbrechens in Hessen, Marburg 1999, S. 17ff.
Adam Karillon, Die Geschichte vom geprellten Henker, zit. nach: Gerd Bauer, Geheimnisvolles Hessen, Frankfurt am Main 2005, S. 124f.

Matthias Beltz

»Ich hatte Schlappohren und lispelte, war schüchtern und ängstlich. Irgendwann merkte ich, dass mir immer Witze einfielen und dass die Leute zwar immer noch über mich lachten, aber dann, wenn ich es wollte. So machen Opfer Täter aus sich.«

Matthias Beltz spricht über seine Entscheidung, auf den Weg des Kabarettisten einzubiegen. Augenzwinkernd. Möglicherweise war es ja tatsächlich so und nicht anders. Letzteres hätte sich Beltz aber auf jeden Fall offengehalten. Dass die sicher geglaubten Weisheiten und Wahrheiten mindestens widersprüchlich, wenn nicht gar doppelbödig und verlogen sind, das war die wesentliche Botschaft, die er mit pointierter Rhetorik und dennoch gleichsam en passant unter die Leute brachte. Beltz ging es nicht zuletzt um die Herkunft des Menschen an sich und im Besonderen:

»Wer ist er, wo kommt er her und warum ist er nicht dort geblieben?«

Sein kurvenreicher Weg zum »teuflisch schlauen und herzensklugen König des Kabaretts« (Hamburger Abendblatt) begann im nördlichen Vogelsberg. So heißt es im eigenhändig verfassten Lebenslauf:

Tagebuch mit kritischer Würdigung deutscher Gedenktage (1995).

»Geboren am 31. Januar 1945 in Wohnfeld als Sohn des Diplom-Kaufmanns Fritz Beltz (zu der Zeit Angehöriger der Deutschen Wehrmacht und wahrscheinlich schon in der Sowjetunion gefallen, auf jeden Fall als vermisst gemeldet) und der Diplom-Handelslehrerin Martha Beltz, geb. Graf ... Mit acht Monaten kam ich nach Gießen und wohnte dort mit Bruder, Mutter und Großmutter Maria (geb. am 6. September 1880) in halbmatriarchalischen Verhältnissen, kam 1951 in die Schule, erlebte 1954 den Sieg des Vaterlandes im Berner Wankdorfstadion gegen Ungarn am Radio und besuchte in Gießen seit 1955 das Alte Realgymnasium (später Herderschule). Zuhause gab's kein Fernsehgerät, also hörte ich viel Radio, das war mein Tor zur Welt, und ich genoss die Insulaner, den Frankfurter Wecker, Familie Hesselbach, Heinz Erhardt und Wolfgang Neuss.
Abitur 1964, ab dann Studium der Jurisprudenz in Marburg, dort Schwerpunkte in politischer Gewerkschaftsarbeit, linker Utopiepflege und Erforschung des Skatspiels und der lockeren Biertrinkerei in absonderlichen Männerkreisen. Aus Flucht vor dem Alkoholismus setzte ich das Studium mit dem Sommersemester 1966 in Frankfurt fort, wurde Mitglied des SDS, konzentrierte mich auf Strafrecht, Kriminologie und Strafprozessrecht. Examen im Sommer 1969 (noch bevor es studentische Arbeitsgruppen zum Thema ›Lernschwierigkeiten‹ und ›Was hat das alles mit mir zu tun?‹ gab). Dann ein Jahr bei der ›Republikanischen Hilfe‹ in Frankfurt, der Rechtshilfeorganisation des SDS.«

Seine Zeit als Gerichtsreferendar verkürzte Beltz durch radikalen Entzug und begann im Sommer 1971 als Bandarbeiter bei ➛ Opel Rüsselsheim. Ein Projekt der Frankfurter Gruppe »Revolutionärer Kampf« (RK), die sich zur unabhängigen Linken zählte und die jungen Revolutionäre näher an die umworbene Arbeiterklasse bringen sollte. In den Reihen des RK engagierten sich auch ein junger Taxifahrer namens Josef Fischer und der spätere Europa-Abgeordnete Daniel Cohn-Bendit. Matthias Beltz blieb sechs Jahre im Opel-Werk und lud Vorderachsen vom Fließband. Dabei wurde ihm unter anderem klar, dass »das Proletariat tatsächlich nicht auf uns gewartet (hat), sondern auf den Feierabend – und die Rente«.

Doch schon bei den Opel-Betriebsversammlungen fiel Beltz als talentierter Satiriker auf. Er parodierte dort sehr überzeugend Willy Brandt. 1976 kam mit der Gründung von »Karl Napps Chaos Theater« der erste Schritt auf die Kabarettbühne. Im Herbst 1988 gründete er gemeinsam mit Johnny Klinke und Margareta Dillinger den Frankfurter »Tigerpalast«, der damals als »das erste moderne Varieté der Nachkriegszeit« gefeiert wurde. Heute ist das ehemalige Szenegewächs um hedonistische Gastronomie erweitert und gilt im etablierten Kulturbetrieb als absolutes Muss. Man trifft dort die Mächtigen und Schönen. Zumindest bei den Programmpremieren.

> *»Wir müssen uns amüsieren, auch wenn's nicht immer leicht fällt.«*

Matthias Beltz ging nun mit einem Soloprogramm auf Tournee (»Gnade für niemand – Freispruch für alle«, 1989) und entwickelte daraus seine ARD-Fernsehreihe »Fröhliches Standgericht«, zu der er u. a. Karl Eduard von Schnitzler einlud.

> *»Wer in den Puff geht, muss sich nicht wundern, wenn er dort Huren trifft – das ist in der Politik genauso.«*

Am 27. März 2002 starb Mathias Beltz überraschend an Herzversagen. Man hatte ihn an diesem Abend im »Tigerpalast« erwartet, wo er mehrmals im Jahr das Programm moderierte. Als er nicht rechtzeitig eintraf und auch nicht ans Telefon ging, fuhr man schließlich zu seiner Wohnung in Frankfurt-Sachsenhausen und fand ihn dort. Jede Hilfe kam zu spät.

»Wir erwarteten noch viel von ihm«, schrieb die »Süddeutsche Zeitung« in ihrem Nachruf, »denn Matthias Beltz gab Mut, rüstete auf – in demokratischen Tugenden wie in der freien Rede, der Zivilcourage: dass man kein Blatt vor den Mund nehmen braucht, dass es keine heiligen Kühe und keine politischen Tabus gibt«.

Lit.: www.Matthiasbeltz.de
Matthias Beltz, Gut und Böse. Gesammelte Untertreibungen in zwei Bänden. Herausgegeben von Volker Kühn, Frankfurt am Main 2004

Bembel

Bembel mit traditionellem Apfelweinglas.

Der Bembel ist der regionaltypische Schankkrug für hessischen ➛ Apfelwein. Er hat eine graue Salzlasur, die mit blauen Mustern verziert ist. Traditionell kommen die Bembel aus den Töpfereien des Westerwalds. Genauer gesagt aus der Gegend um Ransbach-Baumbach und Höhr-Grenzhausen, dem historischen »Kannebäckerland« des alten Nassau. Dort heißen die Bembel fachgerecht »Frankfurter Kanne«. Wie diese Kanne zum Namen »Bembel« kam, ist ungeklärt. Da der ähnlich geformte Glockenklöppel im alten Frankfurt ebenfalls »Bembel« hieß, liegt die Vermutung nahe, dass er bei der Namensgebung Pate stand.

Lit.: Michaele Scherenberg/Karl-Heinz Stier, Zum Anbeißen. Das hessische Apfelbuch, Frankfurt am Main 1996

Bethmännchen

Die Bethmännchen sind in Frankfurt untrennbarer Bestandteil der Weihnachtszeit. Es handelt sich dabei um ein lokales Marzipangebäck aus geriebenen Mandeln, Mehl und Puderzucker, das mit Rosenwasser verfeinert wird. Die Form erinnert entfernt an eine Daumenkuppe, in die drei halbierte Mandeln seitlich eingedrückt wurden. Herkunft und Namensgebung sind ziemlich unklar. Eine kühne These interpretiert die Mandelhälften als »betende Hände« und geht deshalb von »Bet-Männchen« aus. Verbreiteter ist allerdings die Vermutung, der Name habe etwas mit der alteingesessenen Frankfurter Familie von Bethmann zu tun. Einer ihrer Vorfahren soll das Rezept aus Frankreich mitgebracht haben. Belegt ist dies alles aber nicht. Am allerwenigsten die gern erzählte Anekdote, derzufolge Napoleon Bonaparte 1813 die noch namenlosen Mandelkuppen im Hause Bethmann genossen und sie dann spontan »Bethmännchen« getauft haben soll. Vermutet wird, dass mit dem Aufkommen des Zuckerbäckerhandwerks Anfang des 16. Jahrhunderts reisende Gesellen auch jenes Marzipanrezept an den Main brachten.

Lit.: Michaele Scherenberg/Karl-Heinz Stier, Hessen à la carte 1, Frankfurt am Main 1990, S. 23

Biber

Hessische Ortsnamen wie Biebergemünd im Spessart, Hofbieber in der Rhön oder Biebrich am Rhein weisen Europas größten Nager als einheimische Tierart aus. Doch im 19. Jahrhundert wurde den letzten Hessen-Bibern der Garaus gemacht. Zum einen, weil allerlei Wundermittel aus seinem Drüsensekret, dem »Bibergeil«, hergestellt wurden, zum anderen, weil sein Winterfell als Pelzkragen sehr beliebt war. In frommen Gegenden dürfte auch die Tatsache, dass Biber und Otter als legale Fastenspeise galten, zu seiner Ausrottung beigetragen haben. Der Klerus definierte die beiden Wasserbewohner nämlich als »Fische«. Und Fischgerichte sind auch heute kein Verstoß gegen das althergebrachte Fleischverbot an Freitagen und in der Fastenzeit.

1987 begann man im Spessart mit der Wiederansiedlung des *Castor fiber* in Hessen. Achtzehn Elbebiber wurden aus der DDR importiert und im Sinntal ausgewildert. Rund 65 Hektar Uferrandstreifen entlang der Bäche wurden aufgekauft oder angepachtet und so der landwirtschaftlichen Nutzung entzogen. Dadurch konnten Interessenkollisionen zwischen Bauer und Biber weitgehend vermieden werden. Den bislang spektakulärsten Schaden erlitt ein ufernaher Apfelbaum. Die Biber hatten nämlich das Fallobst schätzen gelernt, und als am Boden keine Äpfel mehr zu finden waren, galt ihr Bestreben den Früchten auf dem Baum. Da aber »Meister Bockert« nicht klettern kann, wurde der segensreiche Apfelbaum nach Biberart gefällt. Sein Besitzer erhielt vom Forstamt eine angemessene Entschädigung. Schadensersatz wollte auch ein Autofahrer, weil er im Herbst 1997 mit einem frisch gefällten Baum kollidiert war. Das Landgericht Hanau wies die Klage ab. Baumfällende Biber, so das Gericht, seien erfreuliche Folgen gelungenen Naturschutzes, die der Bürger hinnehmen müsse – gewissermaßen als höhere Gewalt.

Achtung Holzeinschlag: Spuren nächtlicher Betriebsamkeit im Sinntal.

Mittlerweile wird der Bestand der Hessen-Biber auf 150 Tiere geschätzt. Längst hat sich die Population in den fränkischen Spessart und in den südlichen Landkreis Fulda ausgedehnt. In wenigen Jahren, so vermuten die Fachleute, werden auch in den Fluss-Systemen von Fulda und Eder die ersten Biberdämme gebaut.

Lit.: Materialien der Hessischen Gesellschaft für Ornithologie und Naturschutz (HGON), Auenzentrum Echzell/Wetterau, 1997

Grösster Bierladen der Welt

Zapfstelle für Gerstensaft aus aller Welt.

Das größte Angebot an Biersorten gibt es nicht, wie bestimmt vermutet, in Bayern, sondern in Darmstadt. Dort präsentieren Mario und Michael Maruhn auf 1300 Quadratmetern 1250 Biersorten aus 63 Ländern. Und das ist rekordreif. Seit 1974 steht der Laden im Guinness-Buch der Rekorde. Nebenbei werden auch noch 200 verschiedene Mineralwässer, Wein und Spirituosen angeboten. Aber das wirklich Besondere sind die Biere aus exotischen Ländern, das Tusker-Bier aus Kenia, das Zambesi aus Zimbabwe, das Baadoc aus der Mongolei oder die verschiedenen Sorten aus der Karibik. Kunden aus aller Welt, ausländische Botschaften, Luftfahrtgesellschaften und spezialisierte Gastronomen kaufen bei Maruhn, aber auch ganz gewöhnliche Biertrinker, denen das Pils vom Fass zu langweilig geworden ist. Spätestens beim Gang durch die prall gefüllten Regale stellt sich der passionierte Freund des Gerstensaftes die Frage, warum das Bier bei Feinschmeckern in einem schlechteren Ruf steht als Wein. An der Reinheit der Grundstoffe, an der Sorgfalt der Zubereitung und an der Größe des Angebots kann es ja nicht liegen. Und wer einmal die Geschmacksvielfalt kennen gelernt hat, die der Darmstädter Abholmarkt bereithält, der dürfte doch ins Grübeln kommen. Vielleicht ist Bier einfach zu billig.

Biotonne

Müll getrennt zu sammeln, ist heute eine ökologische Selbstverständlichkeit. Das war aber nicht immer so. Die Biotonne für kompostierbaren Abfall gibt es nämlich erst seit 1983. Die Idee hatten zwei Studenten, Klaus Fricke und Thomas Turk. Bei ihrem Professor Hartmut Vogtmann fanden sie die nötige Unterstützung. Er unterrichtete damals alternative Landbaumethoden an der Kasseler Universität.

(und wurde später Präsident des Bundesamtes für Naturschutz). Sein Institut war in Witzenhausen angesiedelt, das eine lange agrarwissenschaftliche Tradition aufweist. Bereits unter Kaiser Wilhelm II. war dort eine Schule gegründet worden, die Landwirte für die deutschen Kolonien ausbildete. Den Witzenhäusern kam nun die Ehre zu, als erste die Biotonnen ausprobieren zu dürfen. Als die Studenten von Haus zu Haus gingen, um die Bewohner von dem neuen Abfallkonzept zu überzeugen, da hielt sich die Freude in Grenzen. Denn Mehrarbeit bedeutete das Getrenntsammeln allemal. Außerdem hatten in der Kirschenstadt viele einen Komposthaufen im Garten, der eindeutig noch umweltfreundlicher war als der grüne Behälter. Trotzdem gelang es den Studenten, 500 Haushalte zu überzeugen. Und damit war der Bann gebrochen. Die Biotonne setzte sich schneller durch als erwartet. Bereits 1986 führte sie Hessen als erstes Bundesland flächendeckend ein. Damit begann der Siegeszug der Biotonne, der bis heute anhält. Viele westeuropäische Länder haben sie übernommen, auch wenn die Kritiker dieser Art der Abfallentsorgung nicht verstummt sind. Sie verweisen auf die ihrer Meinung nach zu hohen Schadstoffwerte in dem Dünger, der in den Kompostierungsanlagen erzeugt wird, auf gesundheitsgefährdende Sporen und Schimmelpilze in den Tonnen und nicht zuletzt auf die Geruchsbelästigung, die das ganze Verfahren erzeugt.

Etwa ein Siebtel des Mülls in Deutschland wandert heute in die Biotonne und entlastet damit die Deponien. Und einige tausend Arbeitsplätze sind auch entstanden. So konnte Bundesumweltminister Jürgen Trittin 2003 bei der Jubiläumstagung des »Arbeitskreises für die Nutzbarmachung von Siedlungsabfällen« zufrieden feststellen:

»Die Biotonne ist ökologisch und ökonomisch ein Erfolgsmodell.«

Lit.: Ralf Pasch, Die Biotonne zwischen Boom und Bedeutung, in: Frankfurter Rundschau vom 11.7.2003

Wappen des Landgrafen Konrad von Thüringen mit dem Löwen, um 1240.

Blinde Hessen

Es gibt kaum ein Vorurteil, dass sich so hält, wie das von den »blinden« Hessen. Dabei weiß niemand ganz genau, woher es kommt und was es bedeutet. Aufgetaucht ist es wohl zum ersten Mal Mitte des 16. Jahrhunderts in einer Zusammenstellung von Sebastian Franck. »Du bist ein blinder Hesse« sollte danach einen »groben dölpel und fantasten« bezeichnen. Anfang des 17. Jahrhunderts schrieb ein gewisser Rommel in seiner Hessischen Geschichte von den »blinden Hundehessen«, was immer er darunter verstand. Vielleicht war die Bezeichnung als Spott gedacht, nämlich dass neugeborene Hessen neun Tage blind wie junge Hunde seien. Solche »Witze« sind nämlich von den hessischen Nachbarn belegt. Nicht weit davon entfernt war der Sprachforscher und Märchensammler Jacob ➛ Grimm, der sogar das hessische Wappentier bemühte. Im 16. Jahrhundert, so Grimm, sei der Löwe im Scherz Katze genannt worden, und Katzen sind ja bekanntlich blind bei der Geburt. Andere haben sogar die Linie von den hessischen Vorfahren, den ➛ Chatten, zu den Katzen gezogen (klingt ja auch ein bisschen ähnlich). Selbst in unserem Jahrhundert hat noch ein großes deutsches Wörterbuch die alten Vorurteile weitertransportiert. So heißt es im »Trübner« (1939) unter dem Stichwort ›blind‹: »Noch heute gilt der Ausdruck: ›Neulinge, blinde Hessen im Geiste‹.« Wer da wohl blind im Geiste war, ist zumindest für einen Hessen mit Sicherheit zu sagen.

Lit.: Rudolf Krämer-Badoni, Deutschland, deine Hessen, Hamburg 1968, S. 36–38

Blitzableiter

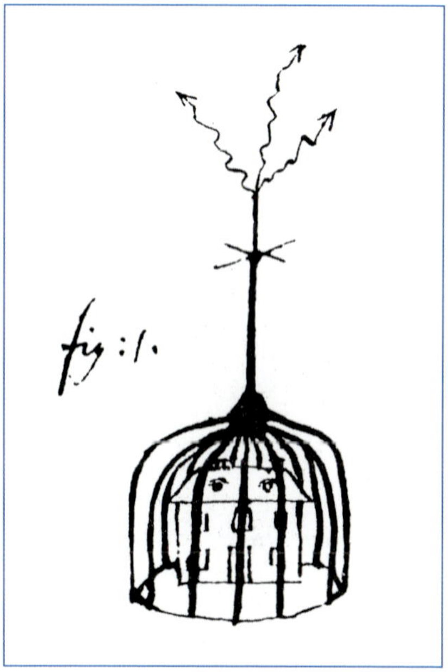

Lichtenbergs Zeichnung eines blitzableitenden Käfigs von 1783.

Zwar ist der Blitzableiter keine Erfindung eines Hessen, aber die Idee eines wirkungsvollen Schutzes vor der himmlischen Elektrizität stammt von dem in Ober-Ramstadt geborenen ➤ Georg Christoph Lichtenberg. Der Amerikaner Benjamin Franklin hatte 1752 den ersten Strahlableiter gebaut, dünne Eisenstangen, die vom Dach bis zur Erde reichten. Dieser Blitzschutz war zwar segensreich, aber nicht perfekt. Lichtenberg dachte das Konzept nun weiter und schrieb im September 1779: »Ich will mit der vollkommensten Art, den Blitz, der auf dem Anwege ist, aufzufangen, den Anfang machen. Die vollkommenste Blitz-Ableitung, die Basis aller andern, wäre ein metallenes (kupfernes oder bleiernes) Dach, das die Erde berührte, und selbst mit der in die genaueste Verbindung gebracht wäre. Die nächste ein solches Dach, nicht größer als die gewöhnlichen Ziegel-Dächer, von dessen Ecken man bleierne Röhren bis an die Erde und von da etwa durch Kupferdraht bis zum nächsten Wasser leitete. Eine solche Einrichtung bedürfte keiner Stange den Blitz zu reizen. Wenn er das Dach trifft, so fließt er, augenblicklich unsichtbar gemacht, in die Erde und verliert sich.« Das war nichts anderes als das Prinzip des »Faradayschen Käfigs«, der zum Beispiel die Insassen eines Autos vor Blitzschlag schützt. Der wurde allerdings erst rund 50 Jahre später von dem englischen Physiker »erfunden«. An Lichtenberg und seine Überlegungen dachte damals niemand mehr.

Lit.: Otto Weber, Zu Lichtenbergs Bemerkungen über den Blitz und den Blitzableiter, in: Das 1. Lichtenberg-Gespräch in Ober-Ramstadt 1972, Ober-Ramstadt 1974, S. 61–68

Blocksberg

Besenritt zum Bechtelsberg: Anhalter werden nicht mitgenommen.

Vielfach wird der Brocken im Harz für den »Blocksberg« schlechthin gehalten. In Wahrheit hat aber so ziemlich jede Region ihren »Blocksberg«, das heißt eine ganz bestimmte Erhebung, auf der sich der Sage nach zur festgelegten Zeit Schwarzmagier beiderlei Geschlechts mit Höllengeistern treffen. Das Ganze nennt man dann »Hexensabbat«. Der bekannteste dieser Blocksberge in Hessen ist der Bechtelsberg bei Ottrau, einer Ortschaft in der Nähe von Alsfeld. Es handelt sich dabei um einen eher schlichten Hügel mit dichtem Buchenbestand und einer Vertiefung, die man »Hexenkaute« nennt. Dort treffen sich in der Walpurgisnacht auf Besen daherreitende Damen mit ihren zugeordneten Buhlteufeln zu einer lautstarken Orgie. Eine weitere Sage sieht den Bechtelsberg als Wohnung der Frau Berchta. Diese offenbar gut aussehende Frauengestalt ähnelt der ➛ Frau Holle des Hohen Meißner. Sie ist zuständig für die Fruchtbarkeit von Feldern, Tieren und Menschen und begutachtet auch den sattsam bekannten Reigen hausfraulicher Tugenden. Fleißige Mädchen belohnt sie, die faulen straft sie mit Schabernack.

Lit.: Gerd Bauer, Geheimnisvolles Hessen, Frankfurt am Main 2005, S. 367 ff.

Blutegelzucht

Europas einzige Blutegel-Farm liegt in Biebertal bei Gießen. Seit 1991 züchtet dort der Zoologe Manfred Roth auf dem Gelände einer alten Gärtnerei die medizinisch wertvollen Sauger.

In den 19 Biebertaler Teichen wachsen in jedem Jahr an die 100 000 Egel heran. Da *Hirudo medicinalis* mit einer Blutmahlzeit an die 18 Monate auskommt, ist der Verpflegungsaufwand relativ gering. Alle Farm-Insassen werden mit dem Lebenssaft biologisch-kontrolliert gehaltener Haustiere gefüttert, den man ihnen in blutgetränkten Tüchern serviert.

Die Zuchtanlage beliefert Naturheilpraxen, Apotheken und Unfallkliniken. Dort werden die hilfreichen Gürtelwürmer bei vielerlei Krankheiten eingesetzt: vom Furunkel über Gelenkarthrose bis hin zu Gürtelrose und Tinnitus, dem landläufigen Ohrensausen. Und die Indikationsliste wird ständig länger. Der Blutegel erlebe gerade eine rasante Renaissance, erzählt Roth. In den letzen zehn Jahren habe sich bei ihm die verkaufte Menge verachtfacht. Auch die Schulmedizin akzeptiert mittlerweile den heilsamen Einsatz der Blutsauger.

Inzwischen weiß man, dass es der Speichel der Würmer ist, der medizinisch wirksam wird. 15 verschiedene Substanzen wurden identifiziert. Hat sich so ein Egel festgesaugt und das Blutgefäß geöffnet, gibt er zunächst Histamin ab. Dieser Stoff weitet die Gefäße und steigert die Durchblutung im umliegenden Gewebe. Danach gelangt Hirudin in die Wunde und hemmt die Blutgerinnung. So kann der Egel optimal saugen. Hirudin kann aber auch Blutgerinnsel in Venen zersetzen und hilft so bei Thrombosen. Deshalb wird es mittlerweile auch schon künstlich hergestellt und findet sich beispielsweise in Salben, die bei Prellungen verordnet werden. In der Unfallmedizin führt die Egeltherapie dazu, dass abgetrennte Finger oder Zehen mit geringeren Komplikationen wieder anwachsen.

Der wohl spektakulärste Fall ereignete sich 1987 in Boston. Dort hatte irgendein Köter das rechte Ohr eines Kindes abgebissen. Glücklicherweise verschluckte er seine Beute nicht und das Ohr konnte dem dreijährigen Jungen wieder angenäht werden. Zunächst schien alles wieder zu funktionieren, doch dann stockte die Blutversorgung. Die feingliedrigen Venen schafften es offenbar noch nicht. Das Ohr verfärbte sich innerhalb weniger Tage dunkelblau und drohte abzusterben. Da besorgte sich der zuständige Chirurg kurzerhand Blutegel und setzte sie dem Jungen an. Das Ohr war gerettet.

In Deutschland kommen jährlich etwa 300 000 Egel zum Einsatz. Zwei Drittel der Tiere werden importiert. Im Vergleich zum 19. Jahrhundert ist der deutsche Jahresverbrauch verschwindend gering. Damals wurden allein in Frankreich in jedem Jahr an die 30 Millionen Tiere medizinisch genutzt. Man therapierte mit ihnen

Verstopfung und Trübsinn, Abszesse und geschwollene Hoden, ja sogar Fettsucht und Priapismus, die schmerzhafte Dauererektion. Patienten setzten sich bis zu 100 Egel gleichzeitig an – den Blutverlust bezahlten viele mit dem Leben.

Heutzutage werden in der Regel zwischen 6 und 12 Saugwürmer auf einen Patienten losgelassen. Ihre schnittigen Bisse entsprechen dem Schmerz eines Mückenstichs. Jedes Tier zapft sich dann etwa 20 ml Blut. Auf der Haut des Patienten bleibt nur eine kleine sternförmige Bisskontur zurück.

Aus hygienischen Gründen wird so ein Egeltier nur ein einziges Mal verwendet und stirbt dann in der Regel einen unschönen Tod in kochendem Wasser.

Die Biebertaler Egel-Farm findet dieses Ex-und-hopp-Prinzip unfair und bietet daher die Rücknahme von Gebraucht-Egeln an. Dann kostet das Einzeltier allerdings vier Euro statt der sonst üblichen drei. Mit dem Aufpreis garantiert Züchter Roth dem Egel einen stressfreien Lebensabend in einem speziellen Rentner-Teich, wo er seinen gut 25 Jahren Lebenserwartung geruhsam entgegensehen kann. Andernorts kommen die Viecher über ihr drittes Jahr nicht hinaus. In Biebertal leben daher die ältesten Zuchtegel der Welt.

Lit.: Anika Geisler, Therapeut aus dem Tümpel, in: Stern 13/2001, S. 136
Jenny Niederstadt, Gnadenblut, in: Magazin Frankfurter Rundschau vom 26.10.2002
Weitere Informationen: Biebertaler Blutegelzucht, Tel. 06409 / 661400 und www.blutegel.de

Blutwunder von Gottsbüren

Die Ortschaft Gottsbüren liegt mitten im Reinhardswald. Heute ist sie ein Ortsteil von Trendelburg. Der fromme Name des kleinen Dorfes kommt nicht von ungefähr, denn Gottsbüren war in 14. Jahrhundert eine bedeutende Wallfahrtsstätte, deren Pilger von weit her angereist kamen.

Folgt man den Aufzeichnungen des Pfarrers Carl Bernhard Falckenheiner von 1837, so war die Ursache für den Ansturm der Frommen das um 1330 kursierende Gerücht, man habe in dem verschwiegenen Weiler »den heiligen Leichnam des Herrn wohlerhalten, unverweset, mit blutigen Tropfen gefunden«.

Die ehemalige Wallfahrtskirche in Trendelburg-Gottsbüren.

Ein klerikales Missverständnis, das den schlechten Lateinkenntnissen des Pfarrers geschuldet war. Gleichwohl fand diese Darstellung Eingang in die Kirchenliteratur und hielt sich hartnäckig bis ins 20. Jahrhundert. Lokalhistoriker lieferten zudem weitere gewagte Deutungen, die Falckenheiners Version an Kreativität weit übertrafen.

So unterstellt ein gewisser F. X. Schmidt in seiner 1919 unter dem Titel »Das Wunder des Reinhardswaldes« publizierten Schrift zwar die faktische Auffindung einer Leiche, vermutet dahinter aber ein Betrugsmanöver. Da das benachbarte Kloster Lippoldsberg damals in Geldnot gewesen sei, habe die Äbtissin einen frischen Leichnam mit künstlichen Wundmalen Christi versehen und in den Wald legen lassen. Die daraufhin einsetzende Massenwallfahrt habe die leeren Kassen des Klosters über lange Jahre nachhaltig saniert.

Eine wissenschaftliche Herleitung des offenbar nur 60 Jahre währenden Pilger-Booms findet sich in einer Untersuchung von Kurt Köster aus dem Jahre 1961. Zeitgenössische Quellen aus dem 14. Jahrhundert berichten demnach übereinstimmend, »ein auf dem Lippoldsberger Klosterhof in Gottsbüren gefundenes *corpus dominicum, verum corpus domini, corpus Christi sanguineis guttis* habe … den Anlass zur Entstehung der Wallfahrt gegeben. Jeden mit dem kirchlichen Sprachgebrauch auch nur einigermaßen Vertrauten lässt das klar erkennen, dass es sich dabei um eine der vielen ›blutenden Hostien‹ gehandelt, dass also ein eucharistisches Wunder im Mittelpunkt des Kultes gestanden hat. Falckenheiner nahm jedoch ›corpus‹ wortwörtlich und gelangte so zu der mehr als seltsamen Meinung, man habe damals hier im Reinhartswalde einen wirklichen Leichnam Christi ... dem gläubigen Volke *in natura* zur Schau gestellt«.

Es handelte sich also in Wahrheit um eines der im Mittelalter gängigen »Heilig-Blut-Wunder«.

In Gottsbüren aber ging es rasch bergauf. Die frommen Gaben der Wallfahrer waren so zahlreich, dass sie gar nicht alle zum Schmuck der rasch erbauten, großen Wallfahrtskirche verwendet werden konnten. Der Überfluss wurde verkauft. Auch der Opferstock füllte sich rekordverdächtig. So kamen beispielsweise in den Jahren 1334 bis 1338 Silbermünzen mit einem Gesamtgewicht von 220 kg in die Kirchenkasse.

Doch bereits Ende des 14. Jahrhunderts hatte Gottsbüren offenbar seine beste Zeit schon wieder hinter sich. Das lag vermutlich an einer verschärften Konkurrenzsituation durch ein weiteres Heilig-Blut-Wunder im ostdeutschen Wilsnack. 1383 stieg das kleine märkische Dorf kometenartig auf Platz 1 der Pilger-Hitliste. Gottsbüren war »out«.

Den Rest besorgte dann ein kirchliches Provinzialkonzil in Mainz, das 1451 die Verehrung »blutiger Hostien« offiziell verbot und sie beseitigen ließ.

Lit.: Carl Bernhard Nicolaus Falckenheiner, Der Wallfahrtsort Gottsbüren, in: Zs. d. V. f. hess. Gesch. und Landeskunde 1 (1837), S. 14–37
F. X. Schmidt, Das Wunder des Reinhartswaldes. Histor. Erinnerungen aus dem Hessischen Sachsengau, Cassel 1919.
Adolf Schreiber, Die Sage von der Auffindung des heiligen Leichnams Christi bei Gottsbüren und die Entstehung des Wallfahrtsortes, in: Jahrbuch des Landkreises Kassel 1959, S. 77 ff.
Kurt Köster, Gottsbüren, das »hessische Wilsnack«. Geschichte und Kulturgeschichte einer mittelalterlichen Heilig-Blut-Wallfahrt im Spiegel ihrer Pilgerzeichen. Sonderdruck aus: Festgabe für Paul Kirn zum 70. Geburtstag dargebracht von Freunden und Schülern, o. O. 1961, S. 198 ff.

Bonifatius

Kleine Axt mit großer Wirkung: Die Donareiche wird gefällt.

Der angelsächsische Missionar hieß eigentlich Winfried und wurde 672 im britischen Kleinstaat Wessex geboren. 719 beauftragte ihn Papst Gregor II. mit der Missionierung der Germanen, die ihn nach Thüringen, Friesland und später auch nach Hessen führte. Die hohen Taufquoten des Bonifatius gründeten sich auf seine enge Zusammenarbeit mit den fränkischen Militärkommandanten der jeweiligen Region, die seine Mission bisweilen auch mit Waffengewalt unterstützten. Ein glücklicher Gleichklang der Interessen, war doch die fränkische Führung davon überzeugt, dass ein einheitlicher Glaube die neu eroberten Gebiete fest ans Frankenreich binden würde.

Markantes Beispiel der forciert betriebenen Missionierung war das Fällen einer dem Donar geweihten Eiche, die mutmaßlich in Geismar bei Fritzlar stand. Die Überlegenheit des christlichen Gottes wurde mit einer Axt demonstriert, die ganze Aktion durch Lanzenreiter abgesichert. Möglicherweise gehört diese Baumschändung aber ins Reich der Legende, steht sie doch im Widerspruch zu einer päpstlichen Anweisung aus dem Jahre 601, der zufolge heidnische Heiligtümer nicht zerstört werden sollten. Sinnvoller sei da doch, aus ihnen einen Ort des Christengottes zu machen, damit das frisch getaufte Volk, »den wahren Gott erkennend und bewundernd, mit mehr Zutrauen an den Orten zusammenkommt, an die es gewöhnt ist«. Im Verlauf seiner Mission gründete Bonifatius unter anderen die Klöster Fulda, Amöneburg und Büraburg bei Fritzlar-Ungedanken. Dort entstand dann auch das erste Bistum auf dem Boden des heutigen Hessen. 746 wurde der britische Kleriker Bischof von Mainz und avancierte zum »päpstlichen Legaten für das deutsche Missionsgebiet«. Deshalb gilt er auch heute noch als »Apostel der Deutschen«. Mit 82 Jahren reiste Bonifatius noch einmal nach Friesland. Am 5. Juni 754 wurde er dort erdolcht und später in seinem Lieblingskloster in Fulda beerdigt. Im dortigen Barockdom ist sein prunkvoller Sarkophag zu besichtigen. Aus diesem Grund tagt dort in jedem Herbst die »Deutsche Bischofskonferenz«. Die erste Versammlung am Grab des Bonifatius fand 1867 statt.

Lit.: Beda der Ehrwürdige, Kirchengeschichte des englischen Volkes, übersetzt von Günter Spitzbart, Band I. Darmstadt 1982, S. 111 f.
Michael Imhof/Gregor K. Stasch (Hrsg.), Bonifatius. Vom angelsächsischen Missionar zum Apostel der Deutschen, Petersberg 2004
Hubertus Lutterbach, Bonifatius. Mit Axt und Evangelium. Eine Biographie in Briefen, Freiburg 2004
Monika Vogt, Zeiträume ohne Zeit. Begegnungen mit Bonifatius in Hessen, Frankfurt am Main/Wiesbaden 2004

Ludwig Börne (1786–1837).

Ludwig Börne

Ein typisches Frankfurter »bees Maul« war der Journalist und Schriftsteller Ludwig Börne. Am 6. Mai 1786 in der finsteren Judengasse geboren, hatte er nach dem Studium in Halle und Heidelberg in Gießen promoviert. Er kämpfte mit Gedanken und Worten für die Gleichstellung der Juden und gegen alle, die die Freiheitsrechte der Menschen beschneiden wollten. Da er selbst als Herausgeber und wichtigster Autor von mehreren Blättern ständig im Kampf mit der Zensur lebte, entwickelte er einen raffinierten Schreibstil, der oft etwas anderes meinte, als auf dem Papier stand. Als Kritiker, vor allem seit 1830 aus seinem selbstgewählten Exil in Paris, wurde Börne zum Begründer des deutschen Feuilletons. »Mutig und vehement«, schreibt Alfred Estermann in seinem Börne-Porträt, »werden demokratische Forderungen den überkommenen Machtstrukturen gegenübergestellt, werden utopische Ideen eines zukünftigen Europas artikuliert: Gedanken eines revolutionären Republikaners und Weltpatrioten. Die einzigartige publizistische Leistung gelingt. Die ›Brandbriefe‹ analysieren, indem sie beschreiben, sie spotten, indem sie zitieren, und sie klären auf, indem sie verschweigen«. Gegen Ende seines Lebens geriet Börne noch in einen heftigen Konflikt mit seinem Kollegen Heinrich Heine, ein Streit, der in die Literaturgeschichte eingegangen ist. Börne starb am 12. Februar 1837 in Paris und liegt auf dem Friedhof Père Lachaise begraben.

Lit.: Alfred Estermann, Ludwig Börne, Frankfurt am Main 1986
Willi Jasper, Keinem Vaterland geboren, Hamburg 1989
Alfred Estermann, Ludwig Börne, in: Hans Sarkowicz/Ulrich Sonnenschein (Hrsg.), Die großen Hessen, Frankfurt am Main 1997, S. 126–135
Heiner Boehncke/Hans Sarkowicz, Literaturland Hessen, Frankfurt am Main 2005

Börsenverein des Deutschen Buchhandels / Friedenspreis des Deutschen Buchhandels

Bücher sind seltsame Waren. Einerseits müssen sie genauso angeboten, beworben und gekauft werden wie Butter oder Kühlschränke. Andererseits liefern sie Denkanstöße, sind Unterhaltungsmittel, hochkulturelle oder bibliophile Kostbarkeiten. Der Börsenverein des Deutschen Buchhandels versucht beiden Seiten gerecht zu werden. Er unterstützt in ganz gewöhnlicher Lobby-Arbeit die ökonomischen Interessen der Verlage und des Buchhandels. Verteidigt (noch) die Buchpreisbindung gegen tausend Versuche, Bücher unter Preis und Wert anzubieten. Zum Beispiel im Huckepack mit Kaffee oder Schlagbohrmaschinen.

Der Börsenverein setzt sich aber auch für die freie Verbreitung des geschriebenen Wortes ein und geißelt alle Formen von Zensur oder Behinderung des Handels. Das tut er international; denn mit der Frankfurter Buchmesse (Größte ➛ Bücherschau der Welt) richtet er einmal im Jahr das wichtigste Buchspektakel der Welt aus. So fällt ihm in der kennzeichnenden Mischung aus ökonomischen und kulturellen Interessen ein weltumspannendes Wächteramt zu: Wo immer der freie Austausch von Büchern und Ideen beeinträchtigt wird, darf mit dem Protest des Börsenvereins gerechnet werden.

Die so genannte Buchhändler-Börse regelte auf privater Ebene seit 1792 im Rahmen der Leipziger Buchmesse die Abrechnung der Buchhändler und Verleger. Daraus entstand am 30. April 1825 der Börsenverein der Deutschen Buchhändler zu Leipzig – mit sechs Leipziger und 95 auswärtigen Firmen der erste über alle damaligen Ländergrenzen hinweg handelnde Berufsverband.

1950 vergab der Börsenverein des Deutschen Buchhandels zum ersten Mal den Friedenspreis des Deutschen Buchhandels. Erster Preisträger war der deutsch-jüdische Humanist, Philosoph und Dichter Max Tau. Die Laudatio hielt Adolf Grimme, der sozialdemokratische Kulturpolitiker der späten Weimarer Republik und jungen Bundesrepublik, nach dem der wichtigste Preis für herausragende Fernsehproduktionen benannt ist. Das Archiv der Preisträger und Preisträgerinnen und der Laudatoren liest sich wie ein »Who is who« der europäischen Kulturelite. 2008 wurde der mit 25 000 Euro dotierte Preis dem Maler und Bildhauer Anselm Kiefer zugesprochen.

Der jährlich in der traditionsreichen Frankfurter Paulskirche vergebene Preis geht an Persönlichkeiten, »die sich durch literarische, wissenschaftliche und künstlerische Tätigkeit zur Verwirklichung des Friedensgedanken in hervorgehobenem Maße verdient gemacht haben«.

Lit.: Friedenspreis des Deutschen Buchhandels 1950–1998. Reden und Würdigungen, 5 Bde., Frankfurt am Main 1999
Der Börsenverein des Deutschen Buchhandels 1825–2000. Ein geschichtlicher Aufriss. Herausgegeben im Auftrage der Historischen Kommission von Stephan Füssel, Georg Jäger und Hermann Staub in Verbindung mit Monika Estermann, Frankfurt am Main 2000

Geschwister Brentano

Sie entstammen einer Frankfurter Kaufmannsfamilie und zählen zu den berühmtesten Schriftstellern in Deutschland: die Geschwister Brentano. Nicht nur Clemens (1778–1842) und Bettine (1785–1859) verfassten Bücher, auch Christian (1784–1851) war als Autor aktiv. Die drei gingen ganz verschiedene Wege, die sich aber immer wieder kreuzten. Das Vermögen des Vaters, der mit Gewürzen und Spezereien gehandelt hatte, wäre eine gute Voraussetzung gewesen, um ein angenehmes Leben führen zu können. Aber es kam anders. Der älteste der drei, Clemens, bringt keine Ausbildung zu Ende und findet in der romantischen Freiheit seine erste Erfüllung. Seine Frau, Sophie Mereau, stirbt früh; er schreibt Gedichte, bringt mit Achim von Arnim die Volksliedersammlung »Des Knaben Wunderhorn« heraus und verfasst das Märchen von »Gockel, Hinkel und Gackeleia«. Seine Schwester Bettine wird 1811 Achim von Arnim heiraten. Unzufrieden mit der Welt findet Clemens Brentano zum katholischen Glauben und damit zu seinem Bruder Christian, der als Gutsverwalter gescheitert ist, harmlose Komödien verfasst und inbrünstig für den Katholizismus wirbt. Der nimmt seinen Bruder in sein Aschaffenburger Haus auf und stellt die erste Gesamtausgabe der Schriften von Clemens Brentano zusammen.

Bettine Brentano, Kupferstich nach einer Bleistiftzeichnung von Ludwig Emil Grimm.

Schwester Bettine beweist schon früh ihre große Eigenständigkeit. Aber erst nach der Geburt von sechs Kindern und dem frühen Tod ihres Mannes findet sie zum Schreiben, zunächst mit Büchern über die unglückliche Günderrode und ➛ Goethe. Mit ihren politischen Schriften, dem sozialkritischen Gesprächsroman »Dies Buch gehört dem König« und dem nicht veröffentlichten »Armenbuch«, wird sie zu einer wichtigen Figur des Vormärz. Sie nutzt ihre gesellschaftliche Stellung, um sich gegen das Elend der Massen ebenso zu engagieren wie für verhaftete Oppositionelle. Während sich ihr Bruder Clemens gegen Ende seines Lebens ins Religiöse flüchtet, versucht sie, die Wirklichkeit zu verändern. Ein nachhaltiger Erfolg ist ihr allerdings versagt geblieben.

Lit.: Klaus Günzel, Die Brentanos, Zürich 1993

Henning Boëtius, Die Geschwister Brentano, in: Hans Sarkowicz/ Ulrich Sonnenschein (Hrsg.), Die großen Hessen, Frankfurt am Main 1996, S. 156–166
Bernd Heidenreich (Hrsg.), Geist und Macht: Die Brentanos, Wiesbaden 2000
Hartwig Schultz, Die Frankfurter Brentanos, Stuttgart/München 2001
Heiner Boehncke/Hans Sarkowicz, Literaturland Hessen, Frankfurt am Main 2005

Grösste Bücherschau der Welt

Seit spätestens 1240 ist in Frankfurt eine Herbstmesse urkundlich belegt, der 1330 noch eine Frühjahrsmesse folgte. Bücher wurden wohl so früh noch nicht gehandelt; aber es sollte auch nicht lange dauern, bis sie auch dort an den Ständen erhältlich waren. Die Erfindung des Buchdrucks machte es möglich. Spätestens seit 1480 entwickelte sich innerhalb der Warenmesse eine eigenständige Buchmesse mit einem zu dieser Zeit eigenen Gepräge, denn der Rat der Stadt verzichtete weitgehend auf Zensur. Frankfurt wurde zum Mekka für Autoren, Drucker, Verleger und Buchkäufer. Der aus Paris stammende Gelehrte und Buchdrucker Henri Estienne glaubte 1574 sogar, »nicht an dem Ort Deutschlands zu sein, der den Namen Frankfurt trägt, sondern eher in jener Stadt, die einst die blühendste und durch die wissenschaftlichen Studien berühmteste von ganz Griechenland gewesen ist. Man tut vielleicht gut, die dem literarischen Verkehr gewidmete Straße geradezu als das Frankfurter Athen zu bezeichnen«. So viel Lob war den Frankfurtern etwas wert, und sie schenkten dem begeisterten Dichter einen vergoldeten Becher. (1968 ließ die immer noch gerührte Buchmesse den Band übrigens neu drucken – als Werbegeschenk.) Die Buchmesse wurde so bedeutend, dass sie bald schon den Preis der Bücher bestimmte, der entsprechend »Frankfurter Tax« hieß. Auch damals gab es also schon so etwas wie eine Preisbindung. Honorare an Autoren wurden so gut wie niemals bezahlt. Der Wissenschaftler oder Schriftsteller arbeitete höchstens für Gottes Lohn. Die Bücher kamen noch nicht gebunden zur Messe, sondern in Druckbögen, die gerollt in Fässern transportiert wurden. Bis ins 18. Jahrhundert hinein tauschten die Drucker und Verleger die

»rohe Ware« bargeldlos miteinander und konnten sich so ein ansprechendes Sortiment aus eigenen und fremden Büchern zusammenstellen. In Leipzig, der großen Konkurrenz von Frankfurt, regierte zu dieser Zeit schon das Bargeld. Als der Rat seine liberale Zensurpolitik Stück für Stück aufgab, verlagerte sich der Buchhandel und mit ihm die Messe nach Leipzig. Erst nach dem Zweiten Weltkrieg, am 18. September 1949, fand in der Paulskirche wieder eine Buchmesse statt, die sich rasch zur weltgrößten entwickelte. 2007 waren knapp 7500 Verlage aus 108 Ländern mit über 390 000 Büchern vertreten. An den Messetagen kamen 283 000 Besucher.

Plakat der ersten Frankfurter Buchmesse nach dem Zweiten Weltkrieg.

Lit.: Fried Lübbecke, Fünfhundert Jahre Buch und Druck in Frankfurt am Main, Frankfurt am Main 1948
Peter Weidhaas, Zur Geschichte der Frankfurter Buchmesse, Frankfurt am Main 2003

Georg Büchner

Wenn es unter den deutschen Schriftstellern des 19. Jahrhunderts einen wirklichen Revolutionär gab, dann war es der am 17. Oktober 1813 im südhessischen Goddelau geborene Georg Büchner. Der Sohn eines Arztes war nach zweijährigem Studium in Straßburg 1833 nach Gießen gekommen, wo er das Elend der hessischen Landbevölkerung hautnah erlebte und sich einer revolutionären Geheimgesellschaft anschloss. Sein Ziel, Arzt in hessischen Diensten zu werden, gab er auf, weil er nicht »Knecht mit Knechten« in einer »vermoderten Fürstengesellschaft« werden wollte. Stattdessen schrieb er zusammen mit dem Butzbacher Pfarrer Ludwig Weidig den anonym veröffentlichten ➛ »Hessischen Landboten«, der die Missstän-

Georg Büchner, das berühmte Bild mit der Haarlocke, das im Haus der Familie beim Bombenangriff auf Darmstadt 1944 verbrannte.

de beim Namen nannte und einen revolutionären Umsturz forderte. Die dünne Schrift löste eine intensive und blutige Untersuchung durch die Darmstädter Polizei und Justiz aus. Unter diesem Eindruck verfasste Büchner sein Revolutionsdrama »Dantons Tod«, später die Novelle »Lenz«, das Lustspiel »Leonce und Lena« und die Tragödie »Woyzeck«, die unvollendet blieb. Im Sommer 1836 reichte er in Zürich seine Dissertation über das Nervensystem der Flussbarbe ein. Im Sommer desselben Jahres übersiedelte er als politischer Flüchtling der »Sonder-Klasse« ganz nach Zürich, wo er am 19. Februar 1837 an Typhus starb.

»Georg Büchner ist«, so Jan-Christoph Hauschild, »das Genie der deutschen Literatur, das nicht altert. Sein dramatisch kurzes wie hochproduktives Leben ist Stoff geworden für Dutzende Gedichte, für Erzählungen und Romane, Hör- und Schauspiele, für Opern, Fernseh- und Filmproduktionen, für Tausende von Essays, Aufsätzen und Abhandlungen.« Er »verbindet Unversöhnlichkeit und radikale Negation mit einem gerüttelt Maß an Tragik. Das ist nichts, was verjähren könnte.«

Das renovierte Geburtshaus des Dichters in Goddelau, das lange vom Verfall bedroht war, ist nach einer großen Solidaritätsaktion, an der sich auch der Hessische Rundfunk beteiligte, im Oktober 1997 wieder eröffnet worden. Seit Herbst 1998 befindet sich darin ein Museum, das den Besuch lohnt. Zu finden ist es in der Weidstraße 9.

Seit 2000 erscheint im Auftrag der Akademie der Wissenschaften und der Literatur in Mainz eine historisch-kritische Ausgabe sämtlicher Werke und Schriften von Georg Büchner. Diese bisher umfassendste »Marburger Ausgabe« enthält alle Texte von Büchner, dazu Editionsberichte, Quellen und Erläuterungen. Herausgeber ist Burghard Dedner, der die Edition zusammen mit Thomas Michael Mayer begründete.

Lit.: Georg Büchner. 1813–1837. Revolutionär, Dichter, Wissenschaftler, (Ausstellungskatalog) Basel/Frankfurt am Main 1987
Jan-Christoph Hauschild, Georg Büchner, Stuttgart 1993
Heiner Boehncke/Hans Sarkowicz (Hrsg.), Ein Haus für Georg Büchner, Marburg 1997
Hans Deuster, Die Büchners im Ried, Riedstadt 1997
Hans Sarkowicz/Heiner Boehncke, Literaturland Hessen, Frankfurt am Main 2005
Heiner Boehncke/Peter Brunner/Hans Sarkowicz, Die Büchners oder der Wunsch, die Welt zu verändern, Frankfurt am Main 2008

Fürst von Bulgarien
➛ Battenberg/Mountbatten

Bundesligaskandal

So ganz klar war die Rolle des Vereinspräsidenten von ➛ Kickers Offenbach damals nicht. Horst-Gregorio Canellas jedenfalls hat den bislang größten Bundesligaskandal ausgelöst. Er hatte am Telefon – er behauptete zum Schein – Bestechungsangebote abgegeben, weil auch sein Verein in der Fußball-Bundesligasaison 1970/1971 vom Abstieg bedroht war. Zwar wurde er wie 50 Spieler, Trainer und Vereinsfunktionäre mit ihm bestraft, aber eigentlich schuldig war er wohl wirklich nicht. Das waren andere. Unermesslich war der Schaden, weil niemand mehr wusste, wem man in der Bundesliga überhaupt noch trauen konnte. Der »Bundesligaskandal«, das waren die dubiosen Vorgänge im Abstiegskampf in der Saison 1970/1971. Den Abstiegskandidaten Rot-Weiß Oberhausen und Arminia Bielefeld war es in manipulierten Punktspielen gelungen, ihrem eigentlich verdienten Schicksal zu entgehen.

Bei den Ermittlungen wurde klar, dass das Bundesligaspiel FC Schalke 04 gegen Arminia Bielefeld am 17. April 1971 vom Schalker Vorstand und einigen Spielern an die Bielefelder regelrecht verkauft worden war. So endete es »wunschgemäß« 1:0 für die Arminia. Zur Strafe wurden 1973 nahezu alle Schalker Spieler zu langen Sperren verurteilt. Unter ihnen die Nationalspieler Reinhard »Stan« Libuda,

Klaus Fichtel und Klaus Fischer. Alle wurden jedoch nach unterschiedlich langen Zeiten begnadigt. Als wären es der üblen Machenschaften nicht genug gewesen, beschworen die Schalker Spieler auch noch ihre Unschuld, womit sie glatte Meineide ablieferten. Überhaupt rutschte Schalke 04 von allen beteiligten Mannschaften und Einzeltätern am tiefsten in den Skandalsumpf. In der damals laufenden Saison 1971/1972 wurde der Verein dann zum allgemeinen Hohn auch noch Vizemeister, da die Spieler-Sperren erst für die darauf folgende Saison griffen.

Warum die Schalker Spieler für ein bisschen Geld auch noch Meineide schworen und so der Bundesliga erheblichen Schaden zufügten, das weiß so recht niemand. Bis heute allerdings klingt das Skandal-Echo im Revier nach. Die Fans von Borussia Dortmund und Rot-Weiss Essen nennen Schalke 04 noch immer »FC Meineid«.

Leider musste auch Kickers Offenbach büßen und verlor wie Arminia Bielefeld die Bundesligalizenz. Das ist lange her, und es gleicht einem Wunder, dass der Profifußball sich von diesem Skandal einigermaßen rasch erholen konnte. Aber verständlich ist es schon! Fußball ist ein Lebensmittel und Lebensmittelskandale pflegen immer nach kurzer, heftiger Aufregung zu verschwinden – bis zum nächsten Skandal.

Lit.: Daniel Linke, »Ja, das ist fair«. Der Bundesligaskandal, in: Martin Maria Schwarz/Ulrich Sonnenschein (Hrsg.), Hessen gefälscht. Orte eigener Wahrheit in Hessen, Marburg 2002, S. 90–95

Adolphus Busch aus Kastel

Die Firmen-Homepage von Anheuser-Busch in St. Louis/USA feiert ihn als eigentlichen Gründer der weltgrößten Brauerei und genialen Erfinder der Erfolgsmarken Budweiser (1876) und Michelob (1896). Adolphus Buschs Geburtsjahr allerdings bleibt unerwähnt. Ebenso wie der Ort des Geschehens, die damals selbstständige Gemeinde Kastel (➛ AKK), in der er am 10. Juli 1839 als zweitjüngstes von 22 Kindern das Licht der Welt erblickte. Eine dörfliche Welt am rechten Rheinufer, die zum Großherzogtum Hessen gehörte. Erst 1908 wurde Buschs Heimatort nach Mainz eingemeindet, ab 1946 dann von Wiesbaden verwaltet.

Gestiftet von Adolphus Busch: der Ochsenbrunnen bei Kastel.

Die Familie Busch war offenbar wohlhabend. Der Filius besuchte ein Mainzer Gymnasium und studierte dann in Darmstadt und Brüssel. 1857 wanderte Adolphus Busch in die Vereinigten Staaten aus und kämpfte von 1861 bis 1865 im amerikanischen Bürgerkrieg. Bereits 1861 hatte er die siebzehnjährige Lilly Anheuser geheiratet, die Tochter eines erfolgreichen Geschäftsmanns aus St. Louis/Missouri. Jener Eberhard Anheuser (1805–1880) war ebenfalls deutscher Einwanderer. Er stammte aus (Bad) Kreuznach an der Nahe. Anheuser hatte einer kränkelnden kleinen Brauerei in St. Louis einen riskanten Kredit gegeben und war so später (eher unfreiwillig) zum Anteilseigner geworden. Schließlich erwarb er den maroden Betrieb ganz und holte 1864 seinen Schwiegersohn Adolphus als Kompagnon in die Firma. Der avancierte bald zum Firmenvorstand (president) und trug entscheidend dazu bei, dass aus der lokalen Bier-Klitsche die prosperierende Großbrauerei Anheuser-Busch wurde.

Buschs strategische Vision war die Schaffung eines nationalen amerikanischen Biermarktes, der den Absatz in allen Bundesstaaten möglich machen sollte. Dazu ließ er entlang der Bahnlinien unzählige Eisstationen errichten, an denen seine gekühlten Bier-Waggons immer wieder mit frischen Eis versorgt werden konnten. Die erste Kühlwagen-Flotte der Industriegeschichte.

Adolphus Busch hing an seiner alten Heimat. Immer wieder besuchte er seine Verwandten und alten Freunde in Kastel. Als 1882 das Hochwasser des Rheins in seinem Geburtsort große Verwüstungen hinterließ, war der Kasteler Bub zur Stelle und schickte Geld für die Geschädigten. 1902 ließ er den Ochsenbrunnen in der Kasteler

Gemarkung neu fassen und mit einem Gewölbe übermauern. Wohl wissend, dass ohne klares Wasser auch kein gescheites Bier zu brauen ist. Das neue Bauwerk ließ Busch mit einer antiken Spruchweisheit versehen: Veni, vidi, vici – Ich kam, sah, siegte. Der markige Satz war sein Lebensmotto.

In den Jahren danach wurde die Brunnenstube in den Feldern zum beliebten Wendepunkt sonntäglicher Spaziergänge.

Adolphus Busch starb 1913 während eines Deutschlandbesuchs in Lindschied bei Bad Schwalbach. Dort hatte er sich ein großzügiges Landhaus errichten lassen und nach seiner Frau Villa Lilly genannt. Das Gebäude steht heute noch und beherbergt eine Einrichtung zur Drogentherapie.

Lit.: www.anheuser-busch.com
Matthias Trautsch, Der Vater des »Budweiser« kommt aus Kastel, in: Frankfurter Allgemeine Zeitung vom 13.5.2006
Exponate im Museum Castellum (Heimatmuseum Mainz-Kastel), Reduit-Kaserne, Tel. 06134 / 65272, geöffnet: nur sonntags 10.30–12.30

C

Kaiser-Marke: historischer Spitzensekt von Söhnlein-Rheingold.

Champagner-Prozess

Kaiser Wilhelm II. hatte es gefallen, sich seine Schoner-Yacht »Meteor« in den fernen USA fertigen zu lassen. Die Schiffstaufe vollzog Alice Roosevelt, die Tochter des US-Präsidenten Teddy Roosevelt, am 25. Februar 1902 auf einer Werft bei New York. Gemäß der Verfügung des kaiserlichen Schiffseigners tat sie dies mit einer Flasche Söhnlein Rheingold aus dem Rheingau-Dorf Schierstein, heute ein Stadtteil von Wiesbaden. Die Markenwahl lag auf der Hand, hatte seine Hoheit doch auch für alle neuen deutschen Kriegsschiffe die Taufe mit Schiersteiner Sekt befohlen. Der Bruder des Kaisers, Prinz Heinrich von Hohenzollern, war eigens zur Yacht-Taufe angereist:

> *»Um 10.40 Uhr ließ die in Schale geworfene Miss Alice Roosevelt die obligatorische Schaumweinflasche an der ›Meteor‹ zerschellen. Kanonendonner, Jubel, Marschmusik … Doch schon kurze Zeit später höhnten französische Zeitungen über die deutsch-amerikanischen Zeremonienmeister: Der Schaumwein, mit dem die Präsidententochter das kaiserliche Schiff vom Stapel laufen ließ, war gar nicht vom Rhein, sondern aus der Champagne … Der Chef der US-Werft bestätigte es den Franzosen per Depesche: Es war Champagner. Moët & Chandon. Der Eigentümer der Werft hatte mit dem US-Repräsentanten von Moët & Chandon, Geo A. Kessler, den Deal vereinbart: Die Franzosen zahlen 6000 Dollar, dafür wird ihr Schaumwein in das Lederetui geschmuggelt.«*

Die Schiersteiner Rheingold-Kellerei wollte die Blamage nicht wahrhaben. In zahlreichen Zeitungsanzeigen bestand sie auf der vermeintlichen Tatsache, dass die Kaiser-Yacht mit ihrem Sekt bespritzt worden sei. Als ihr Kronzeuge fungierte der deutsche Botschafter in Washington, der die Söhnlein-Version bestätigte. Doch die Champagner-Strategen aus Epernay hielten dagegen. In ihren Inseraten bezeugte ein New Yorker Notar eidesstattlich die Richtigkeit der französischen Darstellung. Schließlich nahmen die wechselseitigen Anzeigen ganze Zeitungsseiten ein. Man sprach vom deutsch-französischen Champagner-Krieg. Auf dessen Höhepunkt reichte Moët & Chandon beim Königlichen Landgericht in Wiesbaden eine Klage auf Schadensersatz ein: Bei Androhung von sechs Monaten Haft sollte die Firma Söhnlein künftig die Behauptung unterlassen, die »Meteor« sei mit Rheingauer Sekt getauft worden.

> *»Eine Million Mark forderte Moët & Chandon als Schadensersatz. Das Geld wollte man angeblich für wohltätige Zwecke verwenden und kündigte protzig an, im Falle des Prozessgewinns noch eine Million draufzulegen. Am 13.November 1902 eröffnete Landgerichtsdirektor Born den Wiesbadener ›Champagner-Prozeß‹ ... Söhnlein & Co. wehrte sich. Forderte die Abweisung der Klage und das Recht zur Behauptung, dass Moët & Chandon nur durch ›unlautere, höchst verwerfliche Mittel‹ erreicht habe, dass man zur Taufe der ›Meteor‹ kein ›Rheingold‹ verwendete. An einem Vergleich zeigten beide Parteien kein Interesse.«*

Es wurde ein langwieriger Prozess. Erst ein knappes Jahr später, am 7. November 1903, wies das Zivilgericht die Klage ab. Die Champagner-Magnaten mussten die Gerichtskosten berappen: 40 000 Reichsmark. Für sie eine preiswerte Werbekampagne. Den abschlägigen Bescheid begründeten die königlich-preußischen Juristen mit der Feststellung, dass es keine deutsch-französischen Handelsabkommen gäbe, die unlauteren Wettbewerb mit Strafe bedrohten. Die öffentliche Behauptung der Schiersteiner, ihr Rheingold-Sekt sei zur Schiffstaufe verwendet worden, hätten diese in gutem Glauben gemacht. Entsprechende Aussagen des deutschen Botschafters in den USA wurden als Beweis gewertet.

Die Ehre von Söhnlein & Co. war wiederhergestellt.

Lit.: Manfred Gerber, Eine unlautere Kampagne für Champagner, in: Wiesbadener Kurier vom 23.2.2002

Champagner-Verfahren

Der Rheingau brilliert mit der bundesweit höchsten Dichte an Sektherstellern. Ebenso wie die Weinbauern mit ihren Winzersekten bedienen sich die führenden Kellereien einer überlieferten Methode, deren Namen sie tunlichst verschweigen: des Champagner-Verfahrens. Der Grund: Die in der französischen Weinregion Champagne entwickelte Methode zur Herstellung von Schaumweinen (»méthode champenoise«) ist als Bezeichnung weltweit geschützt und darf nur für Produkte aus 250 Weindörfern zwischen Reims und dem Marne-Tal verwendet werden. Gleiches gilt für den Begriff »Champagne(r)«. Daher spricht man im Rheingau ersatzweise von »Flaschengärung«, und das Endprodukt firmiert als »Sekt«. Beim Champagner-Verfahren werden zunächst bis zu 40 durchgegorene Jungweine zu einer »Cuvée« zusammengemischt und durch eine »Fülldosage« ergänzt, die aus gezuckertem Wein und Hefe besteht. Das Ganze wird dann in dickwandige Flaschen gefüllt und mit Kronkorken verschlossen. Die Fülldosage bewirkt nun eine erneute Gärung in der Flasche, eben die »Flaschengärung«. Während dieses Reifeprozesses bei gleich bleibenden 10 Grad Kellertemperatur verwandelt sich die Fülldosage in Alkohol und Kohlensäure. Der Flaschendruck steigt auf fünf bis sechs Atmosphären an und bewirkt eine enge Verbindung von Wein und Kohlensäure. Etwa ein Vierteljahr später ist der junge Schaumwein klar. Allerdings hat sich ein Depot aus Gärrückständen abgesetzt, das zwischen einem und drei Jahren in der Flasche bleibt. Soll eine Partie zum Versand fertig gemacht werden, wird dieses Depot entfernt. Dazu stellt man die Flaschen in so genannte »Rüttelpulte«, und zwar so, dass ihre Hälse schräg nach unten zeigen. Tag für Tag kommen dann die Rüttler (frz. »remueurs«), rütteln jede Flasche kurz durch, drehen sie in der Längsachse um ein Achtel ihres Umfangs und richten sie ein wenig steiler auf. In den Gewölben der Champagne bewegt jeder Rüttler bis zu 40 000 Flaschen am Tag. Nach sechs oder acht Wochen stehen die Flaschen fast senkrecht und aller Satz hat sich in der Enge des Halses direkt unter dem Verschluss gesammelt. Senkrecht in Körben und Kisten stehend werden die Flaschen dann zum »Abschlämmen« gebracht. So schwierig und risikoreich das früher einmal war, heute hat die moderne Technik eine recht einfache Maschine dafür entwickelt. Sie steht tief unten im Keller. Die Flaschenhälse werden durch eine Gefrierlösung transportiert, und bei minus 20 Grad bildet sich unter dem Verschluss ein kleiner Eisbrocken, der alle Depotbestandteile einschließt. Beim Öffnen wird dieses Eisbröckchen herausgeschleudert; es geht aber gleichzeitig nur eine sehr geringfügige Menge Schaum verloren. Diese wird sofort durch etwas Wein der gleichen Cuvée ersetzt, dem je nach gewünschter Geschmacksrichtung »Dosierungslikör« beigemischt wird. Das Originalverfahren meint mit diesem »Likör« alten Champagner, in dem Rohrzucker gelöst ist. Der Zuckeranteil bestimmt, ob der Schaumwein »extra brut«, »brut«, »extra trocken«, »trocken« oder »halbtrocken« wird.

Lit.: Horst Scharfenberg, Das praktische Buch vom Wein, München 1979, S. 166 f.

Chatten

Die Chatten (gesprochen »Katten«) gelten gemeinhin als die germanischen Vorfahren der Hessen. Zumindest sprachgeschichtlich ist das halbwegs plausibel, dient doch das »C« am Anfang des Stammesnamens lediglich zur Kennzeichnung für das folgende stimmhafte »H«, das die Römer nicht kannten. Deshalb sind die von Tacitus beschriebenen Chatten de facto »Hatten« und von hier ist es wahrhaftig nicht mehr weit zu den Hessen. In seiner »Germania« schildert der römische Historiker jene Chatten allerdings nicht als gegliederte Stammesgesellschaft, sondern als kriegerischen Männerbund: »Keiner von ihnen hat Haus und Hof und sonstige Pflichten; wen immer sie aufsuchen, von dem lassen sie sich je nach dessen Verhältnissen bewirten; sie sind Verschwender fremden und Verächter eigenen Gutes, bis das kraftlose Alter sie zu so rauem Kriegerdasein unfähig macht« (Germania, Kap. 31). Augenscheinlich hatte Tacitus wenig Ahnung vom Stamm der Chatten und besaß bestenfalls Informationen über einen kleinen Teil des Volkes, der, ähnlich den nordischen Berserkern, eine Art Eingreiftruppe darstellte. Der Historiker lebte von etwa

55 bis 120 n. Chr. im fernen Rom und hat die Alpen nie überschritten. Gleichwohl gilt sein Bericht als zentraler Nachweis für Existenz und Wesensart der Chatten. Ob sie tatsächlich Germanen waren, ist ungewiss. Die Zuordnung fremder Völker geht bei römischen Chronisten ziemlich durcheinander, und es steht zu befürchten, dass sie alles Blonde und Rothaarige für »germanisch« hielten. Zwar fanden die Archäologen in Nordhessen eindeutig germanische Keramik aus der Mitte des ersten Jahrhunderts, doch da stand eben nicht »von den Chatten« drauf. Die Benutzer der Krüge und Kannen könnten auch ganz anders geheißen haben. Ebenfalls denkbar ist die Existenz von keltogermanischen Völkern, die aus der Verschmelzung ansässiger ➛ Kelten mit einwandernden Germanen neu entstanden. In Hatzfeld/Eder fand man in Brandgräbern aus dem 1. Jahrhundert als Grabbeigaben keltischen Schmuck in Kombination mit germanischer Keramik. Womöglich ein Beleg für die Existenz solcher neuen Stämme, zu denen auch die Chatten gehören könnten. Folgt man aber der gängigen Zuordnung des »Chattischen« zu jenen Keramikfunden bei Fritzlar, Kassel und Hofgeismar, so kann auch dann nur von den Vorfahren der Nordhessen die Rede sein. Im römisch besetzten Südhessen saßen damals neben eindeutig keltischen Stämmen auch die Mattiaker. Doch wohin die ethnisch gehörten, ist völlig offen.

Lit.: Johannes Haller/Heinrich Dannenbauer, Der Eintritt der Germanen in die Geschichte, Berlin 1970, S. 30

D

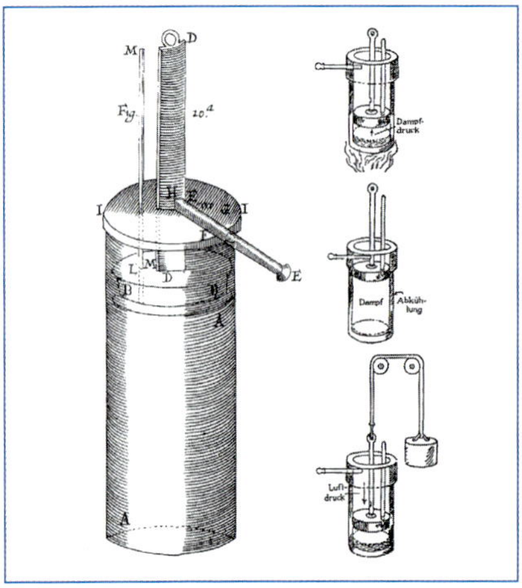

Denis Papins »Atmosphärische Dampfmaschine« (Stich von 1695).

Dampfzylinder

Dass in Hessen ein entscheidender Schritt zur Entwicklung der Dampfmaschine unternommen wurde, ist so gut wie unbekannt. Die Erfindung stammt von dem Franzosen Denis Papin (1647–1712), der daneben auch die ➛ Hessenpumpe und das ➛ Unterseeboot mit Ruderantrieb konstruierte. Als von seiner Regierung verfolgter Hugenotte arbeitete Papin ab 1688 in Marburg und ab 1695 (bis 1707) in Kassel. Eigentlich müssten ihn alle kennen, die wenig Zeit zum Kochen haben, denn er ist der Schöpfer des Schnellkochtopfes. Und mit Dampf experimentierte er auch in Diensten des Landgrafen von Hessen-Kassel. Er war der Erste, der erkannte, dass in Dampf Energie steckt, und baute ab 1690 eine Dampfmaschine, in deren Zylinder sich ein Kolben bewegte. Da es ihm noch nicht gelang, die Arbeitstakte regelmäßig zu wiederholen, ist seine Erfindung zwar noch keine vollwertige Dampfmaschine, aber sicher die wichtigste Vorstufe dazu. Mit einer verbesserten Variante, der Hochdruckdampfmaschine, plante Papin, Bergwerke entwässern und Wasserspiele antreiben zu können. Aber seine Demonstration vor dem Landgrafen im Juni 1706 verlief nicht so erfolgreich wie erwartet. Zwar schaffte es sein Prototyp, Wasser 70 Fuß hoch zu heben (also weit mehr als 20 Meter), aber die Dichtungen des Steigrohrs hielten dem Druck nicht stand und setzten die Ehrengäste unter Wasser, was auch die Begeisterung des Landgrafen abkühlte. Der wahrscheinlich dabei benutzte Dampfzylinder hat sich bis heute im Astronomisch-Physikalischen Kabinett des Hessischen Landesmuseums in Kassel erhalten. An den denkwürdigen Versuch erinnern eine Tafel und ein Brunnen vor dem Ottoneum in Kassel.

Lit.: 300 Jahre Denis Papin, Ausstellungskatalog der Universitätsbibliothek Marburg und des Hessischen Landesmuseums Kassel, Marburg 1987

Darmstädter Jugendstil

In Darmstadt hört man zwar das Wort Jugendstil nicht gern, aber die Darmstädter Künstlerkolonie gehört trotzdem dazu. Von 1899 bis 1914 verwirklichten bedeutende Künstler und Kunsthandwerker auf der Mathildenhöhe ein Konzept, das auch wirtschaftlich Erfolg haben sollte. Großherzog Ernst Ludwig wollte mit neuen Bauformen und der künstlerischen Gestaltung von Gegenständen des täglichen Bedarfs gleichzeitig ästhetische Bedürfnisse befriedigen und das heimische Handwerk ankurbeln (»Mein Hessenland blühe und in ihm die Kunst«). Zu den Gründungsmitgliedern der Kolonie, die mit einem Grundgehalt ausgestattet wurden, gehörten so bekannte Namen wie Joseph Maria Olbrich, Peter Behrens und Ludwig Habich. Erster Höhepunkt war die am 15. Mai 1901 eröffnete Ausstellung »Ein Dokument Deutscher Kunst«, die von der Vase bis zu den neu gebauten Häusern der Künstler einen repräsentativen Überblick über den »neuen Stil« gab, der sich so wohltuend von dem überladenen Historismus des Kaiserreiches absetzte. Weitere Ausstellungen folgten, die richtungweisend wurden. Das »historisch Einmalige in dem Projekt Künstlerkolonie Darmstadt« sieht ihr bester Kenner Klaus Wolbert darin, »dass 1901 auf der Mathildenhöhe ein universales Gesamtkonzept zu einer reformierten Lebensgestaltung für eine spezifische Zielgruppe angeboten wurde, in dem ein neues Lebensgefühl ebenso propagiert worden ist, wie die Häuser und Gegenstände, welche zur Gestaltung des versprochenen Daseinsglücks erforderlich waren«. Der Erste Weltkrieg beendete das Experiment, das den erhofften ökonomischen Erfolg nicht erzielen konnte, weil das zahlungskräftige Bürgertum in seinem Geschmack konservativer war als erwar-

tet. In Darmstadt (aber auch in anderen Orten des ehemaligen Großherzogtums) und vor allem auf der Mathildenhöhe erinnern Häuser, der Hochzeitsturm und das Museum im Ernst-Ludwig-Haus an eine Idee, die nicht nur die Lebenswelt der Menschen, sondern auch die Menschen selbst verändern wollte.

Lit.: Institut Mathildenhöhe Darmstadt (Hrsg.), Museum Künstlerkolonie Darmstadt, Darmstadt o. J.

Darmstadtium

Das Element 108 im Periodensystem hatten die Forscher der Darmstädter Gesellschaft für Schwerionenforschung bereits im Jahr 1984 entdeckt. Seit 1997 heißt es offiziell Hassium. Das 2001 von dem Forscherteam um Sigurd Hofmann erstmals nachgewiesene Element mit der Ordnungszahl 110 trägt den Namen Darmstadtium und wird mit den Buchstaben Ds im Periodensystem abgebildet. Über seine chemischen Eigenschaften ist wenig zu sagen, weil es immer nur für sehr kurze Zeit existiert. Erzeugt haben die Darmstädter Wissenschaftler ihr Element, das 269-mal so schwer wie Wasserstoff ist, in einem Ionenbeschleuniger von 60 Metern Durchmesser. Bis 2012 soll die Anlage wesentlich erweitert und damit zum Zentrum der europäischen Schwerionenforschung werden. Als Kosten für den unterirdischen Doppelring mit einem Umfang von 1100 Metern sind 675 Millionen Euro veranschlagt. In Darmstadt-Wixhausen, dem Sitz der Gesellschaft, sind derzeit 850 Mitarbeiter aus aller Welt beschäftigt. Obwohl sich die im Wesentlichen vom Bund getragene Einrichtung vor allem der Grundlagenforschung widmet, also nicht gleich auf die Nutzanwendung schielt, gibt es eine intensive Zusammenarbeit mit dem Krebsforschungszentrum in Heidelberg, um neue, wirkungsvollere Behandlungsmethoden gegen Krebs zu entwickeln.

Den Darmstädter Wissenschaftlern ist es seit 1981 gelungen, sechs neue Elemente mit den Ordnungszahlen von 107 bis 112 zu erzeugen. Das letzte, das 1996 gefundene Element 112 trägt den vorläufigen Namen Ununbium. Es zerfiel nach nur 0,6 Millisekunden.

Dagegen war das Darmstadtium mit einer Halbwertszeit von 56 Millisekunden fast schon ungewöhnlich langlebig.

Lit.: www.gsi.de

Datterich

Umschlagzeichnung von Jakob Meinrad Bayrer zur 1841 erschienenen Erstausgabe des »Datterich«.

Der »Datterich« ist die berühmteste Figur des Darmstädter Autors Ernst Elias Niebergall, der von 1815 bis 1843 lebte, also nur 28 Jahre alt wurde. Seine Komödie um den unglücklichen Zecher in einer biedermeierlichen Scheinidylle erschien zwei Jahre vor seinem Tod und wurde damals kaum beachtet. Erst 1862 fand die Uraufführung des in Darmstädter Mundart geschriebenen Stückes statt. »Der Datterich ist ein armseliger Schnorrer«, schreibt Herbert Heckmann in seinem Niebergall-Porträt, »der seine ganze Phantasie aufbieten muss, um die existentiellen Notwendigkeiten wie Durst und Hunger befriedigen zu können. Er ist ein Bürger auf der Schattenseite der Gesellschaft, ein Particulier, ohne ersichtlichen Beruf, ein genialer Lump, ein immerdurstiger Wirtshausgänger, der die Kunst, Schulden zu machen und davon zu leben, bis zur Vollkommenheit gebracht hat. Seine Lebensauffassung, die er dem verdutzten Steifschächter zum Besten gibt, lautet kurz und bündig: ›Bezahle, wann mer Geld hat, des is kah Kunst: awer bezahle, wenn mer kahns hat, des is e Kunst, liewer Mann, un die muss ich erscht noch lerne.‹« Diese und ähnliche Sätze sind in Darmstadt und Umgebung heute fast zu Sprichwörtern geworden. Unvergessen ist die Fernsehinszenierung mit Joseph Offenbach, die die Figur des Datterich auch über die Grenzen Hessens hinaus bekannt gemacht hat.

Lit.: Magistrat der Stadt Darmstadt (Hrsg.), Der Datterich im Darmstädter Biedermeier, Darmstadt 1975
Herbert Heckmann, Ernst Elias Niebergall, in: Hans Sarkowicz/ Ulrich Sonnenschein (Hrsg.), Die großen Hessen, Frankfurt am Main und Leipzig 1996, S. 152–156
Ludwig Fertig, »Unsre löbliche Residenz«. Literarisches Leben in Darmstadt im 18. und 19. Jahrhundert, Darmstadt 2003
Heiner Boehncke/Hans Sarkowicz, Literaturland Hessen, Frankfurt am Main 2005

Denkmalschutz

Was heute selbstverständlich ist, hat über viele Jahrhunderte niemanden interessiert. Die Zeugnisse der Vergangenheit wurden nach ihrem Gebrauchswert taxiert. Was sie einmal bedeutet hatten, spielte dabei keine Rolle. Besonders Burgen, von ihren Besitzern verlassen, wurden ausgeplündert. Selbst das, was niet- und nagelfest war, wurde abtransportiert und in den eigenen vier Wänden verbaut. So ist zum Beispiel die berühmte staufische Kaiserpfalz in Gelnhausen nie von Soldaten zerstört worden. Das besorgten die Bürger aus der Nachbarschaft, die mit den sorgfältig behauenen Steinen ihre eigenen Häuser bauten. Als ➤ Goethe im Juli 1814 Gelnhausen besuchte, da war er tief beeindruckt von der Ruine, die noch immer als Steinbruch diente: »Zeichnete jemand im rechten Sinne die Reste des Palastes; so gäbe es ein höchst interessantes Blatt.«

Goethe gehörte schon früh zu den wenigen, die sich intensiv um den Erhalt von Baudenkmälern kümmerten. Er wollte sogar eine »Deutsche Gesellschaft für Kunst und Altertum« gründen. 1799 hatte er in der Zeitschrift »Propyläen« geschrieben: »Alte Kunstwerke gehören als solche der gesamten gebildeten Menschheit an, und der Besitz derselben ist mit der Pflicht verbunden, Sorge für ihre Erhaltung zu tragen.« Damit fand er aber nur bei wenigen Fürsten Gehör.

In Hessen allerdings sah es anders aus. Denn Landgraf Friedrich II. von Hessen-Kassel und Großherzog Ludewig I. von (Hessen-)Darmstadt gehören zu den Pionieren des Denkmalschutzes in

Deutschland. Bereits am 22. Dezember 1780 war in Kassel eine »Verordnung, die im Lande befindlichen Monumente und Altertümer betreffend« erlassen worden. Damit waren aber noch keine Gebäude gemeint, sondern Wappen und Inschriften, die nicht »durch Zerschlagung, Abhauung, Durchlöcherung, Übertünchung oder sonst auf irgendeine Art Schaden« leiden sollten. Außerdem mussten fortan alle (archäologischen) Fundstücke den zuständigen Stellen gemeldet werden. Dafür wurde, »insoferne das Gefundene annehmlich ist«, auch eine Belohnung gezahlt.

Einen wichtigen Schritt weiter ging der Darmstädter Oberbaurat Georg Moller, der für seinen Landesherrn Ludewig I. eine Verordnung zur »Erhaltung der vorhandenen Denkmäler« ausarbeitete. Dieses erste deutsche Denkmalschutzgesetz wurde am 22. Januar 1818 erlassen, und es stellte jetzt alle »Überreste alter Baukunst« unter Schutz: »in Erwägung, dass die noch vorhandenen Denkmäler der Baukunst zu den wichtigsten und interessantesten Urkunden der Geschichte gehören, indem sich aus ihnen auf die früheren Sitten, Geistesbildung und den bürgerlichen Zustand der Nation schließen lässt«. Ludewig I. war aber nicht nur ein Mann des Wortes, sondern er ließ auch Taten folgen. So verhinderte er persönlich den bereits 1797 beschlossenen Abbruch der noch unter Karl dem Großen errichteten Lorscher Torhalle, nachdem der Rest der Klosteranlage ebenfalls lange als Steinbruch benutzt worden war.

Lit.: Norbert Huse (Hrsg.), Denkmalpflege. Deutsche Texte aus drei Jahrhunderten, München 2-1996

Dippehas

Ländliches Wildgericht, bei dem ein wilder Hase *(Lepus europaeus)* nach seinem weidgerechten Ableben in zwölf Stücke geteilt wird, um sodann mittels Zugabe von Bauchlappen, Tomaten, Rotwein und etwas Schwarzbrot in einem Bräter (hess.: ›Dippe‹) zwei bis drei Stunden zu schmoren. Zwiebeln, Salz, Pfeffer, Lorbeerblatt, Muskat und Wacholderbeeren runden das Ganze ab. Zu guter Letzt wird die

Soße mittels Sauerrahm verfeinert und mit klein gehackter Petersilie garniert. Der Dippehas ist in den Küchen des Rheingaus besonders verbreitet (➛ Dippestallhas). Dort gart man ihn natürlich nicht mit irgendeinem Rotwein, sondern in einheimischem ➛ Spätburgunder.

Lit.: Diethard H. Klein, Hessisches Hausbuch, Freiburg 1982, S. 35

Dippekuche

Laut gesamtdeutschem Marschliedgut pfeift über dem Westerwald bisweilen auch der Wind sehr kalt. Die eingeborenen »Weller« halten das aber locker aus, haben sie doch mit dem »Dippekuche« ein »Nationalgericht«, das die härtesten Winter vergessen macht. Vorauszuschicken ist, dass das »Dippe« die mundartliche Bezeichnung für einen Topf jedweder Art und Größe ist. Der Dippekuche ist ursprünglich ein »Arme-Leute-Essen«, das in der Regel in einem großen Bräter zubereitet wird. Grundlage dieses Auflaufs sind zerriebene rohe Kartoffeln, unter die Schinkenwürfel und Eier gemischt werden. Nach zweistündiger Backzeit wird die nun feste Masse gestürzt, aufgeschnitten und meist mit Apfelbrei serviert. Die rohen Kartoffeln rücken den Dippekuche geschmacklich in die Nähe von Kartoffelpfannkuchen (»Reibekuchen«). Allerdings verleiht ihm der gewürfelte Schinken eine weitaus deftigere Note.

Lit.: Michaele Scherenberg/Karl-Heinz Stier, Hessen à la carte 1, Frankfurt am Main 1990, S. 84

Dippestallhas

Ökologisch korrekte Cover-Version des traditionellen ➛ Dippehas. Der Rheingauer Küchenchef Reinhold Heckl entwickelte dieses Alternativ-Rezept, weil der zur Originalrezeptur gehörende Hase *(Lepus europaeus)* inzwischen auf der Roten Liste bedrohter Arten steht und nur noch sehr eingeschränkt bejagt werden darf. Daher ist er kaum noch zu beschaffen. Heckl fand aber auch die kalorienreiche Schwere des Traditionsgerichts nicht mehr allzu zeitgemäß. Seine Version basiert auf dem Hauskaninchen, hessisch »Stallhas« genannt, der nun mit mediterraner Leichtigkeit den Weg in den Gaumen findet.

Man benötigt dazu einen etwa 1000 g schweren Stallhasen bzw. die entsprechende Menge küchenfertiger Kaninchenteile. Des Weiteren

- 750 g Wurzelgemüse (Zwiebeln, Lauch, Sellerie, Petersilienwurzel)
- 1/2 l Rheingauer Riesling (trocken)
- 1/2 l braunen Kalbsfond
- 250 g Bauernbrot
- 1 EL Tomatenmark
- Lorbeerblätter, Rosmarin, Thymian, Knoblauchzehen, Salz und Pfeffer
- 1 kg Sauerteig (beim Bäcker vorbestellen).

Vorderläufe, Keulen und Rücken werden in gleich große Stücke geschnitten. Salzen, pfeffern und kräftig anbraten.

Man schält das Wurzelgemüse, schneidet es in walnussgroße Stücke und gibt es samt dem Tomatenmark beim Anbraten des Fleisches dazu.

Dann wird mit dem Weißwein abgelöscht. Anschließend mit dem Kalbsfond auffüllen, das gewürfelte Brot beigeben. Dazu kommen nun noch die Kräuter und der Knoblauch, der natürlich auch trendgerecht durch Bärlauch ersetzt werden kann.

Nun gibt man das Ganze in einen irdenen Bräter (Römertopf), den man mit dem ausgerollten Sauerteig luftdicht verschließt. Die Garzeit beträgt im Backofen (bei 175 Grad) ganze 45 Minuten.

Zum Dippestallhas passt frisches Stangenweißbrot und natürlich ein Rheingauer Riesling. Vorzugsweise die leichten Sommerweine, die in vielen Weingütern angeboten werden.

Signet der Documenta IX.

Documenta

Die weltweit größte Schau zeitgenössischer Kunst findet seit 1955 regelmäßig in Kassel statt. Begründet wurde die documenta von dem Professor für Malerei an der Werkakademie, Arnold Bode. Was in Kassel in dieser Zeit an Kunstausstellungen zu sehen war, befriedigte ihn nicht im Entferntesten. Er wollte das zeigen, was man jahrzehntelang in Deutschland nicht hatte sehen dürfen. Als Glücksfall erwies sich das Museum Fridericianum, das im Zweiten Weltkrieg ausgebrannt war. Die dazu passende Anekdote lautet so: Arnold Bode ging mit seinen Schülern über den Friedrichsplatz an der Ruine vorbei, stutzte plötzlich, überlegte kurz und fragte dann seine Schüler, wie groß wohl der leer stehende Raum sei. Niemand wusste es genau. Die Schätzungen waren so unterschiedlich, dass sich Bode entschloss, die Außenfront mit Schritten abzumessen. Das Ergebnis schien ihn zu befriedigen, denn er murmelte: »Ja, dann lässt sich's machen.«

Das Museum Fridericianum gab und gibt bis heute der documenta den notwendigen Rahmen. Bode ist es gelungen, die Kunst der Welt nach Kassel zu holen und eine Ausstellung zu schaffen, deren Bedeutung ständig gewachsen ist. Künstler, die von den wechselnden documenta-Leitern ausgewählt werden, haben es geschafft. Sie sind, wenn sie es nicht schon waren, auf dem Weg zum Weltruhm. Ihr Marktwert steigt. Die documenta-Teilnahme ist für jeden bildenden Künstler die Krönung des Schaffens. Traditionell währt die documenta 100 Tage. Zwölf Mal hat sie bisher stattgefunden; die d12 2007 wieder mit einem großen Medienecho. Umstritten war bisher jede documenta, aber geschadet hat es der Mammutschau, die sich unterdessen über das ganze Kasseler Stadtgebiet ausdehnt, nicht. 2007 kamen über 750 000 Besucher aus aller Welt.

Lit.: Manfred Schneckenburger (Hrsg.), documenta. Idee und Institution, München 1983
Stadtmuseum Kassel (Hrsg.), Kassel 1955, Marburg 1992
Walter Grasskamp, documenta, in: MERIAN Hessen (Januar 1993), S. 75–83
Harald Kimpel, documenta. Die Überschau. Fünf Jahrzehnte Weltkunstausstellung in Stichwörtern, Köln 2002
Dirk Schwarze, Meilensteine: 50 Jahre documenta, Kassel 2005

Drosselgasse

Die Qual der Wahl.

Sie gilt als die meistbesuchte und meistbesungene Gasse in Deutschland, aber ihr Ruf ist nicht der beste. In Rüdesheim in der Drosselgasse scheint alles zusammenzukommen, was den Massentourismus am Rhein ausmacht: Weinseligkeit und Plastikromantik, Internationalität und überbordender Kitsch. Aber gerade die besondere Mischung aus respektablen Weinlokalen, Restaurants mit musikalischen Alleinunterhaltern, Fast-Food-Stationen und Andenkenläden macht den besonderen Reiz der nur knapp drei Meter breiten und 144,5 Meter langen Gasse aus, durch die jährlich mehr als eine Million Touristen ziehen. Übersehen wird von den meisten, dass sich hinter Kränzchen und Leuchtreklamen auch historische Häuser verbergen, die zur Rüdesheimer Geschichte gehören – wie überhaupt die Touristenstadt Nummer eins in Hessen trotz Bombenschäden im Zweiten Weltkrieg einige bemerkenswerte Baudenkmäler aufweist. Trotzdem muss Rüdesheim weiter mit einem Image leben, das zwar Geld in diverse Kassen bringt, das aber der Stadt selbst mit seiner bewegten Geschichte nicht gerecht wird (➤ Niederwald-Denkmal).

Lit.: Bruno Hillebrand, Rüdesheim, in: Hans Sarkowicz (Hrsg.), Stadtluft macht frei, Leinfelden-Echterdingen 1993, S. 186–193

E

Edersee

Die Staumauer nach dem Bombenangriff 1943.

Größter See Hessens, der Anfang des 20. Jahrhunderts durch den Bau der Edertalsperre entstand. Der Stausee war in erster Linie als Rückhaltebecken gedacht. Er sollte in trockenen Jahren über Eder, Fulda und Weser den Mittellandkanal speisen und dort für einen ausreichenden Pegelstand sorgen. Heute nützen die 202 Millionen Kubikmeter Wasserreserve vor allem den Ausflugsschiffen auf der Oberweser. Das Zuschusswasser aus dem Staubecken sorgt dort auch in trockenen Sommern für einen Mindestwasserstand von 1,20 m. Hinzu kommt die Stromgewinnung durch zwei Turbinen an der Staumauer. Ihre Jahreskapazität von 22 Megawatt entspricht dem Energiebedarf von 16 000 durchschnittlichen Haushalten. Mittlerweile ist der Edersee aber auch Nordhessens stärkster Touristenmagnet, der vor allem im Sommer viele Gäste aus den Niederlanden anzieht.

Die Sperrmauer unterhalb von Schloss Waldeck wurde zwischen 1907 und 1913 errichtet. Sie ist 400 m lang, fast 50 m hoch und bis zu 36 m dick. An die tausend Arbeiter aus ganz Europa waren auf der Baustelle beschäftigt. Die festliche Mauer-Einweihung wurde dann für den 15. August 1914 anberaumt, und Kaiser Wilhelm II. hatte bereits zugesagt. Doch am 1. August erklärte Deutschland dem Zarenreich den Krieg und wenige Tage später waren fast alle europäischen Mächte darin verwickelt. Der Erste Weltkrieg hatte begonnen. Die Feier fiel deshalb ins frisch angestaute Wasser, das sich in der Folgezeit auf 12 Quadratkilometer ausdehnte. Es überflutete dabei etliche Einzelhöfe und drei komplette Dörfer, die in Jahren mit niedrigem Wasserstand noch immer zu besichtigen sind: Berich, Bringhausen und Asel. Die 700 Einwohner hatten dem Stausee weichen müssen. Man siedelte sie in höher gelegene Ortschaften um. Ihre alten Häuser wurden anschließend von kaiserlichen Pionieren gesprengt und die Gräber auf den Friedhöfen mit Beton verschlossen. Wegen der Pietät.

Die Alliierten des Zweiten Weltkriegs hielten den Waldecker Stausee offenbar für einen kriegswichtigen Teil der Infrastruktur und bombten im Mai 1943 ein 70 m breites Loch in die Sperrmauer. Die Wassermassen schossen zu Tal und rissen etliche Bauernhöfe mit. 29 Menschen ertranken. Die Royal Air Force setzte für den Angriff spezielle Rotationsbomben ein, die wie flache Steine über die Wasserfläche sprangen und so ihr Ziel erreichten. Dafür hatten die RAF-Piloten wochenlang geübt – auf den Seen des schottischen Hochlands.

Lit.: Eckhart G. Franz (Hrsg.), Die Chronik Hessens, Dortmund 1991, S. 322
www.wsa-minden.de/talsperren.htm
Ausstellung Edersee, Am Aquapark, 34549 Edertal, Tel. 05623 / 930289

Eintracht Frankfurt

Die Frankfurter Eintracht kann sich über mangelnde Anteilnahme an ihren Erfolgen und Niederlagen nicht beklagen. Vielmehr belegen ihre Schimpf- und Kosenamen, dass die »Diva vom Main« in den Herzen und Köpfen ihrer Fans und Kritiker stark emotional verankert ist. Vom »interessantesten Traditionsverein Deutschlands« ist die Rede, vom »Wechselbad der Gefühle« im ständigen Zickzack zwischen Siegen und Niederlagen.

Am Schluss der Saison 2005/2006 kam es wieder einmal zu einem echten Eintracht-Coup. Als die Frankfurter Mannschaft am 29. April 2006 in Berlin im Endspiel um den DFB-Pokal stand (sie verließ den Platz nach einem rasanten Spiel gegen Bayern München mit 0:1 als zweiter Sieger), da war der Klassenerhalt noch nicht gesichert. Aber wieder einmal hieß der »Sieger der Herzen« Eintracht Frankfurt, und in der darauf folgenden Winter-Saison spielte sich der Verein ins solide Mittelfeld.

Warum gerade die Frankfurter Eintracht so sehr mit den Leidenschaften ihrer Fans und Freunde spielt, ist unklar. Vielleicht, weil sie das Image einer Diva nun einmal hat und sich deshalb auch so benimmt.

1999 feierte die Eintracht ihren hundertsten Geburtstag. Vielleicht nicht ganz korrekt, aber irgendwo muss man schließlich irgendwann herkommen. Der Urverein, aus dem alle anderen Frankfurter Fußballclubs hervorgingen, war die Germania, die am 26. August 1894 gegründet worden war. »Ohne die Germania keine Victoria, keine Kickers, keine Eintracht, und kein FSV!«, meinte der legendäre Kickers- und Eintrachtspieler Fritz Becker, Frankfurts erster Nationalspieler.

Die wilhelminische Obrigkeit wusste den aus England importierten Fußballsport durchaus zu schätzen. Vergleiche zwischen echten, militärischen Schlachten und Fußballspielen waren üblich und beliebt. Entsprechend vaterländisch klangen dann auch die Vereinsnamen. Am 8. März 1899 gründete eine Dissidentengruppe der Germania den »Frankfurter Fußball-Club von 1899«, der als Eintracht-Vorläufer anzusehen ist. Nach vielen weiteren Vereinsgründungen, die in Frankfurt von heftigem Stadtteil-Patriotismus geprägt waren, nach der Zwangspause im Ersten Weltkrieg, erlebte der Fußball einen wahren Boom.

Inzwischen hieß das Unternehmen offiziell »Frankfurter Fußball-Verein (Kickers-Victoria-Turnsportverein)«, und nach gehörigen Querelen wurde dem FFV im April 1920 der Meistertitel im Nordmainkreis zugesprochen. Im selben Jahr schloss sich der FFV mit der Frankfurter Turngemeinde zur »Frankfurter Turn- und Sportgemeinde Eintracht von 1861« zusammen.

Nächster Glanzpunkt in der Frankfurter Sportgeschichte war die Eröffnung des Stadions am 21. Mai 1925 vor 25 000 Zuschauern.

Frankfurt entwickelte sich zur Fußballhochburg. Unter den vielen Erfolgen ist besonders bemerkenswert, dass zwischen 1930 und 1991 achtmal drei Eintrachtspieler in der deutschen Nationalelf waren.

Kurz nach der nationalsozialistischen Machtergreifung im Januar 1933 gelangten die beiden Spitzenvereine, der ➛ FSV und die Eintracht, in die Schlussrunde zur Deutschen Meisterschaft. Im Spiel der Eintracht gegen Fortuna Düsseldorf (0:4) begrüßten beide Mannschaften die 30 000 Zuschauer mit dem Hitlergruß. Später sollte sich bei mittelmäßigen sportlichen Leistungen der Eintracht der Einfluss der NS-Ideologie auf den Sport erheblich radikalisieren.

Zwei der jüdischen Sportvereine in Frankfurt hatten Fußballmannschaften; sie wurden wie alle anderen jüdischen Sportvereine aufgelöst, die Eintracht im Besonderen galt wegen der Unterstützung aus jüdischen Geschäftskreisen als »Judenverein«, den es zu »säubern« galt.

Dass die Verhältnisse im Zweiten Weltkrieg mit totaler Mobilisierung und der Zerstörung der Stadt schließlich zum Zusammenbruch eines jeden halbwegs geordneten Fußballbetriebs führten, versteht sich von selbst.

1944 wurde die Eintracht mit ihrem Erzrivalen FSV zur »Kriegssportgemeinschaft« (KSG) zusammengefasst.

Nach Kriegsende schlidderte die Eintracht bis 1952 durch wenig erhebende Fußballereignisse; erst ab 1952 schaffte sie wieder den Anschluss an die Spitze und wurde 1953 zum dritten Mal, nach 1930 und 1932, Süddeutscher Meister.

Für die folgenden Jahre sollen nur noch einige Glanzlichter genannt werden, die bis heute den Mythos Eintracht immer wieder mit vitalen Schüben versorgen.

Durch das Mitte der fünfziger Jahre aufkommende Flutlicht wurde die Spielzeit bis in den späten Abend verlängert. Am 9. Oktober 1957 gewann die Eintracht den – ausgerechnet vom Präsidenten der Offenbacher Kickers gestifteten – Flutlichtpokal, der alsbald wieder in der Versenkung verschwand. Am 28. Juni 1959 wurde die Eintracht Deutscher Meister – nach dem Spiel der Spiele gegen ➛ Kickers Offenbach mit 5:3 nach Verlängerung (➛ Fußballkrimi). Noch erfolgreicher war die Eintracht im Vereinspokal. Nach der Neuordnung des Reglements in der Saison 1963/64, nach dem alle Bundesligaclubs automatisch für die erste Hauptrunde des Pokals qualifiziert sind, gewann die Eintracht viermal den DFB-Pokal. Damit liegt der Verein hinter Bayern München und Werder Bremen gemeinsam mit Schalke 04 und dem 1. FC Köln auf Rang 3.

Erinnert werden muss aber auch an das Jahrhundertspiel Eintracht Frankfurt gegen Real Madrid im Europapokal der Meister im Jahre 1960, das Real Madrid gewann. Zu erwähnen ist der Triumph des UEFA-Pokalsiegs 1980. Wie die Eintracht nach zwei Abstiegen in die Zweite Bundesliga zweimal wieder in die Erste Liga aufstieg und vielleicht dabei ist, sich dort langfristig zu etablieren, das gehört ebenfalls zum schwierigen, aber hervorragenden Charakter dieses Vereins der Herzen.

An wen unter den Dutzenden hervorragender Eintracht-Spieler muss besonders liebevoll erinnert werden? Das mag im Zweifelsfall im ganz persönlichen Ranking entschieden werden. Jürgen Grabowski, der 1974 an seinem 30. Geburtstag Weltmeister wurde, gehört sicher ebenso dazu wie Bernd Hölzenbein, der mit 160 Toren in 420 Bundesligaspielen bis heute der erfolgreichste Eintracht-Torjäger ist. Oder Karl-Heinz (Charly) Körbel mit seinen 602 Bundesliga-Einsätzen und Dr. Peter Kunter, der einzige Zahnarzt unter den Profikickern.

Eintracht-Spieler in vollem Einsatz.

Es wäre ungerecht, nicht an Erich Ribbeck, Dietrich Weise, Jörg Berger, Dragoslav Stepanovic (»Lebbe geht weiter!«), an Klaus Toppmöller und Horst Ehrmantraut zu erinnern, die als herausragende Trainer an der Erfolgsgeschichte ihren gehörigen Anteil hatten.

Der derzeitige Trainer Friedhelm Funkel schaffte nicht nur den Wiederaufstieg und den Klassenerhalt, er verjüngte die Mannschaft und setzt auf den Nachwuchs aus den eigenen Reihen – ganz ähnlich wie der ehemalige Bundestrainer Jürgen Klinsmann. Aber zittern muss man um die Diva Eintracht immer noch. Nach einer glänzenden Hinrunde 2007, nach einer Siegesserie, in der die Übertreiber schon nach dem UEFA-Cup schielten, ging es im Frühjahr 2008 wieder in Serie bergab. Immerhin war die hassgeliebte Eintracht nicht mehr in der Lage, einen Abstiegsplatz einzunehmen.

Lit.: Jörg Heinisch, Frankfurter Fußballwunder. Die Klassenkämpfe von Eintracht Frankfurt, Kassel 2005
Ders., Helden in Schwarz-Weiß. Eintracht Frankfurt im Vereinspokal, Kassel 2006
Ders., Würstchen, Bomben, Fußballzauber, Eintracht Frankfurt in aller Welt, Kassel 2006
Brigitte Heinrich/Martin Mosebach/Ror Wolf/Eckard Henscheid, Die Eintracht, Frankfurt am Main 2006
Ulrich Matheja, Eintracht Frankfurt. Schlappekicker und Himmelsstürmer, Göttingen 2006

Einwecken

Beim »Einwecken« handelt es sich laut Kluges etymologischem Wörterbuch um »ein Verfahren, Obst, Gemüse und Fleisch keimfrei einzukochen«. Benannt sei es nach einem Fabrikanten aus dem oberbadischen Öflingen namens Weck, der dasselbe 1894 erfand.

Nicht wirklich, möchte man angelsächsisch einwenden: Denn Johann Weck, Jahrgang 1841 und in dem Taunusdorf Schneidhain (bei Königstein) aufgewachsen, hat das sterile Einkochen in speziellen »Weckgläsern« nicht erfunden, sondern lediglich erfolgreich vermarktet. Der eigentliche Erfinder war Dr. Rudolf Rempel, ein Chemiker aus Gelsenkirchen. Auch die Abdichtung der Gläser durch einen Gummiring gehört zu Rempels Erfindung, die er sich 1892 patentieren ließ. Drei Jahre später kaufte Johann Weck das »Rempelsche Patent«. Zwischenzeitlich war der Mann aus Schneidhain nach Öflingen an die Schweizer Grenze gezogen. Mit einem Kompagnon gründete er dort die noch heute bestehende Firma J. Weck & Co., die derzeit in ihrer Glasfabrik in Bonn-Duisdorf und im oberbadischen Stammwerk insgesamt 400 Mitarbeiter beschäftigt.

Johann Weck war ein Mann mit Sendungsbewusstsein. Als überzeugter Vegetarier und engagierter Kämpfer gegen die »Volksseuche Alkohol« wollte er mit seinen Produkten der Menschheit zu preiswerter und gesunder Ernährung verhelfen. Wecks Interesse galt auch den schönen Künsten, und so war es naheliegend, den 65. Geburtstag des Fabrikanten und »Gesundheitsapostels« im Jahre 1906 mit einer Festschrift zu würdigen, in der die führenden Poeten des Kaiserreiches ihre bestellten und sicher gut bezahlten Loblieder sangen.

Detlev von Liliencron etwa führt in seinem Gedicht »Broder« an die Peripherie der großen Stadt, dort

sprechen die Leute ein erdiges Platt,
aber sie wissen: Im langen Winter allhier
wie fern bei den Söhnen im Kolonienrevier
gedeiht nicht, was Deutschland im Sommer bietet –
drum Gläser gekauft und Wecktopf gemietet
und getan, wie Weck sagt:
»Koche auf Vorrat!«

Unvergessen sicher auch der Beitrag eines Rainer Maria Rilke. In fünf wohlgesetzten Strophen geht es um »Gesprossenes«, das eigentlich vergehen müsste. Doch das Wirken des Geburtstagskindes bringt die Wende:

und, über Hitze staunsam eingeweckt,
ist ernster Vorrat das gesprossne Sein,
der von den Uhren tickend zugedeckt
gelassen wartet auf das Hungerschrein

und darauf, dass zum Frischgehaltnen raten
verhärmte Kinder oder weit im Feld
der fromme Kriegsfürst, der für die Soldaten
Weckglas um Weckglas an die Gräben stellt.

Auch Hermann Hesse ehrte den Jubilar aus den Taunusbergen mit einem Poem, in dessen letzter Strophe es heißt:

Des Lebens Mahlzeit flieht, verweht
Tod mischt sich immer drein,
drum jeden Schatz, mit dem es geht,
so sag' ich treu dir: Wecke ein!

Zum guten Schluss soll nicht verschwiegen werden, dass weitere Weck-Elogen von Richard Dehmel, Ernst von Wildenbruch, Stefan George und Hugo von Hofmannsthal gestaltet wurden. Auf deren (auch nur auszugsweiser) Wiedergabe soll aber hier verzichtet werden. So kann denn der Schluss ein guter bleiben.

Deckel drauf. Eingeweckt.

Lit.: Fritz C. Müller, Was steckt dahinter? Namen, die Begriffe wurden, Düsseldorf/Wien 1964, S. 237
Friedrich Kluge, Etymologisches Wörterbuch, 21. Auflage, Berlin 1975, S. 160
Die Lyrik der Weck-Festschrift findet sich in: Felix Rexhausen, Von großen Deutschen. Eine Salatplatte, Hamburg 1987, S. 96 ff.
Weck-Einkochbuch, herausgegeben von der J. Weck GmbH u. Co. KG, 79656 Wehr-Öflingen, Weckstraße, Wehr-Öflingen 2001

Spottbild auf die missglückte Jungfernfahrt.

Eisenbahnpioniere

Zwar fuhr die erste deutsche Eisenbahn bereits 1835 zwischen Nürnberg und Fürth, aber die sicherlich kurioseste Premiere auf Bahngleisen fand zwischen Frankfurt und Höchst statt. 1836 sollte nämlich auch in der Mainmetropole der Fortschritt Einzug halten, und man beschloss, zwischen der Innenstadt und dem damals noch selbstständigen Höchst eine Eisenbahnstrecke zu bauen. Die besten Ingenieure wurden verpflichtet, um die unwegsame Wildnis, durch die die Schienen führen sollten, in kultiviertes Bahngebiet zu verwandeln. Reißende Bäche mussten mit gewagten Brückenkonstruktionen überspannt werden. Und an der Gallusanlage entstand das, was noch kein Frankfurter (auch nicht Goethe) gesehen hatte: ein Bahnhof. Da ein solches Jahrhundertwerk nicht von zwei Städten allein finanziert werden konnte, wurde eine Aktiengesellschaft gegründet. Und ein richtiger Run auf die Wertpapiere setzte ein. Denn das neue Verkehrsmittel versprach, das ganz große Geschäft zu werden. So wurde schließlich durch die Aktienverkäufe das Vierzigfache von dem eingenommen, was man eigentlich gebraucht hätte. Mit entsprechend hoffnungsfrohen Mienen erwarteten die Ehrengäste am 23. Juni 1839 die erste Probefahrt. Die beiden Lokomotiven hatte man aus England importiert, um ja kein Risiko einzugehen. Sie erhielten die optimistisch stimmenden Namen »Blitz« und »Greif«. Pünktlich verließ der erste Zug den Frankfurter Bahnhof, begleitet von jubelnden Zuschauern. Aber die Freude währte nicht lange. Kurz vor Höchst blieb der »Blitz« wie vom Blitz getroffen stehen. Die Fahrgäste ihrerseits waren wie vom Donner gerührt. Da sich der Zug partout nicht mehr in Bewegung setzen wollte, mussten ihn die Passagiere das letzte Stück ziehen. Es dürfte ein seltsames Gespann gewesen sein, was da in Höchst einen wenig triumphalen Einzug hinter sich bringen musste. Den verkehrstechnischen Fortschritt konnte diese kleine Panne in der sehr fortschrittsfreudigen Stadt Frankfurt nicht aufhalten. Nach Höchst fährt heute allerdings neben der S-Bahn auch noch eine Straßenbahn. Sicher ist sicher.

Lit.: Walter Gerteis, Das unbekannte Frankfurt, Bd. 1, Frankfurt am Main 1961, S. 179–183

Elfen

Rhön-Elfe erklärt einem Falter den Luftweg nach Fulda.

Noch im 18. Jahrhundert waren die Elfen nicht nur Personal der Märchen und Sagen, sondern wahrnehmbarer Teil der Wirklichkeit. Insbesondere die Landbevölkerung kannte sie als eine Gattung körperlicher Wesen, bei denen es sich um keine Menschen handelte. Sie waren sichtbar oder unsichtbar, wie es ihnen beliebte, konnten fliegen, ihre Gestalt verändern, Zauberformeln sprechen. Sie wurden steinalt, waren vielleicht sogar unsterblich. Sie lebten unter der Erde, im Wasser, in Wäldern. Zuzeiten waren sie dem Menschen wohlgesinnt, verhalfen ihm zu Wohlstand und lehrten ihn gar bestimmte Fertigkeiten. Es konnte aber auch geschehen, dass sie Krankheiten über ihn brachten, Säuglinge stahlen und Entführungen ausheckten. Über ihre Herkunft gibt es unterschiedliche Versionen. Eine Überlieferung beschreibt sie als illegitime Kinder der biblischen Eva und damit als entfernte Verwandte der Menschen. Eine andere Legende sieht in ihnen ehemalige Engel, die sich bei der Rebellion Luzifers für keine der beiden Seiten entschieden. Der Herrgott verbannte sie daraufhin aus seiner Nähe. Da sie aber keine Parteigänger des Bösen waren, kamen sie auch für die Hölle nicht in Frage. Sie blieben daher an dem Ort, an dem sie sich zum Zeitpunkt der Verbannung aufgehalten hatten: auf der Erde, unter der Erde, im Wasser

Tanzende Elfe bei Schotten.

oder in der Luft. Die hessische Sagenlandschaft beherbergt sie im hohen Vogelsberg und in der Rhön. So wurden sie unterhalb des Bilsteins (bei Schotten) am frühen Morgen beim Reigentanz gesehen, und an ihrem Tanzplatz unterhalb der Milseburg, den so genannten »Danzwiesen«, animierten sie Abend für Abend einen Ritter zum Mittanzen.

In vielen Regionen Hessens gelten Schalensteine als Elfenmühlen, in denen die heimlichen Wesen ihr Getreide mahlen.

Lit.: Jacqueline Simpson, Mythen und Legenden des alten Europa, Klagenfurt 1990, S. 49
Gerd Bauer, Das unsichtbare Land. Hessische Sagen – neu erzählt, Frankfurt am Main 2004, S. 115 ff. und S. 124

Elfenspiegel von Hochheim

Der so genannte Elfenspiegel von Hochheim erhielt diesen Volksnamen, weil seine Formen so filigran sind, dass man glauben könnte, er stamme aus der Werkstatt von Elfen. Doch schon in den dreißiger Jahren, als ihn Landarbeiter in einem Weinberg freilegten, war klar, dass es sich um eine kunstvolle Arbeit aus dem 4. Jahrhundert v. Chr. handelt. Der Bronzespiegel der frühen Keltenzeit ist mit Sicherheit der einzige vorgeschichtliche Fund Hessens, der nicht im Museum, sondern im Panzerschrank des Bürgermeisters liegt. Im Hochheimer Otto-Schwabe-Museum sparte man so kostspielige Sicherungsanlagen. Dafür sieht der Besucher nur eine gelungene Kunststoff-Kopie. Das Original im Tresor und die Replik im Museum haben beide einen Durchmesser von 12,5 cm und sind mit einem Griff versehen, der als menschliche, januskköpfige Figur mit ausgebreiteten Armen gestaltet ist. Die Arme »halten« den kreisrunden Spiegel. Vermutlich eine Grabbeigabe für eine hochgestellte Persönlichkeit. Die Bestattung selbst wurde bis heute nicht gefunden. Niemand weiß, ob die einstmals polierte Bronzescheibe kultisch verwendet wurde oder nur einer keltischen Dame beim Auftragen der Gesichtsbemalung half. Auch für die Wissenschaft ist der Hochheimer Spiegel eine seltene Kostbarkeit: In ganz Europa kennt man nur fünf vergleichbare Arbeiten.

Der frühkeltische Bronzespiegel von Hochheim.

Lit.: Fritz-Rudolf Herrmann/Karl Wurm, Der frühkeltische Bronzespiegel von Hochheim am Main, Wiesbaden 1983 (Archäologische Denkmäler in Hessen 38)

Heilige Elisabeth

Schon zu Lebzeiten war sie eine Legende und galt als Heilige: die 1207 in Sáros Patak geborene ungarische Königstochter Elisabeth. Bereits mit vier Jahren kam sie an den thüringischen Landgrafenhof auf die Wartburg, und mit 14 heiratete sie den zwanzigjährigen Ludwig von Thüringen. Die Jahre danach, bis zum Tod ihres Gatten, sind gespickt mit Geschichten, die die besondere Mildtätigkeit der Landgräfin belegen sollen und die Generationen von Schülern gerührt haben: dass sie Geld und Brot an die Armen verteilte, dass sie nicht, wie damals üblich, »Herrin« genannt werden wollte, dass sie persönlich Kranke und Aussätzige in ihrem Hospital am Fuße der Wartburg pflegte und dass sie nachts stundenlang zu Gott betete. Was sie ebenfalls in den Wartburger Hofkreisen nicht beliebt machte, war ihre Sorge um das Wohlergehen der Bevölkerung, die dem Adel sonst nur als schier unerschöpfliche Quelle für Geld und Arbeitskraft diente. Dass sie auch in einem Leibeigenen zuerst den Menschen sah, war für ihre Zeit mehr als ungewöhnlich und ist ein Grund für die Verehrung, die Elisabeth gerade bei den »kleinen« Leuten nach ihrem Tod genoss. Nachdem ihr Mann bei einem Kreuzzug mit Friedrich II.

Die Heilige Elisabeth (Stich von 1835).

gestorben war, ging die junge Witwe nach Marburg, wo sie ein Hospital errichten ließ und selbst in Armut lebte. Zu den gern verschwiegenen Kapiteln ihres Lebens gehört das Verhältnis zu ihrem Beichtvater Konrad von Marburg, der Elisabeth in einen religiösen Wahn versetzte und sie mit Verboten und Strafen terrorisierte. Elisabeth glaubte an eine Prüfung durch Gott und ertrug die Misshandlungen ohne Gegenwehr. Schon damals wurde sie von den Menschen bewundert. Nach ihrem Tod am 17. November 1231 soll ihr Körper drei Tage lang allen preisgegeben gewesen sein, die sich eine Reliquie davon abtrennen wollten. Die Elisabeth-Verehrung war so groß, dass der Deutsche Orden die Gunst der Stunde für sich nutzte und als Grabstätte die Elisabethkirche errichten ließ. Schon 1235, also nur vier Jahre nach ihrem Tod, wurde Elisabeth von Papst Gregor IX. heiliggesprochen. Neben dem Deutschen Orden und der Kirche nutzte auch Sophie von Brabant, die älteste Tochter Elisabeths, die Popularität der Verstorbenen. Als 1247 das thüringische Landgrafengeschlecht erloschen war, setzte sie für ihren Sohn Heinrich das Erbe durch. So entstand die Landgrafschaft Hessen, die Urzelle des heutigen Bundeslandes. All das konnte aber nicht verhindern, dass Philipp der Großmütige 1539 seinem Namen keine Ehre machte. Als Anhänger Luthers, dem die ganze Heiligenverehrung zuwider war, ließ er den Schrein öffnen und die Gebeine seiner Urur…großmutter entfernen.

Lit.: 700 Jahre Elisabethkirche in Marburg. Ausstellungskatalog, 8 Bde., Marburg 1983
Hadwiga Fertsch-Röver, Elisabeth von Thüringen, in: Hans Sarkowicz/Ulrich Sonnenschein (Hrsg.), Die großen Hessen, Frankfurt am Main und Leipzig 1996
Gerd Bauer/Heiner Boehncke/Hans Sarkowicz, Die Geschichte Hessens, Frankfurt am Main 2003
Elisabeth von Thüringen. Eine europäische Heilige. Ausstellungskatalog, 2 Bde., Petersberg 2007

Elisabeths Bussgewand

Einmal im Jahr, am Sonntag nach dem 19. November, wird der Rheingau-Ort Walluf zum Ziel einer mehr oder weniger frommen Wallfahrt. Zur Festandacht in der Pfarrkirche St. Martin im Ortsteil Oberwalluf kommen dann um die 100 auswärtige Besucher. Ihre Verehrung gilt dem Bußgewand der heiligen Elisabeth, das nur an diesem einen Tag gezeigt wird. Noch in den fünfziger Jahren öffnete man den Reliquienschrein nicht nur zum Heiligentag Elisabeths von Thüringen (19.11.), sondern auch am Pfingstmontag und am Tag nach Mariä Himmelfahrt. Doch davon ist die Pfarrgemeinde abgekommen. Der sommerliche Pilgerstrom floss immer spärlicher. Heute bilden die Kolping-Familien aus Langen und Wiesbaden-Biebrich den harten Kern der Wallfahrer. Sie kombinieren ihre alljährliche Elisabeth-Verehrung pragmatisch mit einer herbstlichen Rheingau-Wanderung und anschließender Kellerprobe.

Folgt man der überlieferten Legende, so schenkte der heilige Franziskus höchstselbst jenes Wallufer Gewand der mildtätigen thüringischen Landgräfin. Anlass sei ihr Ordensgelübde als Franziskanernonne gewesen. Eine Zuordnung, die selbst unter kirchentreuen Historikern als fragwürdig gilt. Zum einen fehlen handfeste Belege dafür, dass Elisabeth überhaupt je Franziskanerin wurde, zum andern passen die Lebensdaten der Akteure nicht recht zueinander: Franz von Assisi verstarb bereits im Oktober 1226, während ein von Elisabeths Beichtvater Konrad beschriebenes Armutsgelübde erst im Frühjahr 1228 erfolgt sein soll.

Das textile Geschenk an Elisabeth taucht auch nur in einer einzigen Biographie auf, die dann wohl die Grundlage für weitere Lebensbeschreibungen der Heiligen geworden ist.

Nur einmal im Jahr geöffnet: der Schrein mit dem »Bußgewand«.

1976 wurde der Bußrock an die Staufer-Ausstellung in Stuttgart ausgeliehen. Dort restaurierte man das arg ramponierte Stück, indem man es mit Stützstoff unterlegte und die Außenkanten mit einem Schrägstreifen einfasste. Mit modernen Untersuchungsmethoden wurde dabei auch das Alter des Gewebes bestimmt: Es stammt tatsächlich aus dem 13. Jahrhundert.

Das Elisabeth zugeschriebene Schlupfgewand kam erst 1803 in die Pfarrkirche von Oberwalluf. Bis dahin wurde es im nahen Kloster Tiefenthal aufbewahrt und verehrt. Im Zuge der Säkularisierung war das Zisterzienserinnen-Kloster jedoch aufgelöst worden. Der damalige Gemeindepfarrer von Oberwalluf bemühte sich daraufhin erfolgreich um die Überlassung der Reliquie und des klösterlichen Elisabeth-Altars. Anfänglich kamen die Wallfahrer nun auch in die dörfliche Martinskirche. Doch das zuständige Bistum Limburg stand jeglicher Reliquienverehrung skeptisch gegenüber. In zahlreichen Schreiben warnte die Kirchenleitung ihre Ortspfarrer vor Auswüchsen der Heiligenverehrung und religiös verbrämtem Aberglauben. Mitte des 19. Jahrhunderts war die Bußgewand-Verehrung schließlich in Vergessenheit geraten. Erst 1872 bemühte sich der amtierende Pfarrer um eine Wiederbelebung der Wallfahrten, die das Bistum dann nach eingehender Prüfung auch gestattete. So kam es, dass das Bußgewand am Elisabethtag des Jahres 1872 erstmals wieder in Oberwalluf ausgestellt wurde. Schließlich gelang es dem Pfarrer sogar, den mit der früheren Verehrung im Kloster Tiefenthal verbundenen Sünden-Ablass erneut bestätigt zu bekommen. Das noch existierende Schreiben von Papst Pius VII. aus dem Jahre 1803 wurde als authentisch anerkannt. Alle Wallfahrer konnten seitdem einen vollkommenen Ablass in der Pfarrkirche erlangen. Heute jedoch bleibt diese Möglichkeit den Elisabeth-Pilgern versagt. Die römisch-katholische Kirche hat das Ablass-Wesen stillschweigend ad acta gelegt.

Lit.: Kath. Pfarrgemeinde St. Martin, Walluf (Hrsg.), Festschrift zum 100-jährigen Kirchweihfest der Pfarrkirche St. Martin Oberwalluf, Walluf 2001

Soldat Elvis

Elvis Presley kommt am 1. Oktober 1958 als Soldat nach Friedberg (Foto: Horst Schüßler).

Das hätten sich die Friedberger und Bad Nauheimer nicht träumen lassen, dass sie einmal in die Geschichte der Popmusik eingehen würden. Zwar nicht durch eine herausragende oder sehr erfolgreiche Plattenproduktion, sondern durch den Aufenthalt einer Pop-Ikone. Von 1958 bis 1960 leistete der »King of Rock 'n' Roll« Elvis Presley seinen Militärdienst in den Friedberger Ray Barracks ab und logierte in Bad Nauheim für vier Monate im Hotel Grunewald, danach in einer Villa in der Goethestraße 14. Ein Soldat wie andere war Elvis nicht. Er hatte seinen Vater, seine Großmutter und zwei Leibwächter mit nach Deutschland gebracht. Sowohl die Kaserne als auch seine Wohnung wurden immer wieder von Verehrerinnen belagert, auch hatte sein Tross offensichtlich nicht die besten Manieren. Als der Fünfundzwanzigjährige Hessen mit dem »Muss i denn, muss i denn zum Städtele hinaus« auf den Lippen verließ, machte mancher in der Wetterau drei Kreuze, der heute am liebsten ganze Busladungen von Elvis-Fans nach Friedberg und Bad Nauheim karren würde. Und weil in den beiden Städten heute eigentlich nichts mehr an den berühmtesten Vertreter der Pomaden- und Petticoat-Zeit erinnert, haben kluge Bürger und ihre politischen Vertreter vorgesorgt. Während Friedberg einen Platz in der Stadtmitte nach Elvis benannt hat, wurde 1995 in Bad Nauheim vor dem Hotel Grunewald eine Stele aus schwarzem Granit errichtet. So können die Elvis-Verehrer immer zum Todestag ihres Idols mit Fackeln vom Elvis-Presley-Platz in Friedberg zum Elvis-Presley-Gedenkstein nach Bad Nauheim marschieren. Und bei wem schon dieser Weg zu erheblichen Folgeschäden führt, dem bieten die Bad Nauheimer die Elvis-Kur gegen Hüft- und Bandscheibenleiden an. Die einzigen noch authentischen Zeugnisse hat übrigens das Bonner Haus der Geschichte erworben: den Friseurstuhl, auf dem die Haarpracht des Soldaten in den 17 Monaten Militärdienst regelmäßig auf Normmaß gebracht wurde, nebst Kamm, Schere, Spiegel und einem Büschel »Original-Elvis-Haar«.

Lit.: Heinrich Burk, Elvis in der Wetterau, Frankfurt am Main 1995
Peter Kemper, The All American Boy. Wie Elvis Presley in der Wetterau sein Image wechselte, in: Gerd Kittel (Hrsg.), RheinMain – Netzwerke, Frankfurt am Main 2003, S. 164–177

Erdbach-Schwinde

Am Ortsrand des Westerwalddorfes Breitscheid verschwindet der Erdbach urplötzlich in einer Erdspalte. So etwas nennen die Geologen eine »Schwinde«. 1300 Meter weiter und 110 Meter tiefer tritt der Wasserlauf dann im Kalksteinbruch des Nachbarortes wieder zutage. Lange Zeit hielt man den Austritt für eine Quelle und sah keinen Zusammenhang mit der Erdbach-Schwinde. Schließlich kippte ein findiger Kopf in den Breitscheider Trichter etwas Farbe, die 14 Stunden später am Bachaustritt ankam. Der unterirdische Wasserlauf gilt als Hessens größtes Karstphänomen. Höhlenforscher berichten von einem 36 Meter hohen Wasserfall in der ewigen Finsternis der Kalkschluchten. Der Überlieferung nach ist das Verschwinden des Erdbachs ein Werk der Westerwälder Zwerge, die sich so an den rüden Breitscheidern rächen wollten.

Lit.: Gerhard E. Schmitt, Naturkundliche Wanderungen in Hessen, Marburg 1990, S. 103 f.
Gerd Bauer, Das unsichtbare Land. Hessische Sagen – neu erzählt, Frankfurt am Main 2004, S. 152

Erdöl aus dem Ried

»Stockstadt I«: Hier stieß man 1952 auf Erdöl.

Das hessische Texas erstreckte sich dereinst entlang der Spargelbalken des Kreises Groß-Gerau, und auf der Rheininsel Kühkopf steht noch heute eine stillgelegte Förderpumpe. Aus musealen Gründen und als unwiderlegbarer Beweis für alle, die ungläubig die Stirn runzeln.

Der texanische Traum vom ölgetränkten Reichtum ist längst verflogen, doch Anfang der fünfziger Jahre hielt man ihn im Ried für eine realistische Perspektive. Jahrelang hatte man damals erfolglos Suchbohrungen niedergebracht, bis dann am 30. November 1952 aus dem Bohrloch Stockstadt I dickflüssiges Öl hervorquoll:

> *»›Wir haben unsere Mützen hochgeworfen und unsere Gesichter mit Öl eingeschmiert‹, erinnert sich Herbert Palletschka, der als vierundzwanzigjähriger Arbeiter den Tag miterlebte. Der Ölfund ließ die Tristesse der Nachkriegsjahre für kurze Zeit vergessen. ›Der ganze Ort pilgerte zum Bohrloch‹, erzählt Palletschka. Dort lief das schwarze Gold in eine schnell ausgebuddelte Schlammgrube, wurde einige Tage später in einen Jauche-Wagen abgepumpt und unter großem Tamtam zum Bahnhof gefahren.«*

Laboranalysen bescheinigten dem Hessen-Öl aus 2000 Metern Tiefe eine hervorragende Qualität. Doch niemand wagte zu diesem Zeitpunkt eine Schätzung der unterirdischen Reserven. Dass man im Oberrheingraben auf Erdöl treffen könnte, hatten Wissenschaftler der TH Darmstadt bereits in den zwanziger Jahren vermutet. Erste Suchbohrungen 1935 und 1939 wurden aber buchstäblich in den Sand gesetzt. Die Bergbaugesellschaft Elwerath nahm dann nach dem Krieg die Suche wieder auf und errichtete im Juli 1951 ihren ersten Bohrturm im Ried.

Gefunden wurde erst mal nichts.

Im September stießen die Ölsucher überraschend auf eine Methangasblase, die sich sofort entzündete und als 70 Meter hohe Flamme über dem Bohrloch stand. Erst nach zehn langen Tagen ging dem Fanal das Gas aus – die Flamme sackte in sich zusammen.

»›Eine Firma aus Amerika hat dann tonnenweise Zement und Wasser ins Loch hineingepumpt, und wir haben mehrere Wochen den Schlamm weggefahren‹, erinnert sich Palletschka. ›Seit dieser Zeit hatten wir auf dem Weg zur Arbeit ein komisches Gefühl in der Magengrube.‹«

Nicht zu Unrecht, denn weitere Unfälle sollten folgen: So brannte 1955 der Förderturm Stockstadt XII aus, und zwölf Jahre später stand über Stockstadt II eine 500 Meter hohe Gasfontäne, die aber zum Glück kein Feuer fing. Man holte den legendären Texaner Red Adair ins Ried. Der Ölfeld-Spezialist ließ kurzerhand die nahe Modau stauen. Das nun verfügbare Wasser wurde nach seinen Anweisungen mit Tonschlamm vermischt und unter hohem Druck in das Bohrloch gepresst. Die Gasblase war abgedichtet.

Wirtschaftliche Gründe brachten schließlich das Aus für den Ölrausch im Ried. Das Oberrhein-Öl liegt nämlich nicht als schwarze Seenplatte unter dem südhessischen Sand, sondern fließt in dünnen Kanälen durch den darunter anstehenden Buntsandstein. Dadurch sprudelte es nicht von selbst an die Oberfläche, sondern musste in der Regel mit viel Energieeinsatz hochgepumpt werden. Dabei vermischte es sich im Laufe der Förderzeit immer mehr mit Grundwasser. Anfang der siebziger Jahre bestand das geförderte Gemisch zu 90 Prozent aus Wasser. Das wenige Erdöl musste kostspielig abgetrennt werden. Mitte der achtziger Jahre wurde deshalb die Ölsuche eingestellt.

Die Bergbaugesellschaft Elwerath war damals längst im Exxon-Konzern aufgegangen. Aus dessen Unterlagen ergibt sich, dass in den gut 30 Jahren fast eine Million Tonnen Öl und eine halbe Milliarde Kubikmeter Erdgas gefördert wurden. Insgesamt hatte man 47 Suchbohrungen niedergebracht und war in 33 Bohrlöchern fündig geworden. Nach den Berechnungen der Geologen wurden nur 25 Prozent der Ölreserven gefördert. Drei Viertel des schwarzen Goldes fließen auch heute noch unbehelligt durch den Sandstein des Rieds.

Lit.: Ingo Senft (dpa), Der Traum vom texanischen Reichtum ist schnell zerplatzt, in: Wiesbadener Kurier vom 30.11.2002

Erstes Gewächs

Rheingauer Spitzenwein: das erste Gewächs.

Rheingau-Version der französischen Spitzenwein-Kategorie Premier Grand Cru zur Klassifizierung besonders hochwertiger Weine.

Die Einführung des Ersten Gewächses verstand sich als erster Schritt zu einer Art Oberliga der Weinmacher. Treibende Kraft waren die 47 Mitgliedsbetriebe des Verbands der Rheingauer Prädikatsweingüter (VDP), die zwischen Hochheim und Lorch etwa 1000 Hektar Rebfläche bewirtschaften.

Die Weinberge des Rheingaus bedecken insgesamt 3200 Hektar mit 119 Einzellagen, die in zehn Großlagen zusammengefasst sind. So bezeichnet etwa der Großlagen-Name Rauenthaler Steinmächer einen Riesling, der in Rauenthal, Martinsthal, Eltville, Walluf oder Wiesbaden gereift sein kann. Er könnte aber auch ein Gemisch aus allen fünf Gemarkungen sein.

Der VDP hält die Großlagen-Vermarktung für Etikettenschwindel und verwendet die Bezeichnungen nicht mehr. Sein Gegenentwurf zielt auf Qualität statt Masse und mehr Transparenz bei der Wertigkeit der Weine. So wird auch das Erste Gewächs begründet. Die Eintrittskarte in die Gefilde dieses Premium-Segments ergibt sich aus einer vom Deutschen Wetterdienst 1999 erstellten Gütekarte des Anbaugebietes Rheingau. Sie weist all jene Weinbergslagen aus, die zum Anbau von Spitzenweinen geeignet sind. Erste Gewächse können nur jene Winzer erzeugen, die solche Lagen besitzen oder gepachtet haben und deren Weine der strengen Qualitätsprüfung des Verbands genügen. Die Gütekarte sorgte denn auch sofort für Turbulenzen, da etliche prominente Lagen durch das strenge Raster fielen und deren Besitzer natürlich Kungelei und Intrigen witterten. Mittlerweile hat sich die Aufregung gelegt.

Als nächsten Schritt beschloss dann 2001 der Bundesverband der Prädikatsweingüter ein neues Klassifikationsmodell, das von seinen acht Regionalverbänden umzusetzen war. Einzellagen, die den Qualitätsansprüchen des Verbandes nicht genügten, sollten von den Etiketten der Mitgliedsbetriebe verschwinden. Allein im Rheingau traf dieses Schicksal 44 Weinbergslagen, darunter auch so altbekannte wie Johannisberger Goldatzel und Assmannshäuser Hinterkirch.

Lagenamen soll es innerhalb des VDP nur noch bei den Ersten Gewächsen und den etwas darunter eingestuften Weinen aus klassifizierten Lagen geben. Dieser zweiten Stufe genügen immerhin noch 79 Rheingauer Weinlagen, die deshalb auch weiterhin auf den Etiketten angegeben sind.

Für die Erzeugung der klassifizierten Lageweine hat der Verband genaue Richtlinien vorgegeben. Etwa den Höchstertrag von 65 Hektolitern pro Hektar. Beim Ersten Gewächs sind nur 50 Hektoliter erlaubt. Ähnliches gilt für den frühestmöglichen Zeitpunkt der Vermarktung. Bei den Lageweinen ist dies der 1. April oder der 1. Mai, bei den Ersten Gewächsen der 1. September.

Lit.: Hans Ambrosi, Wein von A bis Z. Das große Lexikon vom Wein, 6. erw. Aufl., München 2002, S. 83

Abschied vom Assmannshäuser Hinterkirch, in: Frankfurter Allgemeine Zeitung vom 12.2.2002

ESOC

Hauptkontrollraum des ESOC in Darmstadt.

Wenn eine europäische Trägerrakete »Ariane« wieder einmal vom Weltraumbahnhof in Kourou abhebt, dann wird ihr Flug von Darmstadt aus verfolgt. Denn dort befindet sich das ESOC (European Space Operations Centre), das europäische Operationszentrum der in Paris ansässigen ESA (European Space Agency). Das 1967 gegründete ESOC ist für den Betrieb aller Satelliten und Raumsonden der ESA verantwortlich und gilt als Nervenzentrum eines weltumspannenden Netzes von Bodenstationen, die alle erforderlichen Daten liefern. Bislang hat es über 50 Satelliten der ESA und eine Reihe anderer Satelliten überwacht. Dazu gehörten u. a. Forschungssatelliten wie »Giotto«, der Bilder des Kometen Halley lieferte, die ECS-Telekommunikationssatelliten und die Wettersatelliten, die seit 1996 von EUMETSAT kontrolliert werden. Zu den Missionen, die von dem ESOC unterstützt werden, gehören u. a. Satelliten zur Beobachtung der Erde, des Mars, des Mondes, der Kometen, des Sonnenwindes, des Erdmagnetfeldes und der Gammastrahlung. Außerdem kontrolliert das Operationszentrum ein Röntgen-Teleskop. Auch das geplante Navigationsprojekt »Galileo« wird von Darmstadt aus betreut werden.

In den letzten Jahren hat die Zusammenarbeit mit anderen Weltraumorganisationen an Bedeutung gewonnen, zum Beispiel mit der NASA oder der russischen Raumfahrtagentur Roscomsos. Ein besonders ehrgeiziges Projekt ist die Cassini-Huygens-Mission zur Erforschung des Saturn, die zusammen mit der NASA und der italienischen Raumfahrtagentur durchgeführt wird. Bei dem Raumstationsprogramm ISS ist die ESA u. a. Partner von den USA, Japan und Russland.

Lit.: ESA (Hrsg.), European Space Operations Centre, Nordwijk 1997
www.esoc.esa.de

Eurocheque

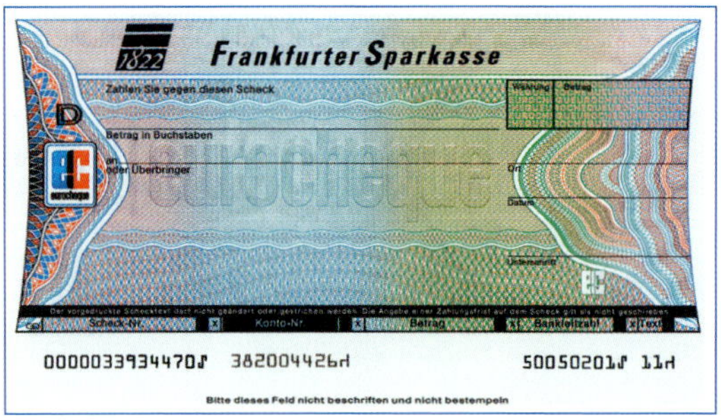

Ein kleines Stück Papier hat die Finanzwelt revolutioniert. Und als man glaubte, dass es seine Schuldigkeit getan habe, konnte es gehen.

Im Mai 1968 trafen sich in Frankfurt Vertreter aus 15 europäischen Ländern, um etwas ganz Neues zu schaffen: ein vorgedrucktes Formular, das – mit einer Plastikkarte als Legitimation – wie bares Geld verwendet werden konnte. Die Idee hatte das Vorstandsmitglied der Deutschen Bank, Eckart van Hooven, der mit dem Eurocheque u. a. dem amerikanischen Kreditkartensystem Paroli bieten wollte. Zunächst sahen die Vordrucke in jedem Land anders aus. Erst 1972 einigte man sich auf ein einheitliches Erscheinungsbild. Der Eurocheque machte schnell Karriere und war bald ein selbstverständliches Zahlungsmittel, weil die Banken die Einlösung bis zu einem festgesetzten Höchstbetrag garantierten. Ein neuer Berufsstand entwickelte sich, die Scheckbetrüger, die mit gefälschten Unterschriften kleine Vermögen ergaunerten. Besonders wenn es ihnen gelungen war, auch die EC-Karte zu stehlen, die eigentlich immer getrennt von den Schecks aufbewahrt werden sollte. Die kleine Karte, die zunächst nur als Ausweis gedient hatte, entwickelte im Lauf der Zeit ein Eigenleben und verdrängte schließlich den Eurocheque ganz. Mit der Einführung der Geldautomaten und der elektronischen Zahlungssysteme an den Supermarkt-Kassen gewann die EC-Karte rasant an Bedeutung. Der umständlichere Eurocheque war überflüssig geworden. Ende 2001 hoben die Banken ihre Zahlungsgarantie auf und besiegelten damit sein Ende nach 33 Jahren.

Lit.: Christian Siedenbiedel, Der Tod des Eurocheques – eine Frankfurter Erfindung verschwindet, in: Frankfurter Allgemeine Zeitung vom 8.11.2001

Evangeliar Heinrichs des Löwen

Als am 6. Dezember 1983 im Londoner Auktionshaus Sotheby's eine prachtvolle mittelalterliche Handschrift zur Versteigerung kam, da hielten viele in Deutschland den Atem an. Sollte es dem Bankier Hermann Josef Abs als Repräsentanten der Bundesrepublik wirklich gelingen, das kostbare Stück dahin zurückzuholen, wo es achthundert Jahre vorher entstanden war? Erst bei dem sensationellen Preis von 32,5 Millionen Mark fiel der Hammer des Auktionators. Das bis dahin teuerste Buch war wieder in deutschem Besitz. Der Bund, die Länder Niedersachsen und Bayern, die Stiftung Preußischer Kulturbesitz und zahlreiche Privatleute brachten in der Folge die Kaufsumme für das lange verschollen geglaubte Evangeliar Heinrichs des Löwen auf. Die aus 226 Pergamentblättern bestehende Handschrift ist außerordentlich reich verziert. Sie enthält 24 ganzseitige Miniaturen mit Illustrationen zum Neuen Testament, neun Zierseiten mit den Anfangsversen der Evangelisten und weit über tausend Ornamente und Initialen (das sind kunstvoll gestaltete Anfangsbuchstaben eines Wortes). Als Farben wurden neben Blau, Rot, Grün, Purpur und Ocker vor allem Gold und Silber verwandt.

Dass sich die Handschrift, die die vier Evangelien des Matthäus, des Markus, des Lukas und des Johannes enthält, in dieser Pracht erhalten hat, ist ein kleines Wunder. So wechselhaft war ihr Schicksal. Entstanden ist das Evangeliar zwischen 1173 und 1189, wahrscheinlich um 1188. Auftraggeber war der Welfenherzog Heinrich der Löwe, einer der mächtigsten Gegner seines Vetters Kaiser Friedrich I. Barbarossa. Den Zweikampf hatte der Kaiser schon 1180 für sich entschieden, als Heinrich auf dem Reichstag zu Gelnhausen für abgesetzt erklärt worden war. Erst nach dem Tod Barbarossas kam es zum Ausgleich, und Heinrich durfte zumindest seinen Besitz im damaligen Sachsen behalten, das etwa dem heutigen Niedersachsen mit Teilen von Schleswig-Holstein und Westfalen entsprach.

Das Evangeliar wurde in einer der führenden Schreibwerkstätten seiner Zeit gefertigt, im so genannten Scriptorium des Benediktinerklosters Helmarshausen (heute ein Stadtteil von Bad ➤ Karlshafen). Das gegen Ende des 10. Jahrhunderts gegründete Kloster hatte sich schnell zu einem Zentrum der Buchmalerei entwickelt mit durchaus selbstbewussten Künstlern. So wissen wir, wer das Evangeliar geschrieben und mit Bildern versehen hat. Es war der Mönch Hermann auf Befehl seines Abtes Konrad. So jedenfalls steht es im Widmungsgedicht, mit dem die Handschrift beginnt. Heute sind noch siebzehn Prachtbände aus der Schreibwerkstatt nachweisbar. In Helmarshausen selbst sind nur noch die eindrucksvollen Reste des 1538 aufgelösten und langsam verfallenen Klosters zu bewundern.

Nach der Fertigstellung schenkte Heinrich das Evangeliar der von ihm gegründeten Blasiuskirche (dem heutigen Dom) in Braunschweig. Von dort gelangte die Handschrift, wahrscheinlich wieder als Geschenk, in den Prager Dom. 1861 kaufte sie König Georg V. von Hannover zurück und nahm sie, nach der Annexion seines Landes durch Preußen, mit ins englische Exil. Noch 1933 befand sie sich im Besitz der Herzöge von Braunschweig und Lüneburg. Danach verloren sich ihre Spuren. Erst 1983, bei der Londoner Auktion, tauchte die Handschrift wieder auf. Der Eigentümer blieb im Dunkeln. Heute liegt die prachtvolle Handschrift, die zu den bedeutendsten Buchkunstwerken des Mittelalters zählt, in der Herzog August Bibliothek in Wolfenbüttel.

Lit.: Elisabeth Klemm, Das Evangeliar Heinrichs des Löwen, Frankfurt am Main 1988
Wolfgang Milde/Thomas Wurzel, Heinrich der Löwe und sein Evangeliar, (Ausstellungskatalog) o. O. und o. J.
E.-H. Garkisch (Hrsg.), Festschrift zur Wiederkehr der Gründung der Reichsabtei Helmarshausen vor 1000 Jahren, Bad Karlshafen 1997

F

Plakat zum Ballonaufstieg und Fallschirmabsprung von Käthchen Paulus am 21.6.1896.

Fallschirm

Bereits die Chinesen kannten so etwas wie einen Fallschirm. Schon 1306 sollen sich dort Akrobaten mit schirmförmigen Gebilden von Türmen gestürzt haben. Die erste Zeichnung eines Fallschirms stammt von Leonardo da Vinci und entstand 1495. Es dauerte allerdings bis 1783, ehe sich erstmals ein Mensch in Europa am seidenen Faden durch die Lüfte in Richtung Erde bewegte. Mit unseren heutigen Fallschirmen hatten diese Urtypen allerdings wenig zu tun. Sie waren mehr etwas für artistische Sensationen. Den ersten zusammenlegbaren und damit als Lebensretter geeigneten Fallschirm entwickelte ab 1893 Käthchen Paulus. Damit ist sie in die Annalen der Luftfahrtgeschichte eingegangen. Aber wer war Käthchen Paulus? Am 22. Dezember 1868 in Zellhausen im Kreis Offenbach geboren, hatte sie zunächst als Schneiderin Ballone und Fallschirme geflickt – bei dem Luftfahrtpionier Hermann Lattemann, dessen Partnerin sie 1894 wurde. Bereits am 27. August 1893 war sie als erste Frau in Deutschland mit einem Fallschirm aus einer Ballongondel gesprungen, vor 70 000 Zuschauern beim Schützenfest in Nürnberg. Anfang Juni 1894 wagte sie zum ersten Mal mit Lattemann im Frankfurter Zoo einen Ballonaufstieg. Als ihr Partner wenige Tage später in Krefeld tödlich verunglückte, setzte Käthchen Paulus ihre abenteuerlichen Luftfahrten alleine fort. In ganz Europa, vor allem aber im Frankfurter Zoo (wo sie zwischen 1894 und 1912 etwa dreißigmal auftrat), zeigte sie ihre Künste: waghalsige Aufstiege, Versuche mit fußbetriebenen Propellerballons und anderen verwegenen Konstruktionen sowie atemberaubende Fallschirm-»Abstürze«. In dem Bestreben, ihre Fallschirme ständig zu verbessern, entwickelte sie schließlich das erste wirksame Luftrettungsinstrument überhaupt. 1921 wurde der Paketfallschirm in der

Schweiz patentiert. 1909 hatte sie über ihre bis dahin mehr als vierhundert Ballonaufstiege und fast siebzig Fallschirmabsprünge geschrieben: »Es erzeugt ein gruseliges Gefühl, über das man nur hinübergelangt, mit der Erinnerung an das Sprichwort: Dem Mutigen gehört die Welt.« Und mutig war Käthchen Paulus. Am 26. Juli 1935 starb die »Primadonna der Lüfte«, hoch geehrt, aber auch fast vergessen, in Berlin. Seit 1985 heißt eine Straße in Frankfurt nach ihr.

Lit.: Frank Franke, Ballone. Fahren mit dem Erdwind, Frankfurt am Main 1993

Federweisser

Unberechenbares Rauschgetränk auf dem Wege vom Most zum Wein, das an das schmuddelige Weiß einer Gänsefeder erinnert. Daher die in hessischen Anbaugebieten gängige Bezeichnung »Federweißer«, die auch in Rheinhessen gebräuchlich ist. Andernorts spricht man vom »Reißer«, »Sauser« oder »Sturm«.

Während der Weinlese bietet die Gastronomie sowohl frisch gekelterten Traubensaft (Most) an als auch dessen in fortschreitender Gärung befindliche Folgestadium, eben den Federweißen. Da die Übergänge fließend sind, ist die verträgliche Menge kaum zu kalkulieren. Folgeschäden durch unverhoffte Stürze sind dann beim passionierten Trinker an der Tagesordnung (➛ Schnudedunker).

Die Gärung erfolgt zumeist in Tanks aus Edelstahl, die eine exakte Steuerung des Prozesses ermöglichen. Obwohl der Most eigene Hefepilze besitzt, werden ihm meist Reinzuchthefen zugesetzt. Durch sie verwandelt sich Zucker in Alkohol. Bei Tafel- und Qualitätsweinen (Q.b.A.) darf übrigens ganz legal Zucker zugesetzt werden. Der Winzer nennt das dann feinsinnig »Anreichern«. Eine »gezügelte Gärung«, die durch Kühlung die Prozesse verlangsamt, macht den Wein bukettreicher, frischer und haltbarer. Soll das Endprodukt nicht herb, sondern lieblich sein, muss das natürliche »Durchgären« verhindert werden, denn bei diesem Prozess wandelt sich sämtlicher Zucker zu Alkohol. Und Wein ohne Zucker schmeckt eben herb. Wird aber der Gärvorgang künstlich »abgestoppt«, verbleibt noch Restzucker im Wein, der Trunk schmeckt süßer, also »lieblich«. Jenes »Abstoppen« bewirkt der Kellermeister durch starke Kühlung oder Kohlensäuredruck in speziellen »Abstopp-Tanks«. Sehr zum Wohl.

Lit.: Horst Scharfenberg, Das praktische Buch vom Wein, München 1980, S. 318

Feen

Im Unterschied zu den ➤ Elfen gelten die Feen als weitaus machtvollere Wesenheiten, die auch in menschliche Schicksale lenkend eingreifen können. Das Märchen vom Dornröschen belegt, dass dies sowohl mit guten als auch mit bösen Absichten geschehen kann. Festzuhalten ist aber, dass dort die bösartige 13. Fee eindeutig in der Minderheit war.

Mythenforscher erklären die Herkunft des Wortes »Fee« aus dem lateinischen »fata« (Schicksal) und sehen in den wahlweise sichtbaren und unsichtbaren Wesen gewissermaßen die mittlere Führungsebene der unsichtbaren Welt. Vermutet wird die übergeordnete Zuständigkeit einer Fee für die zauberische Sphäre ganzer Landstriche bis hin zu Eingriffen ins regionale Wetter. In Hessen könnten ➤ Frau Holle und ➤ Frau Schuckel in diesem Sinne als Feen tätig sein.

Lit.: Jacqueline Simpson, Mythen und Legenden des alten Europa, Klagenfurt 1990, S. 50

Felsenmeer

Das Felsenmeer ist eine unübersichtliche Ansammlung von großen, gerundeten Steinen mitten im Odenwald. Sie liegen an den Hängen des Felsbergs bei Lautertal, genauer gesagt im Walddreieck zwischen den Ortsteilen Reichenbach, Beedenkirchen und Staffel. Die Blöcke bestehen aus Granit, einem so genannten Tiefengestein, das sich aus Quarz, Glimmer und Felsspat zusammensetzt. Die Felsberg-Variante enthält fast immer Hornblende und wird deshalb geologisch exakt als

Hornblendegranit bezeichnet. Die imposanten Brocken sind etwa 350 Millionen Jahre alt. Damals erstarrte die glutflüssige Masse, und seitdem verwittern die Oberflächen der Steine zu lockerem Granitgrus, der schließlich weggespült wird und so den Blöcken zu ihren runden Formen verhilft. Diese Einwirkung nennt die Wissenschaft bildhaft »Wollsackverwitterung«. Soll heißen: Die Steinkonturen ähneln einem Sack, der mit ungesponnener Wolle gestopft ist.

Relikt der Römer: die »Riesensäule« im Felsenmeer.

Der Überlieferung nach entstand das Felsenmeer durch den Streit zweier Odenwald-Riesen. Der eine hauste auf dem Felsberg, der andere ganz oben auf dem Hohenstein. Der bewarf nun in seiner Wut den Felsberger mit einer Unmenge riesiger Steine, die den Gegner schließlich unter sich begruben. Und unter diesem Meer aus Granitsteinen liegt er noch heute. Stößt man dort mit dem Fuß kräftig auf den Boden, so kann man den Riesen noch stöhnen hören.

Schon die ➛ Römer nutzten den Granit des Felsenmeers. Dabei hinterließen sie über 300 eindrucksvolle Werkstücke, deren Bearbeitung auf halbem Wege abgebrochen wurde. Vermutlich, weil man erst sehr spät die Fehler im Gestein erkannte. Diese Halbfabrikate versahen die Odenwälder mit Namen wie Altarstein, Riesensäule oder Schiff. Granit vom Felsenmeer wurde in den Jahren 328 bis 337 auch für den Bau der römischen Basilika in Trier verwendet. Dies belegt, dass selbst nach dem Fall der ➛ Limes-Grenze (um 260) die Römer am Felsberg noch Steine brachen. Offenbar gab es Nutzungsverträge mit den siegreichen Alamannen.

Lit.: Der Felsberg im Odenwald (Führer zur hessischen Vor- und Frühgeschichte 3), Stuttgart 1985
Heiko Plößer, Der Felsberg im Odenwald, Ober-Ramstadt 1990

Fernsehröhre

Karl Ferdinand Braun (1850–1918).

Ohne Karl Ferdinand Braun und seine epochale Erfindung würden wir abends statt in den Fernseher tatsächlich in die Röhre gucken. Denn der am 6. Juni 1850 in Fulda geborene Physiker war der Erste, der eine Kathodenstrahlröhre entwickelte, in der ein Elektronenstrahl abgelenkt werden konnte. Diese Braunsche Röhre, die in der Messtechnik ebenso eingesetzt wurde und wird wie beim Radar, ist nichts anderes als eine ganz einfache Fernsehbildröhre. Braun selbst hatte sich diese Verwendung natürlich noch nicht denken können. Fernsehen lag außerhalb seines Vorstellungsvermögens. Er experimentierte noch mit der drahtlosen Telegraphie und dem Kristalldetektor, der später in die ersten Radioapparate eingebaut werden sollte. Und dafür, nicht für seine (Bild-)Röhre, erhielt er 1909 zusammen mit dem Italiener Guglielmo Marconi den Nobelpreis für Physik.

Lit.: Karl-Heinrich Wiederkehr, Karl Ferdinand Braun, in: Hans Sarkowicz/ Ulrich Sonnenschein (Hrsg.), Die großen Hessen. Frankfurt am Main und Leipzig 1996, S. 262–268

König von Finnland

Fast wäre ein hessischer Prinz König von Finnland geworden. Und das kam so. 1866 hatte der Kasseler Kurfürst Friedrich Wilhelm I. im Krieg Preußens gegen Österreich auf der falschen Seite gestanden, nämlich auf der des Verlierers. Darauf waren die Preußen in Kassel einmarschiert und hatten der kurfürstlichen Herrlichkeit ein Ende gesetzt. Aus dem seit Jahrhunderten selbstständigen Staat wurde eine preußische Provinz. Aber das Haus Hessen-Kassel, das nun nicht mehr regierte, besaß weiterhin hohes Ansehen. Und das wurde besonders bei Hochzeiten deutlich. So heiratete der 25-jährige Friedrich Karl (von Hessen-Kassel) 1893 die jüngste Tochter Kaiser Friedrichs III. und Schwester von Kaiser Wilhelm II. Das war wohl auch als eine Art Wiedergutmachung für die Annexion 1866 zu verstehen, sprach aber auch für das Ansehen, das der Chef des Hauses Hessen genoss. Friedrich Karl war Humanist von Gesinnung, charakterisiert ihn der Historiker Hans Philippi. Er hatte literarische und geschichtliche Studien getrieben, war ein zarter Lyriker, nicht schöpferisch produktiv, vielmehr ein kultivierter, vielseitig unterrichteter Kopf. Standesgemäß war er Offizier der preußischen Armee und befehligte das 1. Kurhessische Infanterieregiment Nr. 81. Am Ersten Weltkrieg nahm er nur kurz teil. Eine Verwundung im Herbst 1914 zwang ihn zum Ausscheiden aus dem aktiven militärischen Dienst. Als nach der Oktoberrevolution 1917 Finnland, das bis dahin zum russischen Zarenreich gehört hatte, seine Unabhängigkeit erklärte, stellte sich die Frage, wer das erstmals in seiner Geschichte selbstständige Land künftig regieren solle. Nachdem deutsche Truppen dabei geholfen hatten, einen bolschewistischen Aufstand niederzuschlagen, wurde Anfang März 1918 ein Sonderfrieden mit dem Deutschen Reich geschlossen. Da Finnland ein Königreich werden sollte, wurde auch im deutschen Hochadel nach einem möglichen Kandidaten gesucht. Die Wahl fiel auf den Schwager Kaiser Wilhelms II., den hessischen Prinzen Friedrich Karl. Am 9. September 1918 suchte ihn eine finnische Delegation unter Leitung des Justizministers Onni Tales auf und trug ihm die Krone an. Friedrich Karl akzeptierte. Einen Monat später, am 9. Oktober 1918, wählte ihn der finnische Landtag zum erblichen König. Aber sein Amt trat Friedrich Karl nicht an. Durch den Zusammenbruch des deutschen Kaiserreichs hatten sich die Machtverhältnisse in Europa grundlegend geändert. Die Regierungschefs der westlichen Siegernationen zeigten wenig Bereitschaft, einen deutschen König auf dem finnischen Thron anzuerkennen. Am 14. Dezember verzichtete Friedrich Karl auf die ihm angetragene Würde. Finnland wurde Republik. Friedrich Karl zog sich weitgehend aus der Öffentlichkeit zurück. Er widmete sich der Verwaltung seiner Güter, betrieb weiter seine geistigen Studien. 1940 ist er gestorben.

Lit.: Hans Philippi, Das Haus Hessen. Ein europäisches Fürstengeschlecht, Kassel 1983

Der Flughafen Frankfurt.

Flughafen Frankfurt

Frankfurt ist schon seit über 200 Jahren eine Stadt der Luftfahrt. Seit dem ersten Ballonflug durch Jean-Pierre Blanchard am 3. Oktober 1785 fanden sich immer wieder Mutige, die den festen Boden unter den Füßen verlieren wollten und mit allem abhoben, was dazu geeignet war. Das sagenumwobene »Fräulein Käthchen Paulus« gehörte ebenso dazu wie der tollkühne August Euler. Nach der »Internationalen Luftschiffahrts-Ausstellung« des Jahres 1909 kannte die Begeisterung keine Grenzen mehr. Auf dem provisorischen Start- und Landeplatz am Rebstock wurde eine Luftschiffhalle gebaut und der Zeppelin »Viktoria Luise« stationiert, der bis zum Ersten Weltkrieg fast 10 000 Passagiere beförderte, zum Beispiel regelmäßig zwischen Frankfurt und Baden-Baden. Nach der Unterbrechung durch den Krieg und die Bestimmungen des Versailler Vertrages, die eine deutsche Luftfahrt zunächst verboten hatten, wurde der Dienst auf dem Rebstock offiziell 1924 wieder aufgenommen. Gleich im ersten Jahr gab es 536 Fluggäste und über eine Tonne Post. Das war viel versprechend, aber für manche noch nicht viel versprechend genug. Von Anfang an wurden gegen den Flugverkehr in Frankfurt auch Bedenken und Proteste laut. Warum sollte gerade die Fortbewegung in der Luft die beste und gewinnbringendste sein? Und warum musste man überhaupt so schnell nach London, Paris, Brüssel, Lyon oder Marseille gelangen? Das alles ließ den damaligen Frankfurter Oberbürgermeister Ludwig Landmann unbeeindruckt. Noch 1925 gab er eine »Denkschrift über den Ausbau des Flugplatzes Rebstock in Frankfurt am Main als Zentral-Flughafen« in Auftrag. Schnell wurde deutlich, dass ausreichend Platz für einen Großflughafen nicht auf dem Rebstock, sondern nur im Stadtwald war, wo sich einmal auch die Nord-Süd- mit der West-Ost-Autobahn kreuzen sollte. Aber schon damals hatte man Angst vor Bürgerprotesten, denn dazu wäre es nötig gewesen, zahllose Bäume zu fällen. Und weil auch die politischen und wirtschaftlichen Verhältnisse nicht danach waren, wurde das ganze Projekt erst einmal auf die lange Bank geschoben. Von den Vorarbeiten profitierten die Nationalsozialisten, die aus dem »Flug- und Luftschiffhafen Rhein-Main« ein Prestigeobjekt machten. Die Rodungsarbeiten galten nun als Arbeitsbeschaffungsprogramm, und niemand wagte mehr die Stimme dagegen zu erheben. Am 8. Juli 1936 wurde der Flugverkehr auf dem »Weltluftschiffhafen Rhein-Main« eröffnet, der sich zunächst rasant entwickelte. Aber die Katastrophe um das Luftschiff »Hindenburg« und der Zweite Weltkrieg stoppten die zivile Luftfahrt in Frankfurt. Sie begann im Mai 1946 wieder, als eine Verkehrsmaschine der American Overseas Airlines landete. Deutsche durften allerdings erst seit März 1948 von Rhein-Main abfliegen. Bis dahin hatten sie so etwas wie Flugplatzverbot. Als die Rosinenbomber der Alliierten das eingeschlossene West-Berlin über die berühmte »Luftbrücke« versorgten, war der Ausbau des Flughafens schon eine beschlossene Sache. Seither ist der Frankfurter Flughafen von Jahr zu Jahr gewachsen. Das aber nicht zur Freude aller. Lärmgeplagte Anwohner und junge Menschen, die weitere Naturzerstörungen fürchteten, gingen auf die Straße, blockierten Zufahrten, richteten »Dörfer« ein oder lieferten sich (vor allem beim Bau der Startbahn West) blutige Schlachten mit der Polizei. Aber die ökonomische Bedeutung des Flughafens ist so überragend, dass der Ausbau nie ernsthaft zur Disposition stand. Ein Politikum ist die mit über 68 000 Beschäftigten größte Arbeitsstätte Deutschlands allerdings geblieben – bei allen Erfolgen, die zum Beispiel die Zahlen für das Jahr 2007 ausweisen: 54,2 Millionen Fluggäste bedeuten den dritten Platz in Europa nach London-Heathrow und Paris Charles de Gaulle. Bei der beförderten Luftfracht (2,2 Millionen Tonnen) steht Frankfurt sogar an erster Stelle. Täglich landen und starten durchschnittlich über 1300 Flugzeuge. Das macht 495 000 Flugbewegungen im Jahr. Damit scheinen die Grenzen noch keineswegs erreicht. In den kommenden Jahren will die Fraport AG 3,4 Milliarden Euro in den Ausbau des Flughafens investieren, vor allem in die Fertigstellung der Wartungshalle für die neuen Airbus A380 und in das zusätzliche Terminal 3.

Lit.: Frankfurter Historische Kommission (Hrsg.), Frankfurt am Main. Die Geschichte der Stadt in neun Beiträgen, Sigmaringen 1991
Flughafen Frankfurt Main AG (Hrsg.), 60 Jahre Flughafen Frankfurt, Frankfurt am Main 1996

Forschungsanstalt Geisenheim

Eduard von Lade war als Sohn eines Rheingauer Weinhändlers vermögend genug, um sich mitten in Geisenheim ein repräsentatives Schloss in einem weiträumigen Park errichten zu lassen. Er nannte es Monrepos. Des Schlossherrn Herz gehörte der Erforschung des Obstanbaus, damals vornehm »Pomologie« genannt. Kistenweise schickte Lade ausgesuchte Äpfel und Birnen an Kaiser Wilhelm I. und an dessen Kanzler Bismarck, um bei dem hohen Herrn für die Einrichtung einer pomologischen Hochschule in Geisenheim zu werben. Schließlich hatte das vitaminreiche Dauerfeuer Erfolg: 1872 etablierte die Reichsregierung in dem Rheingau-Städtchen die »Königliche Lehranstalt für Obst- und Weinbau«. Viele Geisenheimer sprechen auch heutzutage noch kurz und knapp von der Pomologie, wenn sie die jetzige Forschungsanstalt meinen. 1876 wurde ein gewisser Hermann Müller-Thurgau zu ihrem Leiter bestellt. Er brachte aus seiner Schweizer Heimat eine bislang unbekannte Rebe mit, die er durch Kreuzung zweier Sorten neu gezüchtet hatte. Sie sollte fortan seinen Namen tragen. Die ➛ Müller-Thurgau-Rebe war zu diesem Zeitpunkt aber noch nicht praktisch einsetzbar. Erst in Geisenheim wurde sie durch Versuchsanbau weiterentwickelt und später dann zu einer der erfolgreichsten Rebsorten. Unter dem Modenamen Rivaner erlebt der Wein aus diesen Trauben gerade einen zweiten Frühling. Allerdings dürfen nur trocken ausgebaute Müller-Weine mit der neuen Bezeichnung vermarktet werden.

Mit Hermann Müller-Thurgau verschob sich der Forschungsschwerpunkt der Pomologie immer stärker zum Weinbau, und so ist es bis heute geblieben. Bundesweit gilt die Geisenheimer Forschungsanstalt als eines der wichtigen Zentren der deutschen Weinwissenschaft.

Mittlerweile gibt es eine enge Zusammenarbeit mit der Fachhochschule Wiesbaden, die in Geisenheim die Studiengänge Weinbau und Önologie sowie Getränketechnologie und Gartenbau anbietet. Ihre Außenstelle nutzt mittlerweile auch Schloss Monrepos.

Eduard von Lades pomologische Hochschule bietet neuerdings im Fachgebiet Weinbau nicht mehr nur das gängige Fachhochschul-Diplom, sondern vermittelt in Kooperation mit der Universität Gießen nunmehr auch die akademische Weihe des Weinwissenschaftlers, Diplom-Önologe genannt. Ein Studienabschluss, der bislang nur im Ausland möglich war:

»Ist im Fass etwas verbogen, musst du den Önologen frogen.«

Lit.: www.forschungsanstalt-geisenheim.de
Bernd Minges, Grünes Zentrum in Geisenheim, in: Wiesbadener Kurier vom 24.12.2002

Frankenstein

Burg Frankenstein (Stich von 1849).

Aus hessischer Sicht ist der Frankenstein zunächst einmal eine respektable Odenwaldhöhe am Anfang der Bergstraße samt dem verfallenen Stammsitz derer von Frankenstein. Dabei könnte man es belassen, gäbe es nicht auch den literarischen Frankenstein, Doktor der Medizin und Schöpfer eines international bekannten Monsters, das er aus Leichenteilen zusammenfriemelte. Doktor wie Ungeheuer sind wiederum Geschöpfe der britischen Autorin Mary Shelley, die ihr Buch »Frankenstein oder der moderne Prometheus« 1818 in London publizierte. Die Frage, wie der hessische Berg in den Kopf der englischen Lady kam, beantwortet der Ober-Ramstädter Historiker Otto Weber mit der Vermutung, dass man im Elternhaus der Autorin die Schriften des radikalen Theologen und Alchemisten Johann Conrad Dippel kannte, der sich – weil 1673 auf Burg Frankenstein geboren – mit dem Namenszusatz »frankensteiniensis« – vom Frankenstein – schmückte.

Laut Weber gibt es keinen Beleg dafür, dass Mary Shelley jemals auf dem Burgberg war. Das sieht der Journalist und Krimi-Autor Walter Scheele völlig anders: Er will während einer Schweiz-Reise Einblick in ein bislang unbekanntes Tagebuch der Autorin gehabt haben. Dort habe er sich dann eine Textpassage abschreiben können, die eindeutig belege, dass Frau Shelley 1814 auf dem Frankenstein war: »A monumental building full of darkness ... allowing an amazing country-view over the Rhine-river«. Scheele bleibt allerdings den Nachweis schuldig, dass es das ominöse Tagebuch wirklich gibt. Er versteigt sich sogar zu der Vermutung, jener J. C. Dippel sei Shelleys direkte Romanvorlage, da er bei seinen alchemistischen Experimenten auch Leichenteile verwendet haben soll. Auch hierfür fehlt der Beleg.

Lit.: Otto Weber, Die Burg Frankenstein, J. C. Dippel und das Monster, unveröffentl. Manuskript, Ober-Ramstadt o. J.
Walter Scheele, Burg Frankenstein – Mythos, Wahrheit, Legende, Frankfurt am Main 2001

Das Frankfurter Gretchen

Am 14. Januar 1772 wurde in Frankfurt am Main die Magd Susanna Margaretha Brandt öffentlich hingerichtet. »Der Henker setzte den Kopf durch einen Streich glücklich ab«, heißt es in den offiziellen Berichten. Wie es dazu kam, dass die Brandtin ihr Kind gleich nach der Geburt Anfang August 1771 tötete, war alles andere als glücklich.

Sie war aus Mainz nach Frankfurt gekommen, um als Magd im Gasthaus »Zum Einhorn« zu arbeiten. Vom geringen Verdienst lebte sie mehr schlecht als recht, zumal das Gasthaus nicht gerade zu den ersten Häusern der Stadt gehörte. Eines Tages kehrte dort ein junger Holländer ein – ein Handelsdiener oder Goldschmiedegeselle, jedenfalls kein Ehrenmann. Er spendierte der Magd mehrere Gläser Wein, um sie, derart gefügig gemacht, zu schwängern. Danach verschwand er für immer in Richtung St. Petersburg.

Susanna Margaretha empfand die Schwangerschaft als etwas Fremdes, nicht eigentlich ihr Zugehöriges. Zwei in Frankfurt bekannte Ärzte untersuchten sie und kamen zu dem Ergebnis, sie sei nicht schwanger. Diese Diagnose bestätigte die Brandtin in ihren wilden Versuchen, sich die körperlichen Veränderungen zu erklären. Es kam dann, wie es kommen musste. Das Kind – ein Junge – wurde geboren, und Susanna Margaretha Brandt sah offenbar keinen anderen Ausweg, als es sogleich umzubringen.

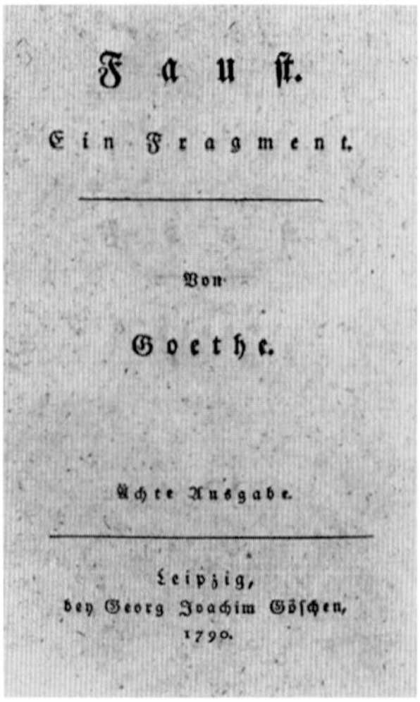
Faust.
Ein Fragment.
Von
Goethe.
Ächte Ausgabe.
Leipzig,
bey Georg Joachim Göschen,
1790.

Erste Buchausgabe von Goethes »Faust«.

Dann geriet sie in die Mühlen der Frankfurter Justiz, die zu dieser Zeit von vormodernen Ritualen und Gepflogenheiten geprägt war. Die Rechtsprechung und Bestrafung basierten im Wesentlichen auf der »Carolina«, und die sah im Falle der Kindstötung die Todesstrafe vor. Es bestanden so gut wie keine Aussichten, durch den Blick auf die sozialen Umstände, auf individuelle Besonderheiten oder Berücksichtigung der Tatumstände ein milderes Urteil zu bekommen. Auch das fragwürdige Verhalten des Erzeugers konnte für die Magd nichts bewirken. Ihre Schwestern, die nach Stand und finanziellen Verhältnissen wohl in der Lage gewesen wären, das unehelich geborene Kind und die Mutter zu unterstützen, wandten sich von Margaretha ab.

Nun wäre der Fall der Susanna Margaretha Brandt sehr wahrscheinlich im Dunkel der Geschichte verloren gegangen, hätte sich seiner nicht ein Frankfurter Bürger angenommen. ➛ Goethe, der nach Abschluss seines Jurastudiums im Sommer 1771 in seine Heimatstadt zurückgekehrt war, hatte von diesem Fall einer Kindsmörderin nachweislich Kenntnis. Zu sehr war er über seinen einflussreichen Vater und andere Mitglieder seiner in Frankfurt angesehenen Familie ins Justizwesen der Stadt verwickelt, als dass er das Los der Kindsmörderin nicht hätte wahrnehmen können.

Nun darf man nicht den Fehler machen, das »Faust«-Gretchen mit der Brandtin zu identifizieren. Vielmehr folgt die literarische Verarbeitung des Kindsmörderinnen-Stoffes im letzten Drittel des 18. Jahrhunderts ganz andern Voraussetzungen. Die literarischen Täterinnen gehören nicht den untersten Schichten an, ihr Kindsmord dient meist dazu, die Unmoral des adligen Verführers zu beklagen, kaum je geht es in erster Linie um das Verständnis für die Tat der verzweifelten Mütter. Immerhin weckt Gretchens dramatischer Tod im »Faust« Mitleid und vielleicht sogar Verständnis. Wie sehr der Geheime Rat und Jurist Goethe literarische Tränen von juristischen Tatsachen zu trennen wusste, zeigt auch, dass er noch zehn Jahre später in Weimar im Fall der Kindsmörderin Magd Höhne für die Todesstrafe plädierte.

Lit.: Rebekka Habermas (Hrsg.), Das Frankfurter Gretchen. Der Prozess gegen die Kindsmörderin Susanna Margaretha Brandt, München 1999

Kalorienreich und lecker: der Frankfurter Kranz.

Frankfurter Kranz

Heutzutage gilt der Festtagskuchen aus der Mainmetropole zu Recht als Kalorienbombe. Grundlage ist ein Biskuitboden. Dazwischen kommt eine Buttercremefüllung, die es in sich hat. Alter und Herkunft des Traditionsrezeptes sind ungeklärt.

Für den Biskuit werden 200 g Butter, 7 Eier, 280 g Zucker, 175 g Mehl, 1 Tüte Backpulver, 80 g Stärkemehl (Mondamin), die geriebene Schale einer (unbehandelten) Zitrone und ein guter Schuss Rum benötigt. Die Cremefüllung entsteht aus 250 g Zucker, 1/2 Tasse Wasser, 500 g Butter und dem Eigelb von 8 Eiern. Zusätzlich braucht man Ananaskonfitüre und Krokantsplitter.

Für den Teig werden nun Butter, Zucker, Eier und geriebene Zitrone miteinander vermengt. Mehl, Backpulver und Mondamin gibt man nach und nach in kleinen Mengen dazu. Alles sollte gut durchgerührt sein. Nun wird eine Kranzform ausgefettet und mit Mehl bestäubt. Man gibt die Masse in die Form und backt das Ganze im vorgeheizten Ofen 45 Minuten lang bei 180 Grad.

Für die Buttercreme werden nun Zucker und Wasser in einem feuerfesten Topf verrührt und zu einem Sirup aufgekocht. Man schlägt dann das Eigelb schaumig und zieht den Sirup unter. Dann wird die Butter löffelweise dazugegeben und weiter geschlagen. Nun stellt man die Mischung etwa 60 Minuten kalt, vorzugsweise in den Kühlschrank.

Wenn der Biskuitkranz abgekühlt ist, wird er zweimal waagrecht durchgeschnitten. Auf den Schnittflächen verteilt man nun fein dosiert den Rum und bestreicht sie hauchdünn mit Ananaskonfitüre. Darüber wird dann Buttercreme aufgebracht und alles wieder zusammengefügt.

Typisch für den Frankfurter Kranz ist der so genannte Verputz: Zu guter Letzt wird der gesamte Kuchen mit Buttercreme bestrichen und großzügig mit Krokantsplittern bestreut. Üblicherweise setzt man nun noch eingelegte oder kandierte Süßkirschen auf den Kranz.

Für Körperbewusste und Marathonläufer empfiehlt sich die etwas leichtere Version aus der Nobelherberge »Frankfurter Hof«. Sie ersetzt die mächtige Buttercreme durch ein Vanilleparfait. Das wiederum entsteht aus 5 Eigelb, 325 g Zucker, 625 g geschlagener Sahne und dem Mark einer Vanilleschote. Eigelb und Zucker schaumig rühren. Mit steifer Sahne und Vanillemark mischen. Nun backt oder kauft man einen Biskuitboden und legt damit die Kranzform aus. Auf den Biskuit gibt man die Parfait-Masse und stellt das ganze über Nacht ins Gefrierfach. Tags drauf dann wird die Form gestürzt und auf einer eiskalten Platte angerichtet. Bei der Light-Variante verputzt man den Kranz dünn mit Schlagsahne und streut ebenfalls Krokant.

Lit.: Anne Vollmerhaus, Köstliches aus der alten hessischen Küche, Bielefeld/Frechen o. J., S. 120 f.
Michaele Scherenberg/Karl-Heinz Stier, Hessen à la carte 1, Frankfurt am Main 1990, S. 26

Frankfurter Küch'

Die Frankfurter Küch' ist eine Erfindung der Wiener Architektin Margarete Schütte-Lihotzky und war wegweisend. Beim Bau des »Neuen Frankfurt« in den zwanziger Jahren sollte in den großen Siedlungen, wie der Römerstadt, auch eine neue, normierte Form der Küche zum Einsatz kommen. Die Idee von Schütte-Lihotzky war, eine funktional fein aufeinander abgestimmte und damit Arbeitskraft sparende Einrichtung zu schaffen, die nur ein Minimum an Platz brauchte und trotzdem Komfort bot: fließendes warmes und kaltes Wasser, Gas- oder Elektroherd, Stromanschluss, Einbauschränke und teilweise Heizung. Begeistert schrieb der »Frankfurter Generalanzeiger« 1928 über die neuen Wohnungen: »Der Clou aber ist die Küche. Winzig klein, aber so raffiniert ausgeklügelt, so praktisch angeordnet, dass selbst der größte Blaustrumpf zur begeisterten Köchin werden muss.« Insgesamt wurden 10 000 Frankfurter Küchen in die neuen Siedlungshäuser eingebaut. Nicht jeder gewöhnte sich schnell an den Fortschritt im Haushalt. Denn die Frankfurter Küch' bedeutete auch die Trennung von Wohn- und Kochraum, was damals gerade in Arbeiterfamilien noch unüblich war. In der Römerstadt und in der May-Siedlung haben sich bis heute noch Exemplare der Frankfurter Küch' erhalten, die von den Mietern liebevoll gepflegt werden.

Lit.: Lothar Gall (Hrsg.), FFM 1200 (Ausstellungskatalog), Frankfurt am Main 1994
Margarete Schütte-Lihotzky: Warum ich Architektin wurde, Salzburg 2004

Frankfurter Messe

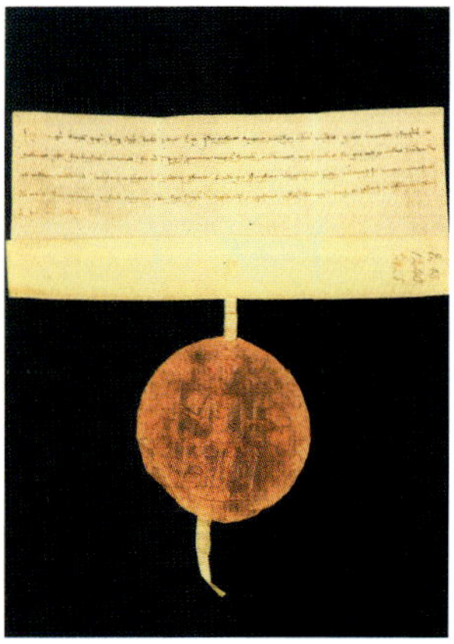

Messeprivileg für Frankfurt von Kaiser Friedrich II. (1240).

Die Geschichte der Messe in Frankfurt ist lang. Bereits im 11. Jahrhundert dürfte es eine Erntemesse gegeben haben, bei der vor allem Getreide, Wein, Holz, Wolle, Wachs, Seife und Nutztiere zum Verkauf kamen. Am 11. Juli 1240 machte dann Kaiser Friedrich II. »aller Welt bekannt, dass Wir alle insgesamt und jeden Einzelnen der zu den Messen nach Frankfurt Reisenden unter unseren und des Reiches Schutzes aufnehmen. Wir gebieten, dass niemand sie auf dem Hinweg zu diesen Messen oder auf dem Rückweg in irgendeiner Weise zu belästigen oder zu behindern wagen soll«. Diesem »weltweit ersten kaiserlichen Privileg als offizielle Messestadt« – eine Formulierung, auf die die Messe Frankfurt GmbH heute großen Wert legt – ließ Kaiser Ludwig der Bayer am 25. April 1330 die Bestätigung für eine Fasten-, also Frühjahrsmesse folgen. Damit war Frankfurt zu einem »Kaufhaus der Deutschen« geworden – mit einem für damalige Verhältnisse sensationellen Angebot, was allerdings nicht jeden zu begeistern vermochte. Martin Luther zum Beispiel hätte im Zuge der Reformation am liebsten auch gleich die Messe als Ursache allen Übels abgeschafft: »Rechne Du, wie viel Geldes in einer Messe zu Frankfurt aus deutschen Landen geführt wird, ohne Not und Ursache. Frankfurt ist das Gold- und Silberloch, dadurch aus deutschem Land fleußt, was nur quillt und wächst, gemünzt und geschlagen wird bei uns. Wäre das Loch zugestopft, so dürfte man jetzt die Klage nicht hören, wie allenthalben eitel Schuld und kein Geld, alle Land und Städte mit Zinsen beschwert und ausgewuchert sind.« Andere zeigten sich dagegen zur selben Zeit ganz angetan. Ulrich von Hutten zum Beispiel schrieb den Messeveranstaltern einen – bis heute genutzten – Werbespruch ins Stammbuch: »Weither suchen die Völker sie auf und wandern die Menschen, denn für die Waren der Welt ist sie der wimmelnde Markt.« Ihren zahlenden Gästen gegenüber zeigten sich die Frankfurter liberal und weltoffen. Während das städtische Leben sonst bis ins Detail reglementiert war, galten zu den Messezeiten besondere Freiheiten. Zum Beispiel durfte sich jeder kleiden und bewaffnen, wie er wollte.

Elefant als besondere Attraktion auf der Fastenmesse 1629, Kupferstich von J. Heyde nach Wenzel Hollar.

Auch für die Unterhaltung war bestens gesorgt. Schon Ende des 14. Jahrhunderts gab es Turniere im Kunstfechten, und am Steinweg wartete eine Spielbank auf zahlungskräftige Kunden. Die zunächst noch unorganisierten Vorstellungen von Gauklern und Komödianten entwickelten sich im Laufe der Jahrhunderte zu einem regelrechten Kultur- und Vergnügungsprogramm. Auch bei der Unterbringung der Messegäste gab es schon früh einen gewissen Luxus. Wer zum Beispiel in der Mitte des 16. Jahrhunderts zur Fasten- oder Herbst-

Titelkupfer eines 1696 gedruckten Lobgedichts auf die Frankfurter Messe.

messe nach Frankfurt kam, der konnte in einem Privatquartier absteigen, etwa bei der »Erbaren Frow und wittib« Margaretha in der Mainzer Gasse. Dort stand ein warmes Federbett. Großzügiger ging es in den Gasthöfen zu, von denen Frankfurt damals über 50 besaß. Haus Wolkenstein erfreute in diesen Zeiten ohne Zentralheizung mit Himmelbetten, in denen 87 Pfund Gänsefedern für wohlige Wärme, vielleicht aber auch für schwere Träume sorgten. Zur Ausstattung einer solchen »Luxussuite« gehörten in der Regel noch ein Fußschemel, um das Bett überhaupt besteigen zu können, eine Sitzbank und (schon vor 400 Jahren!) ein Schreibtisch. Als dienstbare Geister standen für den, der es sich leisten konnte, zusätzlich noch Mägde, Boten und Köchinnen zur Verfügung. Bis zum Beginn des 18. Jahrhunderts wuchs die Bedeutung der Messe, die unterdessen auch einer der wichtigsten Umschlagplätze für die besonders begehrten französischen Luxuswaren, für Seide und Schmuck war. Aber die politischen Wirren, in die Frankfurt als eines der Zentren des Reiches hineingezogen wurde, und das weniger tolerante Verhalten der Stadtregierung ließen die Konkurrenz Leipzig immer wichtiger werden, bis die Stadt an der Pleiße die Mainmetropole ein- und überholte. Die Frankfurter Messe sank zu einer regionalen Verkaufsschau mit Jahrmarktcharakter herab. Nach dem Zweiten Weltkrieg wiederholte sich die Entwicklung, allerdings mit umgekehrten Vorzeichen. Nun rückte Leipzig an den Rand. Unmittelbar nach der Währungsreform, im Oktober 1948, fand in Frankfurt wieder die erste Herbstmesse statt, immerhin mit wesentlich mehr als 1000 Ausstellern und einem Auftragsvolumen von 600 Millionen Mark. Heute heißt sie »Ambiente« und öffnet in der Regel im Februar ihre Pforten. Auf der wichtigsten Konsumgüterschau der Welt zeigen über 4500 Aussteller aus rund 90 Ländern alles, was zum täglichen Leben gehört.

Die besucherstärkste Veranstaltung ist allerdings die Internationale Automobilausstellung (IAA), die seit 1951 alle zwei Jahre stattfindet (im Wechsel mit der Automechanika) und 700 000 bis 900 000 Neugierige anzieht. An zweiter Stelle in der Besuchergunst steht die Buchmesse (Größte ➤ Bücherschau der Welt).

Insgesamt wurden 2006 von der Messe Frankfurt GmbH allein in Frankfurt 38 internationale Fachmessen sowie 226 Kongresse und andere Veranstaltungen durchgeführt. Weltweit waren es 110 Messen und Ausstellungen, zu denen rund 68 000 Aussteller und 2,7 Millionen Besucher kamen.

Lit.: Hans-Otto Schembs, Weither suchen die Völker sie auf, Frankfurt am Main 1985
Rainer Koch, Brücke zwischen den Völkern – Zur Geschichte der Frankfurter Messe. Ausstellungskatalog, 3 Bde., Frankfurt am Main 1991

Frankfurter Schule

Der Begriff »Frankfurter Schule« hängt eng mit dem 1924 gegründeten »Institut für Sozialforschung« zusammen, das sich zunächst der Erforschung des Marxismus und der Arbeiterbewegung gewidmet hatte, sich aber unter Max Horkheimer (seit 1930) und Theodor W. Adorno der indisziplinären Forschung von Philosophen, empirischen Sozialwissenschaftlern und Psychoanalytikern zuwandte, die auf die Entwicklung einer Gesellschaftstheorie zielte. Diese »Kritische Theorie« wurde – in Deutschland durch die NS-Zeit und die damit verbundene Emigration der bedeutendsten Vertreter unterbrochen – zu einer der wichtigsten sozialphilosophischen Forschungsrichtungen des 20. Jahrhunderts.

In seiner Geschichte der Frankfurter Schule schreibt Rolf Wiggershaus, dass die Bezeichnung erst in den sechziger Jahren dem in Frankfurt wiedererstandenen Institut für Sozialforschung und ihren bekanntesten Vertretern angeheftet wurde, was diese offenbar gern akzeptierten: »Gemeint war damit zunächst eine kritische Soziologie, die in der Gesellschaft eine antagonistische (das heißt in sich widerstreitende, d. Verf.) Totalität sah und Engels und Marx nicht aus ihrem Denken verbannt hatte, sondern sich als deren Erben begriff. Längst ist dieses Etikett zu einem umfassenderen und vagen Begriff geworden. Der Ruhm Herbert Marcuses als – wie damals die Medien meinten – Idol der rebellierenden Studenten neben Marx, Mao Zedong und Ho Chi Minh ließ die Frankfurter Schule zum Mythos werden« – an dem, so kann man ergänzen, immer wieder heftig gekratzt wird (➛ Neue Frankfurter Schule).

Lit.: Rolf Wiggershaus, Die Frankfurter Schule, München 1986

Frankfurter Wachensturm

Im April 1830 war der Darmstädter Großherzog Ludewig I. nach vierzig Regierungsjahren gestorben. Sein Sohn Ludwig II. zeigte wenig Geschick, mit den anstehenden Problemen fertig zu werden. Die Landbevölkerung war durch katastrophale Missernten verarmt. Aber der neue Großherzog verlangte trotzdem, dass die Bevölkerung seine Privatschulden übernehmen und zusätzlich Geld für die Schlosserweiterung zur Verfügung stellen sollte. Beides konnte er nicht durchsetzen. Dagegen formierte sich gleich an mehreren Orten der Widerstand.

Unter der Leitung des Gießeners Paul Follen und des Butzbacher Rektors Friedrich Ludwig Weidig (➛ Büchner) bildete sich eine demokratisch und national ausgerichtete Bewegung, die den revolutionären Umsturz vorbereitete. Auftakt sollte am 3. April 1833 der Frankfurter Wachensturm sein, denn die Mainmetropole als Sitz des Deutschen Bundes war so etwas wie eine heimliche Hauptstadt. Der Deutsche Bund war 1815 an die Stelle des Heiligen Römischen Reichs Deutscher Nation getreten. Es gab zwar keinen Kaiser mehr, aber immerhin einen Bundestag, der für alle deutschen Staaten verbindliche Beschlüsse fassen konnte. Preußen und Österreich waren im Deutschen Bund die beiden bestimmenden Mächte.

Die Revolutionäre hatten damit gerechnet, dass sich ihnen die Frankfurter in Massen anschließen würden. Aber es kam anders. Abends um halb zehn rückten drei Trupps auf die Hauptwache, die Konstablerwache und die Zollstätte Preungesheim vor. Obwohl der Plan verraten worden war, konnten die knapp vierzig Revolutionäre die Gebäude besetzen und sogar Gefangene befreien. Aber dann schnappte die Falle zu. Denn die Frankfurter zeigten überhaupt kein Interesse, den Aufstand zu unterstützen. Nach einer Stunde war der Spuk beendet. Wer nicht fliehen konnte, wurde verhaftet.

Sturm auf die Frankfurter Hauptwache, kolorierter Holzschnitt-Bilderbogen von Georgin von Epinal.

Nur wenige Tage nach dem Wachensturm schrieb der 1813 im südhessischen Goddelau geborene Medizinstudent Georg ➛ Büchner voller Verbitterung an seine Eltern, die ihm von den Vorgängen in Frankfurt berichtet hatten:

»Wenn in unserer Zeit etwas helfen soll, so ist es Gewalt. Wir wissen, was wir von unseren Fürsten zu erwarten haben. Alles, was sie bewilligten, wurde ihnen durch die Notwendigkeit abgezwungen. Und selbst das Bewilligte wurde uns hingeworfen, wie eine erbettelte Gnade und ein elendes Kinderspielzeug, um dem ewigen Maulaffen Volk seine zu eng geschnürte Wickelschnur vergessen zu machen.

Man wirft den jungen Leuten den Gebrauch der Gewalt vor. Sind wir denn aber nicht in einem ewigen Gewaltzustand? Weil wir im Kerker geboren und großgezogen sind, merken wir nicht mehr, dass wir im Loch stecken mit angeschmiedeten Händen und Füßen und einem Knebel im Munde.«

Friedrich Ludwig Weidig und Georg Büchner verfassten später den ➛ »Hessischen Landboten«, der offen zur Revolution aufrief. Büchner musste fliehen. Weidig starb am 23. Februar 1837 in seiner Zelle.

Lit.: Thomas Michael Mayer, Untersuchungsberichte zur republikanischen Bewegung in Hessen 1831–1834, Frankfurt am Main 1982
Gerd Bauer/Heiner Boehncke/Hans Sarkowicz, Die Geschichte Hessens, Frankfurt am Main 2-2003

Frankfurter Würstchen

1929 kam es vor dem Berliner Kammergericht zu einem höchst merkwürdigen Prozess. Den Metzgern aus Frankfurt und Umgebung wollte es nämlich nicht schmecken, dass die Konkurrenz ihren Frankfurter Würstchen bedenklich nahe auf die Pelle gerückt war. In der ganzen Welt wurden x-beliebige Würstchen als »Frankfurter« nachgemacht, ohne auf die hohen inneren Werte des Originals zu achten. Bereits 1487 war die zart besaitete Spezialität in den Frankfurter Chroniken erstmals genannt worden. Seither gehörte sie zum Frankfurter Traditionsbestand. Trotzdem hatte sie 1523 von der Kanzel des Doms herab der heilige Zorn getroffen, weil alle Welt, statt sich an die Fastengebote zu halten, immer wieder herzhaft zubiss. Den Erfolgszug des Frankfurter Würstchens konnten aber auch noch so eindringliche Predigten nicht aufhalten. Das erste schriftlich dokumentierte Rezept stammt aus dem Jahr 1749. Es enthält »das Fleisch von den vorderen Schenkeln des Schweins oder sonst das zarteste Fleisch« und »beliebigen Speck«. Als Gewürze wurden Muskatnuss, Muskatblüten, Thymian, Majoran, Salz und Pfeffer verwendet. So wenig (oder so viel?) braucht es für einen fast beispiellosen Siegeszug. Bei den Weltausstellungen in Chicago und Paris hatte die knackige und leicht geräucherte Spezialität aus der Mainmetropole sogar zwei erste Plätze errungen. Und das sollte jetzt alles Geschichte sein? Die Richter des Berliner Kammergerichts hatten ein Einsehen und entschieden, dass sich nur noch die Würstchen »Frankfurter« nennen durften, die aus dem Wirtschaftsraum Frankfurt stammen. Gereimt wurde damals von Lino Salini in den »Frankfurter Nachrichten«:

»Macht sonst nor Worscht, soviel ihr kennt,
Des geht uns gar nix aa,
Was ›Echte Frankforter‹ mer nennt,
Die mache mer allaa!«

Der Bundesgerichtshof bestätigte das Urteil im Dezember 1955, so dass es bis heute gilt. Noch schlauer als die Frankfurter waren die Neu-Isenburger Metzger, denn die hatten sich schon früh ihre

»Original« Frankfurter Würstchen patentieren lassen, so dass heute die »Originalen« nicht aus Frankfurt, sondern aus Neu-Isenburg kommen. Und noch ein Tipp: Echte oder »Original« Frankfurter Würstchen dürfen nicht kochen; sie sollen lediglich acht Minuten in heißem Wasser ziehen. Dann knacken sie, wenn man herzhaft hineinreißt.

Lit.: Bernard Bol (Hrsg.), Frankforter. Ein Kochbuch für »Frankfurter«-Fans, München 1993
Michaele Scherenberg/Karl-Heinz Stier, Es geht um die Wurst. Rezepte und Geschichten, Frankfurt am Main 2001
Jaqueline Vogt, Welches ist ein echtes Frankfurter Würstchen?, in: Frankfurter Allgemeine Zeitung vom 8.5.2002
Kristiane Müller-Urban/Horst Baerenz, Frankfurter Würstchen. Ein Koch- und Bilderbuch, Frankfurt am Main 2003

Frankfurt Lions

Ein Lions-Spieler im Einsatz.

Am 14. Januar 1960 geschah in Kronberg etwas Seltsames. Im Licht von Autoscheinwerfern trug die gerade gegründete Eishockeyabteilung von ➛ Eintracht Frankfurt auf einem vereisten Tennisplatz ihr erstes Spiel aus. Offenbar stieg das Interesse an dieser Sportart im Rhein-Main-Gebiet sprunghaft an; denn schon am 10. Dezember desselben Jahres wurde die offene Kunsteisbahn neben dem Waldstadion eingeweiht. Von da an ging es dem Eishockey nicht anders als dem Eintracht-Fußball: auf und ab. Aufstiege und Abstiege, glänzende Siege und katastrophale Niederlagen. Ohne diesen Zickzack scheint die Eintracht nicht existieren zu können. Bis 1968/69 spielte die Eis-Eintracht vor stark bröckelnder Zuschauerkulisse in der Oberliga. Dann glückte der Aufstieg in die Bundesliga. Es folgte der Abstieg. In der Oberliga-Saison 1976/77 war dann der Tiefpunkt erreicht:

Zum Spiel gegen Preußen Berlin kamen 36 zahlende Zuschauer. Die abermalige Wende brachte die neue Eissporthalle am Ratsweg, die am 27. Dezember 1981 mit einem Länderspiel gegen das Olympiateam der Sowjetunion eröffnet wurde. 1982 stieg die Mannschaft in die 2. Bundesliga auf, und 1985/86 folgte sogar der Aufstieg in die 1. Bundesliga.

1990/91 war die bis dahin erfolgreichste Saison der Vereinsgeschichte. Klappt es sportlich, muss es, nein kann es finanziell scheitern, wenn das Management versagt. Um den Hauptverein nicht zu gefährden, beschloss man, die Eishockey-Sparte von der restlichen Eintracht Frankfurt abzutrennen. Am 1. Oktober 1991 wurde der ESC »Die Löwen« gegründet. Sieben Monate später waren die neuen Eistiere bereits der größte Eishockeyclub in Deutschland.

1992 stiegen die »Löwen« erst einmal in die Oberliga auf, dann in die 2. Bundsliga. Am 25. März 1994 wurde die Frankfurter Mannschaft zur Einführung der Profiliga DEL (»Deutsche Eishockey Liga«) unter dem Namen »Frankfurt Lions Eishockey GmbH« neu gegründet. Seitdem werden sie einfach nur die »Lions« genannt.

1995 und 1996 scheiterten sie beide Male in den Play-offs an den ➛ »Kassel Huskies«. Es folgten etliche Trainer-Wechsel; 2002/2003 gab es eine schreckliche Saison: Sportlich stiegen die »Lions« ab, nur weil der letzte Gegner – die »Schwenninger Wild Wings« – den finanziellen Bankrott anmelden mussten, konnten die Frankfurter in der DEL bleiben. Am 16. April 2004 schließlich herrschte große Freude. Die »Lions« gewannen im vierten Finalspiel die Deutsche Meisterschaft. Leider konnte der Titel in der nächsten Saison nicht verteidigt werden, und 2005/06 landete man wieder im Keller. Als Neunter wurden die Play-offs verpasst. 2007/08 konnte man in den Play-offs 4:3 Siege im Viertelfinale gegen die Iserlohn Roosters und 3:2 Niederlagen im Halbfinale gegen die Kölner Haie verzeichnen.

Lit.: Offizielle Homepage der »Lions«: www.frankfurt-lions.de

Franz-Joseph-Land

Der verlassene Dreimaster vor Nowaja Semlja, Bild von Julius Payer.

Was um alles in der Welt hat das Franz-Joseph-Land mit Hessen zu tun? Dieses aus 191 Inseln bestehende Archipel im Nordpolarmeer ist mit 19 700 Quadratkilometern nur etwas kleiner als Hessen, aber unbewohnt. Denn fast alle Inseln überzieht eine dicke Eisschicht, was östlich von Spitzbergen auch nicht so verwunderlich ist. Ein Hesse war es, der sich als Erster in diese Region vorwagte und der Inselgruppe ihren Namen gab: Carl Weyprecht. Der 1838 in Darmstadt geborene Sohn eines Hofgerichtsadvokaten hatte sich schon früh für die Seefahrt entschieden und trat mit 18 Jahren als Kadett in die österreichische Kriegsmarine ein. Er durchkreuzte die Weltmeere und nahm an Seeschlachten teil, aber was ihn wirklich interessierte, waren die noch unentdeckten Teile der Erdkugel. Auf Anregung des berühmten Geographen August Petermann begann Weyprecht 1871 mit den Planungen für eine österreichische Polarexpedition. In Julius Payer, einem arktiserfahrenen Offizier, fand er einen ebenso engagierten Mitstreiter. Geld wurde gesammelt, u. a. spendeten auch die Stadt Frankfurt und der Frankfurter Verein für Geographie und Statistik. Weyprecht ließ in Bremerhaven einen Dreimast-Motorsegler bauen, mit dem er im Juni 1872 in See stach. Neben Payer waren es 24 Mann, die ihn auf der beschwerlichen Expedition begleiteten. Nach knapp vier Monaten ging nichts mehr. Das Schiff war nördlich der Insel Nowaja Semlja vom Packeis eingeschlossen worden und ließ sich nicht mehr manövrieren. Führungslos driftete der Dreimaster durchs Packeis in Richtung Nordosten. Weyprecht und Payer bewiesen starke Nerven, und sie hatten offenbar für genügend Proviant gesorgt. Am 30. August 1873 tauchte plötzlich eine gebirgige Inselgruppe auf, die noch kein Mensch vor ihnen gesehen hatte. Zu Ehren des österreichischen Kaisers gaben sie ihr den Namen Franz-Joseph-Land. Aber es dauerte, bis sie das eisige Land betreten konnten. Erst am 1. November war ihr Schiff nahe genug herangekommen. Bis zum Mai 1874 unternahmen sie verschiedene Erkundungsexpeditionen und entschieden sich dann, ihr Schiff aufzugeben. Es schien unmöglich, dass ihr Dreimaster noch einmal das offene Meer erreichen könnte. Auf Hundeschlitten traten sie den gefährlichen Rückmarsch über das Packeis an. Die mutige Entscheidung wurde belohnt. Nach 500 Kilometern erreichten sie am 15. August das offene Meer. Sie ließen ihre mühsam über das Eis geschleiften Boote zu Wasser und hofften, dass irgendein Schiff sie entdecken werde. Nach neuntägiger Fahrt fanden sie russische Lachsfänger, die sie in den norwegischen Hafen Vardö brachten. Mit Glück und Können hatten Weyprecht und Payer ihr Abenteuer überstanden. Überall in Europa wurden die beiden mutigen Forscher gefeiert. Der Komponist Eduard Strauß widmete ihnen sogar einen »Weyprecht-Payer-Marsch«. Auf dem Internationalen Geographen-Kongress 1875 in Paris erhielten sie die Goldmedaille, und der Frankfurter Verein für Geographie und Statistik ernannte sie zu Ehrenmitgliedern. Aber Weyprecht erholte sich von den Strapazen der Polarfahrt nicht mehr. Am 29. März 1881 starb er in Michelstadt an einer Lungenerkrankung als Spätfolge seiner Expedition.

Das zu Russland gehörende Franz-Joseph-Land darf heute nur mit einer Sondergenehmigung betreten werden. Zu Ehren von Payer und Weyprecht wurden im Sommer 2003, zum 130. Jahrestag der Entdeckung, zwei Sonderfahrten ins ewige Eis veranstaltet, an denen u. a. der Bergsteiger Reinhold Messner und der Schriftsteller Christoph Ransmayr teilnahmen. Ransmayr hatte 1984 in seinem Roman »Die Schrecken des Eises und der Finsternis« den beiden Polarforschern ein literarisches Denkmal gesetzt.

Lit.: Eckhart G. Franz, Hessische Entdecker. Forschungsreisen in fünf Erdteilen, (Ausstellungskatalog) Darmstadt 1981

Frau Holle

In Hessen ist die sagenumwobene Frau Holle vor allem mit dem Hohen Meißner verbunden. Dort lebt sie in einem Schloss auf dem Grunde eines Teiches, wo sie bisweilen ihre Zauberglocke läutet, um ihre dienstbaren Geister zu sich zu rufen. Die Holle ist eine Feengestalt (➛ Feen), die sich besonders um Mädchen und Frauen kümmert. Sie sorgt für angenehmes Liebesleben, sanfte Geburt und Kindersegen. Zudem lehrt sie hausfrauliche Fertigkeiten, wie das Spinnen von Flachs und Wolle. Die Lernfortschritte werden streng überwacht. Fleißige Spinnerinnen belohnt sie mit unsichtbarer Hilfe, Faule bekommen das Leben schwer gemacht. Wenn Frau Holle ihre Betten ausschüttelt, fällt Schnee vom Himmel. Sie macht also Wetter. Ein Aspekt, der auch in die Märchen der Brüder ➛ Grimm eingeflossen ist (»Goldmarie und Pechmarie«). Die segensreich-ordnende Zuständigkeit für alles Weibliche, aber auch für die Fruchtbarkeit von Menschen, Haustieren und Feldern verweist auf die Verwandtschaft mit anderen hessischen Feen, die viele Aspekte einer vorchristlichen »Muttergöttin« in sich aufgenommen haben. Im germanischen Götterhimmel entsprechen dem Freya und Frigga, bei den Kelten am ehesten Epona, im Mediterranen Demeter und Ceres, aber auch Hera und Aphrodite.

Lit.: Gerd Bauer, Geheimnisvolles Hessen, Frankfurt am Main 2005, S. 114 ff. und 316 ff.

Frau Schuckel

Gütige Feengestalt (➛ Feen) des Kinzigtals mit einer gewissen Nähe zu ➛ Frau Holle. Frau Schuckel lebt im Bernhardtswald zwischen Schlüchtern und Steinau, und solange sie dieses Gebiet nicht verlässt, hat sie ewiges Leben. Den Winter verbringt sie in weiträumigen, prächtigen Höhlen. Am letzten Tag im März aber verlässt sie ihre unterirdische Welt und »schwebt als holde Jugenderscheinung über blumige Wiesen und Wälder bis höher hinauf zu den Sternen, bis

Advent sie wieder nach unten ruft«. Eine Verkörperung des Frühlings also, der wieder erwachenden Natur – nicht Hüterin weiblicher Tugenden wie Berchta und Holle. Zur Fee der blühenden Blumen passt, dass die Bewohner von Kinzigtal und Spessart den Frauenschuh nach ihr »Frauschuckelblume« nennen.

Lit.: Karl Lyncker, Deutsche Sagen und Sitten in hessischen Gauen, Kassel 1854
Gerd Bauer, Geheimnisvolles Hessen, Frankfurt am Main 2005, S. 393 ff.

Der umstrittene Schädel der »Frau von Rhünda«.

Frau von Rhünda

Das Dörfchen Rhünda liegt nicht weit von Felsberg im Schwalm-Eder-Kreis. Sein Ortsname ist in der hessischen Vorgeschichtsforschung ein Begriff, ist er doch mit einem jahrelangen Gelehrtenstreit um einen uralten Skelett-Rest verknüpft – dem Schädel der Frau von Rhünda.

Alles begann im Juli 1956, als nächtliche Gewitter den geruhsamen Rhünda-Bach zum tosenden Gewässer machten. Quer über den Rhündaer Sportplatz gruben sich die Wasserfluten ein neues, metertiefes Bett mit vielen Seitenarmen.

Bei der Sichtung der Flurschäden am nächsten Morgen wurde der menschliche Schädel am rechten Rand eines neuen Bachlaufs entdeckt. Er lag etwa 80 cm unter der Erdoberfläche und war mit Kalksinter umkrustet. Die Fundbergung erfolgte noch am gleichen Tag durch Eitel Glatzer, Lehrer aus Rhünda. Dieser dokumentierte zuvor die Fundsituation und sorgte dann für die Absperrung der Fundstelle.

Schließlich brachte man den Schädel zu Professor E. Jacobshagen an die Universität Marburg. Der Ordinarius entfernte die Kalkkruste und fügte lose Einzelteile aneinander. Nur wenige Wochen später präsentierte Jacobshagen den hessischen Neufund auf einem internationalen Kongress in Düsseldorf als Relikt einer Neandertaler-Frau, eben als Frau von Rhünda. Weiblich deshalb, weil sich das Äußere von den gängigen, grobknochigen Neandertaler-Schädeln doch deutlich unterschied.

Bereits auf der Düsseldorfer Tagung bezweifelten etliche Fachleute die Zuordnung und hielten es für wahrscheinlicher, dass die Dame vom Sportplatz ein Cro-Magnon-Mensch war, also ein direkter Vorfahre des heutigen Menschen und damit weit jünger als die Neandertaler. Letztere lebten vor 120 000 bis 30 000 Jahren vor der Zeitenwende, während man die Einwanderung der Cro-Magnon auf dem Gebiet des heutigen Hessen frühestens 32 000 Jahre v. Chr. belegen kann. Doch der Marburger Professor gab sich unbeirrt und ging in zahlreichen Fachaufsätzen auch weiter davon aus, den Kopf einer Neandertalerin im Regal liegen zu haben.

Damit begann ein heftiger und langwieriger Disput um das wirkliche Alter der Frau von Rhünda.

In den sechziger Jahren wurden der Schädel und die ihn umgebende Kalkschicht von verschiedenen Wissenschaftlern weiter untersucht. Es zeichnete sich dabei immer deutlicher ab, dass der nordhessische Skelettrest eher einem Cro-Magnon-Menschen zuzuordnen ist.

Endgültige Klarheit brachte dann 2002 ein Forschungsprojekt der TU Darmstadt. Man entnahm aus der Rhündaer Schädelkalotte eine zwei Gramm schwere Probe und ließ sie von Spezialisten der Universität Groningen mit einer Isotopen-Untersuchung genauer bestimmen. Heraus kam eine Datierung zwischen 10 137 und 10 073 vor der Zeitenwende. Damit gehört der Schädel in die jüngere Altsteinzeit (Jungpaläolithikum). Die Frau von Rhünda war also eindeutig keine Neandertalerfrau, sondern gehörte zu den jüngeren Cro-Magnon-Menschen. Zudem fanden die Wissenschaftler am Schädel Merkmale, die nur einen Schluss zuließen: Die berühmte Steinzeit-Dame war zu Lebzeiten ein Mann.

Lit.: Wilfried Rosendahl, Neues zur Altersstellung des fossilen Menschenschädels von Rhünda in Hessen, in: Archäologisches Korrespondenzblatt 32/2002 , S. 15 ff.

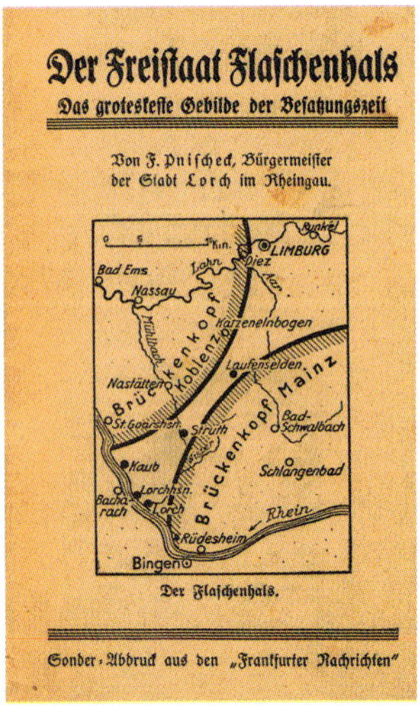

Grenzziehung mit Zirkelschlag: der »Flaschenhals« am Mittelrhein (1919 – 1923).

Freistaat Flaschenhals

»Nirgends ist es schöner als – in dem Freistaat Flaschenhals«. Der etwas holprige aber selbstbewusste Reim ziert einen 50-Pfennig-Schein, der Anfang der zwanziger Jahre im Umlauf war. Das Währungsgebiet dieses Notgeldes war eben jener »Freistaat« zwischen Kaub, Lorch und Laufenselden, der auf der Landkarte einem Flaschenhals sehr ähnlich sah. Entstanden war die ungewöhnliche Enklave am Mittelrhein durch das Waffenstillstandsabkommen vom November 1918. Zusätzlich zum Besatzungsgebiet links des Rheins hatten sich die Alliierten noch zwei rechtsrheinische Brückenköpfe gesichert: Franzosen und Amerikaner setzten ihre Zirkel auf die Landkarte und schlugen um Mainz und Koblenz je einen Halbkreis nach Norden bzw. Osten. Radius 30 km. Bei Laufenselden kamen diese Kreise nahe zueinander, doch Richtung Rheintal war ein Zwischenraum geblieben, der zum Fluss hin breiter wurde. Ein Stück unbesetztes Deutschland – eingeklemmt zwischen Amerikanern und Franzosen.

Im Januar 1919 unterbanden US-Truppen und französische Besatzungsarmee jeglichen Grenzverkehr in ihre Zonen. Die Flaschenhals-Bewohner waren politisch und wirtschaftlich isoliert. Die zuständige deutsche Verwaltung, das Regierungspräsidium in Wiesbaden, war unerreichbar geworden. Selbst Postverkehr und Telegrafenverbindungen waren gesperrt. Die Züge der Rheinbahn passierten zwar weiterhin Lorch und Kaub, durften aber in diesem Niemandsland nicht halten. Die nächste erreichbare Stadt im unbesetzten Teil Deutschlands war Limburg. Da aber die bislang genutzten Landstraßen früher oder später Besatzungsgebiet durchschnitten, konnten sie nicht befahren werden. Limburg war nur mühsam über unbefestigte Waldwege zu erreichen. Pferdefuhrwerke brauchten für die 60 km zwei volle Tage.

In dieser Lage blieb den Bürgermeistern der Flaschenhals-Gemeinden nur die improvisierte Selbstverwaltung. Für den Behördenkontakt mit Restdeutschland richteten sie in Limburg eine gemeinsame Kommunal-Vertretung ein. Offiziell blieb das Gebiet namenlos. Die gängige Bezeichnung »Freistaat Flaschenhals« steuerte der Volksmund bei. Über die Größe des Freistaats und seine Einwohnerzahl kursieren unterschiedliche Zahlen. Ende 1919 sprach der Wiesbadener Regierungspräsident gegenüber dem Reichsinnenministerium von »zwei Städten und 30 Landgemeinden mit insgesamt 17 363 Einwohnern«, deren Probleme rasch gelöst werden müssten. Um die Dramatik zu unterstreichen, hatte er das abgeschnittene Gebiet offenbar Richtung Limburg »erweitert«. Später war nur noch von 8000 Betroffenen die Rede: die Bürger der Städte Kaub und Lorch und der Gemeinden Lorchhausen, Sauerthal, Ransel, Wollmerschied, Welterod, Zorn, Strüth und Egenroth.

Treibende Kraft der freistaatlichen Selbstverwaltung war der Lorcher Bürgermeister Edmund Pnischeck. Ein Zentrumspolitiker mit viel Energie und ausgeprägtem Selbstbewusstsein. Die überlieferten Innenansichten des »Freistaats« stammen zumeist aus seinen »Erinnerungen«, die in etlichen Zeitungen abgedruckt wurden. Der halboffizielle und offensive Gebrauch des Namens »Freistaat Flaschenhals« wird vor allem auf Pnischeck zurückgeführt. Er organisierte auch maßgeblich das gebietseigene Notgeld, das erst 1921 durch die offizielle Reichsmark abgelöst wurde.

Der Alltag im Freistaat gestaltete sich schwierig. Die Post und die meisten Güter kamen von Limburg über morastige Waldwege ins Land. Das Dörfchen Zorn fungierte als Raststation. Dort wurden die Gespanne gewechselt und erst am nächsten Tag ging die Fuhre weiter talwärts. Die Frachtkosten waren entsprechend hoch und verteuerten die Güter. Dafür blühte der Schmuggel über das linke, französisch besetzte Rheinufer.

So war der Freistaat den Franzosen natürlich ein Dorn im Auge und sie drängten immer wieder darauf, das renitente Gebiet ihrer Zone einzuverleiben. Anfang 1923 stimmten die benachbarten Amerikaner schließlich zu und am 25. Februar wehte über Lorch die Trikolore. Den Freistaat gab es nicht mehr.

1994 schlossen sich geschichtsbewusste Winzer und Gastwirte zur »Freistaat-Flaschenhals-Initiative« zusammen. Ziel der FFI ist eine bessere Vermarktung der einheimischen Produkte und die optimale touristische Nutzung des einstigen Freistaat-Gebietes, das damit eine Renaissance erlebt. Entwickelt wurde ein spezielles Freistaat-Weinetikett, das nur auf besonders hochwertige Rebensäfte geklebt werden darf. An den einstigen Grenzen des »Flaschenhalses« wurden entsprechende Schilder aufgestellt, um so auf das Kuriosum hinzuweisen. Weinhändler in allen deutschen Gauen haben mittlerweile die Chance, ihre Läden zu »Botschaften des Freistaats Flaschenhals« zu machen. Wesentliche Voraussetzung ist ein üppiges Weinsortiment aus dem Land um Lorch und Kaub. Die FFI sorgt dann für die feierliche Amtseinführung und überreicht das freistaatliche Botschaftsschild.

Lit.: Edmund Pnischeck, Freistaat Flaschenhals. Das groteske Gebilde der Besatzungszeit, Sonderdruck der »Frankfurter Nachrichten«, o. J.
Christoph Cuntz, Kein schöner Land als Flaschenhals, in: Wiesbadener Kurier vom 19.10.1992
Rainer Schauer, Frohsinn im Freistaat Flaschenhals, in: Frankfurter Allgemeine Zeitung vom 26.11.1998
Klaus Peter Dietel, Im Vakuum zweier Brückenköpfe, in: Rhein-Main-Presse/Journal vom 15.5.1999
Helga Dierichs, Wie im Mittelalter – Der Freistaat Flaschenhals, in: Martin Maria Schwarz/Ulrich Sonnenschein (Hrsg.), Hessen vergessen. Orte ohne Erinnerung, Marburg 2003, S. 72 ff.

FSV Frankfurt

Der Fußballsportverein Frankfurt 1899 e.V. jubelt und seine vielen Fans mit ihm. In der Saison 2008/09 spielt er in der 2. Bundesliga. »Fans« ist deutlich untertrieben, denn der FSV hat Freunde, glühende Anhänger, fast schon Liebhaber, die ihm verfallen sind. Bayern München die Treue zu halten, ist kein Kunststück, aber mit dem »Bernemer« über die Jahre durch dick und dünn – vor allem durch dünn – zu gehen, dazu gehört schon etwas. Man muss ziemlich weit zurückblicken, um auf ein paar überregionale Erfolge zu stoßen. 1925 verlor der FSV das Finale um die Deutsche Meisterschaft knapp. Er unterlag dem 1. FC Nürnberg nach Verlängerung mit 0:1; 1933 wurde er Süddeutscher Meister und 1938 ging das Pokalfinale im Olympiastadion Berlin mit 1:3 gegen Rapid Wien verloren. Dann kam Jahrzehnte später der Titel Deutscher Amateurmeister nach einem 2:1 gegen Marl-Hüls, von welchem Ort man nicht so genau weiß, wo er eigentlich liegt.

Mit dem Innenrist – ins Tor?

Und dann nach dem 1. Platz in der Regionalliga Süd der wunderbare Aufstieg in die 2. Liga. Weil das angestammte Frankfurter Volksbank Stadion am Bornheimer Hang umgebaut wird, spielt der FSV in der Saison 2008/09 in der Commerzbank Arena vor bis zu 52 300 Zuschauern.

Welch ein Gewinn für die Frankfurter Fußballkultur und ein Trost für den Abstieg der Offenbacher ➤ Kickers in die 3. Liga. Natürlich zittern die Frankfurter davor, dass die kapriziöse und dennoch geliebte ➤ Eintracht mal wieder absteigt und es zu Stadt-Derbys in der 2. Liga kommt, das ist aber momentan eher unwahrscheinlich.

Beim FSV gibt es außer Fußball noch Abteilungen für Tennis, Bowling und Leichtathletik. Unsterblich machte sich Armin Hary mit seinem Weltrekord über 100 Meter und dem Olympiasieg von 1960. Der vielleicht größte Frankfurter Sportler war ein Bernemer Bub, das wohl bekannteste Mitglied des traditionsreichen FSV Frankfurt. Trauriger ist die Geschichte des FSV-Damenteams: Einst Gründungsmitglied der Bundesliga, erfolgreichster Frankfurter Fußball-Club, dreimal Deutscher Fußballmeister, fünfmal Pokalsieger, und dann wurde die FSV-Damenabteilung zum Ende der Saison 2005/06 wegen fehlender eigener Finanzmittel leider aufgelöst.

Lit.: www.fsv-frankfurt.de

Fulder

In der Wetterau und im Rhein-Main-Gebiet nennt man einen groben, rücksichtslosen Menschen einen »Fulder«. Niemand, der dieses Wort benutzt, denkt dabei an einen Einwohner Fuldas, der ja in heutiger Sprache ein »Fuldaer« wäre. »Fulder« ist jedoch nur die antiquierte Form des Fuldaers. Den erstaunlichen Zusammenhang zwischen Schimpfwort und osthessischem Bischofsstadtbewohner erklärt eine »kulturgeschichtliche Skizze« über den »Fulder-Konrad«, einen aus Fulda stammenden Postillion der »Fürstlich-Hessen-Kasselischen Post«. Jener durchquerte um 1740 häufig die Wetterau und jagte dabei seine Kutschengäule so rücksichtslos durch Dörfer, Feld und Flur, dass der Schaden jedes Mal beträchtlich war. Maulende Bauern erhielten noch eins mit der Peitsche übergezogen. Schließlich trieb es der »Fulder« so arg, dass der Schultheiß von Petterweil ihn eines Tages anhalten ließ und seine Pferde beschlagnahmte. Das endete schließlich mit der Entlassung des Postillions. »Sein Andenken schwand allmählich aus dem Gedächtnis der Wetterauer Bauern ... Aber mit einem ›Fulder‹ verglichen zu werden, gilt bei ihnen noch heute als kein feiner Ruhm«.

Lit.: G. Blecher, Der Fulder-Konrad, Kulturgeschichtliche Skizze, Friedberg o. J.

Fussballkrimi Frankfurt gegen Offenbach

Große Siege und große Niederlagen im Fußballsport wirken nach. Nichts scheint im Gedächtnis einer Stadt, eines Landes lebendiger gespeichert zu sein als die legendären Spiele, die Schicksalsmatche. Und wenn dann noch eine traditionelle Abneigung zwischen den Städten der Mannschaften hinzukommt, dann bleiben die Begegnungen Mythen- und Gesprächsstoff bis in alle Ewigkeit.

Frankfurt/Offenbach: Das ist ein klassisches Streitpärchen, eine unendliche Geschichte gegenseitiger Schmähungen und Verdächtigungen, gewürzt mit hessischem Humor. Etwa so: »Was bedeutet das Kennzeichen OF?« – »Ohne Verstand natürlich!«

Und wenn es das Fußballschicksal will, dass sich die Eintracht (➤ Eintracht Frankfurt) und die Kickers (➤ Kickers Offenbach) in einem Endspiel zur Deutschen Meisterschaft begegnen, dann kommt es zu einem dieser unvergesslichen Megaspiele. Das Schicksal wollte es am 28. Juni 1959, und zwar in Berlin.

In den Vereinslokalen ist die Hölle los. Der ›Solber-Karl‹ hat zwei Fernseher aufgestellt. Es steht um 16.40 Uhr nach 22 Minuten 2:2. Ein Eintracht-Fan kommentiert in lautstarker Hysterie: »Die Offebacher gewinne des Ding, ich seh's komme, dann häng ich mich uff!« Der gute Mann bleibt am Boden; denn in der Verlängerung fallen noch vier Tore – eins für die Kickers, drei für die Eintracht. In der 92. Minute verwandelt Feigenspan einen Foulelfmeter (Lichtl an Kreß) zum 3:2 für die Eintracht. Schiedsrichter Asmussen aus Flensburg wird seitdem in Offenbach nicht besonders gern gesehen. In der 107. Minute fällt wieder ein Eintracht-Tor: Sztani erhöht zum 4:2. Zwei Minuten später verkürzt Gast zum 4:3, dann aber trifft wieder Feigenspan, und es steht für immer und ewig 5:3 für die Eintracht.

Für Trainer Paul Oßwald war es nach 1932 und 1950 der dritte, nun endlich gelungene Versuch, ein Endspiel zu gewinnen. Er war der Held dieses Tages, der nicht enden wollte.

Im Berliner Olympiastadion hatten sich an diesem 28. Juni 75 000 Zuschauer eingefunden. und der Fußball-Krimi Frankfurt gegen Offenbach bot wahrlich alles, was zu einem unvergesslichen Spiel gehört. Schon vorher waren reichlich Fans durch Berlin gezogen, um der Bevölkerung klarzumachen, wer hier der Champion war.

Auf einem Transparent klärten Eintracht-Anhänger die Berliner mit einem leicht veränderten Stoltze-Zitat über den zu erwartenden Sieg ihrer Mannschaft auf:

»Es gibt kann Verein uff de weite Welt
Der merr so wie mei Eintracht gefällt.
Und es will merr net in de Kopp enei
wie kann nor de Deutsche Meister
net die Eintracht sei.«

Am Montag nach dem Spiel feierten die Frankfurter ihre Mannschaft, wie es wohl nur die Frankfurter können. Ein Sonderzug brachte die Helden zum Hauptbahnhof. An der Spitze des Zuges fuhr die »Adenauer-Diesellok«, und die weniger berühmten Lokomotiven begrüßten den Heldenzug mit einem heftigen Pfeifkonzert. Die Sperrstunde in der Nacht zum Dienstag wurde aufgehoben, damit die 300 000 begeisterten Eintracht-Sympathisanten in aller Überlegenheit und Lautstärke ihre professionellen Kommentare loswerden konnten.

Auch in Offenbach gab es für die – immerhin – zweitbeste Mannschaft einen rauschenden Empfang, der allerdings durch die unfreundlichen Gefühle für Schiedsrichter Asmussen ein wenig getrübt wurde.

Es spielten für die Frankfurter Eintracht: Loy; Eigenbrodt, Höfer; Stinka, Lutz, Weilbächer; Kreß, Sztani, Feigenspan, Lindner, Pfaff.

Für die Offenbacher Kickers: Zimmermann; Waldmann, Schultheiß; Keim, Lichtl, Wade; Kraus, Nuber, Gast, Kaufhold, Preisendörfer.

Lit.: Berlin 1959: Eintracht Frankfurt – Kickers Offenbach. Endspiel um die Deutsche Meisterschaft, Frankfurt am Main (Video-Cassette) 1999
Jörg Heinisch, Frankfurter Fußballwunder. Die Klassenkämpfe von Eintracht Frankfurt, Kassel 2005
Ulrich Matheja, Eintracht Frankfurt. Schlappekicker und Himmelstürmer, Göttingen 2006

G

Grösster Gartenzwerg der Welt

Riesenzwerg am Kran: 1997 wurde die Figur in Lauterbach aufgestellt.

Er ist aus chinesischem Granit und wiegt über acht Tonnen. Mit drei Metern Höhe überragt er selbst die stattlichsten Exemplare aus der Kollektion der Zwergen-Manufaktur Heissner in Lauterbach. Dort steht er nämlich auf dem Firmengelände. Das stolze Ergebnis kunstsinniger Steinmetze im fernen Zentralchina, wo der Zipfelmützengigant in dreimonatiger Arbeit aus einem Vierzehn-Tonnen-Block gehauen wurde. Eine überdimensionale Kopie des Zwergenklassikers »Bücherwurm«, der auch für den Laien am aufgeschlagenen Buch zu erkennen ist. Im Juni 1997 hievte man den Riesenzwerg im Hamburger Freihafen mittels Ladekran auf deutschen Boden. Dann ging es im offenen Tieflader über Autobahnen und Landstraßen nach Lauterbach. Die feierliche Enthüllung war dann am 12. Juli 1997. Damit feierten die Zwergenmacher ihre Firmengründung vor 125 Jahren in Gräfenroda/Thüringen. 1945 hatte das Unternehmen sein Werk in den Vogelsberg verlegt.

Lit.: Wenn Zwerge Meinung machen, Limitierte Sonder-Edition zur 125-Jahr-Feier der Firma Heissner, Lauterbach 1997 (www.heissner.de)

Gefärbte Ostereier

Im deutschen Kulturraum ist die Tradition des österlichen Eierfärbens eng mit dem Rheingau verbunden. Zumindest wissenschaftlich gesehen. Der älteste Beleg für österlich-bunte Hühnereier stammt nämlich aus dem Weinland zwischen Walluf und Lorch. Diese volkskundliche Erkenntnis wurde durch einen Gelehrtenstreit zutage gefördert, der Anfang des 20. Jahrhunderts die eierkundige Fachwelt in Atem hielt. So hatte 1923 ein gewisser Friedrich Kluge, renommierter Sprachforscher und Herausgeber des nach ihm benannten »Etymologischen Wörterbuches der deutschen Sprache« in einer Fachzeitschrift (»Archiv für Religionsgeschichte«) den damaligen Forschungstand zusammengefasst. Unter dem Titel »Ostereier in Deutschland« kam Kluge zu dem Schluss, dass der wissenschaftliche Nachweis für farbige Ostereier erst für den Anfang des 18. Jahrhunderts zu führen sei. Der deutsche Reiseschriftsteller Olearius habe im Jahre 1663 zwar von gefärbten Ostereiern bei den Russen berichtet, die aber so beschrieben, als ob er selbst keine gefärbten Ostereier kenne. Erst im Jahre 1741, so Kluge weiter, habe der Berliner Gymnasialdirektor Johann Leonhard Frisch in seinem zweibändigen deutsch-lateinischen Wörterbuch das gefärbte Osterei aufgeführt: *»Oster-Ey, ovum colore tinctum, welches man färbt.«* Damit könne also die These aufrechterhalten werden, dass bunt gefärbte Ostereier in den deutschen Gauen des 16./17. Jahrhunderts gänzlich unbekannt waren. Doch schon in der nächsten Ausgabe besagter Fachzeitschrift widersprach ihm der Wiesbadener Lehrer Adolf Bach (1890–1972) auf das Heftigste. Zumindest im Rheingau sei die Tradition schon weitaus älter. Der engagierte Volkskundler und Schriftleiter der »Nassauischen Annalen« berief sich dabei auf einen handschriftlichen Bericht des Rüdesheimer Pfarrers Konrad Noll aus dem Jahre 1601, in dem erwähnt wird, dass zu Ostern die Schulkinder von ihren Lehrern bunte Eier geschenkt bekamen:

> *»Vielfach wurden die Eier bemalt und dann die Farbe mit Scheidewasser (Salpetersäure) weggeätzt, worauf vielerlei Figuren auf dem Ei entstanden.«*

In seinem lateinisch abgefassten Text beschreibt der Gottesmann auch den heimischen Brauch der Gründonnerstagseier, die die Kinder von ihren Taufpaten in der Karwoche erhielten. Sie wurden allerdings weder gekocht noch gefärbt, sondern in rohem Zustand einer brütenden Glucke untergeschoben. Aus diesen österlich gesegneten Eiern sollten dann besonders legefreudige Hühner schlüpfen.

Lit.: Elmar M. Lorey, Wunderbares Brauchtum, in: Journal, Wochenendmagazin der Rhein-Main-Presse vom 20.4.2003

Geisterzüge

Bei diesem gesamthessischen Phänomen geht es keineswegs um Transportmittel der Deutschen Bahn ohne Lokführer, sondern um geisterhafte Prozessionen und Umzüge, die in ihrer Gegend seit Generationen bekannt sind und stets die gleiche Route einhalten. Nach den Kriterien der Fachautorin Fanny Moser handelt es sich also um mobilen, aber ortsgebundenen Spuk. So kennt man im Frankenberger Land einen unwirklichen Leichenzug samt Trauergästen, Sarg und Pfarrer, der immer mal wieder an einer Wüstung gesichtet wird, wo er stets die gleichen, seltsamen Kurven geht: den einstigen Weg von der Kirche zum Friedhof. Die reichen Bauern dieses verschwundenen Dorfes hatten ihr Geld einst vor feindlichen Soldaten gerettet, indem sie mit Hilfe des Pfarrers eine Beerdigung inszenierten. Der ordnungsgemäß eingesegnete Sarg enthielt keine Leiche, sondern ihre Barschaft. Der Missbrauch der heiligen Riten geriet den Beteiligten zum Fluch. Seither sind sie zum Trauern verdammt. Von einer ähnlich geisterhaften Beerdigung weiß man auch im Vogelsberger Lautertal. Auch dort geht der Trauerzug stets die gleiche Route. Meistens nächtens im Fackelschein, bisweilen auch am helllichten Tag. Bei Eschenstruth im Söhrewald geht ebenfalls ein Leichenzug. Vorneweg der Sarg, dahinter vermummte Gestalten, die lautlos durch die Nacht ziehen. Die zahlreichen Züge des ➛ Wilden Jägers und die Luftritte des ➛ Rodensteiners sind sicher verwandte Phänomene. Auch hier kennt man seit alters her den immer gleichen Weg.

Lit.: Karl Lyncker, Deutsche Sagen und Sitten in hessischen Gauen, Kassel 1854, Nr. 260, S. 186 f.
Fanny Moser, Spuk. Ein Rätsel der Menschheit, Frankfurt am Main 1980
Nordhessens Sagen, zusammengestellt von Klaus Peter Rippe, Gudensberg-Gleichen 1991, S. 75 f.
Gerd Bauer, Das unsichtbare Land, Frankfurt am Main 2004

Gibraltar

Die Landgrafschaft Hessen-Darmstadt war alles andere als reich. Von den Folgen des Dreißigjährigen Kriegs erholte sie sich nur schwer. Die kleinen Gebiete in Süd- und Oberhessen, aus denen die Landgrafschaft bestand, brachten nur wenig Gewinn. So war am Darmstädter Hof Schmalhans Küchenmeister. Als Landgraf Ludwig VI. 1678 starb, gab es wenig zu vererben. Nur einer seiner Söhne konnte die Regentschaft in Darmstadt antreten. Die anderen mussten sehen, wie sie über die Runden kamen. Dabei waren sie offenbar sehr geschickt. Schon unter ihrem Vater hatte es glänzende Beziehungen zum habsburgischen Kaiserhaus gegeben. Der gemeinsame Feind war Frankreich, dessen Truppen zwischen 1673 und 1693 mehrfach hessische Städte verwüsteten. Schon 1677 stellte Ludwig VI. dem Kaiser ein Hilfskorps, und es war nur selbstverständlich, dass hessische Prinzen, wenn sie als Soldaten Karriere machen wollten, in kaiserliche Dienste traten. Diese Beziehungen festigten sich noch während des Spanischen Erbfolgekriegs. 1700 war der habsburgische König Karl II. von Spanien gestorben. Ludwig XIV. von Frankreich beanspruchte das Erbe für sich und setzte seinen Enkel Philipp als König von Spanien ein. Das wiederum passte den Habsburgern überhaupt nicht. 1703 proklamierte Kaiser Leopold I. in Wien seinen Sohn Karl zum spanischen König und machte sich auf, mit Hilfe Englands und Portugals seine Ansprüche durchzusetzen. Eine nicht unwesentliche Rolle spielte dabei Georg von Hessen-Darmstadt, der schon während der Türkenkriege zum kaiserlichen Generalfeldwachtmeister aufgestiegen war. In Spanien unter Karl II. hatte er es zum Vizekönig von Katalonien gebracht, musste aber unter französischer Herrschaft das Land verlassen. 1703 übernahm er als kaiserlicher Feldmarschall das Kommando über eine englisch-niederländische Flotte und eroberte am 4. August 1704 Gibraltar. Obwohl französische Truppen immer wieder versuchten, die südlichste Spitze der Iberischen Halbinsel zurückzugewinnen, gelang es ihm, den strategisch wichtigen Felsen zu behaupten. Im Utrechter Frieden von 1713 wurde Gibraltar dann endgültig England zugeschlagen. Und so ist es bis heute geblieben, obwohl immer wieder über eine gemeinsame Verwaltung von Großbritannien und Spanien nachgedacht wird. Eine Volksabstimmung im Jahr 1967 brachte allerdings ein überwältigendes Votum für die britische Oberhoheit.

Landgraf Georg starb schon ein Jahr nach seinem Sieg von Gibraltar. Er fiel bei Barcelona. Sein Bruder Philipp kam ebenfalls im kaiserlichen Dienst zu hohen militärischen Ehren. Der Freund des berühmten Prinzen Eugen stieg als Generalfeldmarschall zum Statthalter von Neapel und Mantua auf.

Johann Wolfgang Goethe

Als Hesse hat er sich nie gefühlt, und Frankfurter ist er auch nur eine Zeitlang gewesen. Im Oktober 1775 verließ Johann Wolfgang Goethe seine Geburtsstadt, in der er am 28. August 1749 das Licht der Welt erblickt hatte: »mittags mit dem Glockenschlage zwölf« im Großen Hirschgraben. Nur noch zu Besuch weilte der Dichterfürst danach in der Mainmetropole. Als Geheimrat und Minister lebte er in Weimar, wo er alle Vergünstigungen genoss. In Frankfurt dagegen sollte er nach dem Tod seiner Mutter kräftig zur (Steuer-)Kasse gebeten werden und verzichtete schließlich schweren Herzens auf die teure Ehre, ein Bürger der ehemals Freien Reichsstadt zu sein – gegen eine Gebühr von dreißig Kreuzern übrigens. Heute sind die Frankfurter natürlich stolz auf ihren berühmtesten Sohn, den bedeutendsten Dichter Deutschlands, geschätzt von Japan bis Brasilien. Das Geburtshaus, obwohl im Zweiten Weltkrieg zerstört und nur eine Rekonstruktion, ist eine Touristenattraktion ersten Ranges. Goethes Werk, das in der so genannten Sophienausgabe 143 Bände umfasst, lässt sich – ebenso wie der Dichter selbst – nicht kurz charakterisieren. Es soll deshalb auch gar nicht erst versucht werden. Dafür ist für ein Hessen-Lexikon schon die Frage spannender, ob es überhaupt etwas »echt Hessisches« in den Büchern des Frankfurter Dichterfürsten gibt. Die Antwort ist ein eindeutiges Ja. Es beginnt schon bei der Sprache. Goethe babbelte eindeutig – auch im fernen Weimar – Frankforderisch. Und nicht nur das. Mancher Reim in seinen Gedichten ist gar nicht anders zu verstehen. »Neige« und »Schmerzensreiche« reimen sich im Hochdeutschen nie und nimmer. In Goethes »Faust« allerdings schon. Und das lässt sich nur aus einem lyrischen Denken in frankforderischen Reimdimensionen erklären. Auch seine berühmten Werke sind deutlich von Frankfurt und Hessen beeinflusst. Ein paar Beispiele sollen das illustrieren: Für den »Faust« ließ sich Goethe von dem Schicksal der Susanna Margaretha Brandt inspirieren, die ihr unehelich geborenes Kind ermordet hatte und am 14. Januar 1772 in Frankfurt hingerichtet worden war (Das ➛ Frankfurter Gretchen). Auch sonst spielt die Stadt als Kulisse im »Faust« eine wichtige Rolle. Der berühmte »Osterspaziergang« zum Beispiel hätte am Main entlang zur Gerbermühle führen können. Und über seine Wunschstadt äußerte sich Mephisto:

Johann Wolfgang Goethe, Kupferstich von Johann Heinrich Lips (1791).

»Ich suchte mir so eine Hauptstadt aus,
Im Kerne Bürger-Nahrungs-Graus
Krumm-enge Gäßchen, spitze Giebeln,
Beschränkten Markt, Kohl, Rüben, Zwiebeln;
Fleischbänke, wo die Schmeißen hausen,
Die fetten Braten anzuschmausen;
Da findest du zu jeder Zeit
gewiß Gestank und Tätigkeit.
Dann weite Plätze, breite Straßen,
Vornehmen Schein sich anzumaßen;
Und endlich, wo kein Tor beschränkt,
Vorstädte, grenzenlos verlängt.«

Ein anderer wichtiger Ort für Goethe und sein Werk war Wetzlar. Der damalige Rechtspraktikant war am 25. Mai 1772 in die Stadt des Reichskammergerichts gekommen und traf dort mit dem »wünschenswerten Frauenzimmer« Charlotte Buff, der Tochter des

Goethes Vaterhaus im Großen Hirschgraben nach dem Umbau.

Deutschordensamtmannes, zusammen. Der junge Dichter machte ihr den Hof, aber aus dem Techtelmechtel konnte sich nichts entwickeln, denn Lotte war bereits vergeben: an Johann Christian Kestner, den sie später auch heiraten sollte. Charlotte Buff und der braunschweigische Gesandtschaftssekretär Karl Wilhelm Jerusalem, der sich kurz nach Goethes Abschied (im September 1772) wegen einer unglücklichen Liebe umgebracht hatte, wurden als Lotte und Werther die Hauptfiguren des 1774 erschienenen Briefromans »Die Leiden des jungen Werthers«, der eine wahre Euphorie auslöste. Raubdrucker mussten die Nächte durcharbeiten, und Parodisten schrieben sich die Finger wund. Es setzte eine Werther-Verehrung ein, die im schlimmsten Fall zum Selbstmord und in der harmloseren Variante zur Wallfahrt an das Jerusalem-Grab führte. Wer der unglücklichen Liebe täglich begegnen wollte und über das nötige Kleingeld verfügte, konnte eine Frühstücksplatte aus Meißner Porzellan erstehen, die Werther in dem für seine modebewussten Verehrer bald üblichen blauen Frack und gelber Weste zeigte. Eine richtige kleine Werther-Industrie entstand, die durchaus mit dem Rummel um den Tod von Lady Di zu vergleichen ist. Am 30. Januar 1775 sah sich die Stadt Leipzig gar veranlasst, ein Verkaufsverbot für den »Werther« zu erlassen, weil der Briefroman, wie der damalige Hamburger Hauptpastor wetterte, ein »giftiges Unkraut« sei, das ausgerottet werden müsse. Heute erinnern in Wetzlar das Lotte-Haus und das Jerusalem-Zimmer an Goethe und seinen folgenträchtigen Roman.

Viele Städte und Orte in Hessen haben Goethe zu Gedichten angeregt; so zum Beispiel auch Darmstadt, wo er mit dem Kreis der »Empfindsamen« verkehrte. Aber auch Städtchen, die sonst in der Weltliteratur keine Berücksichtigung fanden, durften auf Goethe zählen. Denn noch bei der Durchreise fand er Zeit für ein paar lyrische

Zeilen, etwa über den »Jahrmarkt zu Hünfeld«. In seinen Tagebüchern und Reiseaufzeichnungen spielt Hessisches eine ebenso große Rolle wie in seiner Autobiographie »Dichtung und Wahrheit«. Und was wäre der »West-östliche Divan« ohne das Techtelmechtel mit der Bankiersgattin Marianne von Willemer aus der Oberräder Gerbermühle? Dietmar Grieser hat »Goethe in Hessen« ein ganzes Buch gewidmet und auch eine kleine Liste der Städte beigefügt, die im Werk des Dichterfürsten eine Rolle spielen: »Orte im heutigen Hessen, die Goethe von Besuchen her kennt, sind u. a. Wiesbaden, Winkel, Geisenheim, Rüdesheim, Hanau, Offenbach, Bad Homburg, Bad Schwalbach, Weilburg, Dieburg, Gießen und Kassel; auf der Durchreise kommt er außerdem nach Fulda, Gelnhausen, Hünfeld, Schlüchtern, Bischhausen, Eberstadt und Eltville. Frankfurt, Wetzlar, Darmstadt, Burg Ziegenberg (wo sein Roman ›Die Wahlverwandtschaften‹ spielt) und der Rheingau sind als Handlungsschauplätze in sein Werk eingegangen; Butzbach erhebt Anspruch darauf, die Kulisse des Versepos ›Hermann und Dorothea‹ zu sein.« Was wäre Hessen ohne Goethe? Aber auch: Was wäre das Werk Goethes ohne Hessen?

Lit.: Dietmar Grieser, Goethe in Hessen, Frankfurt am Main 1982
Heiner Boehncke/Hans Sarkowicz, Literaturland Hessen, Frankfurt am Main 2005
Dieter Felke, Mit Goethe durch Hessen, Frankfurt am Main 2005

Gold

Kein Geringerer als Goethe war es, der seinen Faust sagen lässt: »Nach Golde drängt, am Golde hängt doch alles.« Das trifft für die Hessen, die Goethe so gut kannte, sicher ein bisschen mehr zu als für andere. Aber der Reihe nach. Gold wurde in Hessen schon im Mittelalter gefunden. Bereits im 13. Jahrhundert gab es an der Eder Goldwäschereien. 1499 sollen dort 23 Bergleute sechs Kilogramm Gold aus dem Eisenberg gewonnen haben. In den Jahren 1677 und 1775 wurden aus dem Edergold von den Kasseler Landgrafen sogar Dukaten geprägt. Mitte des 19. Jahrhunderts, als in Amerika das Goldfieber einsetzte, versuchte eine Gesellschaft die Ausbeutung im großen Stil, die aber schnell scheiterte. So blieb nur in Altenburg die Goldwäscherfamilie, die schon im 15. Jahrhundert ihrem wenig lukrativen Gewerbe nachgegangen war. In der Bergmannsiedlung Goldhausen wurde in insgesamt fünf Gruben im Eisenberg nach Gold gesucht, zum Teil sogar noch im 20. Jahrhundert. So gewann der 1970 gestorbene Sonderling Carl Theodor Rauschenbusch zwanzig Gramm Gold aus einer Tonne Gestein (das war dreimal so viel wie in Südafrika üblich). Danach war Schluss. Heute erinnert nur noch der Ortsname an die früheren Hoffnungen auf den großen Reichtum. Das ehemalige Bergwerk in Korbach-Goldhausen ist seit 2004 für Besucher geöffnet. Hoffnungen auf einen größeren Goldfund sollte man sich allerdings nicht machen.

Während die Kasseler Landgrafen selbst nach Gold suchen ließen, setzten ihre »Brüder« in Darmstadt zu Beginn des 18. Jahrhunderts auf mehr als zweifelhafte Goldmacher, so genannte Alchemisten, die ihren Geldgebern im wahrsten Sinn des Wortes goldene Berge versprachen. Aus Dreck wollten sie Gold machen. Aber genau das Gegenteil erreichten sie. Zu ihnen gehörte auch der Theologe Johann Conrad Dippel (➛ Frankenstein), der schließlich bei Nacht und Nebel nach Berlin flüchten musste, nachdem er Unsummen durchgebracht hatte. Landgraf Ernst Ludwig, dem die Schulden über den Kopf gewachsen waren, ließ sich davon nicht entmutigen und auch nicht eines Besseren belehren. In Darmstadt gaben sich die Betrüger die Klinke in die Hand. Und immer wenn sie genug verdient hatten oder der Landgraf endlich glänzende Ergebnisse forderte, machten sie sich aus dem Staub. In seiner Verzweiflung bestellte Ernst Ludwig sogar von ihm bezahlte Schatzsucher, die im eigenen Schloss und anderswo nach sagenhaften Verstecken von Gold und Edelsteinen suchten. Als das auch keinen Erfolg hatte, ließ er minderwertige Goldgulden prägen, den so genannten Ernest d'or, und finanzierte damit seine Hofkapelle. Der Kaiser selbst musste schließlich einschreiten und die Prägung des »Falschgeldes« verbieten. (Schon hundert Jahre zuvor hatten die Kasseler Ähnliches probiert, allerdings mit genauso wenig bleibendem Erfolg.) Als Ernst Ludwig 1739 starb, hatte er vier Millionen Gulden Schulden. Den größten Teil des Geldes hatte er für Goldmacher verschwendet. 80 Jahre lang mussten die an sich schon armen Bewohner der Landgrafschaft die Schulden ihres goldbesessenen Fürsten abtragen. Dass sich bei dieser Goldverschwender- und -fälschertradition die Bundesregierung nach dem Zweiten Weltkrieg entschließen konnte, die deutschen Goldreserven gerade in Hessen zu verwahren und auch noch die Bundesbank darauf zu setzen, spricht für den Mut von Adenauer. Wer weiß, welche Überraschungen die Bundesbanker erleben könnten, wenn sie einmal darangingen, die Goldreserven ganz zu versilbern.

Lit.: Georg Landau, Beschreibung des Kurfürstenthums Hessen, Kassel 1842
Kurt S. Jaeger, Hessischer Kuriositätenführer, Königstein 1981
Jürgen Rainer Wolf, Hessen-Darmstadt und seine Landgrafen in der Zeit des Barock, in: Uwe Schultz (Hrsg.), Die Geschichte Hessens, Stuttgart 1983, S. 121–132
Otto Weber (Hrsg.), Lichtenberg. Spuren einer Familie, Ober-Ramstadt 1992 (bes. S. 85–89)

Goldene Bulle

Frankfurter Ausfertigung der Goldenen Bulle, um 1400.

Der »Goldenen Bulle« aus dem Jahr 1356 verdankt Frankfurt einen wesentlichen Teil seiner heutigen Bedeutung. Denn in dem von Kaiser Karl IV. erlassenen Gesetz wurde verbindlich festgelegt, dass deutsche Könige nur in Frankfurt gewählt werden durften. Das war zwar schon vorher üblich – aber eben nur üblich. Bereits 856 soll Lothar II. von Lothringen in Frankfurt zum König ausgerufen worden sein. Ohne eine eindeutige Regelung konnte es vorkommen, dass von zwei konkurrierenden Adelsgruppen in zwei verschiedenen Städten zwei verschiedene Könige gewählt wurden. Was wiederum zu blutigen Auseinandersetzungen geführt hatte. Seit 1147 waren sechs von zwanzig Königen nicht in Frankfurt gekürt worden. Aber auch nach 1356 kam es vor

Preisgabe der »Ochsenküche« auf dem Römerberg bei der Kaiserkrönung 1612.

(sogar insgesamt fünfmal), dass die Wahl woanders stattfand bzw. stattfinden musste. In der Reformationszeit zum Beispiel, als die Frankfurter zum Protestantismus neigten, strafte der katholische Kaiser Karl V. die Mainstädter, indem er Ferdinand I. in Köln zum König wählen ließ.

Die Prozedur an sich war nicht einfach. Nach der Wahl in der St. Bartholomäuskirche (dem Dom) durch die deutschen Kurfürsten und der Krönung in Aachen (wo Karl der Große residiert hatte) musste der frisch gebackene König noch nach Rom ziehen, um dort vom Papst zum Kaiser gekrönt zu werden. Dieses umständliche Verfahren, das vor allem dazu diente, die Machtposition des Papstes zu betonen, wurde im 16. Jahrhundert grundlegend geändert. 1530 krönte zum letzten Mal ein Papst einen deutschen Kaiser, und 1562 löste Frankfurt auch Aachen als Krönungsstätte der Könige ab. Seither fand die feierliche Einsetzung des neuen deutschen Königs im Frankfurter Dom statt. Franz II. war 1792 der letzte, der in Frankfurt von dem Mainzer Kurfürsten Reichsapfel und Zepter überreicht bekam. Für die »ganz normalen« Frankfurter Bürger hatten die Krönungsfeierlichkeiten, die Tausende von zahlungskräftigen Besuchern in die Stadt brachten, noch einen weiteren angenehmen Aspekt. Auf dem Römerberg wurde für alle ein Ochs am Spieß gebraten, und aus einem eigens errichteten hölzernen Brunnen floss Gratiswein in Strömen.

Lit.: Lothar Gall (Hrsg.), FFM 1200. Traditionen und Perspektiven einer Stadt, Sigmaringen 1994

Evelyn Brockhoff/Jan Gerchow/Raphael Gross, Die Kaisermacher. Frankfurt am Main und die Goldene Bulle 1356–1806, (Ausstellungskatalog) Frankfurt am Main 2006

Grabeskirche Christi

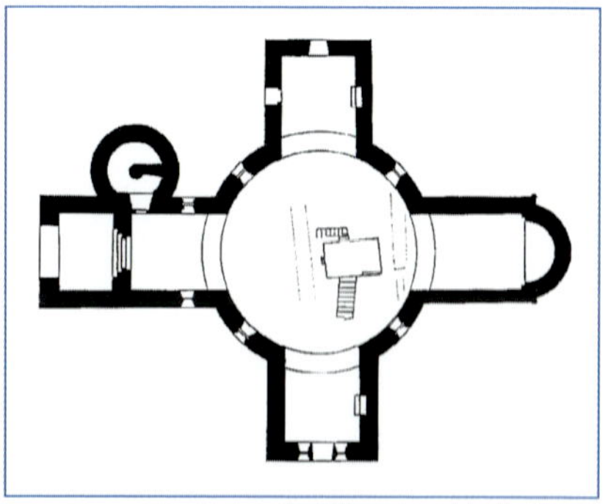

Not macht erfinderisch: Grundriss einer Kreuzkuppelkirche.

Gewöhnlich versteht man unter einer Grabeskirche ein Gotteshaus, das eigens dazu errichtet wurde, die Leichname reicher Grundherrn oder anderer Würdenträger bis zum Jüngsten Tag in sich aufzunehmen. Beispielhaft seien die »Totenkirche« im Haunetal oder die »Griechische Kapelle« auf Wiesbadens Neroberg genannt. Bei der Grabeskirche Jesu ist die Sache eher verworren. Zum einen, weil jener ja bekanntlich nicht lange begraben war, und zum andern, weil niemand die Stelle im Morgenland bezeichnen könnte, an der ein solches Bauwerk auszumachen ist. Gleichwohl ging die weltliche und geistliche Elite des Mittelalters von der Existenz der Grabeskirche aus. So kam es, dass etwa 1033 der Abt des Klosters Helmarshausen (➤ Evangeliar Heinrichs des Löwen) von seinem Bischof ins Heilige Land geschickt wurde, um die Baupläne jener Kirche zu besorgen. Der Kirchenmann kehrte mit der Botschaft zurück, das Gebäude sei leider dem Erdboden gleichgemacht und deshalb wär's mit den Plänen Essig. Gleichwohl habe er die Bauweise der dort massenhaft herumstehenden Kreuzkuppelkirchen skizziert, und die könnte man ja ersatzweise …

Der Bischof fand den Gedanken genial und ließ in den Folgejahren sowohl auf dem Krukenberg bei Helmarshausen (heute Ortsteil von Bad ➤ Karlshafen) als auch am Bischofssitz zu Paderborn eine solche »Grabeskirche« errichten. In Helmarshausen umbaute man später das Ganze mit wehrhaften Mauern – die Krukenburg entstand. Noch heute umschließen ihre Ruinen die »Heilig-Grab-Kirche« Christi.

Lit.: Gerd Bauer, Geheimnisvolles Hessen, Frankfurt am Main 2005, S. 110

Wilhelm und Jacob Grimm, Zeichnung von Ludwig Emil Grimm, 1843.

Brüder Grimm

Berühmt geworden sind sie als die deutschen Märchensammler, geleistet haben sie aber noch viel mehr. Das Licht der Welt erblickten die beiden ungewöhnlichen Brüder in Hanau: Am 4. Januar 1785 wurde Jacob Grimm geboren, am 24. Februar 1786 sein Bruder Wilhelm. Noch drei weitere Brüder folgten, von denen sich noch Ludwig Emil als Maler und Porträtist einen Namen machen sollte. Die Familie zog schon bald nach Steinau, wo der Vater Amtmann in hessen-kasselischen Diensten wurde. Nach dem frühen Tod des Familienoberhaupts gingen Jacob und Wilhelm zur weiteren Ausbildung nach Kassel und schließlich – mit Sondergenehmigung – zum Studium nach Marburg. Schon damals schrieb Jacob an seinen Bruder Wilhelm: »Wir wollen uns einmal nie trennen, und gesetzt, man wollte einen anderswohin tun, so müsste der andere gleich aufsagen. Wir sind nun diese Gemeinschaft so gewohnt, dass mich schon das Vereinzeln zum Tode betrüben könnte.« Zusammen wollten sie bleiben. Und sie taten es. So gingen sie gemeinsam nach Kassel in den Dienst des von Napoleons Gnaden eingesetzten Königs Jérôme. Dort erschien ihr erstes Märchenbuch. In der ersten Sammlung stammen von 86 Märchen 74 aus Hessen und in der zweiten von 70 noch 34. Die »Gewährsleute« der Grimms waren vor allem die Gastwirtstochter Dorothea Viehmann, der Dragonerwachtmeister Friedrich Krause und die Familie von Haxthausen. Über die aus dem Dorf Niederzwehren bei Kassel stammende »Viehmännin« schrieben die Grimms im Vorwort zur zweiten Auflage ihrer Märchen, sie habe die »meisten und schönsten Märchen des zweiten Bandes« erzählt. »Die Frau Viehmännin war noch rüstig und nicht viel über fünfzig Jahre alt. Ihre Gesichtszüge hatten etwas Festes, Verständiges und Angenehmes, und aus großen Augen blickte sie hell und scharf. Sie bewahrte die alten Sagen fest im Gedächtnis und sagte wohl selbst, dass diese Gabe nicht jedem verliehen sei und mancher gar nichts im Zusammenhange behalten könne. Dabei erzählte sie bedächtig, sicher und ungemein lebendig, mit eigenem Wohlgefallen daran, erst ganz frei, dann, wenn man es wollte, noch einmal langsam, so dass man ihr mit einiger Übung nachschreiben konnte. Manches ist auf diese Weise wörtlich beibehalten und wird in seiner Wahrheit nicht zu verkennen sein. Wer an leichte Verfälschung der Überlieferung, Nachlässigkeit bei Aufbewahrung und daher an Unmöglichkeit langer Dauer als Regel glaubt, der hätte hören müssen, wie genau sie immer bei der Erzählung blieb und auf ihre Richtigkeit eifrig war; sie änderte niemals bei einer Wiederholung etwas in der Sache ab und besserte ein Versehen, sobald sie es bemerkte, mitten in der Rede gleich selber.«

Zweite Ausgabe der »Kinder- und Hausmärchen« mit Bildnis von Dorothea Viehmann (1819).

Mittlerweile hat die Forschung herausgefunden, dass viele der Texte hugenottischen Ursprungs sind, aber das schmälert den Wert der Arbeit nicht. Denn Jacob und Wilhelm Grimm ging es nicht um äußerste Genauigkeit. Sie haben das, was ihnen erzählt wurde, ausgeschmückt und mit eigenen Erfahrungen sowie Empfindungen versehen. Nicht wenige Schilderungen erinnern an hessische Landschaften, manchmal sogar so deutlich, dass sich schon früh Märchenbegeisterte auf den Weg gemacht haben, um die »authentischen« Orte zu suchen – von dem »Dornröschen-Schloss«, der Sababurg, bis zum »Frau Holle-Teich« auf dem Meißner. Wie hessisch die Märchen der Grimms nun wirklich sind, ist letztlich eine müßige Frage. Der Schriftsteller Dieter Hildebrandt meint in seinem Grimm-Porträt, sie seien es erst »durch das Genie der Brüder, besonders Wilhelms, geworden«, durch »die Gabe, sie neu zu erzählen, mit einer sanften Lakonik, ohne Furcht vor Gruseleffekten und sozialer Härte, unerschrocken aber auch an Wunder glaubend und sie glauben machend, vor allem aber voller Vertrauen an die Zeiten, ›als Wünschen noch geholfen hat‹«. Den Brüdern brachten die Sammlungen Ruhm und eine Anstellung in Göttingen. Als in der deutschen Geistesgeschichte einmaliges Duo beschäftigten sie sich mit dem Minnesang und deutscher Mythologie, mit Sprachgeschichte und Grammatik. Aber weltabgewandte Forscher sind sie dabei nicht geworden. Als der König von Hannover (dessen Herrschaft auch Göttingen einschloss) 1837 den Eid auf die Verfassung verweigerte, protestierten die Grimms zusammen mit fünf anderen Professoren als »Göttinger Sieben« dagegen und mussten die Universität verlassen. Sie gingen nach Berlin, wo sie ihr größtes Werk in Angriff nahmen, ihr Wörterbuch, das erst 1961 abgeschlossen werden sollte. Die Grimms sind darüber gestorben: Wilhelm am 16. Dezember 1859 und Jacob am 20. September 1863. Heute sind die Brüder Grimm die meistübersetzten deutschen Dichter. Ihr Werk erscheint in 108 Sprachen.

Lit.: Dieter Hennig/Bernhard Lauer, 200 Jahre Brüder Grimm, 4 Bde., Kassel 1985–1989
Gabriele Seitz, Die Brüder Grimm, München 1984
Dieter Hildebrandt, Die Brüder Grimm, in: Hans Sarkowicz/Ulrich Sonnenschein (Hrsg.), Die großen Hessen, Frankfurt am Main und Leipzig 1996, S. 176–185
Bernd Heidenreich/Ewald Grothe (Hrsg.), Kultur und Politik – Die Grimms, Frankfurt am Main 2003
Heiner Boehncke/Hans Sarkowicz (Hrsg.), Literaturland Hessen, Frankfurt am Main 2005
Sabine Hock, Grimms Hessen. Ein literarischer Reiseführer auf den Spuren der Brüder Grimm, Frankfurt am Main 2007

Hans Jacob Christoffel von Grimmelshausen

Er ist der einzige deutsche Barockdichter, dessen Bücher noch gelesen werden – und das nicht nur von hessischen Schülern. Aber sein »Abentheuerlicher Simplicissimus Teutsch« ist tatsächlich ein abenteuerlicher Roman, in dem der 1621 oder 1622 in Gelnhausen geborene Hans Jacob Christoffel von Grimmelshausen auch eigene Erlebnisse verarbeitet hat. Die Geschichte des naiven Jungen, der mit großen Augen die Welt entdecken will und dabei nur auf die Gräuel des Dreißigjährigen Krieges stößt, ist eine raffinierte Mischung aus autobiographischen Elementen und literarischen Quellen, die Grimmelshausen äußerst geschickt abgeschrieben hat. Sein Vater war schon früh gestorben. Wahrscheinlich ist er von seinem Großvater, einem Bäckermeister, erzogen worden. 1634 floh er aus Gelnhausen, als kaiserliche Truppen die Stadt plünderten, und gelangte nach Hanau und von da in wechselnde Armeen. Die ganze Grausamkeit des Dreißigjährigen Krieges hatte Grimmelshausen also erlebt, als er sich 1649 verheiratete und wenig später eine Gastwirtschaft übernahm. 1667 wurde er schließlich Schultheiß, also Bürgermeister, von Renchen im Badischen. Ein Jahr zuvor hatte er begonnen, seine Romane zu veröffentlichen. Berühmt wurde er mit seinen »Simplicianischen Schriften«, zu denen auch der 1668 erschienene »Simplicissimus« gehört. Genießen konnte er seinen Ruhm allerdings nicht, denn er verfasste seine Bücher, wohl aus Rücksicht auf sein öffentliches Amt, nicht unter seinem richtigen Namen, sondern unter kunstvollen Pseudonymen, so genannten Anagrammen. Das heißt, er schüttelte die Buchstaben seines Namens Christoffel von Grimmelshausen so lange durcheinander, bis daraus ein neuer Name entstand. German Schleifheim von Sulsfort steht so auf dem Titelblatt des »Simplicissimus«. Es dauerte bis in die Mitte des 19. Jahrhunderts, ehe man wusste, wer sich hinter diesem Pseudonym verbirgt. »Er muss ein stolzer Mann gewesen sein«, meint Herbert Heckmann in seinem Grimmelshausen-Porträt. »Er besaß die Kraft, sich für andere verantwortlich zu fühlen, eine Familie mit zehn Kindern durchzubringen und darüber hinaus zu schreiben. Doch es fällt schwer, ihn sich hinter einem Schreibtisch vorzustellen. Man merkt seinen Sätzen an, dass sie ein tatkräftiger Mann geschrieben hat. Wenn sie auch zuweilen der gelehrten Literatur entlehnt sind, so zeugen sie doch von der vitalen Weisheit des Verfassers, der genau wusste, was er zitieren musste. Zweifellos war er ein sehr ironi-

Titel-Illustration der Ausgabe von 1683.

scher Kopf, der bitter erfahren hatte, dass nichts auf der Welt Bestand hat. Die Ironie war sein Seelenretter.«

Grimmelshausen starb am 17. August 1676 in Renchen.

Sein Geburtshaus in der Gelnhäuser Schmidtgasse 12 steht noch. Es beherbergt heute das »Grimmelshausen Hotel«. Neugierige Besucher werden auch ohne Übernachtung eingelassen.

Lit.: Simplicius Simplicissimus. Grimmelshausen und seine Zeit, (Ausstellungskatalog) Münster 1976
Herbert Heckmann, Hans Jacob Christoffel von Grimmelshausen, in: Hans Sarkowicz/Ulrich Sonnenschein (Hrsg.), Die großen Hessen, Frankfurt am Main und Leipzig 1996, S. 62–66
Friedrich Gaede (Bearb.), »Der Wahn betrügt«. Johann Jacob Christoffel von Grimmelshausen, Marbach 2002
Heiner Boehncke/Hans Sarkowicz, Literaturland Hessen, Frankfurt am Main 2005

Gross-Hessen

Schon mehr als drei Wochen vor der offiziellen Kapitulation des Deutschen Reichs am 8. Mai 1945 war Hessen fest in amerikanischer Hand. Was die siegreichen Truppen vorfanden, war ein weitgehend zerstörtes Land. Nichts funktionierte mehr. Strom- und Wasserleitungen waren unterbrochen, die Brücken gesprengt. Auf den mit Trümmern übersäten Straßen kamen die Fahrzeuge nur mühsam voran. An eine auch nur halbwegs geregelte Lebensmittelversorgung war nicht zu denken, denn weder die militärische noch die zivile Verwaltung funktionierten noch. Von den 550 000 Einwohnern Frankfurts im Jahr 1939 lebten 1945 noch 269 000 in der Mainmetropole, also nicht einmal mehr die Hälfte. In Kassel waren es 71 000 statt über 216 000, in Darmstadt 40 000 von vorher 115 000. Und in den anderen großen hessischen Städten sah es ähnlich aus – mit Ausnahme von Wiesbaden, das verhältnismäßig wenig zerstört war und deshalb gute Voraussetzungen bot, die amerikanische Militärverwaltung und später die Regierung des Landes Hessen aufzunehmen. Die Besatzungsmacht stand vor gewaltigen Problemen, die sie mit Entschlossenheit anpackte. Aus Deutschland sollte wieder, wie zu Weimarer Zeiten, eine parlamentarische Demokratie werden, jedoch mit einem stärkeren politischen Gewicht auf die einzelnen Länder. Zunächst stand die Frage an, wie viele hessische Länder es überhaupt geben sollte: nur eins oder gleich zwei oder vielleicht sogar keins? Drei Möglichkeiten schälten sich für die amerikanische Besatzungszone heraus: ein großer »Weststaat« mit Württemberg, Baden, Hessen(-Darmstadt) und Hessen-Nassau; zwei selbstständige Staaten Württemberg-Baden und Groß-Hessen oder die drei Länder Württemberg-Baden, Hessen(-Darmstadt) und Hessen-Nassau. Die Amerikaner mit Lucius D. Clay als stellvertretendem Militärgouverneur an der Spitze favorisierten zunächst die dritte Möglichkeit. Darmstadt und Marburg wären dann die Hauptstädte der beiden hessischen Länder geworden.

Dagegen regte sich Widerstand von verschiedenen Seiten. Gerade die deutschen Politiker sahen die historische Chance, die seit 400 Jahren bestehende Teilung Hessens aufzuheben. Clay ließ sich schließlich überzeugen. Am 19. September 1945 veröffentlichte der Oberste Befehlshaber der Amerikanischen Streitkräfte in Europa, Dwight D. Eisenhower, die »Proklamation Nr. 2«, in der er die Bildung von Bayern, Württemberg-Baden und Groß-Hessen bekannt gab. Dieses Groß-Hessen vereinigte im Wesentlichen die Gebiete des ehemaligen (Kasseler) Kurfürstentums, des (Darmstädter) Großherzogtums und des Herzogtums Nassau. Rheinhessen und die Kreise Oberwesterwald, Unterwesterwald, Unterlahn und Sankt-Goarshausen wurden abgetrennt. Sie fielen zunächst der französischen Besatzungsmacht zu und wurden dann Teil von Rheinland-Pfalz.

Kurz nach der Proklamation setzten die Amerikaner eine hessische Landesregierung ein. Erster Ministerpräsident wurde am 16. Oktober 1945 in Wiesbaden der parteilose Wirtschaftsprofessor Karl Geiler. Der Name Groß-Hessen wich dem bescheidenerem Hessen. Und so ist es bis heute geblieben.

Lit.: Walter Mühlhausen, Hessen 1945–1950, Frankfurt am Main 1985
Bernd Heidenreich/Klaus Böhme, Hessen. Verfassung und Politik, Stuttgart/Berlin/Köln 1997

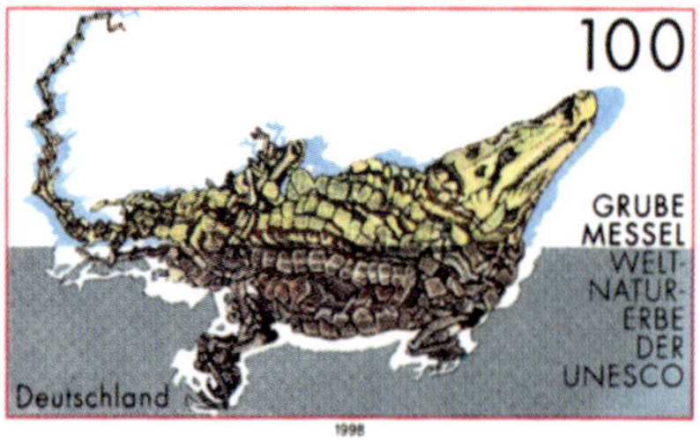

Krokodil aus Messel.
Briefmarke der Deutschen Post (1995).

Grube Messel

Die Ortschaft Messel liegt etwa 9 km nordöstlich von Darmstadt. In ihrer Umgebung finden sich Schichten des Alttertiärs. Die Formationen wurden in früherer Zeit im Tagebau ausgebeutet. In etlichen Gruben förderte man Braunkohle und Ölschiefer. Eine davon ist Hessens bedeutendste Fossilienfundstätte, die Grube Messel, die um ein Haar zur Mülldeponie verkommen wäre. Eine engagierte Bürgerinitiative und eine Handvoll entschlossener Wissenschaftler konnten dies nach langem, zähem Widerstand verhindern. 1995 wurde die Grube von der UNESCO in die »Liste des Naturerbes der Menschheit« aufgenommen. Seither steht sie unter dem Schutz des Denkmalrechts und auf gleicher Stufe mit Naturdenkmälern wie dem Kilimandscharo oder dem Great Barreer Reef in Australien. Auf der UNESCO-Liste befanden sich 1995 ganze 469 Denkmäler aus 105 Ländern.

Die Grube Messel war vor knapp 50 Millionen Jahren ein See gewesen, an dessen Ufer ein tropischer Regenwald wuchs. Am Grund des Sees, etwa in 50 Meter Tiefe, sammelten sich tote Tiere und Pflanzen. Da kein Sauerstoff vorhanden war, bildete sich Faulschlamm, der die organischen Stoffe konservierte. So entstand der Ölschiefer, zwischen dessen Schichten die Fossilien lagern. Die Funde aus der alttertiären Seenlandschaft um Messel bieten Einblicke in die Entwicklung von Flora und Fauna zu einem Zeitpunkt der Erdgeschichte, zu dem sich die Säugetiere auf der Erde verbreiteten.

Die wohl bekanntesten Messel-Fossilien sind die so genannten ➛ Urpferdchen. Darüber hinaus bargen die Paläontologen zahlreiche Skelette anderer Säugetiere. Von Beutelratten über igelähnliche Insektenfresser bis hin zu Fledermäusen, Halbaffen und kleinen Beutegreifern. Krokodile, Schildkröten und Schlangen markieren die Breite des im Ölschiefer konservierten Artenspektrums, das Vögel und Fische genauso einschließt wie Schnecken und Insekten.

Die ungeheure Vielfalt der Fossilien ist heute vor allem in zwei Museen zu bewundern: im Hessischen Landesmuseum in Darmstadt und im Senckenberg-Museum in Frankfurt. Auch in der Gemeinde Messel selbst gibt es ein kleines Museum.

Lit.: Fossilien der Messel-Formation, Hess. Landesmuseum in Darmstadt, Darmstadt 1987
Martin Päckert/Torsten Wappler, Messel unter der Lupe, (Ausstellungs-Begleitheft) Darmstadt 2005

Grüne Soße

Die »Grie Soß« gilt als bekannteste Spezialität der Frankfurter Küche. Schon Mutter Goethe soll sie bevorzugt zu Kartoffeln, zu Ochsenfleisch oder auch zu Fisch gereicht haben. Die Grüne Soße kam zu einem ungeklärten Zeitpunkt als »sauce verte« an den Main, kann also als erfolgreich eingebürgerte Ausländerin gelten. Mutmaßlich stammt sie aus Italien und gelangte über Frankreich in die Frankfurter Küche. Vor allem im Stadtteil Oberrad haben sich die Gärtnereien auf den Anbau der sieben nötigen Kräuter spezialisiert. Boretsch, Kerbel, Kresse, Petersilie, Pimpernelle, Sauerampfer und Schnittlauch werden bevorzugt im Jugendstadium mit dem Wiegemesser zerkleinert. Hart gekochte Eier nebst einem halben Kopfsalat kommen fein gehackt hinzu und werden mit saurer Sahne, Öl, Eigelb und Zitronensaft zu jener zartgrünen Soße vermischt, die nicht nur für die Frankfurter ganz intensiv nach Frühling schmeckt.

Lit.: Michaele Scherenberg/Karl-Heinz Stier, Hessen à la carte 1, Frankfurt am Main 1990, S. 18

Mit Reifen aus Fulda durch heimische Landschaft: Werbung aus den zwanziger Jahren.

GUMMIWERKE FULDA

Im August 1900 gründeten Gustav Becker und Moritz Hasenclever in Fulda einen Industriebetrieb zur Verarbeitung von Kautschuk. Der daraus gewonnene Gummi wurde zu einer großen Produktpalette verarbeitet: Absätze für Schuhe, Flaschenverschlüsse, Dichtungen und Gummimatten, aber auch Reifen für leichte Kutschen und Kinderwagen. Der Standort Fulda schien den beiden günstig. Zum einen gab es in der Rhön ein großes Reservoir an billigen Arbeitskräften, zum andern bot die Bahnlinie Frankfurt—Bebra eine zukunftsträchtige Verkehrsanbindung. Bereits sechs Jahre später stieg man in die Produktion von Autoreifen ein und machte diesen Zweig wenig später zum Schwerpunkt. Hergestellt wurden Vollgummi-Reifen für Omnibusse und Lastwagen, für die eine Laufleistung von 15 000 km garantiert wurde. Die Preise lagen zwischen 80 und 700 Reichsmark. Ab 1910 eroberte der »Fulda Diadem« den Fahrradreifen-Markt.

1935 erwarben die rheinischen Unternehmer Wilhelm und Max Vorwerk die Aktienmehrheit in Fulda. Unter ihrer Ägide begann dann 1936 der allmähliche Umstieg auf kriegswichtige Produkte. Während des Krieges unterhielt die Firma das größte Zwangsarbeiterlager der Region mit 750 Insassen. Die meisten hatte man aus Osteuropa verschleppt. Die Einbindung in die Rüstungsproduktion forderte schließlich ihren Preis: Im September und Dezember 1944 zerstören alliierte Bomber 90 % der Fabrikanlagen.

Doch bereits im August 1946 wurde der erste Nachkriegsreifen konstruiert. Die Serienproduktion lief wieder an. Trotz der immensen Zerstörungen wurden im März 1949 wieder 24 000 Reifen im Monat gefertigt. 1955 startete das BMW-Motorrad-Gespann Faust/Remmert mit serienmäßigen »Fulda Rasant«-Reifen und wurde damit schließlich Deutscher Meister und Weltmeister. Mit stolz geschwellter Brust erwähnt die Firmenchronik, dass der Beiwagen-Pilot Karl Remmert nicht nur aus Fulda kam, sondern auch seinen Arbeitsplatz bei »der Gummi« hatte.

Anfang der sechziger Jahre begann auf dem weltweiten Reifenmarkt eine Entwicklung, die man heute Globalisierung nennen würde. Die Marktriesen machten sich an die Bereinigung der Märkte, indem sie kleine, aber leistungsstarke Konkurrenten einfach aufkauften. Die Begehrlichkeiten des weltgrößten Gummikonzerns Goodyear in Akron/Ohio kleidet die Fuldaer Firmenchronik in artiges Gummi-Deutsch:

»Die Fulda-Eigentümer Wilhelm und Max Vorwerk erkannten sehr schnell die Vorteile, die ein mittelständisches Reifenunternehmen durch den Zusammenschluss mit einem Marktführer hat.«

Am 30. März 1962 feierte man die Übernahme durch die Amerikaner.

In den siebziger Jahren geriet die Goodyear-Tochter in eine anhaltende Krise, die man mit Umstrukturierungen und »sanftem Stellenabbau« aufzufangen versuchte. Die Schattenseiten eines Weltkonzerns wurden dann 1990 besonders deutlich:

Damals sollte das 90. Firmenjubiläum angemessen gefeiert werden. Für den 14. Oktober waren bereits 2000 Gäste auf die Fuldaer Ochsenwiese geladen. Natürlich auch die 1730 Gummiwerker und ihre Familien.

Da ortete die Konzernmutter in ihren Büchern eine »ungünstige Gewinnprognose«. Und man entschied in Ohio, die Feiern in Fulda kurzerhand abzusagen. Ersparte Kosten: 300 000 Mark. Im gleichen Atemzug verkündete Generaldirektor Paul Clayton den Abbau von 150 bis 200 Arbeitsplätzen im Fuldatal. Die Belegschaft war perplex. Schließlich hatte sie sich auf eine 18-Schichten-Woche eingelassen, die auch den Samstagabend mit einbezog. Und: Der Laden in Fulda brummte. Laut Betriebsrat hatte man dort im ersten Halbjahr 1990 einen Gewinn von 10 Millionen Mark eingefahren.

Die weltweite Diskussion um die Entschädigung von Zwangsarbeitern perlte an Goodyear ab. Trotz der Faktenlage in Fulda. Die Gummiwerke fanden es »unverständlich, ein amerikanisches Unternehmen (Goodyear) aufgrund des Unrechtssystems des Dritten Reiches zur Verantwortung zu ziehen«. 1999 wurde eine Beteiligung am deutschen Entschädigungsfonds endgültig abgelehnt.

Im Jahre 2000 war wieder ein Firmenjubiläum zu feiern. 100 Jahre Gummiwerke. Diesmal fand die Feier tatsächlich statt. Goodyear machte eine runde Million locker. Unter anderem für den adretten Bildband »In Bewegung«, der die Firmengeschichte aus gehobener Perspektive illustriert. Im Fototeil folgt auf die dreißiger Jahre übergangslos ein Trümmerbild. Von Zwangsarbeitern ist auch im Text keine Rede.

2001 entsorgte man dann den geschichtsträchtigen Firmennamen. Die Goodyear-Tochter heißt seither »Fulda Reifen GmbH & Co. KG«.

Lit.: Gummiwerke Fulda GmbH, PR/Öffentlichkeitsarbeit, On the move – ein Reifenwerk im Spiegel seiner hundertjährigen Geschichte, Fulda 2000
Karoline Rübsam, Erneut diskriminiert, in: Frankfurter Rundschau vom 9.5.2001

ik
ich
Kassel
pund
fund
Marburg
eis
is
wat
was
appel
apfel
Fulda
Brouder
Bruder
Darmstadt
fest
fescht
Würzburg

H

Otto Hahn (1879–1968).

Otto Hahn

Eigentlich hatten Otto Hahn und sein Mitarbeiter Fritz Straßmann so genannte Transurane erzeugen wollen, also Atomkerne, die schwerer sind als Uran. In ihrem Labor in Berlin beschossen sie deshalb Uran mit kleinen Atombausteinen, den Neutronen. Was dabei herauskam, war aber mehr als überraschend. Ende Dezember 1938 fanden sie nämlich statt ihren superdicken Atomkernen nur solche, die halb so schwer waren wie die des Urans. Erklären konnten sich die Forscher dieses Ergebnis zunächst nicht. Sie wandten sich deshalb an ihre Kollegin Lise Meitner, die fünf Monate zuvor nach Schweden emigriert war. Lise Meitner besprach das Problem mit ihrem Weihnachtsbesuch, dem Physiker Otto Frisch, und beide kamen zu dem Schluss, dass der Urankern zerplatzt sein müsse. Das war nicht nur in Forscherkreisen eine Sensation, denn bis dahin war man davon ausgegangen, dass eine Kernspaltung wohl nie gelingen würde. Was eine solche Reaktion bedeuten konnte, war den Forschern bald klar: eine lawinenartige Kettenexplosion. Damit war das Tor aufgestoßen zur militärischen und zivilen Nutzung der Atomenergie. Die militärische Nutzung in Form der Atombombe hatte Otto Hahn nicht gewollt, er konnte sie aber auch nicht aufhalten. Als über Hiroshima am 6. August 1945 die erste Atombombe zündete, fürchteten seine Freunde, er könnte sich das Leben nehmen. Fast gleichzeitig erhielt er für die Kernspaltung den Physik-Nobelpreis zugesprochen. Bis zu seinem Tod am 28. Juli 1968 kämpfte Hahn, u. a. als Präsident der Max-Planck-Gesellschaft, gegen atomare Waffen – und für die friedliche Nutzung seiner Entdeckung, z. B. in Kernkraftwerken.

Bis heute wird immer wieder um seine Person gestritten, obwohl ihm bisher niemand eine Verstrickung in das nationalsozialistische Unrechtsregime nachweisen konnte. Dabei wird oft vergessen, dass der am 8. März 1879 in Frankfurt geborene Glasermeistersohn in seiner beruflichen Laufbahn noch weitere wichtige Entdeckungen gemacht hatte: das Radiothorium, das Actinium und das Mesothorium, das in der Medizin große Bedeutung gewann.

Lit.: Dietrich Hahn (Hrsg.), Otto Hahn. Begründer des Atomzeitalters, München 1979
Heinz Maier-Leibnitz, Die ungewollte Entdeckung. Otto Hahn, in: Hans Sarkowicz (Hrsg.), Die großen Frankfurter. Frankfurt am Main und Leipzig 1993, S. 216–224
Heinrich Schiemann, Otto Hahn, in: Hans Sarkowicz/Ulrich Sonnenschein (Hrsg.), Die großen Hessen, Frankfurt am Main und Leipzig 1996, S. 318–325
Klaus Hofmann, Otto Hahn – Forschung und Verantwortung, Frankfurt am Main 2005

Hanauer Anzeiger

Der »Hanauer Anzeiger» ist die zweitälteste noch erscheinende Tageszeitung in Deutschland oder die älteste noch existierende mit Vollredaktion.

Ab 27. September 1725 erschien der damals so genannte Intelligenzzettel, eine Art Anzeigenblatt, zunächst einmal pro Woche unter dem umständlichen Titel »Hanauer Frag- und Anzeigungs-Nachrichten« in einer Auflage von 180 Exemplaren. Niemand hätte diesem Blatt ein so langes Leben vorausgesagt, denn in keiner Weise unterschied sich der nicht gerade prickelnde »Zettel« von anderen Erzeugnissen seiner Art.

1745 vermachte Landgraf Wilhelm VIII. von Hessen-Kassel die Verlagsrechte dem hochdeutsch-reformierten Waisenhaus, um die mildtätige Stiftung zu unterstützen. Das Blatt reüssierte, wobei es länger als 50 Jahre in der Druckerei der Stiftung hergestellt wurde. Erst unter französischer Herrschaft änderte sich der Erfolgskurs. Zwischen 1806 und 1813 hieß die nunmehr einzige Zeitung für das Departement Hanau »Hanauer Departements-Blatt«. Das Gebäude des Waisenhauses wurde in der Schlacht bei Hanau am 30./31. Oktober 1813 von den siegreichen Franzosen durch Beschuss zerstört.

Seit 1817 und bis heute hat die Zeitung ihren Sitz in der Hammerstraße 9. Im Jahre 1822 wurde aus ihr das »Wochenblatt für die

Provinz Hanau«; es diente der Veröffentlichung von Bekanntmachungen der Staatsbehörden und wurde diesen kostenlos zugestellt.

1866 kam Hanau zum preußischen Königreich. Das »Hanauer Wochenblatt» kam nun zweimal wöchentlich heraus. Ab dem 1. Mai 1872 erschien das Blatt täglich, von da an unter dem Namen »Hanauer Anzeiger«. Vor dem Ersten Weltkrieg war die tägliche Auflage auf 10 000 Exemplare gestiegen.

Nach dem Krieg besetzte der Hanauer Arbeiter- und Soldatenrat die Räume der inzwischen eher konservativen Zeitung. Vom 14. November 1918 bis zum 25. Januar 1919 erschien das Blatt unter dem traditionellen Titel, jedoch mit der Unterzeile »Publikationsorgan des Arbeiter-und Soldatenrates für den Stadt- und Landkreis Hanau am Main«.

In der NS-Zeit durften Stiftungen keine Zeitungen mehr herausbringen. Die Verlagsrechte der gleichgeschalteten Zeitung gingen in Privatbesitz über, und am 31. Mai 1941 erschien der »Hanauer Anzeiger« vorläufig zum letzten Mal.

Am 19. März 1945 wurde Hanau fast vollständig zerstört. Mit der Stadt versanken die Verlags- und Betriebsgebäude der Traditionszeitung.

Zum 1. September 1949 konnte der »Hanauer Anzeiger« nach Erteilung der Generallizenz wieder erscheinen, und das tut er bis zum heutigen Tag. Was eignete sich für ein lebendiges Geschichtsstudium besser als diese Zeitung, die seit mehr als 275 Jahren Produkt und Ausdruck der Zeitläufte ist.

Hanauisch-Indien

Graf Friedrich Kasimir von Hanau-Lichtenberg war ein tatkräftiger Mann. 1641, mitten im Dreißigjährigen Krieg, hatte er ein schweres Erbe angetreten. Aber es gelang ihm, seinen Besitz, der bis in den Elsass reichte, nicht nur zu erhalten, sondern sogar noch um einige kleinere Ländereien zu erweitern. Mit Verträgen sicherte er seine Erwerbungen ab und hatte Zeit, sich auf die schönen Dinge des Lebens zu konzentrieren. 1661 ließ er in Hanau die erste Fayencefabrik Hessens gründen, 1678 privilegierte er mit dem »Hanauischen Merkurius« eine der ersten Zeitungen in Deutschland. Bereits 1656 hatte er den Satiriker Johann Michael Moscherosch an seinen Hanauer Hof geholt. Moscherosch, der in seinen Büchern nicht mit Kritik am Adel und der höfischen Kultur geizte, saß als Präsident der Kanzlei im Regierungskollegium des Grafen. Bis er sich 1660 mit Friedrich Kasimir überwarf. Er selbst behauptete später, weil er die Mätressenwirtschaft des Landesvaters angeprangert hatte. Aber ungewöhnlich genug war es schon gewesen, dass sich ein Fürst seinen Kritiker an den eigenen Kabinettstisch holte. Aber Friedrich Kasimir scheint eben kein gewöhnlicher Herrscher gewesen zu sein. Er hatte immer wieder ausgefallene Ideen. Eine davon war der leicht verrückte Plan, in Südamerika ein 100 000 Quadratkilometer großes Land zwischen den Flüssen Orinoko und Amazonas zu erwerben. Offenbar hatte der Graf von den sagenhaften Reichtümern gehört, die Spanier, Portugiesen und andere Kolonisatoren aus der Neuen Welt mitbrachten. Davon wollte er auch profitieren. Am 28. Juli 1669 ließ er in Amsterdam einen entsprechenden Vertrag mit der »Niederländisch-Westindischen Kompanie« unterzeichnen, die die Besitzrechte an diesem Gebiet für sich reklamiert hatte. Eine Broschüre sollte Geld und Siedler anwerben. Der Graf dachte an nichts Geringeres als ein Königreich »Hanauisch-Indien«. Aber daraus wurde nichts. Weder Geld noch genügend Abenteuerlustige fanden sich für den Urwaldtrip nach Guayana. Als 1672 der Französisch-Niederländische Krieg ausbrach, war es endgültig vorbei mit den Hanauer Weltmachtträumen, und Friedrich Kasimir konnte sich wieder ganz darauf konzentrieren, in seiner Grafschaft das lutherische Bekenntnis durchzusetzen.

Doppeltaler Friedrich Kasimirs.

Handkäse

Der im mittleren und südlichen Hessen als »Handkees« bekannte Sauermilchkäse ist ausgesprochen fettarm und pikant. Er wurde ursprünglich nur aus der Hand geformt und dürfte so zu seinem Namen gekommen sein. Im westlichen Hessen firmiert er auch als »Mainzer Käse«, der dort gerne zerkleinert in einer Zwiebelvinaigrette auf den Tisch kommt. Man nennt das dann »Handkees mit Musik« (fromage de Mayence avec tamtam). Ursprünglich war das preiswerte Leinöl Grundlage der »Musik«. Verwandte Sauermilchkäse werden vornehmlich im Harz erzeugt und überrollen als »Harzer« die Käsebretter Norddeutschlands. Zu den dezenteren Harzvarianten gehört auch der formgleiche »Korbkäse«, der außen den typischen Camembertschimmel zeigt. Die Masse der »Harzer« und der hiesige »Handkees« hüllen sich indes bevorzugt in Gelbschimmel. Die Massenfabrikation des runden Magermilch-Käses wurde erst möglich, nachdem der Groß-Gerauer Gastwirt Peter Traiser II die »Handkäs-Maschine« erfunden hatte. Dieser typisch hessische Fortschritt der Produktivkräfte ereignete sich 1881 und ermöglichte die Herstellung von 4000 bis 10 000 Rundkäse in der Stunde. Damit wurde der »Handkees« zu einem preiswerten Frühstück für die Fabrikarbeiter des Rhein-Main-Gebietes und dürfte so auch nach Mainz gekommen sein. Regionaltypischer Handkäse wird im hessischen Ried und in Hüttenberg im Lahn-Dill-Kreis hergestellt. Der Handkäse aus dem Odenwälder Mossautal folgt einer anderen Rezeptur und erinnert am ehesten an den Münsterkäse des Elsass.

Lit.: Rolf L. Temming, Vom Adel köstlicher Käse, München 1985, S. 73
Michaele Scherenberg/Karl-Heinz Stier, Handkäs' mit Musik. Rezepte und Geschichten rund um den Stinker, Frankfurt am Main 2004

Häuserkampf ➛ Achtundsechziger

Hassium ➛ Darmstadtium

Hauptstadt Frankfurt

Der Frankfurter »Plenarsaal« im Bau (1948), heute Teil des Hessischen Rundfunks am Dornbusch.

Als Wahl- und später Krönungsort der deutschen Könige (➛ Goldene Bulle), als Sitz des Deutschen Bundes und als der Versammlungsort des Paulskirchenparlaments (➛ Paulskirche) war Frankfurt über Jahrhunderte so etwas wie eine Hauptstadt Deutschlands, ohne den offiziellen Titel je erhalten zu haben. Das sollte nach dem Zweiten Weltkrieg anders werden, jedenfalls wenn es nach dem Willen der Frankfurter Stadtväter gegangen wäre. Als die gerade gegründete Bundesrepublik ihren (natürlich nur vorläufigen) Regierungssitz suchte, da war Frankfurt der heiße Favorit. Berlin kam aus verschiedenen Gründen nicht infrage, und Bonn war lange kein ernst zu nehmender Konkurrent. Erst als Konrad Adenauer sein ganzes politisches Gewicht als Präsident des Parlamentarischen Rates und CDU-Vorsitzender in die Waagschale warf, schlug die Stimmung langsam um. Kritiker warfen Adenauer vor, er favorisiere Bonn nur deshalb, weil es näher an seinem Wohnort Rhöndorf liege als die Mainmetropole. Frankfurt hatte schon erheblich in zukünftige Ministerien und sonstige Bauten investiert, aber das war letztlich kein Argument. Als Adenauer zum ersten Bundeskanzler gewählt worden war, konnte sich Frankfurt nur noch wenig Hoffnungen machen. Trotzdem blieb die Stadtspitze optimistisch. Ohne Grund, wie sich bald herausstellen sollte. Bereits am 8. Mai 1949 hatte sich der Parlamentarische Rat mit knapper Mehrheit für Bonn entschieden. Die Frankfurter verstärkten ihre Werbeanstrengungen und hofften auf die Abgeordneten des ersten Deutschen Bundestages, dem die endgültige Entscheidung zufallen sollte. In geheimer Abstimmung entschieden sich am 3. November 1949 200 gegen 176 Abgeordnete für Bonn und damit gegen Frankfurt.

Der Frankfurter Oberbürgermeister Walter Kolb, der bis zuletzt von dem Sieg seiner Stadt überzeugt gewesen war, hatte bereits eine Rundfunkrede an die Frankfurter aufgenommen, in der er den Abstimmungserfolg verkünden wollte. Das Band blieb ungesendet und liegt heute noch in den Archiven des ➤ Hessischen Rundfunks, der von der Entscheidung direkt profitierte. Denn er zog in den Rundbau ein, der eigentlich als Deutscher Bundestag vorgesehen war.

Lit.: Frolinde Balser, Aus Trümmern zu einem europäischen Zentrum, Sigmaringen 1995

Hesse

Laut Duden:

1) »(dt. Dichter)«. Gemeint ist wohl der Schriftsteller und Literaturnobelpreisträger Hermann Hesse (1877–1962)
2) »die, -, -n (*landsch. für* unterer Teil des Beines von Rind od. Pferd); *vgl.* Hachse«
3) »der, -n, -n; (Angehöriger eines dt. Volksstammes)«

Familie Hesselbach

Sie war einmal die berühmteste Fernsehfamilie in Deutschland, und für viele ist sie auch heute noch ein Begriff, obwohl die letzte Folge bereits 1967 lief. In Hessen sind sie sowieso nie vergessen worden, denn nichts und niemand sonst hat die wahre Schönheit und den herben Reiz der hessischen Idiome und des (süd- und mittel-)hessischen Volkscharakters so augen- und ohrenfällig gemacht wie die Familie Hesselbach. Was aber nur die wenigsten wissen: Die gutbürgerliche Idylle mit Mamma und Babba an der Spitze hatte ihre Erfolgsgeschichte im Hörfunk begonnen, und zwar schon 1949. Bis März 1956 und bis zum Konkurs der »Hesselbach GmbH« waren die Alltagsabenteuer »irgendwo im Hessischen« nur über das Radio zu verfolgen. Der Friedberger Kabarettist und Schauspieler Wolf Schmidt (1913–1977) ist der Erfinder der babbelnden Kernseifenoper, die zum Urahn der »Lindenstraße« wurde. Was den Erfolg ausmachte, war die Nähe der Figuren zu realen Personen, nicht des öffentlichen Lebens, sondern des privaten der Zuhörer und Zuschauer. Weil die oder der auch neben einem sitzen oder arbeiten konnte, waren die Hesselbachs und ihr ausufernder Bekanntenkreis so beliebt. Wie im richtigen Leben ging es in den Episoden zu, nur dass man vor dem Radio oder Fernseher herzhaft lachen durfte. Bis zu drei Viertel der Apparate waren eingeschaltet, wenn Mamma ihren Schreckensruf »Kall, mei Drobbe« ausstieß, der ach so »wertschaftliche Erwin« gelobt wurde, das »Dreckrändsche« für Aufregung sorgte oder der »röhrende Hirsch« den Besitzer wechseln sollte. In 128 Folgen und vier abendfüllenden Spielfilmen demonstrierte Wolf Schmidt – wie in den fünfziger Jahren vom ➛ Hessischen Rundfunk immer wieder stolz bemerkt wurde –, dass nicht nur Schwaben und Bayern, Rheinländer und Sachsen, Berliner und Hamburger den Humor für sich gepachtet hatten. Der Dialekt (➛ Hessisch) spielte dabei für Wolf Schmidt nur eine untergeordnete Rolle. »Es gibt überhaupt kein Hessisch«, schrieb er 1952, sondern »485 1/2 Sorten Dialekte, die alle Hessisch sind, und doch alle so verschieden«. Für sein »Kompromiß-Hessisch«, wie er es nannte, bat Wolf Schmidt bei den Sprachwissenschaftlern um Nachsicht und bekannte sich »in allen Dialektpunkten mangelnder Genauigkeit schuldig«. Aber gerade diese mangelnde Genauigkeit war es, die seine Sendungen in allen Teilen Deutschlands so verständlich machte. Mit Wolf Schmidt wurde auch die »Mamma« Liesl Christ zu einem Fernsehstar – und daneben noch viele andere, denen das Multi-

Programmheft zum Kinofilm »Familie Hesselbach im Urlaub« (1955).

talent (als Autor, Hauptdarsteller und zeitweilig Mitregisseur) die Rollen auf den Leib geschrieben hatte.

Eine besondere Ehre wurde Wolf Schmidt lange nach seinem Tod zuteil, als ihn der (ebenfalls aus Friedberg stammende) Schriftsteller Andreas Meier 2006 in seiner Frankfurter Poetikvorlesung als eines seiner Vorbilder bezeichnete: »Es gibt Szenen in meinem ersten veröffentlichten Roman, Wäldchestag, die sind ohne Wolf Schmidt überhaupt nicht denkbar. Figuren andauernd aneinander vorbeireden zu lassen, das lernte ich von Wolf Schmidt.« Und die Serie selbst, für viele das Urbild eines gemütlichen Fernsehnachmittags, sei für ihn »kein Kitsch, sondern das Gegenteil. Die Familie Hesselbach lügt die Welt nicht in eine höhere Qualitätsstufe hinauf, sie implementiert dem Zuschauer ein schleichendes Gift, nämlich das Gift der Selbsterkenntnis«.

Lit.: Sigrid Butteron u. a., Die Hesselbachs (mit Toncassette), Frankfurt am Main 1991
Harald Schäfer, Die Hesselbachs. Erinnerungen an eine erfolgreiche Familien-Serie aus den Anfangstagen des Fernsehens, Frankfurt am Main 1996
Andreas Maier, Ich, Frankfurt am Main 2006, S. 116–122
(Die meisten Hörfunk- und Fernsehfolgen sind unterdessen auf DVD und CD im Handel.)

Karoline Henriette von Hessen-Darmstadt

Bekannt war sie als »die Große Landgräfin«. Diesen Ehrennamen hatte ihr Goethe in seinem Werk »Dichtung und Wahrheit« gegeben, und nicht nur er, der damals noch nicht geadelt worden war, verkehrte am Darmstädter Hof, wo die Landgräfin Karoline Henriette von Hessen-Darmstadt (1721–1774) ein Zentrum des europäischen Geisteslebens geschaffen hatte, den so genannten Musenhof.

Am 12. August 1741 hatte sie den Erbprinzen Ludwig IX. geheiratet, der 1768 Landgraf von Hessen-Darmstadt wurde. Die beiden passten nicht zusammen. Ludwig interessierte sich vor allem für das Militär. Er richtete sich in Pirmasens eine Soldatenkolonie ein und überließ das Regieren in Darmstadt weitgehend seiner Frau.

Grabmal der Großen Landgräfin, Stich von J. C. Susemihl.

Die desolate Finanzlage von Hessen-Darmstadt sollte der bekannte Staatstheoretiker Friedrich Karl Freiherr von Moser (1723–1789) sanieren, der als allgewaltiger Minister gute Absichten, aber wenig Erfolg hatte. Kultur kostet Geld, und die vom Hof verfügten Sparmaßnahmen wie die Schließung des Darmstädter Theaters wirkten sich für die Entfaltung der Musen nicht gerade vorteilhaft aus. Der Landgräfin aber lag das Jammern nicht; klug und tatkräftig erschloss die begeisterte Jägerin und Reiterin neue Geldquellen. So ließ sie im nahen Pfungstadt eine Krappfabrik einrichten, in der das damals neue und begehrte Krapprot produziert wurde.

Ihre eigentliche Stärke aber lag darin, bedeutende Geister um sich herum zu versammeln und als sehr gebildete Frau spannende Brieffreundschaften zu unterhalten. Etwa mit König Friedrich II. von Preußen, der später für ihre Grabstätte eine Marmorurne stiftete, die eine etwas merkwürdige Inschrift ziert: »Femina Sexu, Ingenio Vir« (»Von Geschlecht eine Frau, von Geist ein Mann«).

Kein Zweifel, »die Große Landgräfin« war eine der interessantesten Frauen des 18. Jahrhunderts. An ihrem Hof verkehrten Schriftsteller wie Johann Gottfried Herder oder Christoph Martin Wieland. Eine besondere Rolle spielte Goethes Freund, der Kriegsrat, Schriftsteller und Publizist Johann Heinrich Merck. Er galt als führender Kopf im Kreis der »Empfindsamen«.

Aber Karoline Henriette wirkte nicht nur im engen Zirkel ihres Darmstädter Musenhofs. Durch eine kluge Verheiratungspolitik konnte sie vier Töchter erfolgreich in deutschen Herrscherhäusern unter die Haube bringen. Weniger glücklich war das Schicksal ihrer Tochter Wilhelmine. Fünf Monate vor dem Tod der Landgräfin heiratete sie am 10. Oktober 1773 in Sankt Petersburg den Großfürsten

Paul Petrowitsch. Wilhelmine hieß fortan Nathalia, und bald war sie in finsterste Intrigen verstrickt. Paul wollte seine Mutter, die Zarin Katharina II. die Große, stürzen und ließ sie in die Peter-und-Paul-Festung sperren. Das Komplott wurde entdeckt, die Zarin verzieh Sohn und Schwiegertochter. Kurz nach der Geburt eines Thronfolgers, dessen Vater jedoch nicht der Zarewitsch war, starben Mutter und Kind. Der »Großen Landgräfin« blieb der Kummer erspart; sie starb mit nur 53 Jahren am 30. März 1774 in Darmstadt. Ihr Grab befindet sich im südlichen Teil des von ihr in einen englischen Park verwandelten Herrngartens.

Der älteste Sohn von Karoline Henriette, Ludwig X., regierte ab 1790 in Darmstadt nach dem Tod seines Vaters. 1806 wurde er der erste Großherzog von Hessen-Darmstadt.

Lit.: Friedrich Battenberg u. a., Darmstadts Geschichte, Darmstadt 1984
Jürgen Rainer Wolf, Karoline von Hessen Darmstadt, in: Hans Sarkowicz/Ulrich Sonnenschein (Hrsg.), Die großen Hessen, Frankfurt am Main und Leipzig 1996, S. 73–79
Marita A. Panzer, Die Große Landgräfin Caroline von Hessen Darmstadt, Regensburg 2005

Hessenfliege

(lat. *Mayetiola destructor*; engl. *Hessian Fly*)

Die Hessenfliege gehört zu den Getreidegallmücken. Obwohl sie nur 3 bis 3,5 Millimeter lang wird, kann sie in der Landwirtschaft erheblichen Schaden anrichten. Denn ihre Larven zerstören die Getreidehalme, die dadurch am Grund abknicken und keine Frucht mehr tragen können. Ihren Namen soll die Hessenfliege im Amerikanischen Unabhängigkeitskrieg erhalten haben. Denn angeblich ist sie 1776/77 mit dem Stroh von hessischen Söldnern in die Neue Welt eingeschleppt worden (➤ Soldatenverkauf). 1778 und von 1850 bis 1857 sorgte sie in den USA für verheerende Missernten. Auch in Hessen gilt sie heute noch als einer der wichtigsten Getreideschädlinge.

Hessenpark

Die »Stadthäuser« im Hessenpark.

Wichtige Zeugnisse der hessischen Geschichte und Kultur vor dem Untergang zu bewahren, ist das Ziel des 1974 gegründeten Freilichtmuseums Hessenpark bei Neu-Anspach im Taunus. Historische (Wohn-)Häuser, Bauernhöfe, Scheunen, Kirchen, kleine Handwerksbetriebe und sogar ein Transformatorenhäuschen werden dort, wo sie von Verfall oder Abriss bedroht sind, Stein für Stein und Balken für Balken abgebrochen und im Hessenpark wieder zusammengesetzt.

Um möglichst authentische »Dorfbilder« entstehen zu lassen, wurde bei der Anlage des Museums auf die räumliche Abtrennung der Regionen geachtet. So geht man nach dem Eingangsbereich über einen kleinstädtischen Marktplatz, der mit einem bewirtschafteten Gasthaus, nebst Biergarten und Wurstkiosk, aufwartet. Jenes »Wirtshaus zum Adler« kann auch für private Feiern genutzt werden. Hinter dem Stadtbereich beginnen die regionalen Baugruppen: Reihendörfer aus den Tälern von Lahn, Ohm und Dill, gefolgt von Häusern aus dem nordhessischen Bergland. Anschließend ein Weiler aus Osthessen und ein Haufendorf mit Bautypen aus Taunus, Wetterau, Vogelsberg und Kinzigtal. Die Gebäude sind in der Regel mit zeitgerechtem Mobiliar eingerichtet und bieten so eine Fülle von Informationen über den Alltag ihrer früheren Bewohner.

Die Idee eines hessischen Freilichtmuseums kam ursprünglich aus dem Odenwald. Dort hatte sich Oberbaurat Heinrich Winter in den fünfziger Jahren für den Erhalt zahlreicher historischer Hofreiten engagiert und wollte schließlich ein Anwesen aus dem 16. Jahrhundert in Vöckelsbach zur Keimzelle eines Freilichtparks machen. Das Projekt scheiterte am fehlenden Geld.

Mitte der sechziger Jahre besuchte der hessische Regierungsdirektor Erwin Schwarzer das dänische »Frilandmuseet« bei Kopenhagen und stellte das dortige Konzept dem Vorsitzenden des »Naturparks Hochtaunus«, Werner Herr, vor. Herr reiste daraufhin seinerseits zu einer ähnlichen Einrichtung in Schweden. Nach und nach entstand so nach skandinavischen Vorbildern das Konzept des heutigen Freilichtmuseums im Taunus. Nach mehrjährigen Verhandlungen signalisierte die Landesregierung schließlich ihre finanzielle Unterstützung, und auch der neu gebildete Hochtaunuskreis steuerte Gelder bei. Grundsteinlegung war 1974, und 1977 übereignete der Kreistag die im Aufbau befindliche Anlage dem Land. Der erste Teilabschnitt des Hessenparks wurde am 9. September 1978 eingeweiht.

Im Lauf der Jahre sind reizvolle Ensembles entstanden. Derzeit verteilen sich 85 Original-Gebäude auf fünf Baugruppen. Aber ein Museum wie der Hessenpark wäre nur halb so attraktiv, wenn es die wieder aufgebauten Häuser nicht mit Leben füllen würde.

In den historischen Räumen zeigen geschickte Handwerker, was damals in einer Dorfschmiede, einer Drechslerei oder einer Wagnerei hergestellt wurde. Ziegen und Schafe laufen über Wiesen, Tabak wird angebaut und getrocknet, wunderbar duftende Brote bräunen im Dorfbackhaus, und manchmal dampft sogar ein Kohlemeiler vor sich hin.

Das Veranstaltungsprogramm während der Öffnungszeiten zwischen Ende Februar und Ende Oktober ist prall gefüllt. An jedem Tag der Woche kann man sich auf gleich mehrere Vorführungen alter Handwerkstechniken oder auf Sonderaktivitäten freuen.

Das macht den Hessenpark gerade bei den Besuchern so beliebt, die sonst weniger für Museen zu begeistern sind, nämlich bei Schülern, die mit ihren Rätselrallye-Karten durch die großzügige Anlage fegen und sichtlich Spaß dabei haben.

Lit.: Eugen Ernst, Hessenpark. Entwicklung und Zielvorstellungen, Schriftenreihe des Hessischen Freilichtmuseums, Heft 1, Neu-Anspach 1979
Karl Baeumerth u. a., Freilichtmuseum Hessenpark, (Museumsführer) Neu-Anspach 1998
www.hessenpark.de

Hessenpumpe

Der französische Erfinder Denis Papin entwickelte während seiner Jahre in Marburg und Kassel (1688–1707) nicht nur den ➛ Dampfzylinder und das ➛ Unterseeboot mit Ruderantrieb, sondern auch von 1688 bis 1695 die Hessenpumpe. Das war der Urtyp aller (heute weit verbreiteten) Rotations- und Zentrifugalpumpen. Der entscheidende Gedanke von Papin war es, Wasser in rotierende Flügel eintreten zu lassen, die nur schnell genug bewegt werden mussten, um durch die Zentrifugalkraft das Wasser in ein seitlich gelegenes Druckrohr zu treiben. Durch weitere Verbesserungen entstand eine leistungsfähige Maschine, die statt mit Wasser auch mit Luft arbeiten konnte und dann als großer Ventilator diente. Damit wurde u. a. das Kohlebergwerk in der Nähe von Allendorf an der Werra belüftet und eine Kornreinigungsmaschine betrieben. Dieser von Papin konstruierte Ventilator erhielt schon bald den Beinamen »Hessischer Blasebalg«.

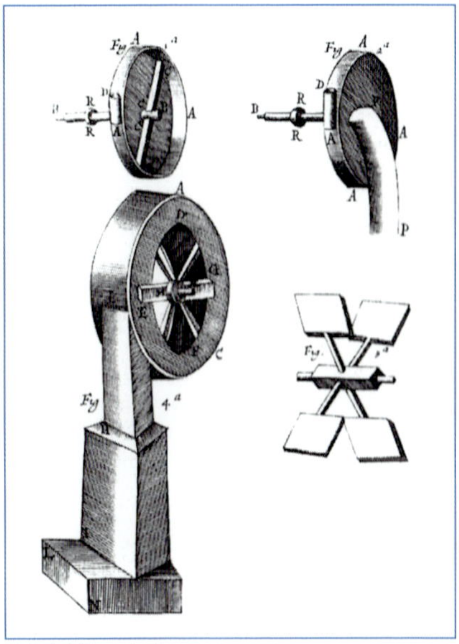

Die Hessenpumpe von Denis Papin (Stich von 1695).

Lit.: 300 Jahre Denis Papin. Ausstellungskatalog der Universitätsbibliothek Marburg und des Hessischen Landesmuseums Kassel, Marburg 1987

Hessenschau

Regionale Fernseh-Informationssendung des ➛ Hessischen Rundfunks, die mit durchschnittlich 240 000 Zuschauern als telegenes »Flaggschiff« des Senders gilt. Die Redaktion sendet ihr halbstündiges Magazin an allen sieben Wochentagen.

Der integrierte Nachrichtenteil wird von der Nachbarredaktion »Hessen aktuell« erstellt und präsentiert. Für die Hessenschau arbei-

Ministerpräsident Walter Wallmann als Studiogast der Hessenschau – interviewt von Manfred Krupp (1990).

ten fünf fest angestellte Redakteure und gut 30 freie Fernsehjournalisten. Außenstudios in Kassel und im Landtag in Wiesbaden liefern Beiträge zu.

Historischer Sendestart war am 2. Januar 1961. Bis dahin brachte die mit Süddeutschem Rundfunk (SDR) und Südwestfunk (SWF) gemeinsam produzierte »Abendschau« nur jeden dritten Tag eine Hessenausgabe auf den Schirm. Der abgrenzende Name »Hessenschau« wurde bewusst gewählt, um den Bewohnern des erst 1946 neu gezimmerten Bundeslandes (➛ Groß-Hessen) eine »hessische Identität« zu vermitteln:

> *»Die Redaktion bemühte sich daher von Beginn an, möglichst aktuelle Berichte mit viel Informationsgehalt in das Programm aufzunehmen. Magazinbeiträge analog zu den ›Vermischten Seiten‹ der Zeitungen traten im Gegensatz zu anderen Fernseh-Regionalsendungen in den Hintergrund.«*

Ein journalistisches Konzept, das auch heute noch gilt. Nur die Arbeitsbedingungen sind jetzt besser als 1961:

> *»Geschnitten wurden die Hessenschau-Filme in Baracken. Im Sommer herrschten dort derartige Temperaturen, dass auf die Dächer Gartenregner gestellt wurden, die stundenlang die Teerpappe mit Wasser besprühten.«*

Passanten glaubten damals an eine Frühform des bepflanzten Öko-Daches.

Zu wirklichen Gründächern hat es die heutige Hessenschau noch immer nicht gebracht, dafür bricht sie jeden Donnerstag ins Grüne auf. »Dolles Dorf« heißt die Hessenschau-Rubrik, die bis 2004 als »Aufbruch in den Alltag« firmierte und kurz gefasst »AidA« hieß: In der Live-Sendung zieht ein Reporter ein kleines rotes Kärtchen aus einer Lostrommel. Darauf steht dann jenes Dorf, das er am gleichen Abend noch heimsuchen muss, um dann am nächsten Tag dort eine Art Dorfporträt zu drehen. Gesendet wird dann jeweils samstags. Mit der Erfindung von »AidA« sollte nun auch das »platte Land« häufiger zum Thema werden. Als Gegengewicht zu den vielen Stadt-Themen in der Hessenschau. Auf jenen Loskärtchen stehen nämlich alle Hessendörfer, die vor 1972 weniger als 2000 Einwohner hatten. Als Stichjahr wählte man das Jahr der Gebietsreform, da mit ihr viele Dörfer von der Landkarte verschwanden, weil sie in neuen Gemeinden aufgingen.

Ergänzend zur konventionellen Produktion im Team arbeitet die Hessenschau seit Herbst 2003 auch mit »Videojournalisten«, die ihre Filmbeiträge von der Recherche bis zur Endfertigung eigenhändig herstellen. Sie drehen mit handlichen DV-Kameras, der digitale Schnitt erfolgt auf handelsüblichen Notebooks. Im Hessischen Rundfunk gilt die Hessenschau seit jeher auch als »Treibhaus« für neue Projekte. Zu den erfolgreichsten »Sprösslingen« gehören die Nachrichtensendung »Hessen aktuell« und die Veranstaltungsvorschau »Hessentipp«.

Lit.: Hans-Wilhelm Kirchner, Historie und Histörchen – Ein Rückblick, in: HR Publizistik, 20 Jahre Hessenschau. Zwischen-Bilanz eines Regionalmagazins, Frankfurt am Main 1981

Hessentag

Viele halten den Hessentag für ein uraltes chattisches Fest, das sich über verschlungene Wege aus germanischer Vorzeit in die Gegenwart gerettet hat. Aber dem ist nicht so. Den Hessentag gibt es erst seit 1961, und zwar als »ein Beweis für unsere Verbundenheit mit der Heimat, auf die wir alle mit Recht stolz sein können«. So hat es der damalige Hessische Ministerpräsident Georg August Zinn bei der festlichen Premiere in Alsfeld ausgedrückt. Der tiefere Sinn des farbenfrohen Festes wurde dabei keineswegs verschwiegen: Die Hessen, die bis 1945 eher auseinandergestrebt waren, sollten in dem neuen Bundesland endlich zusammenfinden und sich ihrer gemeinsamen

Traditionen erinnern. Ähnlich wie der ➤ Hessische Rundfunk hatte der Hessentag zunächst auch noch eine weitere Aufgabe zu erfüllen, nämlich nicht nur die Waldecker, Kurhessen, Nassauer, Darmstädter und Frankfurter zusammenzuführen, sondern auch die Hessen mit den über eine Million vertriebenen Menschen, die zwischen Weser und Neckar ihre neue Heimat gefunden hatten. Bei aller berechtigten Kritik an dem immer opulenter werdenden zehntägigen Spektakel ist das gelungen. Der Hessentag, der heute ein äußerst vielfältiges Programm anbietet und Hunderttausende von Besuchern anzieht, ist das zentrale Fest aller Hessen geworden – eine fröhliche Leistungsschau, die Gemeinsamkeiten betont und Brücken über Trennendes baut.

Lit.: 25 Jahre Hessentag, Wiesbaden 1986
Gabriele Goettle, Zehn Tage außer Rand und Band, in: MERIAN 1/1993, S. 64–72

Hessisch

Die Dialektforschung kennt sehr unterschiedliche Schulen, die einen mundartlichen Sprachraum entsprechend unterschiedlich einteilen. Alle sind sich aber darüber einig, dass es so etwas wie eine gesamthessische Mundart nicht gibt. Folgt man dem Strukturmodell von Ferdinand Wrede (bis 1928 Direktor des Deutschen Sprachatlas in Marburg), so zerfällt das Gebiet des heutigen Bundeslandes Hessen in drei Dialekt-Großräume, die noch durch weitere sprachgeographische Trennlinien, die so genannten Isoglossen, untergliedert werden.

Am deutlichsten ist die ik/ich-Linie, die – quer durch die Republik – die niederdeutschen von den oberdeutschen Dialekten trennt. Sie verläuft südlich Hannoversch Münden, nördlich Kassel, in weiten Bögen quer durch das ehemalige Fürstentum Waldeck und schneidet so den hessischen Nordwesten vom oberdeutschen Mundartgebiet ab. Nördlich dieser Linie wird das schriftdeutsche »ich« zum niederdeutschen »ik«, während die Mundartregionen südlich das »ich« der Normsprache benutzen. Diese Dialekte werden zur Großgruppe des Rheinfränkischen gerechnet. Einzig die Teile des Westerwaldes westlich einer Linie Haiger–Limburg–St. Goarshausen gehören zum angrenzenden Mittelfränkischen, zeigen aber viele Übergangsformen. Das in Hessen also vorherrschende Rheinfränkisch reicht bis in die Pfalz und nach Lothringen. Die Sprachforscher zerteilen diesen Raum entlang der fest/fescht-Isoglosse in Nordrheinfränkisch und Südrheinfränkisch. Diese Linie krümmt sich kurvenreich von Klingenberg/Main über Reinheim/Odenwald und Mainz nach Kaub am Mittelrhein. Weiter südlich wird das Wort »fest« zu »fescht«. Etwas vereinfachend kann das nördliche Rheinfränkisch als Hessisch und das südliche als Pfälzisch bezeichnet werden. Große Teile von Bergstraße und Odenwald gehören also zum pfälzischen Mundartgebiet. Das nördlich davon konstatierte Hessisch ist nun aber weit davon entfernt, sich als einheitliche Mundart darzustellen. Zahlreiche weitere Isoglossen zerteilen gnadenlos den Sprachraum. Besonders tückisch zeigt sich da die Brouder/Bruder-Linie, die als hessenweite Rechtskurve von Biedenkopf über Rauschenberg, Kirtorf und Schotten bis Bad Orb und Alzenau läuft, dann nach Westen biegt und sich den Main entlang bis Mainz, Eppstein und Nastätten zieht. Im so umschlossenen Teil Hessens heißt der Bruder »Brouder« und gibt sich damit als Sprecher einer mittelhessischen Mundart zu erkennen. Aus dieser Linienführung ergibt sich auch die geographische Verteilung von Nord- und Südhessisch mit einer fast unüberschaubaren Zahl von Übergängen in jede Richtung. Alles klar?

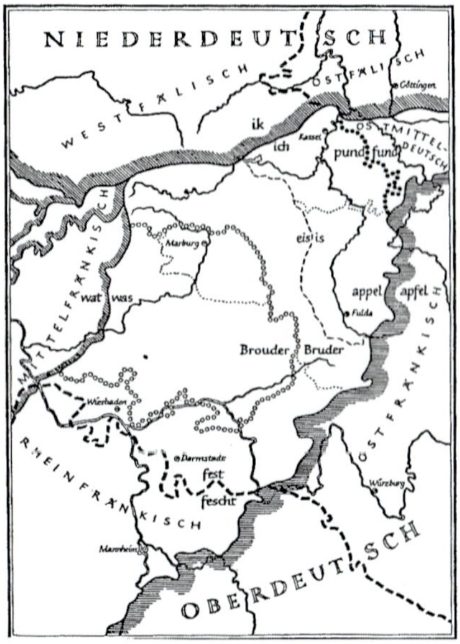

Verwirrende Vielfalt: der hessische Sprachraum nach Ferdinand Wrede.

Aber nur im Strukturmodell des Ferdinand Wrede. Folgt man der nicht weniger plausiblen Konzeption von Peter Wiesinger, dann wird Hessens Sprachraum wieder ganz anders aufgeteilt. Alles Weitere steht in der Fachliteratur (➤ Neuhessisch).

Lit.: Hans Friebertshäuser, Das hessische Dialektbuch, München 1987

Münze mit dem Bildnis Friedrichs I. von Schweden.

Hessisch-Schwedischer König

Ein Hesse auf dem schwedischen Thron – das gab es tatsächlich. Allerdings blieb es nur ein kurzes Zwischenspiel, sonst wäre das skandinavische Land heute nicht Partner in der Europäischen Union, sondern ein Teil von Hessen – das nördlichste Nordhessen. Dass Friedrich von Hessen-Kassel auf den schwedischen Thron gelangte, ist einer Reihe von Zufällen zu verdanken. 1676 geboren, hatte er mit 24 Jahren erstmals geheiratet, nämlich die Tochter des Königs von Preußen. Aber seine Gemahlin starb schon bald, und er ging erneut auf Brautschau. Friedrich entschied sich für die Schwester des schwedischen Königs. Schon drei Jahre nach der Hochzeit wurde sein Schwager ermordet, und Ulrike Eleonore, Friedrichs Frau, übernahm die Königinnenwürde, mit der sie aber nicht glücklich wurde. Schon ein Jahr später, 1720, überließ sie die Regierung ihrem Mann, der sie wiederum an den schwedischen Adel weitergab. Er war zwar König (und später Landgraf von Hessen-Kassel dazu), aber zum Regieren hatte er keine Lust. Er ließ lieber seine Soldaten marschieren und ging auf die Jagd – im doppelten Sinn. Die wichtigsten Eroberungen seiner Regierungszeit waren zwei Mätressen, mit denen er zwei uneheliche Prinzen zeugte. Bis ins hohe Alter blieb er der »Liebe zur Wollust«, wie ein Chronist schrieb, treu. Und das, obwohl ihm die Ärzte schon früh von Beschäftigungen dieser Art abgeraten hatten. Denn König Friedrich pflegte sein Liebesspiel mit einem ganz besonderen Kick zu beenden: Wenn es am schönsten war, fiel er in eine tiefe Ohnmacht. Und seine Ärzte befürchteten, er würde irgendwann einmal nicht mehr aufwachen – was aber nicht geschah. Erst mit 75 Jahren rührte ihn der Schlag und setzte damit dem unkeuschen Treiben ein Ende. Da aus seinen zwei rechtmäßigen Verbindungen keine Kinder hervorgegangen waren, endete das hessische Zwischenspiel auf dem schwedischen Thron mit dem Tod Friedrichs im Jahr 1751.

Lit.: Eduard Vehse, Badische und hessische Hofgeschichten, München 1922

Der hessische Karl May

Friedrich Armand Strubberg.

War Karl May jemals im Wilden Westen? Nein. 1908 reiste er zwar in die USA. Aber das war eher ein touristischer Ausflug mit Besichtigung der Niagara-Fälle und Spazierengehen in New York. Seine berühmten Romane über Indianer, Trapper und gewissenlose Weiße hatte er da schon geschrieben. Das nötige Wissen stammte aus Büchern von Kollegen. Einer von denen, die mit Recht als Vorläufer und vielleicht auch als Ideengeber von ihm bezeichnet werden können, ist der am 18. März 1806 in Kassel geborene Friedrich Armand Strubberg, der sich oft nur »Armand« nannte.

Mit seinen über 40 Büchern gehörte er zu den erfolgreichsten Autoren seiner Zeit. Heute ist keiner seiner Abenteuerromane oder autobiographischen Texte lieferbar.

Strubberg stammte aus bestem Haus. Sein Vater war ein direkter Nachkomme des Kasseler Landgrafen Friedrich I., der eine Weile Schweden als König regieren durfte. Nachdem er in einem Duell seinen Rivalen niedergeschossen hatte, musste er 1826 in die USA flüchten. Nach einem kurzen Aufenthalt in Deutschland kehrte er in die USA zurück. In Louisville studierte er mit Erfolg Medizin, was sich später als Segen erweisen sollte. Aber was ihn mehr reizte als eine Arztkarriere in Kentucky, das war die Einsamkeit von Texas. Zusammen mit drei Landsleuten ließ er sich, weitab von jeder Zivilisation, mitten im Indianergebiet am Leona River nieder und verbrachte dort einige glückliche Jahre – bis ihn Siedler, Sklavenhalter und Glücksritter einholten.

Als er von den Leiden der deutschen Auswanderer erfuhr, die 1845 und 1846 gänzlich unvorbereitet als Kolonisten nach Texas gekommen waren und nun unter schwierigsten Bedingungen zu Hunderten starben, ließ sich Strubberg als Arzt und Kolonialdirektor in dem gerade gegründeten Friedrichsburg nieder. Sein Wirken in dieser Zeit, das für die amerikanische Besiedlungsgeschichte nicht ohne Bedeutung ist, wird in der Friedrich Armand Strubberg Collection der Yale University in New Haven dokumentiert.

Schriftsteller wäre er wohl nie geworden, wenn ihm nicht 1854 bei der Bärenjagd ein giftiges Insekt ins rechte Auge gestochen hätte. Da ihm in den USA kein Arzt helfen konnte, suchte er in Europa Heilung. Sein Augenlicht wurde gerettet, und er blieb in Deutschland, lebte in Hannover, Kassel und schließlich in Gelnhausen, wo er am 3. April 1889 starb.

Erst mit über 50 Jahren hatte Strubberg begonnen, seine Erlebnisse aufzuschreiben. Sein erstes Buch mit dem Titel »Amerikanische Jagd- und Reiseabenteuer aus meinem Leben in den westlichen Indianergebieten« erschien 1858. Weitere Bände erschienen in rascher Folge und machten sein Pseudonym »Armand« berühmt. Was wir heute über Strubbergs Leben wissen, stammt im Wesentlichen aus seinen autobiographischen Texten. Nachprüfen lassen sich seine Erzählungen nicht mehr. Aber authentisch wirken seine Bücher. Man spürt, dass er das, was er beschreibt, zumindest erlebt haben könnte. Schon in seinen letzten Lebensjahren verblasste der Ruhm Strubbergs. Friedrich Gerstäcker und dann vor allem Karl May traten an seine Stelle. Und deren Bücher werden bis heute gelesen. Strubberg hat nichts anderes als sie geschrieben. Auch seine Helden kämpfen für das Gute. Aber im Gegensatz zu Karl May wusste Strubberg genau, was es hieß, zwischen Indianern und Weißen zu leben.

Lit.: Preston Albert Barba, The Life and Works of Friedrich Armand Strubberg, New York 1913

Hessischer Bruderkrieg

Die Erbstreitigkeiten zwischen den Landgrafen von Hessen-Darmstadt und Hessen-Kassel begannen 1604, als Ludwig von Hessen-Marburg kinderlos starb. Zwar hatte der kluge alte Herr in seinem Testament eine gleichmäßige Aufteilung seines Besitzes vorgesehen, aber das konnte erst nach einem Schiedsspruch realisiert werden. Oberhessen mit Gießen kam zu Darmstadt, der Rest mit Marburg zu Hessen-Kassel. Die Darmstädter, die damit unzufrieden waren, gaben keine Ruhe und fanden schließlich einen Grund, den Kasseler Teil auch noch zu beanspruchen. Der Landgraf von Hessen-Kassel, Moritz der Gelehrte, wandte sich nämlich dem Calvinismus zu – und das war laut Testament ausdrücklich verboten. Der Bruderzwist geriet in die Mühlen des Dreißigjährigen Krieges und wurde schließlich blutig ausgetragen. 1627 kam es zu einem ersten Vergleich, der aber nur bis 1644 Bestand hatte. Dann ging der Kampf, vor allem um Marburg, mit unverminderter Härte weiter. Selbst vor einer Belagerung der Lahnstadt schreckte die resolute Landgräfin Amalie Elisabeth von Hessen-Kassel nicht zurück. Erst 1648 wurde der ursprüngliche Zustand im Einigungsvertrag wiederhergestellt. Geändert hatte sich an der Situation von 1604 wenig, nur waren dafür viele Menschen gestorben.

Landgräfin Amalie Elisabeth von Hessen-Kassel (1602 – 1651).

Lit.: Kurt Beck, Der Bruderzwist im Hause Hessen, in: Uwe Schultz (Hrsg.), Die Geschichte Hessens, Stuttgart 1983

Hessischer Landbote

Im Juli und später im November 1834 erschien eine anonyme Flugschrift, die zwar nur wenige Leser erreichte, aber eine umfassende Untersuchung gegen die Verfasser und ihre Mitverschworenen auslöste: der »Hessische Landbote«. Maßgeblich von dem Butzbacher Pfarrer Friedrich Ludwig Weidig und dem Medizinstudenten Georg ➛ Büchner verfasst, geißelte die nur wenige Seiten starke Broschüre

Friedrich Ludwig Weidig (1791–1837).

die unhaltbaren politischen und sozialen Zustände in dem damaligen Großherzogtum.

»Friede den Hütten! Krieg den Palästen!« Mit diesem Ausruf beginnt die Schrift, die von der Situation im Jahr 1834 ausgeht: »Es sieht aus, als hätte Gott die Bauern und Handwerker am 5ten Tage, und die Fürsten und Vornehmen am 6ten gemacht, und als hätte der Herr zu diesen gesagt: Herrschet über alles Gethier, das auf Erden kriecht, und hätte die Bauern und Bürger zum Gewürm gezählt.« Nach einer mit spürbarer Wut vorgetragenen und mit Drohungen durchsetzten Analyse forderten die beiden Autoren am Ende der Broschüre zum Umsturz auf: »Hebt die Augen auf und zählt das Häuflein eurer Presser, die nur stark sind durch das Blut, das sie euch aussagen und durch eure Arme, die ihr ihnen willenlos leihet. Ihrer sind vielleicht 10 000 im Großherzogtum und Eurer sind es 700 000 und also verhält sich die Zahl des Volkes zu seinen Pressern auch im übrigen Deutschland. (...) Ihr bücktet euch lange Jahre in den Dornäckern der Knechtschaft, dann schwitzt ihr einen Sommer im Weinberge der Freiheit, und werdet frei seyn bis ins tausendste Glied. Ihr wühltet ein langes Leben die Erde auf, dann wühlt ihr euren Tyrannen ein Grab.«

Die beiden Verfasser mussten ihren Mut teuer bezahlen. Während Büchner die Flucht ins Exil gelang, wurde Weidig am 24. April 1835 morgens zwischen vier und fünf Uhr in seiner Wohnung verhaftet und sofort dem Untersuchungsrichter in Friedberg vorgeführt. Im Juni wurde er ins Darmstädter Gefängnis gebracht, wo er nach körperlichen Misshandlungen am 23. Februar 1837 wahrscheinlich durch eigene Hand starb. Mit seinem Blut hatte er an die Zellenwand geschrieben: »Da mir der Feind jede Vertheidigung versagt, so wähle ich einen schimpfl. Tod von freien Stücken.«

Lit.: Jan Christoph Hauschild, Georg Büchner, Stuttgart 1993
Franz Josef Görtz, Friedrich Ludwig Weidig, in: Hans Sarkowicz/ Ulrich Sonnenschein (Hrsg.), Die großen Hessen, Frankfurt am Main und Leipzig 1996, S. 147–152

Hessischer Rundfunk

Offiziell gibt es den Hessischen Rundfunk erst seit dem 2. Oktober 1948. Denn da wurde vom Hessischen Landtag das Gesetz verabschiedet, das den Aufbau und die Organisation einer öffentlich-rechtlichen Rundfunkanstalt in Hessen regelte und noch immer regelt. Aber natürlich gibt es Radio für Hessen (in den Grenzen des heutigen Bundeslandes) schon sehr viel länger. Als dritte regionale Funkgesellschaft hatte die Südwestdeutsche Rundfunkdienst AG am 1. April 1924 den Sendebetrieb in einem Studio des Frankfurter Postscheckamtes aufgenommen. Für eine Gebühr von zwei Reichsmark (was damals recht viel war) wurden vor allem Musik und Nachrichten übertragen. Aber bald schon kamen alle anderen Sendeformen dazu, die wir heute vom Radio kennen und erwarten. Nach dem Missbrauch des Radios während der NS-Zeit wurde der gesamte Rundfunk in Deutschland neu organisiert. Aus dem beliebig einsetzbaren und höchst wirkungsvollen Propagandainstrument entstand der öffentlich-rechtliche Rundfunk, der sich durch Überparteilichkeit und Staatsferne auszeichnet. Der Hessische Rundfunk als eine der Landesrundfunkanstalten hat das Bild von Radio und Fernsehen entscheidend mitgeprägt: Die »Familie ➛ Hesselbach«, der »Frankfurter Wecker«, Grzimeks »Ein Platz für Tiere«, der »Blaue Bock«, die Ziehung der ➛ Lottozahlen, Kulis »Einer wird gewinnen«, die ➛ »Hessenschau« oder die Wetterkarte nach der »Tagesschau« haben ebenso Rundfunkgeschichte geschrieben wie das »Abendstudio« im Hörfunk oder das Fernsehkulturmagazin »Titel – Thesen – Temperamente«. So bedeutende Entertainer wie Wolf Schmidt (Familie Hesselbach), Peter Frankenfeld, Hans Joachim Kulenkampff und Heinz ➛ Schenk haben in Frankfurt ihre

Zentrale des Hessischen Rundfunks in Frankfurt.

Karriere begonnen. Heute unterhält der hr neben seinen Zulieferungen für die ARD, 3sat und arte ein eigenes Fernsehprogramm (hr fernsehen) und sechs Hörfunkwellen: die »traditionellen« Programme hr1, hr2, hr3 und hr4, das Nachrichtenformat hr info und die Jugendwelle you fm.

Lit.: Heiner Boehncke u. a. (Hrsg.), FunkBilder. Fotos und Texte zur Geschichte des Rundfunks in Hessen, Frankfurt am Main 1990
Heiner Boehncke u. a. (Hrsg.), hr – 50 Jahre Rundfunk für Hessen, Frankfurt am Main 1995

Hexenmahnmal

Eingedenk der Tatsache, dass die so genannte Hexenverfolgung allein in Gelnhausen nachweisbar 54 Opfer forderte, schien der Hexenturm der Barbarossa-Stadt der geeignete Ort für das bundesweit erste Mahnmal für die Gefolterten und Getöteten dieses Wahns. Zumindest das örtliche Frauenzentrum war dieser Meinung und erhielt nach zähem Ringen schlussendlich auch einen Zuschuss aus dem Stadtsäckel. So kam 1986 »Die Rufende« in die Grünanlage am Hexenturm: eine auf den ersten Blick eher phallisch anmutende Bronzeplastik, die die Künstlerin Eva-Gesine Wegner als »Baumfrau« verstanden wissen will, die die Vergangenheit in die Gegenwart ruft. Ausgedrückt durch einen rufenden Kopf an der Spitze und weitere Gesichter an der Seite der Skulptur.

Hildebrandslied

Das älteste, zumindest noch in Teilen erhaltene Heldenepos in deutscher Sprache ist in Fulda entstanden. Das »Hildebrandslied« wurde zwischen 810 und 820 von zwei fleißigen Mönchen des Klosters Fulda in stabgereimten Langversen geschrieben. (Im Unterschied zum Endreim hebt der Stabreim bedeutungstragende Wörter aus dem Versfluss heraus.) Die berühmten Anfangszeilen des Fragments lauten:

»Ik gihorta dat seggen,
dat sih urhettun aenon moutin
Hiltibrant enti Hadubrant untar
heriun tuem.«

»Ich hörte das sagen,
Dass sich Ausfordrer einzeln trafen,
Hildebrand und Hadubrand,
zwischen zwein Heeren.«

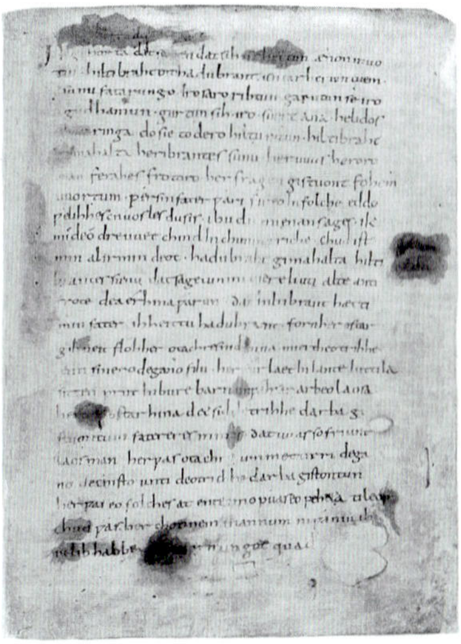

Bruchstück aus dem Hildebrandslied.

Die Fuldaer Handschrift besteht aus 68 zum Teil unvollständigen Stabreimversen, in denen die tragische Geschichte eines Vater-Sohn-Konflikts erzählt wird. Hadubrand erkennt seinen seit dreißig Jahren abwesenden Vater Hildebrand nicht. Nach einem heftigen Wortwechsel kommt es zum Kampf, bei dem einer der beiden getötet wird. Dem Fragment ist nicht zu entnehmen, ob Vater oder Sohn. Literaturhistoriker haben allerdings aus ähnlichen Geschichten geschlossen, dass am Ende der Vater seinen Sohn erschlägt. Die verletzte Kriegerehre wiederherzustellen ist wichtiger, als das Leben des eigenen Kindes zu schonen.

Leider hat sich die Vorlage, von der die beiden Mönche abschrieben, nicht erhalten. Das älteste Zeugnis der deutschen Literatur ist damit auch nur eine Kopie, was manche Hobbyhistoriker immer wieder dazu verführt, an der Echtheit des Pergaments zu zweifeln. Das Fragment wird heute nicht mehr in Fulda aufbewahrt, sondern in der Landes-, Universitäts- und Murhardschen Bibliothek in Kassel.

Hessens höchster Menhir: der »Lange Stein« von Langenstein.

Hinkelsteine

Die Wissenschaft nennt Hinkelsteine vornehm »Menhire«. Das klingt eleganter, ist bretonisch und bedeutet »großer Stein«. Anders als bei Asterix behauptet, sind diese großen Steine nicht aus der Werkstatt keltischer Hinkelsteinmetze, sondern an die zweitausend Jahre älter. Die von Menschenhand geformten Brocken datiert die Archäologie in die ausgehende Jungsteinzeit und frühe Bronzezeit, also etwa zwischen 2000 und 1200 vor unserer Zeitrechnung. Doch Genaues weiß man nicht. Angenommen wird, dass Menhire kultischen Zwecken dienten und heilige Orte markierten. Neuere Befunde aus dem ➛ Megalithgrab bei Lich-Muschenheim belegen dies etwas handfester: Ein gewaltiger Menhir stand dort vor dem Eingang zur Grabkammer. Bei Sonnenaufgang lag sein langer Schatten auf dem Tor zur Ahnenwelt. Hessens Hinkelsteine reichen vom südhessischen Sackstein bei Bürstadt bis zur Stele von Istha im Wolfhagener Land. Sie heißen beispielsweise Langer Stein, Dicker Stein, Kindstein, Gluckstein, Gickelstein, Hünstein, Hünenstein, Grauer Stein, Kräppelstein, Taufstein, Wotanstein oder auch Riesenstein. Als Hessens gewaltigster Menhir gilt der »Lange Stein« an der Kirchhofsmauer von Kirchhain-Langenstein. Der fünf Meter hohe Sandstein ist an seiner Basis etwa 1,50 m breit. Laut Überlieferung soll der Koloss bis 1527 sogar 6,30 m hoch gewesen sein. In jenem Schicksalsjahr habe ein Blitzschlag seine Spitze gekappt.

Lit.: Die Vorgeschichte Hessens, hrsg. von Fritz-Rudolf Herrmann und Albrecht Jockenhövel, Stuttgart 1990

Hirschgespann

Sonst gibt es das nur in Kindergeschichten für die Weihnachtszeit: einen von Hirschen gezogenen Schlitten. In Kassel wurde das einmal Wirklichkeit, und zwar unter der Herrschaft von Jérôme Bonaparte, Bruder Napoleons und König von Westfalen. Der durch allerlei Skurrilitäten berühmt und berüchtigt gewordene Bruder Lustig ließ in den unendlichen hessischen Wäldern vier Hirsche einfangen und abrichten. Im Sommer zogen sie ein spezielles, besonders leichtes Gefährt und im Winter den Schlitten. Ihre besondere Begabung nutzte den schlauen Tierchen allerdings nach dem Ende der napoleonischen Herrschaft wenig. Die siegreiche russische Armee soll sie zu Hirschgulasch verarbeitet haben.

Höhensonne

Noch immer gilt: gut gebräunt = kerngesund. Entsprechenden Zulauf haben die Sonnenstudios, die heute fast in jedem Ort zu finden sind. Wer attraktiv aussehen möchte, dem bleibt fast keine andere Wahl, denn in unseren Breiten macht sich die natürliche Bestrahlungsquelle, die Sonne, eher rar.

Die gesundheitsfördernde Wirkung des ultravioletten Lichts ist schon relativ lange bekannt. 1904 entwickelte der Physiker Richard Küch für die Hanauer Firma Heraeus eine so genannte Quecksilberdampflampe, die zur Beleuchtung von Straßen und großen Hallen eingesetzt werden sollte. Küch hatte erkannt, dass Quecksilberdampf kurzwelliges, grünliches Licht aussendet, wenn er in einem Quarzglasrohr zu elektrischen Entladungen angeregt wird. Bald stellte sich heraus, dass die neue Lampe einen entscheidenden Nachteil hatte. Wenn man sich ihr nährte, konnte es zu Verbrennungen an den Händen und im Gesicht kommen. Der Nachteil verwandelte sich aber bald in einen nicht zu überschätzenden Vorteil. Denn die Verbrennungen wurden von einer ultravioletten Strahlung verursacht, wie sie aus dem Hochgebirge bekannt war. Die »Höhensonne« war aber bei Medizinern wegen ihrer gesundheitsfördernden Wirkung besonders geschätzt. Allerdings musste die Strahlung richtig dosiert werden. Das war mit der künstlichen »Höhensonne« aus Hanau jetzt ohne große Reisen und sehr präzise möglich. So wurde sie schnell bei verschiedenen Krankheiten wie Tuberkulose, Gicht oder Ohrenschmerzen, aber auch bei psychischen Leiden eingesetzt. Dass sich bei regelmäßiger Behandlung auch eine ansprechende Bräune auf der Haut ausbreitete, dürfte zunächst ein angenehmer Nebeneffekt gewesen sein. Aber in den mode- und schönheitsbewussten zwanziger Jahren des letzten Jahrhunderts konnte es nicht ausbleiben, dass die »Höhensonne« bald auch nur zur Körperbräunung eingesetzt wurde. So heißt es in einer Werbebroschüre der Hanauer Quarzlampengesellschaft:

> *»Wer etwas für seine Schönheit tun will, sollte auch die ›Hanauer Höhensonne‹ benutzen. Einige Minuten Bestrahlung wirken so wie ein ganzer Tag in Sonne und Luft. Das Aussehen bessert sich, graufarbige Haut wird rosig, sonnenbraun und samtig glatt.«*

Als nach dem Zweiten Weltkrieg das Wirtschaftswunder mit Macht einsetzte und wieder Geld für die eigene Schönheit ausgegeben wurde, da feierte die »Höhensonne« erneut Triumphe und wurde zum Vorläufer von Solarien und Sonnenstudios. Der Pionier wird auch nach über 100 Jahren noch immer in Hanau gebaut. Aus der »Original Hanau Höhensonne« ist unterdessen die Firma »Original Hanau SunCare« geworden, die als Tochter der Heraeus Noblelight GmbH weltweit Privatkunden und Sonnenstudiobesitzer beliefert. Nur am Namen ist noch zu erkennen, dass die künstliche Sonne einst in Hanau zu strahlen begonnen hat.

Lit.: Simone Tavenrath, Splitternackt und nahtlos braun. Freikörperkultur zwischen Kassel und Hanau, in: Martin Maria Schwarz/Ulrich Sonnenschein (Hrsg.), Hessen schamlos. Orte verwegener Taten, Marburg 2004, S. 85–89

»Höhensonne« strahlt seit 100 Jahren, in: Darmstädter Echo vom 29.12.2004

Hoink

Es handelt sich hierbei keineswegs um die lautmalerische Schriftform eines Schweine-Balzrufes, sondern um die mittelhessische Bezeichnung für Pflaumenmus, in anderen Landesteilen auch als Latwersch oder Latweje bekannt. Von den Zwergen des Hangelsteins weiß man, dass sie zur Pflaumenzeit (Kwetschezeit, Zwetschezeit) nachts nach Alten-Buseck kommen, um sich heimlich am Hoink zu laben. Das beste Mus gewinnt man aus Zwetschgen, die den ersten Frost noch am Baum erlebt haben. Noch in den fünfziger Jahren traf sich die ländliche Bevölkerung zum gemeinsamen Latwersch-Kochen. Die entsteinten Früchte lässt man mit Zucker (im Verhältnis 3:1) über Nacht ziehen. Am nächsten Tag wird die Masse auf kleiner Flamme langsam gekocht. Der mittelhessische Hoink wird dabei immer mal wieder gerührt, während man beim Waldecker Zwetschenmus dringend vom Rühren abrät. Nach Geschmack mit Anis, Zimt und Nelken würzen.

Lit.: Michaele Scherenberg/Karl-Heinz Stier, Hessen à la carte 1, Frankfurt am Main 1990, S. 100

Holunderkuchen

Ursprünglich ist der Holunderkuchen ein Arme-Leute-Essen der Mittelgebirge. Der Kuchenteig wird mit gekochten Kartoffeln unter Zusatz von etwas Mehl und Kartoffelmehl hergestellt. Eier, Salz und Muskat dienen der Verfeinerung. Der Belag besteht aus reifen Holunderbeeren, Eiern, Zucker und etwas Sauerrahm. Die Beeren einer Holunderdolde können sehr unterschiedliche Reifegrade haben. Da unreife Beeren schwer verträglich sind, lassen erfahrene Holunderliebhaber die geernteten Früchte sicherheitshalber noch einige Tage nachreifen. Dann erst kommen sie auf den Kuchen.

Lit.: Diethard H. Klein (Hrsg.), Hessisches Hausbuch, Freiburg 1982, S. 28

Homberger Synode ➛ Protestanten

Büste Friedrichs II. von Hessen-Homburg von Andreas Schlüter.

Prinz von Homburg

Die Nebenlinie Hessen-Homburg des Darmstädter Landgrafenhauses bestand von 1622 bis 1866, und sie brachte zumindest einen berühmten Spross hervor: Landgraf Friedrich II. (1638–1708) »mit dem silbernen Bein«. Heinrich von Kleist hat ihm später in seinem Drama »Prinz Friedrich von Homburg« ein literarisches Denkmal gesetzt. Der unverwüstliche Haudegen hatte 1658 im Dienste des Schwedenkönigs vor Kopenhagen ein Bein verloren und sich als kunstvollen Ersatz ein silbernes anfertigen lassen. Als brandenburgischer Statthalter in Pommern erfocht er 1675 den Sieg von Fehrbellin, der Brandenburg zur europäischen Macht werden ließ. Was ihn so unsterblich macht, war eine Befehlsverweigerung in der Schlacht. Denn statt abzuwarten, wie es ihm der Kurfürst geboten hatte, stürzte er sich ins Getümmel und entschied mit seinen Reitern den Kampf für sich und damit für Brandenburg. Von Kurfürst Friedrich Wilhelm ist der Ausspruch überliefert: »Herr Landgraf, nach den Kriegsgesetzen hättet Ihr das Leben verwirkt, aber bewahre Gott mich, dass ich durch solche Strenge einen so herrlichen Sieg beflecke, indem ich den strafen wollte, dessen Tapferkeit ich ihn größtenteils verdanke.« Diesem Sinn für die Forderungen der Stunde, der heute noch Scharen von Gymnasiasten regelmäßig ins Schwitzen bringt, steht eine Leidenschaft gegenüber, die sowohl bei Kleist als auch in den Schulbüchern schamhaft verschwiegen wird. Wie die meisten Mitglieder des Hauses Hessen verkehrte Friedrich in seiner landgräflichen Freizeit mit keinen Geringeren als seinen verstorbenen Vorfahren. Vielleicht wusste er aus diesem Kontakt mit den Geistern seines Hauses bei Fehrbellin so genau, wie er sich verhalten musste. Das silberne Bein hat sich übrigens erhalten. Es ist im Bad Homburger Schloss zu besichtigen.

Lit.: Eduard Vehse, Badische und hessische Hofgeschichten, München 1922
Herbert Rosendorfer, Der Prinz von Homburg, München 2-1989

Homburg-Hut

Anzeige der Hutfabrik Möckel von 1916.

Um die Jahrhundertwende gehörte es in Europa zum guten Ton, in (Bad) Homburg eine Kur zu machen – vorausgesetzt man hatte das nötige Kleingeld dazu. Im Schloss residierte, wenigstens zeitweilig, Kaiser Wilhelm II., und entsprechend erlesen war das Publikum: gekrönte Häupter aus allen Teilen der Welt. Zu ihnen gehörte auch der englische Kronprinz Edward, der sich in dem Taunusbad regelmäßig von den anstrengenden Nächten im Pariser »Maxim« erholte und dabei immer sechsunddreißig Pfund abspeckte, was bei seinem ausschweifenden Leben in Homburg höchst verwunderlich erscheint. Angeblich soll er erst in Champagner und Kaviar geschwelgt und dann im dunklen Taunustann amouröse Schubkarrenrennen veranstaltet haben. Sein Betragen jedenfalls galt als nicht königlich, dafür aber seine Garderobe. Auch später sollte sich die weltgeschichtliche Bedeutung Edwards (als König Edward VII.) eher auf den modischen als auf den politischen Bereich konzentrieren. Mit einem unentbehrlichen Accessoire, dessen Prototyp er in Homburg entwickeln ließ, hat er die Stadt sogar weltberühmt gemacht. Und das ganz nebenbei. Bei einem Besuch der Hutfirma Möckel fiel dem Prinzen nämlich ein grüner Jagdhut auf, den sein Neffe Kaiser Wilhelm II. bevorzugte. Die Möckel-Brüder erhielten den Auftrag, nach den Vorstellungen des Prinzen den grauen Homburg-Hut zu fertigen, den sie sich – geschäftstüchtig wie sie waren – auch gleich patentieren ließen. 1901 wurden sie sogar zu Hoflieferanten des Königs von England ernannt.

Der Homburg-Hut verdrängte innerhalb weniger Jahre den Zylinder und die Melone. Noch Konrad Adenauer sollte sich bei der Auswahl seiner Kopfbedeckung an dem Geschmack des englischen Kronprinzen orientieren, allerdings ohne dessen ausschweifenden Lebensstil auch nur im Geringsten zu kopieren. Im Museum der Stadt, das seit 1985 im »Gotischen Haus« untergebracht ist, widmet sich eine Spezialsammlung der Geschichte der Kopfbedeckung. Natürlich spielt dabei der Homburg-Hut eine zentrale Rolle.

Lit.: 1200 Jahre Bad Homburg v. d. Höhe, Bad Homburg 1982

Hugenotten

Sie selbst nannten sich Réfugiés, Flüchtlinge. Der Exodus begann, als Ludwig XIV., der »Sonnenkönig«, das Edikt von Nantes aufhob und es am 18. Oktober 1685 durch das so genannte Revokationsedikt von Fontainebleau ersetzte. Im Toleranzedikt von Nantes hatte Ludwigs Großvater Heinrich IV. im Jahre 1598 den französischen Protestanten, die calvinistisch geprägt waren, weitgehende Freiheiten bei der Religionsausübung garantiert.

Nicht wenige der Glaubensflüchtlinge kamen in die Landgrafschaft Hessen-Kassel. Landgraf Philipp der Großmütige (1518–1567) hatte als einer der führenden Repräsentanten des Protestantismus schon früh enge Beziehungen zu den reformatorischen Bewegungen in Frankreich aufgenommen, nicht zuletzt, um zum universalen Geltungsanspruch der katholischen Monarchie Karls V. ein Gegengewicht zu schaffen.

Landgraf Moritz der Gelehrte (1592–1627) führte dann 1605 mit den »Verbesserungspunkten« den Calvinismus in Hessen ein. So ist es nicht verwunderlich, dass Kurhessen zu einem der bedeutendsten Aufnahmeländer für die Réfugiés wurde.

Schon 1615 war in Kassel eine französische Gemeinde gegründet worden, allerdings nicht von Glaubensflüchtlingen.

Kurze Zeit vor dem scharfen und kämpferischen Edikt Ludwigs XIV. hatte Landgraf Karl von Hessen-Kassel am 18. April 1685 in seiner »Freyheits-Concession und Begnadigung für die fremden Manufacturiers« den Hugenotten angeboten, in sein Land überzusiedeln. Es kamen vor allem Beamte und Soldaten, darunter viele adlige Offiziere, es kamen aber auch Ärzte, Pfarrer und Lehrer, wohlhabende Kaufleute und Unternehmer und nicht zuletzt qualifizierte Handwerker. Ab 1698 folgten dann auf französischen Druck hin aus Piemont die Waldenser, die sich auf die Lehre des Petrus Waldus, der um 1150 als Kaufmann in Lyon gelebt hatte, beriefen. Wenn man sich auch die Integration der Hugenotten, Waldenser und Wallonen in Hessen keineswegs als reibungslos vorzustellen hat, so waren sie doch mit ihren Fähigkeiten und Ideen ein außerordentlicher Gewinn. Das sahen die Landesherren in Hessen ähnlich, und so entstand dort nach 1685 eine Reihe von wichtigen Ansiedlungen.

Landgraf Karl (1677–1730).

Landgraf Karl regierte von 1677 bis 1730. In dieser langen Periode wurde er zum wichtigen Vertreter des Protestantismus und zum Schutzherrn der Hugenotten.

Etwa 4000 von ihnen kamen in den Jahren nach 1685 in die Landgrafschaft. Die meisten siedelten zunächst in der Haupt- und Residenzstadt Kassel. Für sie wurde auf Geheiß des Landgrafen ab 1688 ein neuer Stadtteil in Kassel angelegt. Erwähnt werden muss auch die Baumeisterfamilie du Ry. Über einhundert Jahre lang bestimmte sie in drei Generationen die Entwicklung der Architektur in der Landgrafschaft.

1699 wollte Landgraf Karl eine Kanalverbindung von der Weser zur Fulda nach Kassel und später bis an die Lahn zum Anschluss an den Rhein bauen lassen. Auf diese Weise sollte das Stapelrecht der am Zusammenfluss von Fulda und Werra zur Weser gelegnen Stadt Münden umgangen werden. An der Mündung des Kanals in die Weser wurde die neue »Industrie- und Handelsstadt« Sieburg errichtet. (1715 erhielt sie zu Ehren Karls den Namen ➛ Karlshafen.) Die Stadt war ausdrücklich für hugenottische Zuwanderer gedacht. Bis heute ist Bad Karlshafen die bedeutendste Hugenotten- und Waldensersiedlung in Hessen; denn dort hat das Deutsche Hugenotten-Zentrum mit Archiv und Museum ebenso seinen Sitz wie die Deutsche Hugenotten-Gesellschaft. (Eine sehr schöne Ausstellung zur Geschichte der Hugenotten und Waldenser in Hessen ist auch im Stadtmuseum Hofgeismar zu sehen.) Karlshafen wurde in zwei Bauperioden errichtet und erlebte unter Landgraf Friedrich II. (1760–1785) eine Blütezeit. Das Kanalprojekt indes scheiterte grandios.

Auch für bäuerliche Glaubensflüchtlinge aus Frankreich wurden Siedlungen, so genannte Kolonien, gegründet. In der ersten Gründungsperiode zwischen 1685 und 1688 entstanden in Niederhessen die Kolonien Carlsdorf und Mariendorf, 1699 für die vertriebenen Waldenser Schöneberg.

Die übrigen hessischen Hugenottenstädte sind – mit Ausnahme von Neu-Isenburg – keine bedeutenden architektonischen und städtebaulichen Gründungen. Landgraf Friedrich II. von Hessen-Homburg (Prinz von ➛ Homburg) siedelte Hugenotten und Waldenser in dem nach seiner zweiten Gemahlin benannten Stadtteil Louisenstadt südöstlich von Homburg an. Im Jahre 1687 ließ er Friedrichsdorf bauen, das ausdrücklich für Hugenotten gedacht war.

Auch die Landgrafen von Hessen-Darmstadt nahmen Glaubensflüchtlinge auf. Es waren zumeist Waldenser, die in den Dörfern Walldorf, Rohrbach, Wembach und Hahn siedeln konnten.

Schließlich ist auf die Grafen von Isenburg-Büdingen hinzuweisen, die Réfugiés in ihre Residenzstadt Offenbach und in den neu gegründeten Ort Neu-Isenburg holten.

Lit.: 300 Jahre Hugenotten in Hessen. Herkunft und Flucht, Aufnahme und Assimilation, Wirkung und Ausstrahlung, (Ausstellungskatalog) Kassel 1985

Hurdy-Gurdy-Girls

In der ersten Hälfte des 19. Jahrhunderts gab es in Hessen Gegenden, die waren mehr als arm. Im Taunus, wo sich heute die Villen aneinanderreihen, oder um Butzbach lebten die Menschen von Tag zu Tag. Schuld daran waren Missernten, die zu Hungersnöten führten, und die wirtschaftliche Rückständigkeit der hessischen Fürstentümer. In dieser für viele auswegslosen Situation griffen die Menschen nach jedem Strohhalm, der sich ihnen bot. So zogen ganze Familien als so genannte Landgänger bis nach Russland, um dort Reisigbesen,

Schmuckkästchen, Fliegenwedel, Vögel oder Käfige zu verkaufen. Oft hatten sie Musikinstrumente mit, um besser auf sich und ihre Ware aufmerksam machen zu können. Manche Landgänger verlegten sich auch ganz darauf, Musik zu machen – mit Trompeten, Fideln, Tamburen und besonders der Drehleier, mit der zum Tanz aufgespielt wurde.

Geschäftemacher erkannten bald, welche Möglichkeiten gerade in den Drehleierauftritten steckten, besonders wenn daran hübsche hessische Mädchen beteiligt waren. Als seriöse »Agenten« getarnt suchten sie ihre Opfer vornehmlich in den besonders armen Dörfern. Sie zahlten den Eltern ein Kopfgeld und nahmen die Töchter unter Vertrag. Sie mussten in den USA in den »Dance Halls« arbeiten. Gegen eine Handvoll Dollars durften die Goldsucher und Cowboys mit ihnen tanzen. Und wer mehr zahlte, konnte auch mehr erwarten. Dazu spielten sie die Drehleier, nach deren schnarrender Rhythmusseite sie »Hurdy-Gurdy-Girls« hießen. Sie verdienten gut, konnten sich kostbare Kleider leisten und sogar Geld nach Hause schicken. Aber sie waren mit dem Makel der Prostitution behaftet. Für die Verwandten und Freunde in der Heimat war der Wilde Westen eine fremde Welt, und nicht selten verschwiegen sie verschämt, was sie über das Leben der Hurdy-Gurdy-Girls erfuhren. Einen der Briefe aus der Neuen Welt zitiert Christiane Hillebrand in ihrem Radio-Feature über die hessischen Mädchen in den amerikanischen Tanzhallen:

»Liebe Eltern!
Ihr empfangt hiermit meine Photographie. Es ist jetzt Mode, seinen Eltern die Photographie zu schicken. Alle Herren wollen auch meine Photographie haben. Sie sagen, ich wäre sehr gut getroffen und nähme mich reizend aus. Das Kleid, was ich auf dem Bilde anhabe, ist von Seide und die gelben Streifen um die Finger sind goldene Ringe. Alle Herrn sind in mich vergafft. Mir gefällts sehr gut hier. Anfangs, als ich noch einfältig war, habe ich viel gegreint und mich heim gewünscht, aber jetzt habe ich mich schon recht gefunden. In unserem Tanzhotel heiße ich hier allgemein die ›Königin‹, besonders seit die Babett tot ist und auch als sie noch lebte, hatte ich schon viel den Vorzug wegen meiner Munterkeit und Anstelligkeit.

Doch ich habe Euch noch gar nicht vom Tod der Babett berichtet, das arme, arme Ding. Ich muss gerade weinen, wenn ich an sie denke. Die Babett war schon ganz merkwürdig, als wir auf dem Meer waren, gar nicht wie die anderen. Meistens saß sie auf dem Deck und guckte oft stundenlang in den Himmel oder hinunter in die See. Ich glaube, sie hat damals viel daran gedacht, sich selber um's Leben zu bringen. In Kalifornien wollte sie ganz apart sein. Sie hat uns als recht geärgert mit ihren Ermahnungen, wir sollten beten und in der Bibel lesen. Alle hatten Respekt vor ihr. Da war aber einer – sie nannten ihn den ›schwarzen Tom‹ – und das war der Haupthahn und der schönste von allen. Der machte eine Wette; er wollte die Babett küssen, mitten im Saal vor den Leuten. Und er tats auch. Aber die Babett gab ihm eine Ohrfeige. Alle lachten, spotteten und uzten, denn es waren viele, die ihn nicht leiden mochten. Er wurde dadurch wütend, nahm seinen Revolver und schoss der Babett durch die Brust. Es war ein furchtbares Durcheinander. Der Tom hätte sich retten können, aber ein alter Herr hielt ihn so fest, dass er nur zappelte.«

Von Wildwestromantik ist das weit entfernt. Die Bezeichnung hat sich allerdings erhalten und wurde sogar vor einigen Jahren wieder berühmt – durch den Song »The Hurdy Gurdy Man« von Donovan.

Lit.: Christiane Hillebrand, Von Espa in die ganze Welt. Die Geschichte der Hurdy-Gurdy-Girls, Hessischer Rundfunk (hr2) am 11.5.2003

Ulrich von Hutten

»Ich hab's gewagt.« Dieser Wahlspruch macht ihn bis heute berühmt. Und er trifft tatsächlich auf einen Menschen zu, der vor nichts und niemandem Angst hatte, der sich als einer der letzten wirklichen Ritter empfand und der schließlich seinen Mut teuer bezahlen musste. Ulrich von Hutten wurde am 21. April 1488 auf der Steckelburg bei Schlüchtern geboren. So romantisch sich das heute anhört, so unbequem und aufreibend muss das Leben auf einer Burg in dieser Zeit gewesen sein. Hutten selbst hat es später in einem Brief beschrieben. Darin heißt es: »Die Burg ist nicht zur Behaglichkeit, sondern zur Sicherung erbaut, mit Graben und Wall umgeben, im Innern eng, durch Stallungen für Klein- und Großvieh im Platz begrenzt; daneben finstere Kammern, die mit Kanonen, Pech und Schwefel und dem übrigen Gerät an Waffen und Kriegsmaschinen angefüllt sind; überall der Geruch nach dem Pulver der Kanonen; dann die Hunde und der Hundedreck – auch das ist ein angenehmer Duft! Reiter kommen und gehen, unter ihnen Räuber, Diebe und Mörder; denn meistens stehen unsere Häuser allen offen.« Schon diese Schilderung zeigt, dass es damals mit dem Rittertum zu Ende ging. Auch der elfjährige Ulrich wurde nicht mehr zum Waffengang ausgebildet, sondern an der Fuldaer Klosterschule in Latein und Theologie. Auf seiner sich anschließenden Wanderung durch Deutschland und Italien lernte er die freiheitlichen Gedanken der Humanisten kennen und gehörte bald zu ihnen. In seinen Schriften prangerte er die Landesfürsten an, die weder Gesetz noch Recht achteten; er attackierte den Papst und plädierte für ein einiges Deutschland mit einem starken Kaiser. Dafür wurde er von Maximilian I. 1517 in Augsburg mit dem Dichterlorbeer ausgezeichnet. Er hätte es sich danach im Dienst des Mainzer Erzbischofs gut gehen lassen können. Aber Ulrich von Hutten suchte immer wieder von neuem die Auseinandersetzung mit der Kirche und dem Papst, die er als »Plünderer unseres Vaterlandes« bezeichnete: »Ihnen geben wir unser Gold; sie halten auf unsere Kosten Pferde, Hunde, Maultiere und (o Schande!) Lustdirnen und Lustknaben.« Die so heftig Angegriffenen wehrten sich auf ihre Weise. Sie belegten ihn mit dem Kirchenbann und ließen ihn durch die Inqui-

Bildnis Ulrich von Huttens mit Zepter und Wappen (Holzschnitt um 1521).

sition verfolgen. Auch beim neuen Kaiser Karl V. fand er keine Unterstützung mehr. Nur noch Franz von Sickingen war auf seiner Seite, aber dessen Aufstand gegen die Fürsten und die immer mächtiger werdenden Städte schlug fehl. Hutten musste in die Schweiz flüchten und verlor seine letzten Freunde. Lediglich der Reformator Ulrich Zwingli kümmerte sich noch um den total verarmten Ritter, der seine letzte Fehde mit dem berühmten Humanisten Erasmus von Rotterdam austrug. Zwingli gewährte ihm auf der Insel Ufenau im Zürich-See Exil. Dort starb Hutten Ende August 1523 an den Spätfolgen der Syphilis. Er hinterließ, so Zwingli, »gar nichts von Wert; Bücher hatte er keine, Hausrat auch nicht – außer einer Feder«.

Lit.: Ulrich von Hutten. Ritter – Humanist – Publizist 1488–1523, (Ausstellungskatalog) Kassel 1988
Renate Nettner-Reinsel, Ulrich von Hutten, in: Hans Sarkowicz/Ulrich Sonnenschein (Hrsg.), Die großen Hessen, Frankfurt am Main und Leipzig 1996, S. 26–32

I

Graf Zeppelin bei seiner Landung am 31. Juli 1909 in Frankfurt.

ILA 1909

Die amerikanischen Brüder Wright hatten gerade ihre ersten richtigen Motorflüge hinter sich gebracht und waren damit auch durch Frankreich, England und Deutschland getourt, da glaubten die Frankfurter sich an die Spitze der Entwicklung setzen zu müssen und eröffneten am 10. Juli 1909 die ILA, die Internationale Luftschifffahrtsausstellung, auf dem Rebstock und hinter der Festhalle. Zum letzten Mal erlebten die Ballone einen großen Auftritt. Über 400 von ihnen machten an den 99 Tagen der Veranstaltung 1200 Aufstiege. Aber die Stars waren sie nicht mehr. Im Mittelpunkt standen andere Pioniere.

Mit von der Partie war zum Beispiel August Euler, der 1908 auf dem Griesheimer Sand die erste deutsche Flugzeugfabrik eröffnet hatte und 1910 den Pilotenschein Nr. 1 erwerben sollte. Zunächst aber übte sich der mutige Mann im Fliegen wie ein Vogel – mit riesigen Schwingen an beiden Armen. Von einem extra aufgeschütteten Hügel stürzte er sich in die Tiefe und gewann den Wettbewerb der Schwebeflieger. Der Sieg gab ihm den nötigen Auftrieb, sich mit der internationalen Konkurrenz auch bei den Aeroplanen (wie die ersten Flugzeuge hießen) zu messen, und zwar mit der Marke Eigenbau. Knatternd holperte er zur Startbahn, und nach angemessenem Anlauf erhob sich das abenteuerliche Gefährt tatsächlich in die Frankfurter Lüfte. Winkend grüßte Euler die jubelnden Zuschauer, als sich plötzlich die Schnauze seines Aeroplans bedenklich nach unten neigte und zielsicher der Erdanziehungskraft folgte. Euler landete etwas unsanft in einem Rübenacker. Er hatte aber mit einer Flugdauer von sage und schreibe fünf Minuten einen neuen deutschen Rekord aufgestellt und die hoch favorisierten Amerikaner geschlagen, deren Aeroplane nicht die geringste Lust zum Fliegen hatten. Aber für ihre unermüdlichen Versuche erhielten die ansonsten erfolgsverwöhnten Gäste wenigstens einen Trostpreis.

Die eindeutigen Sieger waren ein Belgier und ein Franzose. Der Baron de Caters drehte über eine Stunde seine Runden über dem Rebstock, ohne Zuschauer und Zuckerrüben ernstlich zu gefährden. Der einsame Höhepunkt des atemberaubenden Geschehens kam am 31. Juli 1909. Ganz Frankfurt bebte vor Erwartung, dass der Äbbelwoi aus den Bembeln schwappte. Zum ersten Mal steuerte der Zeppelin Frankfurt an. Er hatte die ungeheure Strecke vom Bodensee bis an den Main nonstop und ohne Unfall zurückgelegt. Das hielt selbst Oberbürgermeister Adickes nicht mehr im Römer. Mit großen Schritten eilte er zum Rebstock und hielt eine so flammende Rede, dass Graf Zeppelin ernsthaft befürchten musste, sein gasgefülltes Luftschiff könnte explodieren. Zur Feier des Tages benannte der OB eine Straße in Zeppelinallee um und verkündete, dass auf dem Rebstock ein Flughafen entstehen solle (→ Flughafen Frankfurt).

Lit.: Walter Gerteis, Das unbekannte Frankfurt, 3. Folge, Frankfurt am Main 1963

J

Jawlensky in Wiesbaden

Der (nach dem julianischen Kalender) am 26. März 1864 im russischen Torschok geborene Alexej von Jawlensky war einer der großen Maler der Moderne. Zeit seines Lebens blieb er von der Ikonen-Malerei und dem spirituellen Ernst der russisch-orthodoxen Kirche beeinflusst. Er war mit den Großen des 20. Jahrhunderts, u. a. mit Paul Klee, Emil Nolde, Wassily Kandinsky, Henri Matisse und Robert Delaunay, befreundet. Mit dem Beginn des Ersten Weltkriegs wird er aus Deutschland ausgewiesen und geht nach St. Prex in der Schweiz. 1917 zieht er mit der Künstlerin Marianne von Werefkin und seiner Familie nach Zürich, wo er mit der internationalen künstlerischen Exilgemeinde und den Erfindern der Dada-Bewegung Kontakt hat. 1918 wechselt er nach Ascona, wo die ersten »Abstrakten Köpfe« entstehen, die sein künstlerisches »Markenzeichen« bleiben sollten.

Emmy Scheyer, die Jawlensky »Galka« (Dohle) nannte, widmet ab 1919 ihr Leben der Verbreitung von Jawlenskys Werk. 1920 organisiert sie eine außerordentlich erfolgreiche Wanderausstellung, die im Januar/Februar 1921 im Neuen Museum Wiesbaden gezeigt wird.

20 Gemälde von Jawlensky werden verkauft, und der Maler zieht mit Frau und Sohn in die Kurstadt. Dort wohnt er bis zu seinem Tod am 15. März 1941. Für die Wiesbadener Jahre sind Serien zu den drei großen Themenbereichen der »Konstruktiven Köpfe«, der »Heilandsgesichte« und der »Meditationen« kennzeichnend.

Seit 1929 leidet er an chronischer Poliathritis, die ihm die Malerei auf schmerzlichste Weise erschwert.

Die Nazis rechneten ihn selbstverständlich der »entarteten Kunst« zu. So kam zur Krankheit das Ausstellungsverbot in Deutschland; Ausstellungen im Ausland waren von der »Reichskammer der bildenden Künste« zu genehmigen.

Als das Museum Wiesbaden 1991 zu Jawlenskys 50. Todestag endlich und erstmals eine große Ausstellung von Jawlenskys Gemälden und graphischen Arbeiten zeigen konnte, sprach Volker Rattemeyer, verdienter Direktor des Museums Wiesbaden, von einer »eigentümlichen Tradition«, die es bis dahin verhindert hatte, dass

Wiesbaden als »Jawlensky-Stadt« mit der umfänglichsten Kollektion im öffentlichen Besitz bei großen Ausstellungen zum Zuge gekommen war. Das sollte sich aber ändern. Mit dieser Ausstellung und der grandiosen Schau »Jawlensky: Meine liebe Galka!« von 2004/2005 konnte sich das Museum Wiesbaden als wichtigste Pflege- und Präsentationsstätte von Jawlenskys Werk etablieren. In Erinnerung an den Maler verleiht die Landeshauptstadt Wiesbaden den Alexej von Jawlensky-Preis. Die letzte Preisträgerin im Jahr 2007 war Rebecca Horn.

Ein Besuch bei Jawlensky im Museum Wiesbaden ist dringend anzuraten.

Lit.: Alexej von Jawlensky, (Ausstellungskatalog) Wiesbaden 1991
Jawlensky: Meine liebe Galka!, (Ausstellungskatalog) Wiesbaden 2004

K

Historischer Kabinettkeller von Kloster Eberbach.

Kabinett-Wein

Die historische Bezeichnung »Cabinet« wurde im Rheingauer Kloster Eberbach geprägt. Sprachgeschichtlich kennt man den Begriff seit 1547 als Aufbewahrungsort für wertvolle Dinge. Die im Weinbau versierten Zisterzienser meinten damit ihre besonders edlen Weine, die sie im Cabinet aufbewahrten. Weinhistoriker vermuten, dass darin vor allem die Tropfen aus ihrem Lieblingsweinberg, dem noch heute ummauerten Steinberg, gelagert wurden. Der älteste schriftliche Beleg für den Eberbacher »Cabinetkeller« stammt von 1730. Die Bezeichnung »Cabinet« wurde später von vielen Weingütern für ihre Spitzenweine übernommen. Als das Kloster 1803 aufgehoben wurde, schien die Ära seiner Cabinetweine beendet, doch 1812 etablierte die Regierung des Kleinstaates Nassau erneut einen Cabinetkeller, der den Landesherrn mit exklusiven Weinen aus der nun herzoglichen Domäne versorgte. Mit dem Einmarsch der Preußen 1866 fielen Land und Cabinetkeller an die Besatzer. Die Flaschen der Eberbacher Schatzkammer waren vorher weitsichtig nach Straßburg ausgelagert worden und blieben dem abgedankten Herzog von Nassau erhalten. Im 20. Jahrhundert wurden zunehmend auch mittelklassige Tropfen als »Cabinet« vermarktet. Schließlich definierte das deutsche Weingesetz 1971 die Bezeichnung »Kabinett« als unterste Stufe der Prädikatsweine. Der alte Begriff »Cabinet« wurde untersagt. Die seither festgeschriebene Stufung differenziert nach dem Fruchtzuckergehalt des frisch gekelterten Traubensaftes, den der Winzer »Most« nennt. Dieser natürliche Zuckeranteil ist entscheidend für den Alkoholgehalt des späteren Weines. Die Fachsprache bezeichnet den Fruchtzuckeranteil der Weinbeere als »Mostgewicht«, das in Grad Öchsle gemessen wird. Die Qualitätsstufen des Weingesetzes orientieren sich also am alkoholischen Potenzial der Trauben:

Deutscher Tafelwein muss aus inländischen Trauben mit einem Mindestmostgewicht von 44 Grad Öchsle gekeltert sein. Das Etikett benennt die Farbe des Getränks, den Abfüller und den Herkunftsort.

Von dort müssen allerdings nur 75 % der Trauben stammen. Ihr Most darf gezuckert werden.

Die nächsthöhere Stufe firmiert als »Qualitätswein besonderer Anbaugebiete« (Q.b.A.). Vorgeschrieben sind Mostgewichte zwischen 57 und 69 Öchsle-Graden. Auch hier darf mit Zucker »angereichert« werden. Jede Flasche hat eine Prüfnummer, und es kann die Weinlage ausgewiesen sein. Vorgeschrieben ist dies aber nicht. Die Lagebezeichnung garantiert lediglich, dass 75 % der Trauben dort herangewachsen sind. Nun folgt die Stufe des Qualitätsweins »mit Prädikat«, der ebenfalls den Kriterien des Q.b.A. entspricht, aber nicht gezuckert werden darf. Allerdings kann niedrigen Mostgewichten mit sterilem Traubensaft (»Süßreserve«) nachgeholfen werden. Die eigentlichen Prädikatsweine müssen mit dem natürlichen Fruchtzucker der Beeren auskommen. Sie beginnen mit der Stufe »Kabinett«, deren Mostgewicht bei der Lese zwischen 73 und 76 Grad Öchsle betragen muss.

Auf die Kabinett-Stufe folgen nun die ➛ »Spätlesen«, denen 85 bis 95 Grad Mostgewicht abverlangt werden. Zudem dürfen sie erst nach der amtlich festgelegten »Hauptlese« geerntet werden. Die nächsthöheren »Auslesen« müssen aus vollreifen Trauben gekeltert sein, bei denen beschädigte Beeren ausgesondert wurden. Mostgewicht zwischen 92 und 95 Grad Öchsle, bei roten Weinen sogar 100 Grad. »Beerenauslesen« sollen aus überreifen und edelfaulen Trauben gewonnen werden, bei denen die einzelnen Beeren verlesen werden. Mindestens 120 Grad Öchsle sind gefordert. Ab 150 Grad Mostgewicht spricht man von einer »Trockenbeerauslese«. Der »Eiswein« ist die höchste deutsche Qualitätsstufe. Er darf nur aus gefrorenen Beeren gewonnen sein, die bei mindestens 7 Grad minus vom Stock geschnitten wurden. Der Gefrierprozess bindet das Wasser und konzentriert den Fruchtzucker. Das führt zu fulminanten Mostgewichten und entsprechend hochprozentigen Weinen.

Lit.: Horst Scharfenberg, Das praktische Buch vom Wein, München 1979, S. 227 ff.
Wiesbadener Kurier vom 23.3.1998

Kadoffelbrie

Landläufig saure Kartoffelsuppe, die im Rhein-Main-Gebiet und in Rheinhessen traditionell an Samstagen gegessen wurde. Der Samstag war in der Regel Backtag, und deshalb wurde ein Gericht bevorzugt, das wenig Zeit in Anspruch nahm. Gewöhnlich wird die Kadoffelbrie (Kartoffel-Brühe) durch beigelegte Brühwürste angereichert, im nördlichen Rheinhessen vorzugsweise durch die bodenständige Knoblauchswurst (»Knowwelochsworscht«). Kartoffeln werden geschält und in Scheiben geschnitten. Nun kocht man sie mit etwas Salz und einem Lorbeerblatt weich, um sie sodann brutal zu zerstampfen. Etwas Mehl wird mit Essigwasser angerührt, in die Kartoffelmasse gegeben und diese nochmals kurz aufgekocht. Wohl bekomm's.

Lit.: Diethard H. Klein (Hrsg.), Hessisches Hausbuch, Freiburg 1982, S. 55

Der gefangene Kaiser

Es geschieht selten, dass ein wirklicher Kaiser in Kriegsgefangenschaft gerät. Kaiser Napoleon III. ist das passiert, und zwar im Deutsch-Französischen Krieg. Am 2. September 1870 kapitulierte die Armee des französischen Marschalls Mac-Mahon in Sedan. Dabei wurde auch Kaiser Napoleon III. gefangen genommen und nach (Kassel-)Wilhelmshöhe gebracht, wo er im ersten Stock des Schlosses mehrere Räume bewohnte. In Paris wurde derweil die Republik ausgerufen. Bis zum März 1871 blieb der Ex-Kaiser in seinem noblen Gefängnis. Kurz nachdem er sich in Richtung seines englischen Exils abgesetzt hatte (wo er Anfang 1873 starb), besuchte Theodor Fontane Wilhelmshöhe und ließ sich die Räumlichkeiten zeigen. Was er dabei über den Tagesablauf des abgesetzten Monarchen erfuhr, schilderte er wenig später in seinem Kriegsbericht »Aus den Tagen der Occupation«. Napoleon III. hatte nur noch einen kleinen Hofstaat, Besuche empfing er nur selten. »Das Leben auf Wilhelmshöhe, wie es in einem engsten Zirkel sich bewegte, war auch zugleich ein sehr zurückgezogenes, sich absolut auf Schloss und Park beschränkendes. Der Kaiser ging, ritt, fuhr; das erhielt den Körper frisch; an schlechtesten Tagen musste die Billardtafel aushelfen. Im Übrigen aß er, las und schrieb er; seine alten literarischen Gewohnheiten traten sofort wieder in den Vordergrund.« Die Kasseler, die ihm im Park von Wilhelmshöhe begegneten, sollen sich »jederzeit rücksichtsvoll gegen« ihn benommen haben. »Nur ein einziger Ausnahmefall ist festgestellt: Ein siebzehnjähriger Heißsporn hatte sich eingefunden, um als zurückgebliebener Oberquartaner, aber fortgeschrittener Patriot ›Deutschland von seiner Geißel zu befreien‹. Dieser Brave war aber kein Kasselaner, sondern natürlich ein Berliner.«

Der gefangene Kaiser Napoleon III. beim Spaziergang im Park Wilhelmshöhe.

Lit.: Tony von Held, Napoleon III. auf Wilhelmshöhe nach Aufzeichnungen des Generals d. Infant. Grafen Monts, Berlin 1909
Johannes Willms, Napoleon III. Frankreichs letzter Kaiser, München 2008

Kaiserin Friedrich

Den Aufstieg zu einem Villenvorort von Frankfurt verdankt Kronberg vor allem einer berühmten Frau, die zumindest zeitweilig in dem Taunusstädtchen lebte. 1870, während des Deutsch-Französischen Krieges, hatte Victoria, die Tochter der englischen Königin, erstmals Kronberg kennen gelernt, als sie ein Lazarett besuchte, das sich im Haus des Malers Adolf Schreyer befand. Die damals Dreißigjährige war die Gattin des preußischen Kronprinzen Friedrich, der die liberalen Hoffnungen in Deutschland verkörperte. Sie fühlte sich von der reizvollen Lage des Ortes und von der Kronberger Malerkolonie angezogen. Bei Norbert Schrödl, einem in seiner Zeit geschätzten Künstler, nahm sie sogar Unterricht. Nach dem Tod ihres Mannes, der als Kaiser Friedrich III. am 15. Juni 1888 nach nur 99-tägiger

Kaiserin Friedrich (Fotografie von 1900).

Regierungszeit gestorben war, erwarb sie die Villa Reiß und ließ sie zum Schloss Friedrichshof (dem heutigen Schlosshotel) umbauen. Bis zu ihrem Tod im August 1901 verbrachte sie regelmäßig den Sommer in Friedrichshof, während sie den Winter über in Berlin blieb. Die Kaiserin liebte ihr Kronberg, sie ließ die halbverfallene Burg und die Johanniskirche renovieren und suchte den Kontakt zu den prominenten Bürgern. Ihr soziales Engagement fand seinen Ausdruck in verschiedenen Einrichtungen wie dem städtischen Krankenhaus, das ihr Leibarzt leitete, der Volksbibliothek, dem Armenhaus und der Victoriaschule. Selbst um den Ausbau der Straßen, der Zugverbindung nach Frankfurt und der Wasserversorgung kümmerte sie sich. Zu ihrem Sohn Kaiser Wilhelm II., der sich immer wieder in Bad Homburg aufhielt, blieb ihr Verhältnis gespannt. Auch nach dem Tod der Kaiserin verlor Kronberg nichts von der gerade gewonnenen Attraktivität.

Lit.: Hans Sarkowicz, Kronberg, in: Ders. (Hrsg.), Stadtluft macht frei, Leinfelden-Echterdingen 1993, S. 218–225

Kannibalen

Als Ende 2002 in Hessen die seltsamen Vorlieben eines Rotenburger Mitbürgers publik wurden, reichten die Reaktionen von lähmendem Entsetzen bis zu amüsierter Verwunderung. Der Computer-Fachmann hatte per Internet einen Freiwilligen gesucht und gefunden, der bereit war, sich von ihm töten und verspeisen zu lassen. Der Kannibale aus dem Fuldatal erzählte der Polizei freimütig die näheren Tatumstände. Unter anderem hatte er gemeinsam mit dem Opfer noch zu Lebzeiten dessen Penis verspeist. In der Tiefkühltruhe des Verhafteten fand man denn auch die küchenfertig tranchierten Überreste des Getöteten.

Kannibalen in Hessen. Ein bis dato für exotisch gehaltenes Phänomen, auf dessen Existenz zwischen Neckar und Weser es allerdings schon sehr viel früher handfeste Hinweise gab. Etwa aus der Jungsteinzeit.

So stieß man Ende der achtziger Jahre beim Bau der Kläranlage von Ober-Hörgern in der Wetterau auf die Spuren eines bandkeramischen Kultplatzes aus der Zeit zwischen 5000 und 4500 vor der Zeitenwende. In den steinzeitlichen Opfergruben fanden sich neben den Resten von Haus- und Wildtieren auch Teile von menschlichen Skeletten. Es handelte sich um einige Schädelfragmente und eine Anzahl linker Schienbeinschäfte. Letztere waren der Länge nach aufgespalten und glichen so auffallend den Röhrenknochen von Schlachttieren, die man damals häufig in gleicher Weise öffnete, um das begehrte Knochenmark auszulutschen. An einem Unterkiefer entdeckte man außerdem tiefe Schnittkerben. Sie entstanden beim Durchtrennen der Kaumuskeln. Offenbar löste man so den Kiefer vom Kopf. All jene Spuren menschlicher Einwirkung entstanden an den noch frischen Knochen und waren von späteren Kratzern gut zu unterscheiden. Die beteiligten Anthropologen sahen darin deutliche Belege für praktizierten Kannibalismus, wissenschaftlich vornehm Anthropophagie genannt.

Als Erklärung bietet die Völkerkunde neben akutem Eiweißmangel in Notzeiten vor allem religiöse Vorstellungen an. Etwa den Gedanken, das Verzehren von Menschenfleisch verschaffe dem Esser die Talente des Toten. Oft wurden auch nur Teile eines Körpers verspeist, in denen man bestimmte Fähigkeiten vermutete: beispielsweise die Klugheit im Gehirn oder Schnelligkeit und Ausdauer in den Beinen.

Lit.: Peter H. Blänkle, Kannibalismus in der Wetterau? in: Frankfurter Allgemeine Zeitung vom 13.7.1988

Fritz-Rudolf Hermann/Albrecht Jockenhövel, Die Vorgeschichte Hessens, Stuttgart 1990

Karlquintes

Karlquintes war der Überlieferung nach ein mächtiger König, der in alten Zeiten das nördliche Hessenland regierte. Das Zentrum seines Reiches lag im Land um Gudensberg. Sein Name erinnert an den historischen Karl V. (1500–1558), dessen riesiges Reich auch Spanien und seine amerikanischen Kolonien einschloss. Der erzkatholische Monarch bekämpfte erfolglos den aufkommenden Protestantismus und hat mit Nordhessen so herzlich wenig zu tun, dass der Gudensberger Karlquintes mutmaßlich nur außerhalb der Historie aufzufinden ist: im Land der hessischen Sagen. Jener mythische König kämpfte in seiner letzten Schlacht bei Gudensberg gegen eine feindliche Übermacht. Doch als das Heer verloren schien, öffnete sich plötzlich der → Odenberg und rettete so König und Reiter vor der Rache der Sieger. Nun schlafen sie alle im Innern des Bergs. Doch alle sieben und alle hundert Jahre kommt Karlquintes aus seinem montanen Exil und zieht zum nahen Glißborn, um dort seine Rosse zu tränken. Nur Sonntagskinder, so heißt es, vermögen den Heerbann zu sehen.

Lit.: Nordhessens Sagen, zusammengestellt von Klaus Peter Rippe, Gudensberg-Gleichen 1991, S. 153 f.

Karlshafen

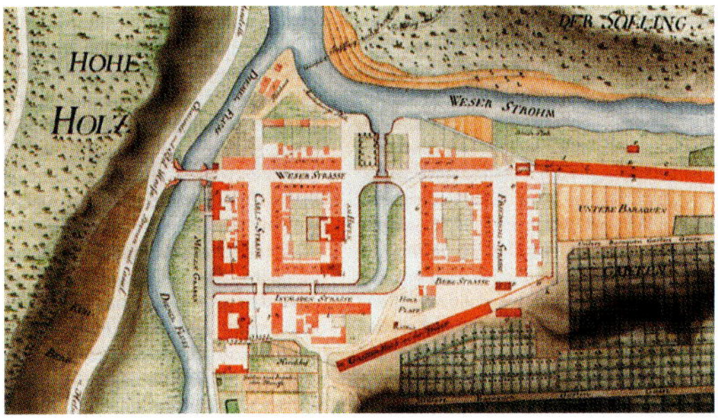

Plan der Stadt Karlshafen (1818).

Landgraf Karl von Hessen-Kassel war ein tatkräftiger Mann. Und er hatte gute Ideen. Dass er 1685 die → Hugenotten in sein Land holte, war eine besonders gute. Denn die französischen Glaubensflüchtlinge, die von ihrem (katholischen) König verfolgt wurden, standen im Manufakturgewerbe an der Spitze in Europa. Karl ließ für sie Dörfer und Städte gründen – nicht unbedingt in den angenehmsten Gegenden. Ein solcher bis dahin unwirtlicher Platz lag an der Mündung der Diemel in die Weser. In diesem sumpfigen Gelände wollte Karl eine Industrie- und Handelsstadt für die Hugenotten anlegen. Um möglichst viele Neusiedler zu gewinnen, entwickelte er ein – nach heutigen Maßstäben – sensationelles Bauförderungs- und Steuerbefreiungsmodell. In seiner Bekanntmachung vom 12. Mai 1700 hieß es:

> *»Die Bau-Materialien alß Holtz, Mauer- und Backsteine, Kalck und Sand sol ihnen ohne Entgeld verabfolget werden. Welcher einen Haußplatz ausbauet und bekommt die Materialien frei, der sol zehenjährige Freiheit, welcher aber ein Haus bauet und bezahlt die Materialien, sol zwanzig-jährige und der zwei Plätze bauet und schaffet aus seinen Kosten die Materialien, sol dreißig-jährige Freiheit haben und genießen.«*

Die Stadt wurde systematisch geplant und einheitlich im so genannten Hugenottenstil gebaut, also mit doppelgeschossigen Reihenhäusern. Das Zentrum bildete ein 440 mal 270 Meter großes Becken, dessen Bedeutung den eigentlichen Zweck der Stadtgründung enthüllte. Es war als Hafenbecken gedacht und wurde deshalb mit kleinen Kanälen an Weser und Diemel angeschlossen. So erklärt sich auch der Name der Stadt, die seit 1715 Karlshafen heißt.

Im 18. Jahrhundert hatte die Binnenschifffahrt noch einen ganz anderen Stellenwert als heute. Mit Lastkähnen und kleinen Schiffen wurden die Waren relativ bequem – im Vergleich zu Pferdefuhrwerken – über große Strecken transportiert. Die Eisenbahn gab es ja noch nicht. Die Residenz der Landgrafschaft Hessen hatte dabei den Nachteil, dass die Schiffe, die über die Fulda nach Kassel wollten, zunächst im zu Hannover gehörenden Münden, am Zusammenfluss von Fulda und Werra, Station machen mussten. Das so genannte Stapelrecht sah u. a. vor, dass von den Schiffen transportierte Waren drei Tage lang den Bürgern von Münden zum Kauf angeboten werden mussten. Um das zu umgehen, plante Karl einen Kanal zwischen dem weiter im Norden an der Weser gelegenen Karlshafen und Kassel. Der Plan war kühn und letztlich undurchführbar, denn die Höhenunterschiede ließen sich nur mit allergrößter Mühe überwinden. Zwanzig

Jahre lang, von 1710 bis 1730, wurde an dem Kanal gebaut. Aber über die halbe Wegstrecke kam das Projekt nicht hinaus. Was in Karlshafen begonnen hatte, endete in der Nähe von Hofgeismar. Die Reste des Kanalbaus sind heute auf den Wiesen zwischen Stammen und Hümme als große Vertiefungen noch gut zu erkennen und mit Informationstafeln erläutert. Die einzig erhaltene Schleuse befindet sich auf dem Campingplatz von Trendelburg. An die Geschichte der französischen Glaubensflüchtlinge erinnert das Deutsche Hugenotten-Museum am ehemaligen Hafenbecken in dem unterdessen zum Bad aufgestiegenen Karlshafen.

Lit.: Gerd Fenner (Bearb.), Landgraf Karl und die Gründung von Karlshafen 1699–1999, Kassel 1999

Königliche Residenz Kassel

Einmal in seiner Geschichte war Kassel nicht die Residenz eines Landgrafen oder Kurfürsten, sondern eines richtigen Königs, allerdings von Napoleons Gnaden. Der jüngste Bruder des französischen Feldherrn und Kaisers, Jérôme Bonaparte, hatte 1807 in zweiter Ehe Katharina, die Tochter des Königs von Württemberg, geheiratet und sich in Schloss Wilhelmshöhe als »König von Westfalen« niedergelassen. Um Jérôme, der zu Beginn seiner Herrschaft noch nicht einmal 23 Jahre alt war, ranken sich die seltsamsten Gerüchte. Offenbar hatte er einen sehr entwickelten Sinn für Skurriles und für schöne Frauen. »Morgen wieder luschtik!« soll sein Wahlspruch gewesen sein, mit dem er bis zum Herbst 1813 regierte. Was er darunter verstand, ging in Kassel von Mund zu Mund und wurde später auch in verschiedenen Büchern kundgetan. König Jérôme liebte es, täglich in Rotwein oder (Kalbs-)Bouillon zu baden, er unterhielt ein ➤ Hirschgespann und befehligte ein ganzes Heer von Mätressen. Eduard Vehse berichtet in seiner Sittengeschichte der hessischen Höfe von Ausschweifungen aller Art, von »Mysterien in der gold vergitterten Theaterloge, die die langen Aktpausen im Schauspiel veranlassten« und von »Orgien mit den Sängerinnen und Tänzerinnen, die den ›niedlichen König‹

jeweilen so anstrengten, dass er am Morgen darauf nicht im Staatsrat erscheinen, Gesandte nicht empfangen konnte«. Obwohl er Jacob Grimm als Privatbibliothekar beschäftigte, zeigte er wenig Sinn für Kultur. König Jérôme war vor allem an seiner eigenen Machterhaltung interessiert und soll allein 26 000 Spitzel beschäftigt haben. Dass die Bürger Kassels und des ganzen Königreichs Westfalen unter der durch diese Misswirtschaft verursachten Steuerlast litten, ist kein Wunder. Sie waren froh, als sie ihren alten Kurfürsten wieder erhielten und übersahen dabei, dass die französische Verwaltung mit dem Code Napoléon als Gesetzbuch die weitaus modernere gewesen war: Die Leibeigenschaft gab es nicht mehr, überall wurde mit gleichen Maßen und Gewichten gerechnet, keiner musste mehr wegen seiner Religion Nachteile befürchten, und selbst der Adel konnte sich nicht mehr um die Steuern drücken. Die Karriere von Jérôme war nach dem Kasseler Zwischenspiel und dem Abtritt Napoleons übrigens noch nicht beendet. Als Fürst von Montfort lebte er in Österreich, Italien und der Schweiz. Ab 1850 war er wieder Marschall von Frankreich und zwei Jahre später sogar Senatspräsident. Napoleon III. ernannte ihn schließlich zum kaiserlichen Prinzen mit dem Recht der Thronfolge. Er ist der Stammvater aller heute lebenden Bonapartes.

König Jérôme Napoleon Bonaparte.

Lit.: Eduard Vehse, Badische und hessische Hofgeschichten, München 1922
Jörg Adrian Huber, Das Reich des König Lustik. Jérôme Bonaparte in Kassel, Gudensberg-Gleichen 2007
Michael Eissnhauer (Hrsg.), König Lustik. Jérôme Bonaparte und der Modellstaat Königreich Westphalen, München 2008

Kassel Huskies

Die »Kassel Huskies« hießen vormals »EC Kassel« und »ESG Kassel«. Nach den zehn Jahren der »ESG Kassel« (1977/1978 bis 1986/1987) in der Regionalliga, der Oberliga und schließlich der 2. Eishockey-Bundesliga, folgte der »EC Kassel«, der nach zwei Spielzeiten in der Oberliga ab 1990/1991 in der 2. Liga agierte. Als 1994 die DEL (»Deutsche Eishockey Liga«) ihren Betrieb aufnahm, wurde die Profimannschaft unter dem Namen »Kassel Huskies« aus dem Stammverein ausgegliedert, der fortan »Eishockey-Jugend Kassel e.V.« hieß.

In der DEL konnten die »Huskies« etliche Erfolge feiern. 1997 wurde die Mannschaft Vizemeister, nachdem man im Finale den »Mannheimer Adlern« mit 3:0 Spielen unterlegen war. Unter dem Trainer Hans Zach gelangte man dreimal hintereinander (1999–2002) ins Halbfinale der DEL-Play-offs. In diesen Jahren wurde die Mannschaft zu einem bedeutenden Markenzeichen Nordhessens und konnte sogar einige Spieler in die Nationalmannschaft entsenden. Besonders spannend gestalteten sich stets die Spiele gegen die ➛ »Frankfurt Lions«, da Hessen nun einmal aus dem Nord-Süd-Verhältnis wichtige Momente seiner Identität gewinnt.

Zach wechselte 2002 zu den »Kölner Haien« und hinterließ in Kassel Frust. 2003/2004 erreichten die Nordhessen zwar das Finale des Deutschen Eishockey-Pokals, aber damit gehörten die Erfolge erst einmal der Vergangenheit an. In der Saison 2004/2005 folgte der sportliche Abstieg aus der DEL, trotzdem konnte man sich in der Liga halten, weil den »Grizzly Adams Wolfsburg«, Gegner im letzten Spiel, die Lizenz entzogen wurde. Aber dann rutschte die Mannschaft richtig in die Krise. 2006/2007 stiegen die »Huskies« in die 2. Bundesliga ab, doch die Lizenz stand auf wackligen Füßen, bis am 8. August 2006 die Auflagen der Liga endlich erfüllt waren und die »Huskies« als 14. Teilnehmer an der 2. Bundesliga 2006/2007 feststanden. Noch besser kam es in der Saison 2007/08: Die »Kassel Huskies« gewannen die Zweitliga-Meisterschaft und schafften den sportlichen Aufstieg in die Deutsche Eishockey Liga.

Kasseler

Kommt das Kasseler nun aus Kassel oder nicht?

Für die Berliner ist die Frage längst beantwortet. Natürlich sind die gepökelten Schweinerippen erstmals in der deutschen Hauptstadt verkauft worden, und zwar von einem Metzgermeister Cassel in der Potsdamer Straße 15. Wer's glaubt, wird selig. Denn einer genauen Nachprüfung hält diese Behauptung nicht stand. Ob das kulinarische Genie überhaupt je existiert hat, ist nämlich höchst fraglich. Und wie soll ein Metzgermeister, den es wahrscheinlich gar nicht gab, eine so berühmte Spezialität erfunden haben? Einige Wörterbücher jedenfalls geben Kassel als Ursprungsort an und begründen das mit der überlieferten Schreibweise: »Kasseler Rippespeer«, also ohne das »n« in der Mitte. Und das deute auf die Kasseler Mundart hin. Wir halten uns deshalb an Hans W. Fischer, der schon 1955 in seinem Buch »Das Leibgericht« ein für alle Mal festgestellt hatte:

> *»Gewiss ist der Rippenspeer in Berlin ein sehr bekanntes Gericht; aber dass es nach dem Verkäufer des Fleisches benannt sei, ist völlig unglaubhaft: Wir kennen kein einziges Beispiel, dass ein solcher Firmenname aus einer bestimmten Stadt sich für ein volkstümliches Gericht in ganz Deutschland durchgesetzt hätte. Und wir haben umso weniger Grund, Kassel den Kranz zu rauben, da hier Kassler Rippchen wirklich ein bodenständiges Leibgericht ist.«*

Tatsache bleibt, dass das beliebte Kasseler sowohl in Kassel als auch in Berlin täglich in Unmengen verspeist wird – ganz unabhängig davon, wo es nun tatsächlich erfunden worden ist.

Lit.: Christoph Gutknecht: Pustekuchen! Lauter kulinarische Wortgeschichten. München 2002

Kasseler Katzenklavier

Eine besondere Attraktion des Kasseler Landgrafen Karl (der von 1677 bis 1730 regierte) war das so genannte »Katzenklavier«, das die gelangweilten Hofschranzen regelmäßig in Verzückung brachte und zahllose auswärtige Bewunderer anzog. In seinen hessischen Hofgeschichten beschreibt der intime Kenner der landgräflichen Spinnereien, Eduard Vehse, wie dieses kuriose Musikinstrument funktionierte: »Vierzehn Katzen von verschiedener Größe und Alter wurden in einen Kasten so eingesperrt, dass jede abgesondert saß und den Schwanz herausstreckte. Wenn nun das Klavier gespielt wurde, so stachen die spitzen Tasten in die Schwänze der verschiedenen Katzen ein, und das mannigfaltige Geschrei der vierzehn gestochenen Bestien produzierte die allerdings in ihrer Art einzige Katzensinfonie.«

Ein Herz für Tiere durfte man damals an hessischen Höfen nicht erwarten. Und Tierschützer, die gegen die Klavierhaltung von Katzen protestiert hätten, gab es noch nicht. Dass allerdings eine Hofgesellschaft, die noch nicht lange vorher einem Kapellmeister Heinrich Schütz zugejubelt hatte, jetzt diese »Musik« begeistert aufnahm, lässt nicht gerade auf ein verfeinertes Musikempfinden schließen (➛ Schwimmpferd).

Lit.: Eduard Vehse, Badische und hessische Hofgeschichten, München 1922

Kautabak

Die letzte deutsche Priem-Manufaktur dreht ihre würzigen Tabakstränge in Unterrieden/Werra, einer Ortschaft bei Witzenhausen. Gegründet wurde die Firma Grimm & Triepel 1849 in Nordhausen (Sachsen-Anhalt). In den dreißiger Jahren war die Fabrik mit 1800 Mitarbeitern Europas größter Kautabakproduzent. Jährlich wurden etwa 65 Millionen »Rollen, Hufeisen, Knoten und Stangen« hergestellt. Nach dem Zweiten Weltkrieg wurde die Firma von der sowjetischen Besatzungsmacht enteignet und verlegte ihre Produktion nach Nordhessen. Anfang der achtziger Jahre war der Kautabak-Markt vollends zusammengebrochen. Grimm & Triepel übernahm zahlreiche marode Konkurrenten und konnte als einziger deutscher Hersteller überleben. In Unterrieden reichen heute fünf Halbtagskräfte, um den Betrieb in Gang zu halten.

Auf den musealen Spinn-Maschinen werden vornehmlich Kentucky-Tabake zu 32 Meter langen Strängen verarbeitet. In der Endfertigung schneidet man sie in mundgerechte Portionen. Der hessische Priem bietet unterschiedliche Geschmacksrichtungen. Das Geheimnis liegt in der »Soßierung«:

> *»Die Soßen enthalten u. a. Fruchtessenzen aus Apfelsinen, Zitronen, Pflaumen, Rosinen, Feigen sowie Honig, Traubenzucker, Kandissirup, Lakritze oder Mint-Menthol. Durch aromatische Gewürze, Jamaica-Rum, Samos- und Madeira-Wein wird der Geschmack abgerundet. Mit diesen Soßen wird der aufbereitete Rohtabak durchtränkt. Der aus Einlage und Deckblatt versponnene Tabak erfährt in acht- bis zwölfwöchiger Behandlung und Lagerung die volle Geschmacksreife.«*

Seit 1881 ist die Tabakspinnerei im Besitz der Familie Kruse. Inhaber Bernd-Otto Kruse will seine Manufaktur nicht als »lebendes Museum« verstanden wissen. Er setzt auf neue Verbraucher-Gewohnheiten, die nicht zuletzt durch die fortschreitende Ächtung des Rauchens entstehen könnten. Vor allem in den USA erlebe der Priem deshalb gerade ein überraschendes Comeback. Kruse hofft auf denselben Effekt in Deutschland und sieht auch Motorradfahrer als potenzielle Priem-User. Schließlich hätten sie während der Fahrt keine Hand mehr frei, um die Zigarette zu halten.

Die letzte Bastion des Kautabaks schwimmt aber heutzutage auf hoher See. Arbeitsplätze zwischen Bugwelle und Schleppnetz eignen sich nach wie vor besser zum Kauen und Spucken als zum Qualmen und Husten. So brach denn vor einigen Jahren bei französischen Fischern Endzeitstimmung aus, als bekannt wurde, dass Frankreichs letzte Priem-Spinnerei bankrott war. Kaum drang die Kunde ins Werratal, ging ein hessisches Angebot an den Tabakgroßhandel in Frankreich. Grimm & Triepel nutzte die Gunst der Stunde.

Lit.: www.kruse-kautabak.de

Kaviar-Produktion in Fulda.

Kaviar

Störeier aus dem Hessenland sind seit dem Jahr 2000 auf dem Markt. Damals begann die Fuldaer Firma Desietra in ihren Warmwasser-Bassins mit 50 000 Fischen jeder Alterstufe. Mittlerweile wird der Fischbestand nicht mehr nach Zahl der Individuen, sondern branchenüblich nach dem Gewicht seiner Biomasse taxiert: 2007 waren das 150 Tonnen lebende Störe. Jahresproduktion: 5,5 Tonnen Kaviar und 65 Tonnen Störfleisch.

In den geschlossenen Systemen der patentierten Kreislaufanlage entwickelt sich der Farmfisch weit schneller als seine wilden Artgenossen. So braucht etwa die Störart *Acipenser baeri* im heimischen Baikalsee gut 12 Jahre bis zur Laichreife. Im angewärmten Wasser der Hightech-Farm schafft sie das schon im vierten Jahr. Die Simulation eines ewigen Sommers. Und da das Wasser immer wieder über eine vollbiologische Reinigungsanlage läuft, sind Fischkrankheiten entsprechend selten. Auf vorbeugenden Einsatz von Antibiotika kann deshalb verzichtet werden. Ein entscheidendes Plus der hessischen Turbo-Fischzucht gegenüber den Aquakulturen in Nordeuropa und Asien, wo man Lachse und anderes Meeresgetier in Fjorden und Buchten mästet und auf Medikamente angewiesen ist.

In den ersten Jahren wurden die Fuldaer Farmstöre zur Entnahme der begehrten Eier nicht getötet. Sie wurden nur betäubt. Dann entfernte man den Rogen per Kaiserschnitt und verschloss die Öffnung mit einer speziellen Klebenaht. Nach einer Stunde schwamm der Fisch wieder munter im Wasser. Der eigentlich schonende Eingriff kollidierte jedoch mit dem Tierschutzgesetz, das die Entnahme von Organen zu gewerblichen Zwecken verbietet. Deshalb musste man in Fulda auf die traditionelle Methode zurückgreifen: Die laichreifen Weibchen werden geschlachtet. Erst dann entnimmt man die Fischeier.

Das Kaviaraufkommen ist weltweit seit Jahren rückläufig. So produzierten die wichtigsten Erzeugerländer Iran, Kasachstan und Russland im Jahr 2001 nur noch 120 Tonnen. Zwei Jahre zuvor brachten sie noch mehr als die doppelte Menge auf den Markt. Schuld daran ist brachialer Raubbau und die bei den Wildfängen übliche Tötung der laichtragenden Tiere. Die meisten der 27 Störarten gelten deshalb heute als bestandsgefährdet. Der Worldwide Fund for Nature (WWF) rechnet mit der vollständigen Vernichtung der Störbestände im Kaspischen Meer.

Ohne den Umstieg auf Farmproduktionen wie in Fulda hat der Kaviarmarkt deshalb keine Zukunft. Die aktuelle Verknappung sorgte bereits für eine Verdopplung der Preise. Für ein Kilo Importkaviar zahlt man mittlerweile je nach Störart zwischen 2000 und 6000 Euro.

Seit Herbst 2005 wachsen auch im südhessischen Pfungstadt Farm-Störe heran. Die Firma Gold-Kaviar betreibt in einer Halle sieben Warmwasser-Becken, in denen sich 2000 Störe tummeln. Jährlich werden etwa 100 kg Kaviar »geerntet«.

Hessischer Kaviar hat einen leicht nussigen Nachgeschmack und ähnelt damit der gängigen Importsorte Osietra. Sollgroße: 2,8 Millimeter im Durchmesser. Das Kilo heimische Störeier kostet derzeit um die 1400 Euro.

Lit.: Pressemitteilung Desietra, März 2008.
Helmut Kuhn, Der Fisch, der goldene Eier legt, in: Stern 50/2000, S. 164–168
Informationen Kaviar: Desietra GmbH, Kruppstr. 5, 36041 Fulda, Tel. 0661 / 928130; Gold-Kaviar, 64319 Pfungstadt, Rügnerstr. 56, Tel. 06157 / 870116

Kelten

Bereits im 5. Jahrhundert vor der Zeitenwende siedelten keltische Stämme auf dem Gebiet des heutigen Hessen. Ihre Bauerndörfer lagen in den fruchtbaren Flussebenen, während markante Fliehburgen und heilige Bezirke meist auf Höhenrücken errichtet wurden. Zu den Zeugnissen dieser so genannten frühkeltischen Periode gehört das Heiligtum am Glauberg mit seiner einzigartigen Prozessionsstraße und zwei unversehrt erhaltenen Fürstengräbern. Sie bargen neben kunstvollem Goldschmuck auch eine als sensationell eingestufte bronzene Schnabelkanne.

Klein, aber keltisch: Bronzepferdchen aus dem Heidetränktal.

Spektakulärster frühkeltischer Fund ist der so genannte ➛ Keltenfürst vom Glauberg, eine lebensgroße Steinfigur, die im Umfeld des Heiligtums entdeckt wurde. Die beiden Ringwälle um die Kuppe des Altkönigs im Taunus umschlossen möglicherweise ebenfalls einen großen heiligen Bezirk aus dieser Zeit. In jene Periode gehört auch der ➛ Elfenspiegel von Hochheim, den man bei Weinbergsarbeiten fand. Dieser keltischen Frühzeit folgte die Blütezeit des ersten vorchristlichen Jahrhunderts. Nach dem Vorbild antiker Mittelmeerstädte entstanden überall in Europa so genannte Oppida mit mehreren tausend Einwohnern. Das größte bekannte Oppidum auf hessischem Gebiet lag im Heidetränktal bei Oberursel. Mit schätzungsweise 30 000 Bewohnern gilt es für damalige Verhältnisse als Großstadt – gewissermaßen die erste im Rhein-Main-Gebiet. Weitere Keltenstädte orteten die Archäologen in fast allen hessischen Regionen nördlich der Mainlinie.

Der Ursprung der keltischen Völker liegt im Dunkeln. Eine von vielen Theorien vermutet im 6. Jahrhundert vor der Zeitenwende den Zuzug indoeuropäischer Stämme aus dem Wolgagebiet. Im oberen Donauraum könnte dann durch das Verschmelzen mit einheimischen Hallstatt-Leuten die keltische Volksgruppe entstanden sein. Es ist auch nicht geklärt, ob es sich bei jenen Stämmen, die die Römer »galli« und die Griechen »keltoi« nannten, um eine ethnisch einheitliche Gruppe handelte. Außer dem spezifischen Erbgut in unseren Zellen hinterließen uns die Kelten Flurnamen wie Rhein, Main und Lahn. Und für den Gebirgszug nördlich der Mainmündung erfanden sie den Namen Taunus. Letzteres ist jedoch umstritten.

Lit.: Fritz-Rudolf Herrmann/Albrecht Jockenhövel, Die Vorgeschichte Hessens, Stuttgart 1990
Gerd Bauer/Heiner Boehncke/Hans Sarkowicz, Die Geschichte Hessens, Frankfurt am Main 2-2003

Keltenfürst vom Glauberg

Steinmann mit Ohren: die fast vollständig erhaltene Statue vom Glauberg.

Der so genannte Keltenfürst vom Glauberg ist eine lebensgroße steinerne Statue aus der frühkeltischen Zeit. Sie stellt mutmaßlich einen Adligen dar, es könnte sich aber auch um einen hohen Druiden oder einen mythischen Helden handeln. Die Skulptur wurde 1996 bei systematischen Grabungen des Landesamts für Denkmalpflege freigelegt und gehört »zu den bedeutendsten archäologischen Entdeckungen der letzten Jahrzehnte in Europa«. Die vollplastische Figur ist 1,86 m hoch und wiegt 230 kg. Die Füße fehlen und daher wird angenommen, dass sie ursprünglich auf einem Steinsockel stand, der aber bislang nicht gefunden werden konnte. Der dargestellte Krieger wurde im 5. Jahrhundert vor der Zeitenwende aus rötlichem Sandstein gehauen und zeigt die Konturen eines Panzerhemds aus Leinen oder Leder nebst Schwert und Schild. Sein wattierter Panzer belegt die Verbindung der ansässigen Kelten mit den Völkern der Antike: Er orientiert sich an der damaligen Mode im fernen Griechenland. Die rechte Hand der Statue ist in einem Gestus an den Körper gelegt – eine Haltung, die man von vergleichbaren Skulpturen des keltischen Siedlungsraums kennt. Sie wird häufig als Zeichen der Macht oder des Heldentums gedeutet. Im Umfeld der Figur wurden zwei zeitgleiche Fürstengräber gefunden. Einer der beiden Toten war ganz ähnlich wie der steinerne Fürst bewaffnet und trug auch den gleichen Schmuck: einen Halsring mit drei knospenförmigen Anhängern. Die Archäologen gehen nicht davon aus, dass die Statue das Abbild des Toten ist, sondern verstehen die Figur eher als idealisierte Heldendarstellung, die als Vorlage für die Ausstattung des Toten diente. Besonders auffällig ist die Kopfbedeckung des steinernen Kriegers, eine so genannte Blattkrone, die möglicherweise der Form eines Mistelblatts nachempfunden ist. In einem der Adelsgräber fanden sich die Reste einer solchen Kopfbedeckung. Die Rekonstruktion ergab einen Unterbau aus Draht, der mit einem Textilgewebe unterfüttert und außen mit Leder überzogen war.

Der Glauberg am Ostrand der Wetterau war mit hoher Wahrscheinlichkeit der Platz eines zentralen Heiligtums. Unterhalb seiner Südwestspitze stießen die Wissenschaftler auf eine etwa 350 m lange Prozessionsstraße, »die bisher in der keltischen Welt einmalig ist«. Sie hat eine Breite von 10 m und führt zu einem verschliffenen Grabhügel, der einen Durchmesser von 48 m aufweist. Er überdeckte die bereits erwähnten Fürstengräber, in denen 1995 eine keltische Schnabelkanne gefunden wurde. Ebenfalls eine archäologische Rarität, die nicht nur in der Fachwelt für Aufsehen sorgte. Die im folgenden Jahr freigelegte Steinfigur des »Keltenfürsten« fand sich in einem Graben seitlich des Hügels.

Rund um den Glauberg ist ein archäologischer Park entstanden, der mit der Rekonstruktion des eindrucksvollen Grabhügels und der »Prozessionsstraße« die Dimensionen der früheren Anlage veranschaulicht. Die touristische »Keltenstraße« verbindet den Glauberg mit anderen keltischen Zeugnissen in Hessen. Ab 2009 soll der Keltenfürst zusammen mit anderen archäologischen Zeugnissen in einem neu erbauten Keltenmuseum in Glauburg ausgestellt werden.

Lit.: Fritz Rudolf Hermann/Otto-Herman Frey, Die Keltenfürsten vom Glauberg, Wiesbaden 1996
Holger Baitinger/Bernhard Pinsker (Bearb.), Das Rätsel der Kelten vom Glauberg. Glaube – Mythos – Wirklichkeit, (Ausstellungskatalog) Stuttgart 2002

Kickers Offenbach

Nur wer scheitert, wer verliert, aber kämpfend und in Würde, kann sich der tragischen Liebe seiner Fans sicher sein. Liebe, weil der Verein mit der Stadt verwachsen ist wie ein Baum mit dem Boden. Tragisch, weil immer wieder schreckliche Stürze in die Zweit- und Drittklassigkeit zu verschmerzen waren. Wir sprechen von Kickers Offenbach, und das tun wir mit Respekt, ja mit einiger Hochachtung; denn wenige Vereine haben es im kurzen Schatten größerer Konkurrenzvereine (➛ Eintracht Frankfurt) so schwer, hochzukommen und oben zu bleiben. Kickers Offenbach aber ist oben geblieben, zumindest im Herzen der treuen Fans.

Einer der vielen Höhepunkte in der Vereinsgeschichte war gewiss das Endspiel um die Deutsche Meisterschaft im April 1959 (➛ Fußballkrimi); das Derby wird gelegentlich wiederholt, und immer ist es ein etwas giftiges Volksfest, wenn Eintracht Frankfurt und Kickers Offenbach die unendliche Beziehungskiste zwischen den beiden Großstädten am Main auf dem Fußballplatz ausagieren.

Der Verein Kickers Offenbach wurde am 27. Mai 1901 im Restaurant »Rheinischer Hof« in der berühmten Offenbacher Herrnstraße gegründet. Das erste Match gegen eine fremde Mannschaft fand natürlich in Frankfurt statt. Es ging gegen den Bockenheimer Fußball-Club 1899 und endete mit einem 3:0 für die Offenbacher Mannschaft. Im Herbst 1902 kam es zu den ersten Spielen um die Meisterschaft, das erste Spiel gegen die Frankfurter »Victoria« ging 0:3 verloren. In den Jahren danach rutschten die Kickers in die B-Klasse ab. Früh übte man sich im Auf und Ab, das zum Markenzeichen für die Kickers werden sollte. Seit 1919 spielte man auf dem Bieberer Berg, und das ist bis heute so geblieben.

Wir springen in die fünfziger Jahre, die mit dem Namen des sehr erfolgreichen Trainers Paul Osswald verbunden sind. 1949 wurden die Kickers Süddeutscher Meister. 1950 sahen 100 000 Zuschauer in Berlin die Kickers im Endspiel um die deutsche Meisterschaft gegen den VfB Stuttgart, das die Offenbacher leider mit 1:2 verloren.

Auch beim zweiten Endspiel im April 1959 war es Paul Osswald, der durch unermüdlichen Einsatz seine Mannschaft zu motivieren wusste. Er holte junge Talente aus der Region zu den Kickers und förderte sie dann kontinuierlich. Vielleicht hat Jürgen Klinsmann die Rekrutierung junger Spieler ja bei Osswald abgeschaut, vielleicht aber auch nicht. Das womöglich schönste Foto eines Fallrückziehers zeigt Gerd Kaufhold im Hamburger Volksparkstadion im Juni 1950 im Spiel gegen den HSV. Das ging zwar mit 1:0 verloren, fürs Endspiel aber reichte das Ergebnis.

Die siebziger Jahre waren für die Kickers recht erfolgreich. Bei der Gründung der Bundesliga 1963 wurde die Mannschaft nicht berücksichtigt, die Eintracht bekam den Zuschlag. 1968 aber schafften die Offenbacher den Aufstieg in die Erste Liga, und 1970 wurde dann zum goldenen Jahr des Vereins: Am 31. August besiegten die Kickers den 1. FC Köln im Pokalendspiel mit 2:1 und konnten ihr Glück kaum fassen. Und dann kam recht bald der Absturz hinterher. Am 6. Juni 1971 offenbarte der OFC-Präsident Horst Gregorio Canellas, dass die Spiele im Abstiegskampf gekauft worden waren. Der ➛ Bundesligaskandal war da, Canellas wurde auf Lebenszeit gesperrt (später allerdings begnadigt). Offenbach stürzte ins fußballerische Nirwana. Aber die Spieler berappelten sich schnell und arbeiteten sich an die Spitze der Regionalliga Süd vor, um schließlich in der Saison 1971/72 zum dritten Mal in die Bundesliga aufzusteigen.

Dort blieben sie dann bis 1975. Zu erwähnen ist der unvergleichliche Erwin Kostedde, der im Oktober 1974 gegen Borussia Mönchengladbach das Tor des Jahres 1974 schoss, das später mit dem Titel »Tor des Jahrzehnts« geadelt wurde.

1976 fuhr der Ligafahrstuhl mal wieder abwärts: Die Kickers fanden sich in der Zweiten Bundesliga wieder. Sieben Jahre lang sollte man im Keller bleiben. Dann kam es am 9. Juni 1982 zum Relegationsspiel gegen Bayer Leverkusen. Das Spiel wurde zum Desaster. Dem Abwehrspieler Bernd Walz zerriss es ohne Einwirkung des Gegners alle Bänder und Sehnen an einem Fuß. Kapitän Kurt Geinzer wurde mit Gehirnerschütterung vom Platz getragen, Michael Kutzop verließ das Feld ebenfalls mit Gehirnerschütterung. Nach dem Spiel kam es zu Szenen, die ins Archiv der ganz besonderen Sportereignisse gehören. Die Bayer-Fans versuchten ihre Offenbacher Kollegen zu trösten. Es flossen Tränen des Mitleids, und niemanden interessierte wirklich das Resultat: 2:1 für Bayer. 1983 stieg man dann erneut in die Erste Liga auf – und gleich wieder ab, und das richtig: denn es hieß erstmals seit 40 Jahren Abschied vom Profi-Fußball nehmen. Erst 1987 landete man wieder in der begehrten Zweiten Liga. Dann wieder abwärts und zwar schrecklich. Nach blöden Formfehlern hieß es: »Zurück in die Oberliga!« 1991 kam es dann ganz schlimm. Der Verein stand vor dem finanziellen Aus. Es folgte dann noch, um die Bitterkeit auszuschöpfen, die »Vierte Liga«. Unter Präsident Dieter Müller, ehemals in der Ersten Liga außerordentlich torgefährlich, gelang den Kickers im dritten Jahrtausend wieder der Aufstieg in die Zweite Bundesliga. Am Ende der Saison 2007/2008 allerdings ging es mit dem Zittern schon wieder los. Würden die Kickers ihren Platz in der Zweiten Liga halten können? Am Ende blieb nur die neu geschaffene Dritte Bundesliga.

Kickers-Fans in glücklicheren Zeiten in der Zweiten Bundesliga.

Es soll noch an zwei große Kickers-Spieler erinnert werden. An Rudi Völler und Hermann Nuber. Völler verließ die Kickers 1980, um ein großer Fußball-Star zu werden. In 90 Begegnungen als Nationalspieler schoss er 47 Tore, als Nationaltrainer gewann er 2002 in Japan die Vizeweltmeisterschaft. Hermann Nuber ist *die* Fußball-Legende vom Bieberer Berg.

Kickers Offenbach hat alles erlebt: schreckliche Krisen und (wenn auch wenige) triumphale Erfolge. Die Geschichte dieses Vereins zeigt auf ihre Weise, warum der Fußball so unvergleichlich in den Köpfen und Herzen der Menschen verankert ist. Wo sonst gibt es Tragödien, Lustspiele und Kampftheater, das nicht sehr teuer, aber ganz nahe bei den Zuschauern ist.

Lit.: Daniela Kohls, Kickers Offenbach 1901–1995, Gudensberg-Gleichen 1995

Kirschenmichel

Im Unterschied zu Wilhelm Hauffs Holländer-Michel handelt es sich beim Kirschenmichel keinesfalls um ein literarisches Gespenst, sondern um einen fruchtigen Auflauf, der von Südhessen aus seinen Siegeszug durch die Backöfen des ganzen Landes genommen hat. Grundlage sind 1 Kilo entsteinte Sauer- oder Süßkirschen. Letztere sollten aber vollreif sein. Weitere Zutaten: 5 Brötchen, 100 Gramm Butter, 3/8 Liter Milch, 4 Eier, 125 Gramm Zucker, Zimt, 1 Prise Salz, die abgeriebene Schale einer ökologisch korrekten Zitrone, 100 Gramm fein gehackte Mandeln. Besagte Brötchen in Scheiben schneiden und in etwa 30 Gramm Butter goldbraun anrösten, mit Milch übergießen und ziehen lassen. Die restliche Butter, Eigelb, Zucker, eine Prise Zimt, Salz und den Zitronenabrieb schaumig rühren und gut mit der Brötchenmasse vermengen, Kirschen darunterheben, Eiweiß zu Schnee schlagen und ebenfalls vorsichtig unter den Teig heben. Eine ausgefettete Auflaufform mit Mandeln ausstreuen, Teig einfüllen und bei 180 Grad eine knappe Stunde backen.

Lit.: Diethard H. Klein (Hrsg.), Hessisches Hausbuch, Freiburg 1982, S. 97

Klapp- und Schnapp-Esel

Alter Weihnachtsbrauch in den Dörfern des Hinteren Taunus. In Grävenwiesbach und Hasselborn war das »Christkind mit dem Esel« noch bis in die die neunziger Jahre an Heiligabend unterwegs. Die »Wiesbächerin« Doris Schneweis erinnert sich an die »Bescherungen« ihrer Kindheit, bei denen vor allem der »Esel« mit zwiespältigen Gefühlen erwartet wurde:

> *»Endlich hörte man etwas. War es das Klingeln der Eselsglöckchen? Jetzt wurde es lauter und immer lauter, und die Straße herunter kam ein ganzer Zug mit Lärm und Geklingel. Das Herz fing an zu klopfen, da polterte es auch schon an die Tür, und herein kam das ›Christkindchen‹, eine weiß gekleidete*

Gestalt mit weißem Vorhangstoff vor dem Gesicht. Mit dem Christkind in der Krippe ... hatte es eigentlich keine Ähnlichkeit, eher noch mit einem weiblichen Engel. Es sprach mit hoher Stimme und fragte, ob man auch artig gewesen sei, was man natürlich – wenn auch mit schlechtem Gewissen – bejahte. Und dann folgte die Aufforderung: ›Bet mer emal!‹ Das Gebet lautete:

›Christkindchen komm in unser Haus,
leer die vollen Taschen aus.
Stell den Esel auf den Mist,
dass er Heu und Hafer frisst.
Heu und Hafer frisst er nicht,
Zuckerplätzchen kriegt er nicht.‹

Die letzte Zeile erforderte etwas Mut. Was jetzt folgte, konnte ungemütlich werden. Das Christkindchen rief: ›Hans, komm herein‹, und herein kam der Hans, ein Ungetüm von ›Esel‹, begleitet von einigen Buschen, die dieses Monstrum zu bändigen versuchten. Der Esel klapperte Furcht erregend mit seinem großen Maul, an dem viele Glöckchen hingen. Er stumpte, nicht nur nach den Kindern, sondern auch nach den sonst noch Anwesenden, vor allem aber nach den jungen Mädchen. Das Christkindchen verteilte die Geschenke, die damals nicht so üppig ausfielen. Danach wurde der Esel energisch zur Ruhe gebracht und nach draußen verwiesen, und der ganze Spuk war vorbei.«

Wichtigstes Körperteil des »Wiesbächer Esels« ist der hölzerne Kopf mit dem großen Maul, mit dem er laute Klappgeräusche macht und auch zuschnappen kann. Dieser Doppelfunktion verdankt die Gestalt ihren volkskundlichen Namen. Als Fell des monströsen Tieres dient ein weißes Betttuch. Darunter verbirgt sich ein leicht gebückt gehender Jugendlicher, der das Klappmaul mit einer Schnur bewegen kann. Der Umzug der beiden Weihnachtsgestalten ist Sache der Jugendlichen, die im Laufe des Jahres konfirmiert wurden. Sie begleiten Esel und Christkind, sind so etwas wie deren Gefolgschaft.

Die Weihnachtsgestalten von Grävenwiesbach kommen mit großer Wahrscheinlichkeit aus dem vorchristlichen Brauchtum des winterlichen Dämonenaustreibens. Im Umfeld der magischen »Raunächte«, in denen die dunklen Mächte als besonders aktiv galten, wehrte man sich mit einer Art homöopathischem Gegenzauber. Man vertrieb »Ähnliches mit Ähnlichem«, indem man sich so verkleidete, wie man sich die »Wintergeister« vorstellte. Mit diesen Schreckmasken zog man dann »bannend« von Haus zu Haus und wurde dafür von den Bewohnern mit Gaben belohnt. Nach der Christianisierung versah man dann die Brauchtumsgestalten vorsichtshalber mit christlichen Attributen. Das sicherte den Fortbestand des Geisterbannens.

Der Zeitraum der »Raunächte«, auch »Zwölften« oder »Zwölf Nächte« genannt, variiert je nach Region. Überwiegend beginnt er in der Nacht zum 2. Weihnachtstag und endet mit dem Sonnenaufgang am Dreikönigstag. Etliche Anti-Dämonen-Umzüge haben sich aber im Laufe der Jahrhunderte zeitlich verschoben. So zieht man etwa im Hohen Vogelsberg schon am Abend des 23. Dezember lautstark durch die »Lange Nacht« von Engelrod. Auch der Grävenwiesbacher Esel war ja (so gesehen) einen Tag zu früh unterwegs. Schreckmasken in Gestalt von Strohbären laufen sogar noch nach Fastnacht durch Hessen. Beispielsweise in Wanfried-Heldra im Werratal, wo am Aschermittwoch raue Gesellen nach Mädchen jagen, um sie dann kräftig »durchzurubbeln«. Das sorgt für Liebesglück und Kindersegen.

Lit.: Doris Schneweis, Der Wiesbächer Esel und das Christkindchen, in: Mitteilungsblatt des Heimatvereins Grävenwiesbach e.V., Dezember 1998

Kolkrabe

Mit einer Spannweite von 120 cm und einer Körperlänge von über 60 cm ist der Kolkrabe Europas größter Rabenvogel. In Deutschland steht er schon lange auf der »Roten Liste« bedrohter Arten und kam bis vor wenigen Jahren nur noch spärlich in Schleswig-Holstein und im Alpenraum vor. Mittlerweile ist er auch wieder in Hessen heimisch. Seine größte Bestandsdichte verzeichnen die Biologen im

Werra-Meißner-Kreis (31 Brutpaare). Der Kolkrabe lebt in allen Regionen Hessens – mit Ausnahme der Ballungsräume. 2006 wurden hessenweit 170 Brutpaare nachgewiesen. Der angestammte Lebensraum reicht vom Nordkap bis in die Sahara. *Corvus corax* lebt in lebenslanger Einehe und kann so alt werden wie ein Mensch. Neben demselben ist der Uhu sein einziger Feind. In der Mythologie sind die großen Raben dem Keltengott Lug und dem germanischen Wotan als heilige Vögel zugesellt. Kolkraben verteidigen ein ausgedehntes Revier und brüten nicht in Kolonien. Deshalb treten sie nie in größeren Mengen auf. Die schwarz schillernden Vögel ernähren sich saisonal sehr unterschiedlich. Im Frühjahr sind es verschiedene Insekten, im Mai dann vorzugsweise Maikäfer. Daneben stehen vor allem Feldmäuse und andere Nager auf dem Speiseplan. Winterkost bildet in erster Linie Aas. In Notzeiten werden auch Müllkippen aufgesucht.

Lit.: www.kolkraben.de
Mitteilungen der Staatlichen Vogelschutzwarte für Hessen, Rheinland-Pfalz und Saarland, in: Zeitschrift für Vogelkunde und Naturschutz, (Vogel und Umwelt), Heft 8/1995, S. 247
Frieder Sauer, Landvögel, München/Amsterdam o. J., S. 278

Krautsputel

Ländliches Kombinationsgericht, bei dem Kasseler Rippchen zusammen mit Sauerkraut und Hefeklößen in einem Topf gegart werden.

Herkunft und Bedeutung des Wortes Sputel sind ziemlich unklar. Möglicherweise eine niederdeutsche Anleihe, denn die Heimat des Gerichtes ist mit Sicherheit Hessens hoher Norden, an dessen Rändern ja schon Plattdeutsch gesprochen wird.

Im Unterschied zum Frankfurter Rippchen wird das ➛ Kasseler nicht nur leicht gepökelt, sondern auch noch dezent geräuchert.

Für den (oder die) Krautsputel braucht man 4 vorgekochte Kasseler Rippchen und 500 g Sauerkraut, das mit 1 Zwiebel, 3 Wacholderbeeren, 1/8 l heißer Fleischbrühe, 40 g Schmalz und 1 EL Zucker verfeinert wird.

Für die Klöße: 250 g Mehl, 30 g Hefe, 1/8 l lauwarme Milch, 1 TL Zucker, 1 Ei, 50 g Butter und eine Prise Salz.

Wie bei einem küchenüblichen Hefeteig siebt man das Mehl in eine Schüssel und bildet dann eine Mulde, in der die Hefe mit 2 EL lauwarmer Milch angerührt wird. Mit Mehl abdecken und an einem warmen Ort gehen lassen.

Nach 15 Minuten werden dann die restliche Milch, Ei, Butter und die Prise Salz dazugegeben. Dann knetet man den Teig so lange, bis er Blasen wirft und sich vom Schüsselboden löst. Nun lässt man das Ganze nochmals (30 Minuten) gehen und formt dann aus dem Hefeteig 4 Klöße. Bereits beim Warten auf den Teig empfiehlt es sich, die Zwiebel (für das Kraut) zu würfeln. Sie wird dann in einer feuerfesten Form mit Schmalz angedünstet. Wenn die Zwiebelstücke hellbraun sind, wird das Sauerkraut samt Wacholderbeeren, Salz, Zucker und Fleischbrühe hinzugegeben. 15 Minuten kochen lassen.

Nun das Kasseler kalt abspülen, abtrocknen und senkrecht in das Kraut stellen. Zwischen die Fleischscheiben setzt man nun je einen Kloß. Dann wird die (feuerfeste) Form gut verschlossen und im vorgeheizten Backofen bei 200 Grad gegart. Nach etwa 50 Minuten kann dann aufgetragen werden.

Lit.: Anne Vollmerhaus, Köstliches aus der alten hessischen Küche, Bielefeld/Frechen o. J., S. 78 f.

Kreppel (Kräppel)

Bei diesem kalorienreichen Gebäck sind sich Hessens Dialektsprecher uneinig, ob nun von *dem* Kreppel, von *der* Grebbel oder gar vom Kräppel die Rede ist. Im westlichen Rhein-Main-Gebiet und in Rheinhessen wurden die runden Teile traditionell nur zwischen Neujahr und Aschermittwoch hergestellt. »Ritz-am-Bagge, Ritz-am-Bagge, meuje wern die Grebbele gebagge«, heißt es denn auch in einem fastnachtlichen Kinderlied von der Mainmündung. Bei winterlichen »Heische-Bräuchen« (Sternsinger, Strohbären, Hutzelbuben) werden sie auch heute noch an die umherziehenden Kinder ausgehändigt. Der passende »Heische-Spruch« wird vor jedem heimgesuchten Haus aufgesagt. Beispielsweise »Grebbel raus, Grebbel raus, sonst schieße mir e Loch ins Haus«. Mittlerweile geistern die kleinen Hefeballen als Krapfen oder Berliner auch ganzjährig durch die Republik. Der Berliner als Mensch, das sei an dieser Stelle betont, isst keine Berliner. An Havel und Spree heißt das Krapfengebäck nämlich »Pfannkuchen«. Den Hefeteig aus Mehl, Butter, Zucker, Milch und Eiern lässt man 20 Minuten gehen. Dann werden mit einem Trinkglas runde Plätzchen aus dem ausgerollten Teig gestochen, die wiederum gehen sollten. Wohin auch immer. Schließlich werden sie in heißem Fett ausgebacken. Gewöhnlich lässt man nun die fertigen Kreppel(n) auf Packpapier abtropfen, um sie sodann in Zucker zu wälzen. Marmeladefüllungen sind neumodische Einfälle und erhöhen den Kaloriengehalt beträchtlich. Das Original ist ohne.

Das Original liegt links: Kreppel und verwandtes Gebäck.

Lit.: Das Kochbuch aus Hessen, gesammelt, aufgeschrieben und ausprobiert von Ilse Unruh, Münster 1976, S. 113

Kuckucksuhr

Ein Souvenirgeschäft in Wiesbadens Burgstraße hat sein Schaufenster mit einem funktionierenden Zifferblatt versehen und vor der Fassade eine Uhrenfläche samt Tür installiert. Die öffnet sich im Halbstundentakt und der obligate Vogel ruft seinen einschlägigen Ruf. Das Ganze ist 6,25 Meter hoch und firmiert als weltgrößte Kuckucksuhr, und da mit angelsächsischen Touristen zu rechnen ist, steht's auch in Englisch außen dran: »The biggest cuckoo-clock of the world«. Bereits 1946 ließ sie der Opernsänger Emil Kronenberger zwischen die Kriegsruinen des Kaiser-Friedrich-Platzes bauen. Von den Bret-

Wo der Kuckuck ruft: die Wiesbadener Schwarzwalduhr in der Nachkriegszeit.

tern, die die Welt bedeuten, wechselte er in eine Bretterbude hinter der Riesenuhr, um dort den amerikanischen Soldaten deutsche Souvenirs zu verkaufen. Das Ganze erwies sich als so einträglich, dass er 1954 in der nahen Burgstraße ein Mietshaus bauen konnte und samt seiner »Cuckoo-Clock« dorthin zog. Dort tickt sie noch heute.

Mittlerweile handelt es sich de facto allerdings nur noch um die größte »Kuckuck« rufende Uhr in Hessen. Aber immer noch ist sie die erste und damit älteste überdimensionale Schwarzwalduhr. Alle späteren Monster-Clocks haben die Wiesbadener Idee kopiert. Die derzeit höchste steht mittlerweile im Schwarzwald und deshalb im Guinness-Buch der Rekorde. Sie schlägt mit einer Höhe von 14 Metern zu Buche und ist in Wirklichkeit das als Uhr gestaltete Wohnhaus des Uhrmachermeisters Ebele in Triberg. In den 90er Jahren meldete dann auch die Harzgemeinde Gernrode ihren Anspruch an. Der dortige Zeitmesser im typischen Look ist 14,50 m hoch. Alles Schwindel, hieß es nun aus Triberg, hätten doch die Harzer die Wetterfahne mitgerechnet. Selber Schwindler, gab man aus Gernrode zurück: Auf 14 Meter käme man in Triberg nur, weil ein Turm auf Meister Ebeles Dachfirst reite – und der gehöre mitnichten zum typischen Stilelement einer Kuckucksuhr. Der Streit wurde schließlich vor dem Landgericht Konstanz entschieden, und zwar zugunsten der Uhr im Schwarzwald. Dort hatte man nämlich noch mal nachgemessen und kam nun gottlob auf 15 Meter. Die weisen Richter akzeptierten übrigens sowohl die Wetterfahne als auch das Dachtürmchen. Schließlich, so hieß es, werde auch beim Empire State Building die Antenne mitgemessen. Die Kuckucksuhr in Hessens Hauptstadt blieb von alldem gänzlich unberührt. Sie war und ist »Die größte Kuckucksuhr der Welt« – egal, wie hoch die andern sind, denn diesen Titel hat man sich markenrechtlich schützen lassen.

KURHESSISCHE VERFASSUNG

Die Kasseler Bürgerschaft überreicht Kurfürst Wilhelm II. eine Petition am 15. September 1830, Lithographie von Ludwig Emil Grimm.

Als im Juli 1830 das französische Bürgertum die Abdankung ihres Königs erzwang und eine Verfassungsreform durchsetzte, kam es auch im Kurfürstentum Hessen zu sozialen Unruhen. Im Jahr zuvor war die Ernte schlecht ausgefallen. Die Brotpreise stiegen, und sie sanken auch dann nicht, als wieder mehr Getreide zur Verfügung stand. In Kassel wurden die Bäckerläden geplündert, in Hanau und Fechenheim stürmten aufgebrachte Menschen die Zollstationen, um die Abschaffung der innerhessischen Zölle zu erreichen. Denn damals gab es zwischen dem (Kasseler) Kurfürstentum, dem (Darmstädter) Großherzogtum, dem Herzogtum Nassau und einigen kleineren unabhängigen Territorien noch zahllose Grenzen mit den entsprechenden Zollschranken. Ein freier Reise- oder Warenverkehr war unter diesen Bedingungen undenkbar.

Als die Missstände überhandnahmen, wandten sich Delegationen aus allen Teilen des Kurfürstentums an den Landesherrn. Wilhelm II. zeigte sich beeindruckt und ließ endlich die lang ersehnte Verfassung erarbeiten, die er am 5. Januar 1831 in Kraft setzte. Verfassungen waren in dieser Zeit etwas Seltenes, weil die Fürsten nicht ohne Grund fürchteten, dass dadurch ihre eigenen Rechte eingeschränkt würden. Die Kurhessische Verfassung ging dabei besonders weit und gilt bis heute als die liberalste ihrer Zeit, weil sie den Einfluss des Adels begrenzte und unter anderem die »Freiheit der Presse und des Buchhandels ... in ihrem vollen Umfange« einführte. So voll war der Umfang allerdings dann doch nicht, denn die Pressefreiheit wurde nur im Prinzip gewährt. In der Praxis blieben die

Grenzen eng gezogen. So halbherzig wie dieser Paragraph war die ganze Verfassung. Sie stellte einen Kompromiss zwischen den Ansprüchen des Adels mit dem Landesherrn an der Spitze und dem vermögenden Bürgertum dar. Wer nur über ein geringes Vermögen verfügte, blieb von der politischen Mitbestimmung ausgeschlossen. Trotzdem war die Verfassung auch fortschrittlich. Denn Bürger und Adel saßen jetzt in einer Kammer zusammen und mussten sich einigen. Ohne die Zustimmung des (noch nicht frei gewählten) Parlaments durfte kein Gesetz verabschiedet werden. Erstmals gab es auch getrennte Kassen. Staatsvermögen und Privatschatulle des Kurfürsten waren nicht mehr eins. Vor dem Griff in die Staatskasse musste der Landesherr nun die Zustimmung seines Landtages einholen. Was Wilhelm II. besonders schmerzte, war, dass Beamte und Militärs nicht mehr auf ihn persönlich, sondern auf die Verfassung vereidigt wurden. Sie durften jetzt ungehorsam werden, wenn sie glaubten, ihr oberster Befehlshaber habe gegen die Verfassung verstoßen. 1850 ereignete sich das dann auch. Fast das gesamte Offizierskorps verweigerte dem Kurfürsten die Gefolgschaft, als der den Kriegszustand verhängt hatte und auf sein Volk schießen lassen wollte. Die Folge war, dass die Verfassung 1852 aufgehoben und durch eine weitaus reaktionärere ersetzt wurde.

Der Marburger Staatsrechtler Sylvester Jordan, der wesentlichen Anteil an der Entstehung der Verfassung von 1831 hatte, war schon 1839 »wegen demagogischer und hochverrätherischer Umtriebe« verhaftet worden. Erst 1845 wurde er aus dem Gefängnis entlassen. Der Frankfurter Nationalversammlung gehörte er als Abgeordneter an, verließ das Parlament aber enttäuscht und verbittert, als der preußische König Friedrich Wilhelm IV. die ihm angebotene Kaiserkrone ablehnte.

Lit.: Bernd Heidenreich/Klaus Böhme, Hessen. Verfassung und Politik, Stuttgart/Berlin/Köln 1997
Gerd Bauer/Heiner Boehncke/Hans Sarkowicz, Die Geschichte Hessens, Frankfurt am Main 2-2003

Kurze Hessen – lange Hessen

Mit der Entwicklung Leipzigs und Frankfurts zu bedeutenden Messestädten seit dem späten Mittelalter wuchs auch das Bedürfnis der Kaufleute, an beiden Handelsplätzen mit ihren Ständen präsent zu sein. Konkret hieß das, es musste gut ausgebaute Straßen zwischen beiden Städten geben, die einen umfangreichen Warenaustausch ermöglichten. Die beiden hessischen Verkehrswege, die dieser Bedingung entsprachen, führten zum einen über Grünberg, Alsfeld und Hersfeld, zum anderen über Gießen, Kirchhain, Treysa, Homberg, Spangenberg und Waldkappel nach Eisenach. Die beiden Straßen wurden »durch die kurzen Hessen« bzw. »durch die langen Hessen« genannt. Schon das weist darauf hin, dass der Weg über Hersfeld der kürzere und damit bei den Kaufleuten auch der beliebtere war. Allerdings gewährte der Kasseler Landgraf zunächst nur auf der sichereren Straße »durch die langen Hessen« Geleitschutz und Schadensersatz bei Raubüberfällen. Er verbot die Benutzung der schnelleren Strecke, die ihm verminderte Zolleinnahmen eingetragen hätte. Die Kaufleute, die von den eng beieinanderliegenden Messeterminen gedrängt wurden, ließen es auf den offenen Konflikt ankommen, bewaffneten sich gegen Räuber und umgingen die Zollstellen auf Nebenstrecken. Schließlich lenkte der Landgraf ein, weil er um den Verlust seiner ganzen Einnahmen fürchtete, und versah auch die »kurzen Hessen« mit Geleit, allerdings gegen eine zusätzliche Gebühr. Für mehrere Jahrhunderte blieben die beiden Fernstraßen die wichtigste Verbindung zwischen Frankfurt und Leipzig. Kaiser, Könige, Landesfürsten und Gelehrte fuhren auf ihnen, zum Beispiel 1349 Kaiser Karl V. oder 1521 Martin Luther, als er vom Wormser Reichstag zur Wartburg zog. Als die große Zeit des Reisens begann, gegen Ende des 18. Jahrhunderts, verloren die »kurzen« und »langen Hessen« rasch an Bedeutung. Der Grund dafür lag im Ausbau der Kinzigstraße, die bald nur noch »die Straße« genannt wurde.

L

Landgraf von Butzbach

Landgraf Philipp von Hessen-Butzbach.

Auch das gab es einmal: die Landgrafschaft Hessen-Butzbach. Sie war zwar nur ein kurzes Zwischenspiel in der hessischen Geschichte, aber ein sehr interessantes. Als Philipp der Großmütige 1567 starb, da wurde – seinem letzten Willen gemäß – Hessen in vier Landgrafschaften aufgeteilt. Eine davon war Darmstadt unter Georg I. Auch dieser wollte, dass nach seinem Tod die Landgrafschaft wieder geteilt werde. Aber seine drei Söhne hielten sich nicht daran und einigten sich, dass der älteste, Ludwig (V.), das gesamte Erbe antreten sollte. Seine beiden Brüder erhielten großzügige Entschädigungen. Für Friedrich wurde später die Landgrafschaft Hessen-Homburg begründet, und der 1581 geborene Philipp trat die Herrschaft über Butzbach und einige der umliegenden Ortschaften an. 1609 ließ er sich als Landgraf von Hessen-Butzbach huldigen und errichtete ein Schloss, das im 19. Jahrhundert stark verändert wurde und heute kaum noch an den Ursprungsbau erinnert.

Philipp, der an Epilepsie litt und als ausgesprochen jähzornig galt, war ein gebildeter Mensch, der mehrere Sprachen beherrschte. Er hatte ausdehnte Reisen nach Frankreich, in die Niederlande, nach Italien, Österreich, Ungarn und Spanien unternommen. Das war selbst für einen vermögenden Fürsten ungewöhnlich, und seine Familie stöhnte entsprechend über die hohen Kosten. Aber sie ließ ihn gewähren.

Als Landgraf war er stolz auf seine Bildung. Er beschäftigte einen Hofmaler, ließ einen »kunstreich zugerüsteten« Lustgarten anlegen und suchte den Kontakt zu den führenden Naturwissenschaftlern seiner Zeit. Vor allem die Astronomie und die Mathematik hatten es ihm angetan. In Italien war er Galilei begegnet. Mit Johannes Kepler, der die Gesetze der Planetenbewegung erkannt hatte, unterhielt er einen regen Briefwechsel. Der Astronom war sogar mehrfach

Gast am Hof Philipps. Kein Wunder für die damalige Zeit, dass der Landgraf, natürlich nur hinter vorgehaltener Hand, mit der Zauberei in Verbindung gebracht wurde.

Sein tragisches Ende hatte allerdings mehr mit falsch verstandener Heilkunde zu tun, vor allem mit der Missachtung naturwissenschaftlicher Gesetze. Nach einem Schlaganfall war der Landgraf auf ärztliche Hilfe angewiesen. Sein Biograph Wilhelm Diehl berichtet, was dann geschah:

»Der berühmte Arzt Dr. Lotichius, den der Landgraf wegen seines Leidens um Rat fragte, verordnete, dass um den gänzlich mangelnden Schweiß bei dem Kranken hervorzurufen, in einem Badestuhl, den der Landgraf einnehmen sollte, einige ganz kleine Schälchen, ›ein geringes größer als die gemeinen Schröpfköpfe‹, mit doppelt abgezogenem Spiritus angezündet werden sollten. Der Versuch gelang so gut, dass der Landgraf eine Wiederholung der Kur wünschte. Es kam auch dazu. Doch änderte man auf dringenden Rat des landgräflichen Leibbarbiers das Experiment diesmal dahin ab, dass in dem Badestuhl nicht die kleinen Schälchen, sondern heiß gemachte Backsteine in Anwendung kamen, auf die Spiritus gegossen wurde, sobald sie in den Badestuhl gebracht waren. Diese neue Kur gelang wieder. Das brachte den Leibbarbier, der sich auf sein neues Medikament nicht wenig einbildete, ganz aus dem Häuschen. Stolz auf seinen Erfolg brachte er, dem Rat des Arztes entgegen, noch einen dritten Backstein in den Badestuhl. Dieser war aber glühender als die beiden anderen und infolgedessen entzündete sich der Spiritus, sobald er aufgegossen war. Die in die Höhe steigende Spiritusflamme verletzte den gebrechlichen Landgrafen derart an Rücken, Armen und Schenkeln, dass er ›bei Eröffnung der Thüren des Badestuhls herausstürzte und in jedermänniglichs Confusion ins Bett gebracht werden musste‹.«

Am 28. April 1643 starb Landgraf Philipp, den das seltsame Schicksal ereilt hatte, im Badewasser zu verbrennen. Da er keine leiblichen Erben hinterließ, wurde die Landgrafschaft wieder aufgelöst. Sie hatte nur 34 Jahre bestanden.

Lit.: Wilhelm Diehl, Philipp, Landgraf von Hessen-Butzbach, Darmstadt 1909

Landwein

Hochheim (Stich von 1862).

Hessen war einmal ein bedeutendes Weinland. Nicht nur im Rheingau oder an der Bergstraße wurde die edle Rebe angebaut, sondern fast überall, wo sich ein entsprechender Hügel fand. Und in Hessen gibt es viele Hügel. Allerdings war die Bezeichnung »edle Rebe« für das, was sich da gewöhnlich an Holzstöcken emporrankte, alles andere als zutreffend. Die einfachste Qualität, der hessische »Landwein«, war mehr gefürchtet als geliebt. Kindern, die nicht ins Bett wollten, drohten die Eltern damit – das soll Wunder gewirkt haben. Was das saure, Mund und Magen zusammenziehende Gesöff trotzdem so attraktiv machte, war der zwar bescheidene, aber dennoch wirkungsvolle Alkoholgehalt. Und so sprossen die Weinstöcke an jedem Hang. Und wenn kein Hang da war, auch auf dem Acker. Die größten Mengen des hessischen Landweins wurden bis ins 19. Jahrhundert um Fritzlar, an der Werra, bei Kassel, um Marburg, bei Fulda, Rotenburg, Hersfeld, Ziegenhain, Spangenberg und Gelnhausen angebaut. Das flüssige Gold der bäuerlichen oder landgräflichen Keller hatte so vielsagende Namen wie Fritzlarer Gallberger oder Kasseler Kratzenberger – und genau so schmeckten die essigähnlichen Tropfen wohl auch. Feinschmecker sahen es damals übrigens nicht anders.

Die Fritzlarer Mönche z. B., die in ihrer Stadt das Weinmonopol hatten, verkauften im 14. und 15. Jahrhundert den eigenen sauren Wein an ihre lieben Bürger und ließen sich für das eingenommene Geld Bocksbeutel aus Franken kommen. Ein Skandal erster Sorte ereignete sich am Kasseler Hof unter Landgraf Wilhelm IV. Mündlich und schriftlich hatten die Hofschranzen dagegen protestiert, die grünliche oder hellrote Flüssigkeit zu sich nehmen zu müssen, die als hessischer Landwein verabreicht wurde. Der erzürnte Landgraf antwortete schriftlich und ganz ungräflich mit den wüstesten Beschimpfungen. Dann empfahl er allen, die mit der Bewirtung nicht zufrieden waren, ihren Abschied zu nehmen und dorthin zu gehen, »wo sie

Malvasier zu drinken haben, und ihre Schmarotzmeuler wol erweiden können«. Und er vergaß auch nicht hinzuzufügen, dass der gute Rheinwein schließlich für ihn und seine Familie bestimmt sei, waren sie doch »von Gottes Gnaden«. In guten Jahren konnte der hessische Landwein allerdings Spitzenqualität erreichen. So wurde einem der Vorfahren Wilhelms, nämlich dem Landgrafen Friedrich II., einmal aus Verlegenheit statt seines geliebten Burgunders Witzenhäuser Rotwein vorgesetzt, den der hohe Herr sichtlich vergnügt genossen haben soll. Bei der Bevölkerung war der Landwein ohnehin beliebt, nicht zuletzt, weil dafür keine Steuern bezahlt werden mussten. Den Rausch gab es also recht preiswert und für findige Köpfe sogar mit Genuss. Denn die vermischten die herben Tröpfchen mit allerhand Gewürzen und machten sie dadurch schmackhafter. Nur der Verschnitt war untersagt. Denn um den »suren win« und den guten auseinanderhalten zu können, wurde den Winzern schon im 16. Jahrhundert verboten, Land- und Rheinwein zusammenzuschütten.

Den gewöhnlichen hessischen Trinker störte das wenig; er soff, was die Fässer hergaben – mit den entsprechenden Folgen. Unter Landgraf Wilhelm IV. z. B. wurde der Nachtwächter von Ziegenhain zu einem Jahr absoluter Nüchternheit verurteilt, nachdem der volltrunken fast von seinem Türmchen gefallen war. Bereits seit 1543 existierte eine Polizeiordnung über die »schändliche Sünde und das große Laster des Vollsaufens«. Zu viele hatten sich berauscht die Köpfe eingeschlagen, »große Unzucht« begangen, Staatsgeheimnisse verraten und sowohl Arbeit als auch Familie vernachlässigt. Die Polizeiordnung von Philipp dem Großmütigen dürfte das erste Gesetz gegen Alkoholmissbrauch in Deutschland gewesen sein. Dass der Anbau des Landweins trotz der Trinkfreudigkeit der Hessen spätestens Mitte des 19. Jahrhunderts zum Erliegen kam, hatte verschiedene Gründe. Wesentlich war wohl, dass die Äcker bei einer stark wachsenden Bevölkerung für Getreide, Gemüse oder Kartoffeln gebraucht wurden. Außerdem war das Bier billiger und meistens auch besser. So haben sich nur die wirklich guten Lagen im Rheingau und an der Bergstraße erhalten. Bei Felsberg am Böddiger Berg gibt es allerdings auf 1,3 Hektar wieder Versuche, Wein auch weiter nördlich in Hessen anzubauen. Es sind, wie Hans Ambrosi und Bernhard Breuer schreiben, »mittelschwere Weine von ansprechender Qualität mit betonter, herzhafter Säure; sie zeigen eine große Vielfalt im Sortenspiel«. Offiziell gehört der kleine Weinberg zum Rheingau.

Lit.: Georg Landau, Beiträge zur Geschichte des Weinbaues in Alt=Hessen. Zeitschrift des Vereins für hessische Geschichte und Landeskunde, Bd. 5, 1842, S. 160–204
Hans Ambrosi/Bernhard Breuer, Der Rheingau, Stuttgart 1984

Latweje/Latwersch ➛ Hoink

Leica

Die »Leica I« von 1925.

Als Ernst Leitz (1843–1920) 1864 nach Wetzlar kam, um dort Mikroskope herzustellen, ahnte noch niemand, dass aus der kleinen Werkstatt einmal ein Weltunternehmen werden sollte. Zunächst wurden nur Mikroskope hergestellt, für die es zahlreiche Abnehmer in Industrie und Wissenschaft gab. Aber einem der Werkmeister der Firma, Oskar Barnack (1879–1939), war das zu wenig. Ganz nebenbei und ohne Auftrag schuf er 1913 die erste Kleinbildkamera, die »Ur-Leica«. Das war eine kleine Revolution, denn bis dahin hatten sich die Photographen mit riesigen Ungetümen herumplagen müssen. Aber zunächst bemerkte niemand den Umbruch. Denn der Erste Weltkrieg war eine ungünstige Zeit für Neuentwicklungen, die sich nicht sofort militärisch verwenden ließen. Auch nach dem Waffenstillstand sah es zunächst nicht anders aus. Die einsetzende und bald galoppierende Inflation verführte nicht zum unternehmerischen Risiko. Als das Geld wieder einen festen Wert hatte, entschloss sich der Sohn des Firmengründers, neben Mikroskopen auch die Leica zu produzieren. Das war 1924. Ein Jahr später wurde die Leica I, die erste in Serie produzierte 35-mm-Kamera, ausgeliefert. Seinen Entschluss musste Ernst Leitz junior nicht bereuen. Schon 1960 waren eine Million Kameras verkauft. Die Leica blieb begehrt, und sie ist es heute noch, natürlich in einer vielfach verbesserten Version. Ihre Zuverlässigkeit und Präzision wurden zum Maßstab für die Konkurrenz. Der moderne Bildjournalismus und die künstlerische Photographie wären ohne sie gar nicht denkbar. Heute ist sie nicht nur ein Pionier der Photographie, sondern auch die berühmteste Kamera der Welt.

Lit.: August Schoenwerk, Geschichte von Stadt und Kreis Wetzlar, Wetzlar 1975

Wilhelm Leuschner vor dem »Volksgerichtshof« (1944).

Wilhelm Leuschner

Am 29. September 1944, abends um 19.17 Uhr, wurde Wilhelm Leuschner in Berlin-Plötzensee durch den Strang hingerichtet. Drei Wochen zuvor war er durch den »Volksgerichtshof« unter seinem berüchtigten Vorsitzenden Roland Freisler zum Tod verurteilt worden. In der mit wüsten Beschimpfungen durchsetzten Urteilsbegründung hieß es über Leuschner und seine Mitangeklagten, sie seien »ehrgeizzerfressene, ehrlose, feige Verräter«, die sich verschworen hätten, um »als Minister einer feindhörigen Verräterregierung unser Volk in dunkler Reaktion zu knechten und unseren Feinden auf Gnade und Ungnade auszuliefern«.

Leuschner gehörte zu den Widerstandskämpfern des 20. Juli 1944, die Hitler durch ein Attentat beseitigen wollten und dafür mit ihrem Leben bezahlen mussten. Er war von den Verschwörern als Vizekanzler oder als Reichskanzler vorgesehen. Manche wollten ihn nach dem geglückten Attentat sogar als Reichspräsidenten sehen.

Unter den Oppositionellen besaß der am 15. Juni 1890 in Bayreuth geborene Sohn eines Ofensetzers hohes Ansehen. Als Neunzehnjähriger war Leuschner nach Darmstadt ins Zentrum des Jugendstils (➛ Darmstädter Jugendstil) gekommen und hatte dann in

Nürnberg an der Akademie der Bildenden Künste studiert. Früh schloss er sich der Gewerkschaftsbewegung und der SPD an, für die er nach seinem Kriegsdienst auch politische Verantwortung übernahm. 1924 zog er als Abgeordneter in das Parlament des Volksstaats Hessen ein und ließ sich zum Vizepräsidenten wählen. Er war »unablässig« bemüht, schreibt Eugen Kogon in seinem Leuschner-Porträt, »die neue Verfassung, die parlamentarische Demokratie, die Regierung in Berlin und ihre Notmaßnahmen bis hin zur Einrichtung des Staatsgerichtshofs verständlich zu machen, sie zu verteidigen und die Wählerschaft zur Besinnung zu mahnen, zur Mitverantwortung aufzufordern«.

Im Februar 1928 wurde er zum Hessischen Innenminister ernannt und begann ein großes Reformwerk, zu dem u. a. auch die Pläne für eine große Nord-Süd-Autobahn durch Hessen gehörten (die später durch die Nationalsozialisten umgesetzt wurden).

Sein politischer Kampf richtete sich gegen die Extremisten von links und rechts, besonders aber gegen die NSDAP, die von Wahl zu Wahl stärker wurde. In Darmstadt lernte er Männer kennen, die später auch zum Widerstand gehören sollten – wie den Publizisten Carlo Mierendorff, den er zum Leiter seiner Presseabteilung machte. Mierendorff erlebte das Attentat auf Hitler nicht mehr. Er starb am 4. Dezember 1943 bei einem Luftangriff auf Leipzig.

Die Nationalsozialisten versuchten, nachdem sie an die Macht gekommen waren, Wilhelm Leuschner durch Drohungen, Verhaftungen und Vergünstigungen auf ihre Seite zu ziehen. Das misslang. Leuschner blieb in seiner Gegnerschaft standhaft und verlor alle Ämter. Ohne Prozess und Urteil wurde er bis zum Juni 1934 gefangen gehalten und war u. a. Häftling in dem gefürchteten KZ Börgermoor. Danach arbeitete er in einer von Gewerkschaftern gegründeten Fabrik für Armaturen und Bierzapfhähne, die militärisch interessante Patente besaß. Leuschner konnte so viel reisen und politische Kontakte knüpfen, zum Beispiel zu hohen Militärs, die ebenfalls in Opposition zu Hitler standen. »Es gab von rechts bis links kaum einen Oppositionellen von Bedeutung«, so Eugen Kogon, »mit dem er nicht in Verbindung gestanden hätte, oft war er um den Ausgleich gegensätzlicher Auffassungen bemüht«.

Nach dem gescheiterten Attentat auf Hitler wurde er steckbrieflich gesucht und von einer weitläufigen Bekannten verraten. Er hinterließ seine Frau und zwei Kinder. Leuschner, der nie einen Hehl aus seiner demokratischen Gesinnung gemacht hatte, gehörte zum innersten Zirkel des politischen Widerstands in Deutschland. An seinem 20. Todestag stiftete der Hessische Ministerpräsident die Wilhelm-Leuschner-Medaille als Auszeichnung für Personen, »die sich aus dem Geist Wilhelm Leuschners hervorragende Verdienste um die demokratische Gesellschaft und ihre Einrichtungen erworben haben«.

Lit.: Joachim G. Leithäuser, Wilhelm Leuschner. Ein Leben für die Republik, Frankfurt am Main/Zürich 1962
Darmstadt und der 20. Juli 1944, herausgegeben im Auftrag des Magistrats der Stadt Darmstadt, Darmstadt 1974
Eugen Kogon, Wilhelm Leuschners politischer Weg, in: Hessendienst der Staatskanzlei (Hrsg.), Wilhelm Leuschner. Auftrag und Verpflichtung, Wiesbaden 1993, S. 7–28
Renate Knigge-Tesche/Axel Ulrich (Hrsg.), Verfolgung und Widerstand in Hessen 1933–1945, Frankfurt am Main 1996

Georg Christoph Lichtenberg

»Wenn ein Buch und ein Kopf zusammenstoßen und es klingt hohl, ist das allemal im Buch?«

Georg Christoph Lichtenberg, von dem diese Frage stammt, kennt jeder. Seine Aphorismen und Lebensweisheiten schmücken unzählige Kalender, und nicht wenige glauben, der am 1. Juli 1742 in Ober-Ramstadt geborene Schriftsteller und Gelehrte hätte gar nichts anderes in seinem Leben geschrieben. Dabei waren die Aphorismen in seinen »Sudelbüchern« überhaupt nicht zur Veröffentlichung bestimmt, sondern nur Notizen, Gedankenblitze, Anregungen für seine Arbeiten. Der Pfarrerssohn hatte sehr früh begonnen, sich für Literatur und vor allem für die Naturwissenschaften zu interessieren. Er reiste nach England, wo er die berühmtesten Gelehrten seiner Zeit kennen lernte, und wurde schließlich Professor in Göttingen. Es ist bemerkenswert, womit sich Lichtenberg in seinem Leben alles

Georg Christoph Lichtenberg

beschäftigte: mit »Gewitterfurcht und Blitzableitung«, »aerostatischen Maschinen«, dem »Luftbad«, den »wichtigen Pflichten gegen die Augen« oder der Frage »Warum hat Deutschland noch kein öffentliches Seebad?« Lichtenberg war wahrlich ein Universalgelehrter, obwohl er heute eigentlich nur noch als Schriftsteller bekannt ist. Neben den »Sudelbüchern« und seinen brillanten Briefen sind es besonders die Erklärungen von Kupferstichen des englischen Künstlers William Hogarth, die unter Germanisten den Ruhm Lichtenbergs ausmachen. Für den von ihm herausgegebenen »Göttinger Taschenkalender« beschrieb er insgesamt 580 Kupferstiche. Bei den Lesern waren die Erklärungen so beliebt, dass selbst Goethe sie misstrauisch beäugte. Bis zu seinem Tod am 24. Februar 1799 schrieb Lichtenberg an seinen »Erklärungen«. Er selbst muss in Göttingen eine auffällige Erscheinung gewesen sein. Klein und bucklig scheint er auf Frauen besonders gewirkt zu haben. Ebenso berühmt wie berüchtigt wurde seine Beziehung zu der 13-jährigen Stechardin, die er in sein Haus aufnahm. Sie »war von 1778 den ganzen Tag bei mir«, schrieb Lichtenberg später. »Hier fand ich, dass in dem vortrefflichen Leib eine Seele wohnte, grade so wie ich sie längst gesucht aber nie gefunden hatte«. Die Liebe zu dem Mädchen machte in Göttingen Skandal, was ihn allerdings nicht störte. Zu seinem großen Leid starb seine Geliebte 1782, gerade 17 Jahre alt. Zwar heiratete Lichtenberg später noch und bekam acht Kinder, aber den Verlust des Mädchens verschmerzte er nie.

Lit.: Wolfgang Promies, Lichtenberg, Reinbek 1964
Georg Christoph Lichtenberg 1742–1799. Wagnis der Aufklärung, (Ausstellungskatalog) München und Wien 1992
Otto Weber (Hrsg.), Lichtenberg. Spuren einer Familie, (Ausstellungskatalog) Ober-Ramstadt 1992

Herkömmliche Darstellung des Limes im 2. Jahrhundert. Heute geht die Forschung davon aus, dass damals die Römer die Pfahlmauern verfallen ließen. Graben und Wall genügten offenbar als Grenzhindernis.

Limes

Römische Grenzlinie quer durch Hessen, die von 80 bis 260 n. Chr. die Provinz Obergermanien vom nichtrömischen Ausland trennte (➤ Römer). Anfangs stand nur eine Palisade, im zweiten Jahrhundert wurden dann Gräben gezogen und Wälle aufgeschüttet. Neuere Forschungen legen nahe, dass man danach die Pfahlmauern verfallen ließ. Der »Obergermanische Limes« zog sich von Rheinbrohl bei Koblenz über die Taunuskämme, umschloss die Wetterau, die Kornkammer der Provinz, passierte Altenstadt und Marköbel, um dann bei Großkrotzenburg auf den Main zu stoßen. Von da an reichte der Fluss als Sicherungslinie. Erst im fränkischen Wörth begann wieder eine Pfahlmauer, die den Odenwald durchzog, um später im Donaugebiet an den »Raetischen Limes« anzuschließen. Die Grenzlinie war nicht zur Verteidigung geeignet, sondern nur ein Annäherungshindernis, das den Wachen auf den Grenztürmen ermöglichte, die Grenzen des Imperiums zu kontrollieren. Grenzverletzer konnten meist erst auf römischem Gebiet gestoppt werden – aber man hatte sie eben eindringen gesehen. Der Obergermanische Limes war 375 km lang, davon etwa 180 km auf dem Gebiet des heutigen Hessen. Mitte des 3. Jahrhunderts wurde der Druck der Alamannen so stark, dass Rom seine Grenze wieder zum Rhein zurücknahm. Eine andere Theorie vermutet, dass die rechtsrheinischen Gebiete den Römern einfach zu kostenträchtig wurden und sie sich deshalb zurückzogen. Die Alamannen hätten das herrenlose Land dann nach und nach besiedelt.

Im Juli 2005 erklärte die UNESCO den Obergermanisch-Raetischen Limes zum Weltkulturerbe und erhob damit das größte Bodendenkmal Europas in den Rang der Pyramiden von Gizeh und der Chinesischen Mauer.

Lit.: Margot Klee, Der Limes zwischen Rhein und Main, Stuttgart 1989
Dietwulf Baatz, Der römische Limes, Berlin 4-2000
Vera Rupp/Heide Birley, Wanderungen am Wetteraulimes, Stuttgart 2005
Andreas Thiel, Wege am Limes. 55 Ausflüge in die Römerzeit, Stuttgart 2005

Lottozahlen

Das Glücksspiel hat in Hessen eine lange Tradition. Schon im 17. Jahrhundert wurde in den Modebädern Langenschwalbach (heute: Bad Schwalbach) und Schlangenbad gezockt, was Würfeln und Karten hergaben. Die adligen Badegäste wollten damit ihre Langeweile vertreiben und verhalfen den kleinen Orten zu einem erheblichen Wohlstand. Seit 1771 gab es dann in Wiesbaden einen privilegierten Spielbankpächter. Bereits zwei Jahre zuvor hatte Fürst Karl von Nassau-Usingen, der von Wiesbaden aus regierte, die erste Zahlenlotterie auf hessischem Boden eingeführt. Neben Wiesbaden war es später vor allem (Bad) Homburg, wo die Schönen und Reichen ihr Geld verspielten. Einer der berühmtesten Wiesbadener Spieler war der russische Schriftsteller Fjodor Michajlowitsch Dostojewski. 1865 verlor er die 3000 Rubel, die ihm sein Verleger als Vorschuss für eine Werkausgabe und einen neuen Roman gezahlt hatte. Daraufhin diktierte Dostojewski in nur vier Wochen seinen Roman »Der Spieler«, den er in einem fiktiven Roulettenburg ansiedelte. Der Ort trägt allerdings deutliche Züge von Wiesbaden. Der Ich-Erzähler, der an einem Abend mit einem Goldstück als Einsatz 100 000 Florinen gewinnt, verfällt dem Spiel so sehr, dass darüber seine Liebe zu der schönen Polina zerbricht. Dostojewski selbst gelang es später, sich von seiner Leidenschaft zu kurieren. Der Erfolg seiner Bücher befreite ihn von allen finanziellen Sorgen.

Auf Befehl der preußischen Regierung wurde die Wiesbadener Spielbank zu Silvester 1872 geschlossen. Heute gibt es in Hessen nicht nur in Wiesbaden und Bad Homburg Spielbanken, sondern auch in Kassel und am Frankfurter Flughafen.

Der viel zitierte kleine Mann geht aber in der Regel nicht an den Roulettetisch, sondern in die Lottoannahmestelle seines Vertrauens. Seit dem Ende des Zweiten Weltkriegs haben Lotto und Toto einen gewaltigen Aufschwung genommen. Am 10. April 1949 wurden zum ersten Mal in Hessen Totozahlen ausgespielt. Für den Einsatz von 50 Pfennigen winkten 9654 Mark, die zwei Tipper gewannen. Die erste Ziehung von »6 aus 49« Zahlen fand am 9. Oktober 1955 in einem Hamburger Hotel statt. Ein zwölfjähriges Mädchen holte

Lottofee Franziska Reichenbacher.

die 13 als erste Zahl aus der Trommel. Zehn Jahre dauerte es, bis zum 4. September 1965, bis die erste Ziehung im Fernsehen übertragen wurde. Seitdem ist die Sendung, die live aus einem Studio des ➛ Hessischen Rundfunks kommt, ein wahrer Straßenfeger. Obwohl die Wahrscheinlichkeit, alle sechs Gewinnzahlen und die Superzahl richtig zu tippen, bei 1:140 Millionen steht, warten Woche für Woche Millionen Menschen auf den Supergewinn. Denn immerhin werden jedes Jahr rund 300 Tipper zu Lottomillionären. Konnten früher nur 500 000 Mark bei einem Sechser gewonnen werden, so sind seit 1985, als der Jackpot eingeführt wurde, den Geldträumen fast keine Grenzen gesetzt. Den bisher höchsten Einzelgewinn erzielte im Januar 2004 mit 20,2 Millionen Euro eine Frau aus Baden-Württemberg. Was sie damit gemacht hat, ist unbekannt geblieben. Hoffentlich ist es ihr nicht so ergangen wie anderen Glückstippern, die nach wenigen Jahren schon wieder alles verjubelt hatten. Das sollen gar nicht so wenige sein. Und nicht jeder, der einen richtigen Sechser hat, wird auch Millionär. Fortuna lässt sich da einiges einfallen. Als zum Beispiel 1999 die Zahlenkombination 2, 3, 4, 5, 6, 26 aus der Plexiglastrommel fiel, da gab es für die 31 Gewinner je nur rund 230 000 Mark. Und damit hatten sie noch Glück. Wenn die Gewinnzahlen graphische Muster auf dem Lottoschein erzeugen, dann ist die Quote noch geringer. Eine ästhetisch ansprechende Anordnung der Kreuzchen scheint vielen Lottospielern zu gefallen – ist aber nicht zu empfehlen. Genauso wenig, wie die Gewinnzahlen der holländischen Ausspielung eine Woche zeitversetzt zu übernehmen. Das hatten 1977 über 200 Lottospieler getan. Als dann in Deutschland die gleiche Kombination gezogen wurde, wurden die Gesichter der Gewinner immer länger. Nur gut 30 000 Mark zahlten die Lottogesellschaften jedem aus. Wer da schon seinem Chef kräftig die Meinung gesagt hatte ...

Wer schon seit Jahren spielt und noch nie richtig gewonnen hat, der kann sich damit trösten, dass die Lotterieeinnahmen nicht spurlos in den Staatskassen verschwinden, sondern einen erhebliche Beitrag zum kulturellen und sozialen Leben leisten. Denn nur 16,7 Prozent der Einnahmen gehen in Hessen als Lotteriesteuer an den Finanzminister. 18 Prozent werden im Landeshaushalt für Sport, Kultur, Denkmalpflege und soziale Aufgaben ausgewiesen. 6,8 Prozent erhalten festgelegte Empfänger wie der Landessportbund und die Wohlfahrtsverbände. An die Gewinner werden 48,5 Prozent des Einsatzes ausgezahlt.

Im internationalen Vergleich sind die deutschen Lottomillionäre arme Schlucker. In den USA oder Spanien wird manchmal eine viertel Milliarde Euro als Supergewinn an Tippgemeinschaften ausgezahlt.

Luchs

Mitte der achtziger Jahre sahen Forstarbeiter im Kellerwald (Kreis Waldeck-Frankenberg) ein rehgroßes Tier, das einen Waldweg entlanglief. Sie hatten es zunächst für einen Hund gehalten. Doch als es dann auf 50 m herankam, erkannten sie Stummelschwanz und Pinselohren. Eindeutig: ein Luchs. Die erste Sichtung in Hessen seit 1833. In jenem Jahr soll im Odenwald der letzte Luchs erlegt worden sein. Seitdem galt er bei uns als ausgerottet. Mittlerweile wird die Großkatze häufiger gesehen. Der »Arbeitskreis Hessenluchs« – ein Zusammenschluss verschiedener Naturschutzorganisationen – hat in allen hessischen Landkreisen Luchsbeauftragte eingesetzt, die Sichtungen, Fährten und gerissene Beutetiere dokumentieren und an sein Luchsregister weiterleiten. Durchschnittlich kommen so in jedem Jahr 50 neue Luchshinweise in die zentrale Datei. Die Schwerpunkte liegen im südlichen Werra-Meißner-Kreis, in Mittelhessen, im Vogelsberg, im Spessart und im südlichen Odenwald. Aber selbst im Rhein-Main-Gebiet wurden einzelne Tiere gesehen. 2005 lief ein Luchs bei Marburg durch den Aufnahmebereich einer Überwachungskamera, die an einem Landschulheim in Alleinlage installiert war. Der erste direkte

Nachweis in Hessen. Die Herkunft dieser Luchse ist unbekannt. Selbst genetische Untersuchungen gefangener Tiere würden da nicht weiterhelfen, da im Nationalpark Harz Luchse aus Tiergärten ausgewildert wurden, die als »gemischtrassige« Nachzuchten keine eindeutigen Herkunftsnachweise zulassen. Der »Arbeitskreis Hessenluchs« stellt deshalb das Verhalten der Tiere in den Vordergrund: Unter den registrierten 229 Luchshinweisen (1985–2007) waren nur drei Tiere, die die arteigene Distanz zum Menschen vermissen ließen und deshalb vermutlich in Gefangenschaft aufgewachsen sind. Aber auch sie sind für Menschen nicht gefährlich. Hunde können allerdings mit den scharfen Luchskrallen Bekanntschaft machen. Allerdings nur, wenn sie den Luchs hetzen und dabei in eine ausweglose Situation bringen.

Die hessischen Luchse könnten aus dem Harz, dem Fichtelgebirge und dem Bayerischen Wald zugewandert sein. Es ist nicht auszuschließen, dass darunter auch Tiere sind, die aus Gatterhaltungen entkamen oder irgendwo illegal ausgesetzt wurden. Offenbar gibt es in einigen Regionen auch Nachwuchs. Seit 2003 wurden immer wieder Luchse mit Jungtieren gesehen.

Über die Gesamtzahl der Großkatzen in Hessen kann allerdings nur spekuliert werden. Da die Tiere einen hohen Aktionsradius haben, können Meldungen aus dem Spessart, dem Vogelsberg und der Wetterau vom selben Luchs stammen.

Lit.: www.luchs-in-hessen.de

Graf von Luxemburg

Eigentlich war es ein rabenschwarzer Tag für Herzog Adolph von Nassau, als am 18. Juli 1866 preußische Truppen in Wiesbaden einrückten. Der Herzog hatte sich bereits vorher abgesetzt, um nicht in Gefangenschaft zu geraten. Der Krieg gegen Preußen war verloren. Am 3. Oktober 1866 sollte das Herzogtum dann ganz der preußischen Monarchie einverleibt werden. Für einen Herzog a. D. gab es nichts mehr zu tun. Allerdings sollte er nach dem Willen der neuen

Herrn nicht in Armut sterben. Er erhielt die nicht gerade bescheidene Summe von achteinhalb Millionen Talern als Abfindung und dazu noch die Schlösser Biebrich und Weilburg. Adolph hielt sich zunächst vorwiegend in Wien und auf einem Schloss in Oberbayern auf. Er glaubte lange daran, dass er auch als abgedankter Herzog und Privatier sterben werde, da ereignete sich etwas, das niemand mehr für möglich gehalten hatte. Der niederländische König Wilhelm III., der aus der nassau-oranischen Linie der weit verzweigten europäischen Fürstenfamilie stammte, starb am 23. November 1890. Er hatte die Niederlande und das Großherzogtum Luxemburg in Personalunion regiert. Da seine drei Kinder bereits tot waren und es keine direkten Erben gab, lösten die Luxemburger die Personalunion auf und krönten den Ex-Herzog von Nassau (der dem nassau-walramischen Familienzweig angehörte) zu ihrem Großherzog. Er regierte bis 1905, sein Sohn Wilhelm IV. bis 1912. Danach waren die Frauen in der Familie dran. Die Verbundenheit des Luxemburger Großherzogshauses zu Wiesbaden und dem ehemaligen Nassau hält bis heute an. Als 1981 in der hessischen Landeshauptstadt der Gründung des Herzogtums Nassau vor 175 Jahren mit einer Ausstellung gedacht wurde, schrieb Henri, Erbgroßherzog von Luxemburg, im Katalog: »Meine Familie hat Land und Leute des früheren Herzogtums Nassau nie vergessen. Als Tochter des letzten Nassauers hat meine Großmutter, Großherzogin Charlotte von Luxemburg, das Andenken an ihre Vorfahren liebevoll gepflegt. Sie spricht oft mit mir darüber, besonders seit ich durch meine Großjährigkeit den Titel ›Erbprinz von Nassau‹ führe.«

Herzog Adolph von Nassau.

Lit.: Herzogtum Nassau 1806–1866, (Ausstellungskatalog) Wiesbaden 1981
Winfried Schüler, Das Herzogtum Nassau 1806–1866. Deutsche Geschichte im Kleinformat, Wiesbaden 2006

M

Marburg-Palindrom

Anna gilt als Mutter und Otto als Vater aller Palindrome – jener Wörter und Sätze, die man genauso gut auch rückwärts lesen kann. Hessens spezieller Beitrag ist das wortreiche Marburg-Palindrom, das allen Anforderungen gerecht wird und zudem noch Wahres transportiert:

»Nie grub Ramses Marburg ein«.

Eine Feststellung, der niemand zu widersprechen wagt. Weitaus geläufiger, aber weniger lokal, ist jenes Palindrom mit Afrika-Bezug, das in den gängigen Lexika zumeist als Beispiel angeführt wird:

»Ein Neger mit Gazelle zagt im Regen nie.« Eine Behauptung mit ethnologischen Fragezeichen. Ähnlich auch der »Gin ohne Glasalgenhonig«, von dem kein Trinker je etwas gehört hat. »Reliefpfeiler« und »Reittier« wirken da schon weitaus alltäglicher. Unnötig anrüchig gerät hingegen die Forderung »Spart Straps«, die, ökologisch gewendet, auch »Spart Raps« lauten könnte. Das nördlichste aller Palindrome aber schreibt sich »Qaanaaq« und soll die Provinzhauptstadt von Nordgrönland sein.

Lit.: Dieter Grönling, Nie grub Ramses Marburg ein, in: taz vom 20.2.2002
Ders., Gin ohne Glasalgenhonig, in: taz vom 25.2.2002

Mathematikum

Über 100 Exponate kann man im ersten Mathematikmuseum der Welt in Gießen bestaunen, das sich von anderen Einrichtungen dadurch unterscheidet, dass es mit dem bloßen Anschauen nicht getan ist. Die Besucher sollen selbst Lösungen für die mathematischen Probleme finden. Dabei aber wird ihnen mit zündenden didaktischen Ideen geholfen. Wer nach dem Besuch dieses Museums immer noch kein Interesse an Mathematik hat, der sollte – das Mathematikum vielleicht abermals besuchen.

Alles begann 1993 in einem Proseminar von Professor Albrecht Beutelspacher über »Geometrische Modelle«. Die Studierenden

Das Mathematikum in der Gießener Liebigstraße.

bekamen die Aufgabe, die »darin steckende Mathematik« zu erklären. Dieser Appell zur konkreten Mitarbeit der Studenten sollte Folgen haben. 1994 gab es im Institut für Didaktik der Mathematik der Justus Liebig-Universität eine Ausstellung: »Mathematik zum Anfassen«. Schnell wurde klar, dass es ein sehr großes Bedürfnis gibt, die abstrakt scheinende Mathematik anschaulich, sinnlich erfahrbar zu machen. Die große Überraschung: Mit gutem Willen, Fantasie und soliden mathematischen Kenntnissen ist das sehr wohl möglich. 1996 folgte eine zweite Ausstellung. Verblüffend war das berühmte Experiment mit den Reiskörnern auf dem Schachbrett. Auf das erste Feld wird ein Reiskorn gelegt, auf das zweite Feld zwei, aufs dritte vier, dann acht, sechzehn und so weiter. Rasch stößt die Sache mit den Reiskörnern an ihre Grenzen. Man musste sich andere Lösungen ausdenken. Figuren, die im Original so viel wiegen würden wie der eigentlich fällige Reishaufen, regen zum Staunen an: Ein Kind, ein Erwachsener ... Obelix. So wird Mathematik erfahrbar.

Die Erfolgsgeschichte geht weiter. Im Sommer 1998 findet in Berlin die »Olympiade der Mathematik«, der internationale Mathematikerkongress, statt. Die Gießener Ausstellung »Mathematik zum Anfassen« wird während des Kongresses von 10 000 Besuchern regelrecht gestürmt. Nun gibt es für Beutelspacher und seine Mit-Mathematiker nur noch eines: ein Museum muss her! Es klappt. Weil alle beteiligten Stellen mitziehen, weil man auch weiß, dass hier ein echtes Bedürfnis herrscht, kann das einzigartige Museum, das Mathematikum, am 19. November 2002 durch Bundespräsident Johannes Rau eröffnet werden.

Im ersten Jahr kommen statt der erwarteten 60 000 weit mehr, nämlich 135 000 Besucher. Im zweiten Jahr steigt der Besucherstrom um 20 %, und immer noch wächst die Popularität dieses ungewöhnlichen Museums. Vorlesungen für Kinder, die Talk-Show »Mathematik auf dem Sofa« und viele begeisterte Berichte sorgen ständig für ein hervorragendes Renommee.

Die Adresse: Mathematikum, Liebigstraße 8, 35390 Gießen, Telefon: 0641 / 9697970.

Mäuseturm

Zugegeben, die kleine Rheininsel mit dem Turm liegt zwar direkt bei Rüdesheim, aber doch knapp jenseits der Landesgrenze und damit in Rheinland-Pfalz. Ein Umstand, den man lokalpatriotisch beklagen kann. Man kann es aber auch lassen.

In seiner ursprünglichen Funktion war das Bauwerk auf der Insel allerdings schon immer auf das hessische Rheinufer bezogen. Seit dem 14. Jahrhundert bildete der Turm zusammen mit der Burg Ehrenfels bei Rüdesheim eine Zollsperre für die Schifffahrt, an der die im Rheingau regierenden Mainzer Fürstbischöfe Maut erhoben. Allen lokalen Sagen zum Trotz ist der Name Mäuseturm nur eine mutierte Version des historischen Maut-Turms, der viele Vorgängerbauten hatte und in seiner heutigen, neugotischen Variante erst Mitte des 19. Jahrhunderts errichtet wurde. Von da an war er auch keine Mautstation mehr, sondern der erste feste Signalpunkt für die Schifffahrt im engen Mittelrhein mit seinen gefährlichen Strudeln und Untiefen.

> »*Flaggen, farbige Bälle und Drehtafeln*«, schreibt Marion Diehl, »*dienten als ›Verkehrszeichen‹, um auf gefährliche Situationen im Fluss hinzuweisen, bis 1961 erstmals Lichtsignale erprobt wurden, die ab 1970 in allen Warschaustationen am Mittelrhein den Flussverkehr regelten. Vier Jahre später wurde durch die Verbreiterung der Fahrrinne auf 120 Meter die Signalstation auf dem Mäuseturm überflüssig.*«

Das achteckige Bauwerk mit seinen roten Zinnen gehört zum romantischen Inventar des Weltkulturerbes Mittelrheintal, und allen Touristen wird der aktuelle Name Mäuseturm mit etlichen Sagen erklärt, in denen die Nager eine tragende Rolle spielen. Eine vermutlich reale Hungersnot in der Amtszeit des Mainzer Erzbischofs Hatto II. (968–970) liefert den historischen Hintergrund:

> *»Hatto wird nachgesagt, er habe alles verfügbare Getreide in seine Scheunen gebracht und sich geweigert, den hungernden Bauern etwas abzugeben. Damit nicht genug der Hartherzigkeit, soll er gar einige Bauern in eine Scheune gesperrt und sie darin bei lebendigem Leibe verbrannt haben. Aus dieser Scheune aber konnten Tausende von Mäusen entkommen – sie verfolgten den Erzbischof bis an seinen Zufluchtsort, den Turm mitten im Rhein. Der wurde ihm zum Verhängnis, denn es gab kein Entrinnen mehr und die Mäuse bissen ihn tot.«*

Folgt man einer anderen Sagen-Fassung, so soll der geizige Hatto die hungernden Menschen als unnütze Kornmäuse beschimpft haben. Sie seien eine rechte Plage, und die müsse man vertilgen. Wenig später fielen Tausende von Mäusen über die bischöflichen Kornspeicher her. Diese wirkliche Plage vernichtete den gesamten Getreidevorrat und trieb den bösen Bischof schlussendlich auf den Mäuseturm. Doch die Zuflucht half ihm wenig. Die zu allem entschlossenen Nager schwammen nun massenhaft über den Fluss und führten Hatto seinem verdienten Ende zu.

Lit.: Marion Diehl, Von Mäusen und einem geizigen Bischof, in: Wiesbadener Kurier vom 5.8.2002

Megalithgrab von Muschenheim

Die »Heiligen Steine« bei Lich-Muschenheim gelten mittlerweile als das spektakulärste Gemeinschaftsgrab der hessischen Jungsteinzeit. Als Großsteinbau eindeutig der Megalithkultur zugehörig, dürfte die Anlage etwa 3000 vor der Zeitenwende entstanden sein. Nach umfangreichen Grabungen durch die Universität Gießen erwies sich der ungeordnete Steinhaufen als exotischer Ausläufer einer westalpinen

Kultur. Die Forscher legten den trapezartigen Grundriss der Gangkammer frei, der für die Großsteingräber der Franche-Comté typisch ist. Zudem entdeckten sie einen bis dato unbekannten 4 m hohen Menhir (➛ Hinkelsteine), der einst in Ostrichtung vor dem Kammereingang stand. Damit musste die Vorgeschichte der Wetterau umgeschrieben werden. Galt der Steinbau bislang als südlichster Punkt der nordischen Megalithkultur, so avancierte er nunmehr zum nördlichsten der Burgundisch-Savoyardischen Megalith-Zone. Unklar ist allerdings, ob hier nur kurzzeitig exotisches Know-how durch einen angeheuerten Bautrupp in die Wetterau kam oder ob es eine dauerhafte Kulturbrücke in die Westalpen gab.

Lit.: Manfred Menke, Neue Ausgrabungen in der Megalithanlage »Heilige Steine« bei Muschenheim (Landkrs. Gießen), in: Germania 71, Mainz 1993

Menhir ➛ Hinkelsteine

Merian

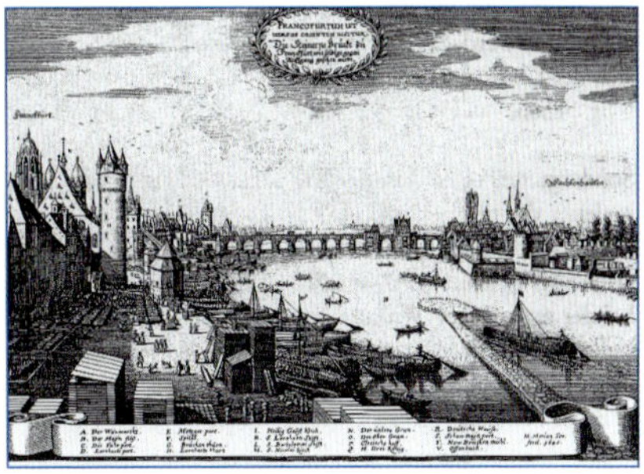

Frankfurt, Kupferstich von Matthäus Merian (1655).

Der Name ist heute mehr ein Begriff als ein Familienname. Eine Zeitschrift heißt so, und wer auf sich hält, hat einen Merian-Stich von seiner Stadt im Wohnzimmer oder zumindest im Flur hängen. Die Künstlerdynastie, die dahintersteht, ist dagegen so gut wie unbekannt. Im Juni 1626 war der in Basel geborene Matthäus Merian (der später »der Ältere« genannt wurde) Frankfurter Bürger geworden. Er hatte, mitten im Dreißigjährigen Krieg, die Druckerei seines verstorbenen Schwiegervaters übernommen und zunächst das erfolgreiche Verlagsprogramm weitergeführt. Als Verleger und Kupferstecher schuf er bis zu seinem Tod im Jahre 1650 neunzig Werke: Illustrationen zur Bibel, »Gottfrieds« Weltchronik mit fast 2000 Seiten und 600 Abbildungen, das »Theatrum Euro-

Dschungelblüte mit ›großem Atlas‹. Kolorierter Stich von Maria Sibylla Merian (1705).

peum« und die dreißigbändige »Topographia« von Deutschland, Italien und Frankreich mit 2500 Stichen von fast allen Städten in diesen Ländern. Ein gewaltiges Werk, das seine Söhne und Enkel vollendeten. Das Erbe ihres Vaters setzte aber die am 2. April 1647 in Frankfurt geborene Maria Sibylla Merian am konsequentesten fort. Ihr »Neues Blumenbuch« und ihr »Raupenbuch« sind so detailreich und genau wie die Städteansichten ihres Vaters, nur interessierte sich die im heutigen Sinn emanzipierte Frau mehr für die belebte Natur als für die gestaltete Welt. 1699 bis 1701 reiste sie nach Niederländisch-Guayana (Surinam) und erkundete dort Pflanzen und Tiere. Die Ergebnisse dieser Expedition erschienen 1705 als »Metamorphosis insectorum Surinamensium« mit 60 handkolorierten Kupferstichen. Maria Sibylla Merian beschrieb aber nicht nur erstmals bis dahin unbekannte Lebewesen, sie kritisierte auch das Verhalten der Kolonialmacht gegenüber den Ureinwohnern. Wie Barbara Henke in ihrem Merian-Familienporträt schreibt, verurteilt sie als Humanistin die Sklavenhaltung, »lobt als Volkswirtschaftlerin die Techniken der Einheimischen zur haushälterischen und medizinischen Nutzung der Rohstoffe aus Flora und Fauna im Gegensatz zur sinnlosen Monokultivierung des Landes durch die Europäer und legt als Sozialkritikerin Zeugnis ab von den oft tödlichen Folgen der ausbeuterischen Herrschaftsverhältnisse«. Am 13. Januar 1717 ist Maria Sibylla Merian in Amsterdam gestorben.

Lit.: Matthäus Merian d. Ä., (Ausstellungskatalog) Frankfurt am Main/Basel 1993
Kurt Wettenengl (Hrsg.), Maria Sibylla Merian 1647–1717. Künstlerin und Naturforscherin, (Ausstellungskatalog) Ostfildern-Ruit 1997

Miniermotte

Wenn sich bereits im Hochsommer die Kastanienalleen braun verfärben, so liegt das nicht an Wassermangel oder zu hoher Sonneneinstrahlung. Schuld ist ein kleines Insekt, das 1984 in seiner Heimat Mazedonien aufbrach und Mitte der neunziger Jahre Hessen erreichte: *Cameraria ohridella*, die Kastanien-Miniermotte.

Die winzigen Mottenlarven verschonen allerdings die rot blühenden Rosskastanien. Ihre Vorliebe gilt den weißblütigen Bäumen. Dort fressen sie sich hemmungslos durch das Innere der Blattadern. Die Nährstoffzufuhr gerät ins Stocken. Nach etwa 14 Tagen sind die befallenen Blätter quasi verhungert, werden braun und sterben ab. Bislang sind die Bäume mit dem frühen Herbst zurechtgekommen und schlagen in jedem Frühjahr wieder aus. Fachleute gehen jedoch davon aus, dass eine über Jahre hinweg drastisch verkürzte Grünsaison die Rosskastanien langfristig schwächen wird. Sie könnten anfälliger werden für die üblichen Stressfaktoren in den Städten: Bodenverdichtung, Abgase und saurer Regen. Bekämpfen könnte man den Balkan-Einwanderer nur mit Insektiziden, die auch für Menschen gefährlich sind. Ein abstruser Gedanke, stehen doch die meisten mottenbraunen Kastanien in unseren Wohnbezirken. Münchner Biologen arbeiten zwar an Lockfallen mit Sexual-Duftstoffen (Pheromone), haben bislang aber noch keine praktischen Erfolge erzielt. Lediglich das Sammeln und gründliche Verbrennen des befallenen Herbstlaubes kann die Mottenausbreitung etwas eindämmen. Dabei werden dann die Eigelege vernichtet. Lohnend wäre auf jeden Fall die Suche nach natürlichen Fressfeinden, etwa spezialisierte Raubwespen und Schildwanzen, die es möglicherweise in Mazedonien gibt. Unsere einheimische Fauna jedenfalls hat die Motten und ihre Raupen nicht auf ihrem Speisezettel. Sie bräunen völlig ungestört.

Müller-Thurgau

Ertragreiche, weiße Rebsorte, die Hermann Müller-Thurgau in den siebziger Jahren des 19. Jahrhunderts durch Kreuzung kreierte. Bislang ging man davon aus, dass er dazu Riesling-Rebe und Silvaner benutzte. Mittlerweile wird vermutet, dass der erfolgreiche Bastard aus den Sorten Gutedel und Riesling entstand. Hermann Müller entlieh seinen Zweitnamen dem heimatlichen Thurgau in der Schweiz. Die ersten Müller-Thurgau-Pflanzen hatte er dort bereits entwickelt, als man ihn 1876 in den Rheingau holte. Er wurde der erste Leiter der ➛ Forschungsanstalt Geisenheim. Als Müller seine neue Rebe mit in den Rheingau brachte, war sie noch nicht praktisch einsetzbar. Die Weiterentwicklung durch Versuchsanbau bis hin zum wirtschaftlichen Einsatz in geeigneten Weinregionen erfolgte in Geisenheim. Der Siegeszug der Müller-Thurgau-Kreuzung ging also vom Rheingau aus. Gleichwohl spielt dort diese Rebsorte keine Rolle. Der magere Schieferboden eignet sich eher für ➛ Riesling und ➛ Spätburgunder. Der Massenertragssorte des Dr. Müller bekommen schwere Löss- und Lehmböden am Besten. Sie wird deshalb vornehmlich in Rheinhessen angebaut, dessen 26 000 Hektar Rebfläche mit gut 22 % Müller-Thurgau-Reben bestockt sind. Die Provinz Rheinhessen wurde nach dem Zweiten Weltkrieg von Hessen abgetrennt und zu Rheinland-Pfalz geschlagen. Im heutigen Bundesland Hessen dominiert die Weißwein-Kreuzung lediglich im Anbaubereich Groß-Umstadt, jener »Weininsel« östlich von Darmstadt, die als Exklave zur Weinregion Bergstraße gehört. Kenner beschreiben den süffigen Weißwein als voll, bukettreich und würzig. Seine großen Erntemengen machen den Müller-Thurgau zu einem erschwinglichen Wein für jeden Tag.

Lit.: Deutsches Wein-Institut, Mainz 1996

Mutter von Monte Carlo

Der Spielsaal im Kurhaus von Homburg (um 1860).

Spielbanken gab es schon lange in Deutschland (➤ Lottozahlen), als sich die Brüder François und Louis Blanc aufmachten, in der Residenz der kleinen Landgrafschaft Hessen-Homburg die Roulettekugeln rollen zu lassen. Als Spielbankbetreiber in Paris besaßen sie bereits genügend Erfahrung. Als Frankreich 1838 das Glücksspiel verbot, holte sie Landgraf Philipp nach Homburg. 1840 wurde ein Pachtvertrag auf dreißig Jahre über die Mineralquellen und den Betrieb einer Spielbank geschlossen. Dafür mussten die Brüder ein Kurhaus errichten, das schon 1843 eröffnet wurde. Als Gebäude mit großem Ballsaal und prächtig ausgestatteten Konversations- und Spielsälen erfüllte es internationale Ansprüche – und entsprechend international war das Publikum, das schon bald von Russland, England oder Frankreich nach Homburg strömte. Wenn der europäische Hochadel schon sein Geld verlieren sollte, dann wenigstens in einer angenehmen Umgebung.

Der Kasseler Kurfürst Wilhelm II. war von dem neuen Spielsaal gar so begeistert, dass er ganze Monate darin zubrachte und nicht mehr zum Regieren kam. Schließlich musste er sogar, um seine Schulden zu begleichen, seine vierzig Orangenbäumchen aus dem Philippsruher Schloss in Zahlung geben. Allerdings, es wurde auch gewonnen, wie von dem Spanier Thomas Garcia und Prinz Charles Lucien Bonaparte. Die Erfolge der Spieler gingen durch die Weltpresse und waren eine traumhafte, fast unbezahlbare Werbung. In manchen Sommern sollen sich im Homburger Kurhaus mehr russische Grafen und Fürsten aufgehalten haben als im Petersburger Zarenschloss. Die Brüder Blanc wurden reicher und reicher, konnten ihre Kinder, im wahrsten Sinne des Wortes, königlich verheiraten, spendierten Homburg die Straßenbeleuchtung, eine Wasserleitung und zuletzt eine Eisenbahn nach Frankfurt – das allerdings nicht ohne Hintergedanken, denn ihre zahlungskräftige Kundschaft sollte ja möglichst bequem nach Homburg kommen.

Als 1866 der letzte Homburger Landgraf starb, waren auch die Tage der Spielbank vorerst gezählt. Denn Homburg kam zu Preußen, und in Preußen war das Glücksspiel verboten. Silvester 1872 rollte zum letzten Mal die Kugel im Kurhaus. Die Brüder Blanc gingen nach Monte Carlo und schufen dort die heute berühmteste Spielbank der Welt.

Lit.: 1200 Jahre Bad Homburg v. d. Höhe, Bad Homburg 1982
Egon Caesar Conte Corti, Der Zauberer von Homburg und Monte Carlo/Eva Schweiblmeier, Die Rückkehr des Glücks (Doppelband), Frankfurt am Main 2008

N

Nassauer Wappen auf dem Wiesbadener Schlossplatz.

Nassauern

Eines der übelsten Vorurteile, das den Hessen immer wieder begegnet, heißt: sie würden »nassauern«. Dabei war und ist genau das Gegenteil der Fall. Der Begriff kommt, und da gibt es keinen Zweifel, von Nassau, genauer vom Herzogtum Nassau, das von 1806 bis 1866 existierte. Das Herzogtum mit Wiesbaden als Hauptstadt war ein kleines Land und konnte sich keine eigene Universität leisten. Die Landeskinder mussten, wenn sie studieren wollten, ins »Ausland« gehen. Herzog Wilhelm handelte deshalb mit dem König von Hannover aus, dass die jungen Nassauer sich in Göttingen ausbilden lassen durften. Um den Studenten den Aufenthalt in der über zwei Tagesreisen entfernten Stadt etwas angenehmer und billiger zu machen, stiftete der Herzog eine bestimmte Anzahl von so genannten »Freitischen«, an denen sich die Nassauer Studenten tagein, tagaus satt essen konnten. Allerdings hatten die Schützlinge des Landesvaters nicht immer Hunger oder wussten sich andernorts zu verköstigen. So waren die Stühle vor den Freitischen gelegentlich leer geblieben, was den Studenten aus dem Westerwald oder dem Taunus ein Gräuel gewesen sein muss. Denn schließlich wäre man damals in den ärmeren Gebirgsgegenden von Nassau froh gewesen, jeden Tag einen gedeckten Tisch zu finden. Nicht ohne Grund sind in dieser Zeit viele Nassauer ausgewandert, um dem Hungertod zu entgehen. Also stellten die findigen Freitischbesitzer ihre Bohnensuppe oder Pellkartoffeln anderen Studenten zur Verfügung, die dann nach Herzenslust »nassauern« durften. Es waren also niemals die Nassauer, die nassauerten. Aber da sich jede gute Tat rächt, ist der Sinn des Wortes im Laufe der Jahre genau umgedreht worden. Bis heute hat sich das Nassauern übrigens in zwei Varianten erhalten: In Wiesbaden gibt es die »Tafelrunde der Nassauer«, an die, natürlich im »Nassauer Hof«, nur »sympathische, nette und kluge Leute« geladen werden. Und das Land Hessen ist einer der größten Zahlmeister im Länderfinanzausgleich. Kleine Bundesländer, wie zum Beispiel das Saarland, Rheinland-Pfalz oder Sachsen-Anhalt, profitieren von der Leistungsfähigkeit Hessens und »nassauern« damit ganz kräftig. Der »Nassauische Centralstudienfond«, den der Herzog 1817 gegründet hatte, besteht bis heute und unterstützt u. a. Studenten, die aus dem Gebiet des ehemaligen Herzogtums stammen, mit 1000 Euro pro Semester über die gesamte Regelstudienzeit.

Josef Neckermann

»Arisches Unternehmen«. Katalog der Wäsche- und Kleiderfabrik Josef Neckermann (1938/39).

Kein Werbespruch ist in Deutschland so populär geworden wie »Neckermann macht's möglich«. Die Botschaft, die dahinterstand, war eigentlich ein großes Versprechen. Nach dem verlorenen Krieg, nach Hunger und Währungsreform sollte es wieder an der Zeit sein, sich etwas zu gönnen. Die bunten Versandhauskataloge waren die Boten einer neuen, glücklichen Welt mit Wohlstand für alle und unbegrenztem Konsum. Jeder sollte sich alles leisten können.

Wer das versprach, hieß Josef Neckermann und war der Sohn eines vermögenden Kohlenhändlers aus Würzburg. Am 5. Juni 1912 geboren hatte er zunächst eine Banklehre absolviert und war 1931 in das väterliche Unternehmen eingetreten, dessen Geschäftsführung er drei Jahre später übernahm. Während der NS-Zeit profitierte er davon, dass jüdische Kaufleute ihre Unternehmen weit unter Wert verkaufen mussten. So erwarb er 1935 von dem jüdischen Unternehmer Siegmund Ruschkewitz ein Textilkaufhaus und ein Niedrigpreisgeschäft mit fast 200 Mitarbeitern. Neckermann gehörte seit 1933 der Reiterstaffel der SA an. 1937 trat er der NSDAP bei. Ein Jahr später übernahm er eines der größten Versandunternehmen in Deutschland.

Es hatte dem Wäschefabrikanten Karl Amson Joel (dem Großvater des Popsängers Billy Joel) gehört. Beiden Familien, deren Firmen »arisiert« worden waren, wurden nach dem Zweiten Weltkrieg nur relativ geringe Entschädigungssummen zugesprochen.

Neckermann lieferte Uniformen an die Wehrmacht und fertigte Bekleidung für Zwangsarbeiter. Dafür wurde er von Hitler mit dem Kriegsverdienstkreuz 1. Klasse ausgezeichnet. Nach dem Ende des Zweiten Weltkriegs hielt er sich nicht an die Weisung der Alliierten, sich nicht weiter beruflich zu betätigen, und wurde für ein Jahr in Haft genommen. Ende 1946 kam er wieder frei. Nach seiner Entnazifizierung (»Mitläufer«) gründete er 1948 sein Unternehmen neu.

Am 1. April 1950 eröffnete er sein erstes Kaufhaus in Frankfurt und ließ seinen ersten Versandhauskatalog erscheinen: 133 Artikel auf 12 Seiten. Mit einer aggressiven Preispolitik, die alles umfasste, was eine deutsche Durchschnittsfamilie zum Leben benötigte oder was sie sich gern gegönnt hätte, wurde Neckermann zum unumstrittenen Versandhauskönig. 1960 schrieb der Schriftsteller Hans Magnus Enzensberger für die »ZEIT« seine berühmte Besprechung des Neckermann-Katalogs, in der es heißt:

»Der Bestseller des Jahres ist unter Ausschluss der (literarischen) Öffentlichkeit erschienen, kein Hahn hat nach ihm gekräht. Das Werk ist unbestechlicher und genauer als jede demoskopische Untersuchung, nicht unverbindliche Antworten auf unverbindliche Umfragen werden hier registriert, sondern Beschlüsse der kompakten Majorität, die in bar bezahlt werden. Ein Ethnologe aus dem Jahr 3000 könnte aus diesem Katalog genauere und fruchtbarere Schlüsse auf unsere Zustände ziehen, als aus unserer ganzen erzählenden Literatur.«

Neckermann war immer einen Schritt schneller und einen Tick billiger als die Konkurrenz. Bald kamen zum Kaufhaus- und Versandgeschäft ein Reiseunternehmen, eine Fertighausfirma und eine Versicherung. Das war auf die Dauer zu viel. Die Konkurrenz ließ sich nicht länger austricksen, und der Konzern geriet ins Schlingern. 1976 übernahm Karstadt zunächst die Kaufhäuser und dann, ein Jahr später, auch den Versandhandel. Josef Neckermann widmete sich jetzt verstärkt seinem sportlichen Hobby, der Dressurreiterei. Bereits 1960 hatte er bei den Olympischen Spielen in Rom eine Bronzemedaille gewonnen, fünf weitere Medaillen, darunter zwei Goldmedaillen, und zahlreiche weitere Titel folgten. 1967 war er zum Vorsitzenden der Deutschen Sporthilfe gewählt worden, für die er 21 Jahre mit großem Engagement Spenden sammelte.

Josef Neckermann starb am 13. Januar 1992 in Dreieich. Er ist auf dem Frankfurter Hauptfriedhof beerdigt.

Lit.: Josef Neckermann, Erinnerungen, Frankfurt am Main/Berlin 1990
Patricia Wiede, Josef Neckermann, Frankfurt am Main/Berlin 1999
Renate Müller, Hessische Firmen im Porträt. Neckermann in Frankfurt, Hessicher Rundfunk (hr1) vom 28.5.2002
Thomas Veszelits, Die Neckermanns. Licht und Schatten einer deutschen Unternehmerfamilie, Frankfurt am Main 2005

Neue Frankfurter Schule

Wortspiel, Nonsens und Cartoon: »Reimwärts« von F. W. Bernstein erschien 1981.

Unscharfe Bezeichnung für einen eher informellen Kreis von Frankfurter Satirikern und Karikaturisten aus dem Umfeld des verblichenen Satireblatts »Pardon« und des amtierenden Scherzjournals »Titanic«. Letzteres trat 1979 die Nachfolge der 1962 gegründeten »Pardon« an und bot deren Autoren dauerhaft Lohn und Brot. So konnten sie weiter in der Mainmetropole ihr Dasein fristen. Nach allem, was man weiß, haben F. W. Bernstein, Bernd Eilert, Robert Gernhardt, Eckhard Henscheid, Peter Knorr, Clodwig Poth, Hans Traxler und F. K. Wächter die »Neue Frankfurter Schule« (NFS) nie genauer definiert. Das taten dann andere, die über sie schrieben oder ihre Werke zwecks Volksbelustigung an öffentliche Wände hingen. Jenen zufolge verstehen sich die acht Zeichner, Texter und Dichter nebst Diadochen und Adepten als »konkret pragmatisierende Erben« jener »Kritischen Theorie«, die sich in den 20er und 30er Jahren in Frankfurt im »Institut für Sozialforschung« etablierte. Sie hätten lediglich das Terrain bzw. das Medium gewechselt und außerdem das Spektrum verbreitert: von der Philosophie und Sozialwissenschaft auf die Bereiche Cartoon, Zeichenstrip, Satire und Nonsens-Poesie. Eine gewagte Herleitung, die von Gutwilligen als Satire verstanden wird (➛ Frankfurter Schule).

Das mittlerweile geflügelte Wort von den schärfsten Kritikern der Elche (»die waren früher selber welche«) gehört zu den wichtigsten Bereicherungen der deutschen Sprache aus dem poetischen Humus der NFS. Frühwerke aus der »Welt im Spiegel« (WimS), einer legendären Rubrik der »Pardon«, belegen schon seit den sechziger Jahren die punktgenaue Ästhetik der Autoren:

»Nie fühlte sich das Schwein so fremd
wie in des Bauern Oberhemd.«

Oder der klassische Triple-Cartoon:

»Der Kragenbär,
der holt sich munter
einen nach dem andern runter.«

Letztere Sentenz gehört übrigens zur Gattung der Animalerotica, die auf den Seiten der WimS erfunden und entwickelt wurde:

»Zur Nachtzeit fasst der Kormoran
sehr gern die Kormoranin an,
die dieses, wenn auch ungern duldet,
weil sie ihm Zweimarkfuffzig schuldet.«

Nicht unerwähnt bleiben darf auch das literarische Schaffen des jungen Eckhard Henscheid, dessen »Trilogie des laufenden Schwachsinns« (1973–1978) einem eher popeligen Frankfurter Stadtteil zu bundesweiter Beachtung verhalf. Unvergessen der Blick eines Protagonisten zum Fenster und sein verschreckter Ausruf »Himmel, die Berge!«

Das Werk der NFS wird im »Museum für komische Kunst« in Frankfurt gesammelt und ausgestellt. Dafür hat die Stadt 7000 Graphiken der Künstlergruppe und den zeichnerischen Nachlass des Ende Juni 2006 verstorbenen Robert Gernhardt erworben. Das Museum befindet sich im historischen »Leinwandhaus« neben dem Dom.

Lit.: WP Fahrenberg (Hrsg.), Die Neue Frankfurter Schule. Die schärfsten Kritiker der Elche waren früher selber welche!, Göttingen 1987
Oliver Maria Schmitt, Die schärfsten Kritiker der Elche. Die Neue Frankfurter Schule in Wort, Strich und Bild, Berlin 2001

Neuhessisch

Regional gefärbte Umgangssprache im weiteren Rhein-Main-Gebiet, die sich im Laufe des 20. Jahrhunderts herausgebildet hat. Ihre Entwicklung korrespondiert mit dem Zusammenwachsen des Ballungsraums. Im Unterschied zu den lokalen Mundarten wird sie in der ganzen Region verstanden.

Die Dialektforscher des »Deutschen Sprachatlas« an der Universität Marburg sind gerade dabei dieses neue »Rhein-Main-Hessisch« wissenschaftlich zu erfassen. Erste Erkenntnis: Seine geographische Verbreitung deckt sich weitgehend mit dem Gebiet des Rhein-Main-Verkehrsverbundes (RMV).

Vereinfachend könnte man das Neuhessische auch als jenes »Äbbelwoi-Hessisch« denunzieren, das Radio und Fernsehen dem Rest der Republik über Jahre als Gesamthessisch servierten. Sendungen wie die »Familie ➛ Hesselbach« und »Blauer Bock« suggerierten diesen Anspruch, der Dialektliebhaber zwischen Rhön und Reinhardswald in eine Mischung aus Wut und Depression trieb. Als Höhepunkt dieser Vereinnahmung galt den Nordhessen ein Fernsehspiel über den historischen ➛ Soldatenverkauf an England: Verschifft wurden die verhökerten Regimenter in der Weserstadt (Bad) ➛ Karlshafen. Also in Hessens höchstem Norden. Das vor den Kameras agierende einfache Volk sprach aber das »Äbbelwoi-Hessisch« des Rhein-Main-Gebiets.

Die Sprachwissenschaft beschrieb das Neuhessische als Ausdruck veränderter Kommunikationsgewohnheiten im Ballungsraum und fand vergleichbare Umgangssprachen in anderen Verdichtungsgebieten, wie etwa dem Rhein-Neckar-Raum oder dem Großraum Berlin. Für diese Regionen hatte die alte Binnengliederung der Dialekte ihre Gültigkeit verloren. Die neu entstandenen Regionalsprachen erwiesen sich als Mischung aus deutscher Standardsprache und lokalen Mundarten.

> *»Das Verbreitungsgebiet des Neuhessischen ist nicht einfach zu beschreiben, da empirische Untersuchungen fehlen. Folgt man dem unsystematisch gewonnenen Höreindruck, so ist das Kerngebiet ohne Zweifel das Städtedreieck Mainz/Wiesbaden – Frankfurt/Offenbach – Darmstadt. Zu den Randbereichen zählen sicher die beiden Städte Bad Homburg und Aschaffenburg. Als verkehrssprachliche Zweitvariante neben den ortsgebundenen Dialekten ist das Neuhessische aber auch noch im Odenwald, im westlichen Spessart, in Rheinhessen und in der Wetterau bis nach Gießen zu hören.«*

Die Auswertung von übersetzten Hochdeutsch-Sätzen und frei gesprochenen Texten aus diesem Großraum ergab erste Einblicke in die Struktur der neuen Regionalsprache. Unter anderem wurde deutlich, dass sie als ausgleichende Verkehrssprache die Vokale der Standardsprache Hochdeutsch mit den Konsonanten und dem Satzbau der lokalen Dialekte kombiniert. Die Forschung vermutet eine praxisorientierte Vermeidungsstrategie:

> *»Nur die deutlichsten* qualitativen, *vielleicht sogar die Verständigung mit Nicht-Dialektsprechern behindernden Lautunterschiede zur Standardsprache, die der Natur der Sache nach im mittel- und oberdeutschen Sprachraum im wesentlichen im Vokalismus liegen, werden vermieden und durch standardsprachliche Laute ersetzt.«*

Da die Wortbildungsmuster des Hochdeutschen und der südhessischen Dialekte nicht allzu sehr voneinander abweichen, finden sich auch im Neuhessischen nur wenige Besonderheiten:

So wird etwa aus »erzählen« »verzähle«, aus »vermachen« »vermache« und aus »zerschneiden« »verschneide«. Daneben werden aber auch – im flotten Wechsel – die hochdeutschen Formen benutzt.

Rund um Frankfurt kommt als lokale Spezialität die verkleinernde Endung -i hinzu. Dort wird der niedliche »Schatz« eben nicht zum üblichen »Schätzche« oder »Schätzje«, sondern zum »Schätzi«. Und deshalb ist der neuhessisch redende Frankfurter Bub dann auch oft »e bisi aus em Häusi«.

Darüber hinaus gibt es noch eine Vielzahl neuhessischer Abweichungen, die von der Konjugation der Verben über die Deklination bis hin zu jenem Spezial-Adverb »als« führen, das sowohl »immerzu« als auch »bisweilen« bedeuten kann: »es reeschend als« (es regnet immerzu) und »isch geh als keschele« (ich gehe bisweilen kegeln).

Die hochdeutsche Konjunktion »als« wird hingegen im Neuhessischen konsequent durch »wie« ersetzt: »wie isch heimgekomme bin« (als ich heimkam), »Frankfurt is größer wie Offebach« (Frankfurt ist größer als Offenbach). Bei Vergleichen allerdings versteigt sich das Ballungsraum-Hessisch bisweilen zum hyperkorrekten Doppelwhopper: »der is größer als wie sein Vadder und der is genau so groß als wie sein Bruder«.

Neuhessisch:
Grad wie isch daa von de Awweid heimgekomme bin, schdeder vor mer. Nigs hadder aagehadd wie sei Hemdsche, un er hadd geplädd, dass sisch die Leud ausem Fensder gehängd hawwe. Awwer isch habb auch nigs mache könne. S'is ja auch e schdagg Schdügg, so e Bübsche ganz allaa deheim sidse ze lasse, ohne dass einer nachem guggd. Isch dääd so ebbes ned mache.

Dialekt:
Grad wie isch doo vun de Erweed haamkumme bin, schdeder vor mer. Nigs horrer oogehadd wie sei Hemmsche, un er hodd geblärrd, dass sich die Leid ausem Fensder gehengt hewwe. Ewwer isch hab aa nigs mache kenne. S'is jo aa e schdagg Schdigg, so e Bübsche ganz elaa dehaam sidse ze losse, ohne dass aans nochem guggd. Isch deed so ebbes net mache.

Standardsprache:
Gerade als ich von der Arbeit heimgekommen bin, steht er vor mir. Nichts hatte er an als sein Hemdchen, und er hat geplärrt, dass sich die Leute aus dem Fenster gehängt haben. Aber ich konnte auch nichts machen. Es ist ja auch ein starkes Stück, so ein Bübchen ganz allein daheim sitzen zu lassen, ohne dass jemand nach ihm schaut. Ich würde so etwas nicht machen.

Der Originaltext ist eine (mündliche) Erzählung aus Reinheim (Kreis Darmstadt-Dieburg). Sie wurde in Neuhessisch gesprochen und dann in Reinheimer Dialekt und in die hochdeutsche Schriftsprache übertragen. Wir übernehmen die Texte aus:

Lit.: Heinrich J. Dingeldein, Grundzüge einer Grammatik des Neuhessischen, in: J. Kohnen/H.-J. Solms/K.-P. Wegera (Hrsg.), Brücken schlagen ... Weit draußen auf eigenen Füßen, Festschrift für Fernand Hoffmann, Frankfurt am Main 1994, S. 305

Nibelungen

Beim »Nibelungenlied« handelt es sich keineswegs um eine gereimte Sage, sondern um eine mittelalterliche Dichtung, die die unterschiedlichsten historischen Begebenheiten zu einer saftigen Sex & Crime-Story zusammenwebt. Das »Nibelungenlied« ist in mehr als 35 Handschriften aus dem 13. Jahrhundert bis zum Anfang des 16. Jahrhunderts überliefert. Inhaltlich beruht es jedoch auf einer älteren mündlichen Tradition. Die Sprache der Dichtung ist Mittelhochdeutsch, der Verfasser ist unbekannt. Alle wichtigen Handschriften sind in Klöstern in Oberösterreich entstanden. Die Ortsangaben in den Texten variieren. Nicht in allen Handschriften liegt der Burgunderhof in Worms und die Jagdausflüge der Helden führen auch nicht immer in den Odenwald. Möglicherweise haben die Mönche, die die Texte abschrieben, bisweilen ihre persönlichen »Lieblingsorte« in die Handlung eingebracht.

Historisch gesichert ist lediglich die kurze Existenz eines germanisch geprägten Burgunder-Reiches Mitte des 5. Jahrhunderts. Seine

Hauptstadt war Worms. Den titelgebenden Zweitnamen »Nibelungen« übertrug der Dichter von einem norwegischen Germanengeschlecht auf die Burgunder. Den Grund dafür blieb er uns schuldig. Gleichwohl gerieten jene Burgunder/ Nibelungen alsbald unter römische Vorherrschaft und wurden an den Genfer See zwangsumgesiedelt – Ursprung des heutigen Burgund. Im Heldenlied vermischt sich nun u. a. der römisch-burgundische Sieg über die Hunnen auf den Katalaunischen Feldern (451 bei Troyes/Champagne) mit dem Liebesleben des unterlegenen Hunnenkönigs Attila, der sich während der Hochzeitsnacht mit der Germanin Hildiko so zusoff, dass er durch einen Blutsturz zu Tode kam. Mittels literarischer Sturzgeburt dürfte daraus Kriemhilds Rache geworden sein, obwohl jene ja nicht Attila/Etzel, sondern den grimmen Hagen um die Ecke bringt. Der Nibelungen Not: Die Halle brennt und alle Fragen offen!

Der Siegfriedsbrunnen bei Grasellenbach.

Nur zwei davon sind wichtig für die Hessen:

Zum einen die Frage, an welcher Odenwald-Quelle Siegfried denn nun am ehesten erschlagen ward, und zum andern, ob der Schatz der Nibelungen auf der rechten Rheinseite zu finden ist. Letzteres ist ziemlich zu vermuten, kippte doch Hagen von Tronje jenen gewaltigen Hort laut »Nibelungenlied« bei einer Ortschaft namens »Loche« in den Fluss: »er sancte in da ze Loche in den rin« (Urschrift der Handschrift B).

Nun gibt es zwischen Biebesheim und Gernsheim nicht nur die Wüstung Lochheim, sondern auch eine scharfe Rheinkrümmung, von den Schiffern der »Schwarze Ort« genannt. Der Rhein bildet dort bei hoher Fließgeschwindigkeit Wirbel und Strudel. Der passende Platz zum Versenken eines Schatzes. Dort wurde auch schon nach dem Hort getaucht. Erfolglos, versteht sich.

Bei den zahlreichen Siegfriedsquellen wird die Sache schon kniffliger. So heißt es in der Handschrift C des Nibelungenliedes: »vor dem Odenwalde ein Dorf liegt: Otenhaim: Dort fließet noch der

Brunnen, da kann kein Zweifel sein.« Also eindeutig »vor« dem Odenwald und nicht tief drin. Das ist für den Odenwald-Tourismus ziemlich ärgerlich. Schließlich wurde doch mit der »Nibelungenstraße« und der »Siegfriedstraße« eine 310 km lange Ferienroute ersonnen, die alle Todesorte Siegfrieds »erfahrbar« macht. Beispielhaft erwähnt seien der »Siegfriedsbrunnen« am ➛ Felsenmeer, der gleichnamige Bronn bei Grasellenbach und der »Lindelbrunnen« bei Mossautal. Ein halbes Dutzend Odenwälder Wässer harrt der schauerlichen Wallung des Touristen. Überall schlug Siegfrieds letzte Stunde. Das literarische »Otenhaim« aber reklamiert die Ortschaft Odenheim für sich. Doch die liegt mitnichten »vor dem Odenwald«, sondern nicht weit von Karlsruhe.

Lit.: Helmut Berndt, Unterwegs zu großen Sagen, Düsseldorf 1996, S. 41 ff.
Otfrid Ehrismann, Das Nibelungenlied, München 2005
Ursula Schulze (Hrsg. u. Übers.), Das Nibelungenlied. Mittelhochdeutsch – Neuhochdeutsch. Nach der Handschrift C, Düsseldorf 2005

Niederwald-Denkmal

Germania auf dem Niederwald-Denkmal.

32 Tonnen schweres Nationaldenkmal im Flurstück Niederwald in der Gemarkung Rüdesheim. Weniger Ortskundige verorten die wehrhafte Frauengestalt namens »Germania« einfach rechtsrheinisch oberhalb des Binger Lochs. Anlass zu ihrer Aufrichtung war die von Preußen betriebene Gründung des Deutschen Reiches 1870/71. Der Dresdner Kunstprofessor Johannes Schilling entwarf die 12,38 m hohe Bronzefigur, die nach seinen Angaben ihren Blick nicht drohend gen Frankreich richtet, sondern einfach nur über die deutschen Gaue schweifen lässt. Kompassortungen ergaben einen starren Blick in Richtung Bayern. Baubeginn war im September 1877. Das ganze Projekt kostete die damals unvorstellbare Summe von 1 200 000 Goldmark. Ein gutes Drittel kam durch Bürgerspenden zusammen. Die Enthüllung er-

folgte am 28. September 1883 im Beisein des deutschen Kaisers Wilhelm I., vordem nur König von Preußen. Um ein Haar hätte jener die Feier nicht mehr erlebt, denn ein anarchistisches Sprengkommando hatte in der Zufahrt eine Ladung installiert. Doch ein heftiges Gewitter löschte die glimmende Lunte. Die Attentäter hatten keine wasserfeste Zündschnur verwendet, weil die ihnen zu teuer war. Schließlich sprengten die frustrierten Anarchisten ersatzweise die Vorratskammer eines Rüdesheimer Gasthauses. Die Detonation vernichtete 40 Flaschen besten Rheingauers sowie eine größere Menge Kalbskoteletten und Kalbsnierenbraten. Seine Majestät kehrte lebend nach Berlin zurück.

Lit.: Gerd Bauer, Geheimnisvolles Hessen, Frankfurt am Main 2005, S. 379 ff.

Nitribitt

Im Telefonbuch von Frankfurt stand sie als »Mannequin«, und sie hatte tatsächlich die Figur eines Models. Mit ihrem schwarzen Mercedes 190 SL fuhr sie durch die Frankfurter Innenstadt und lud die Männer ein, neben ihr Platz zu nehmen. Sogar Visitenkarten soll sie verteilt haben. In den prüden fünfziger Jahren war sie ein stadtbekanntes Ärgernis, weil sie so ungeniert ihrem Gewerbe nachging. Das galt zwar als das älteste der Welt, war aber damals noch polizeilich verboten. Rosemarie Nitribitt arbeitete als Prostiuierte und verdiente mehr Geld als der Vorstand einer Frankfurter Bank, steuerfrei versteht sich, denn schließlich arbeitete sie illegal.

Die 1933 geborene Rosemarie, die sich später auch Rebecca oder Gräfin Maritza nannte, hatte eine trostlose Kindheit in Heimen und im Jugendgefängnis hinter sich, als sie im Frühjahr 1954 nach Frankfurt zog. Gerade volljährig geworden, begann sie ihre »Karriere« als Prostituierte, die sie in hohe und höchste gesellschaftliche Kreise führt. So im doppelten Sinn zugeknöpft sich der Adenauer-Staat nach außen präsentierte, so hemmungslos ging es im Innern zu. Wenn die High Society des Wirtschaftswunders ihre wilden Partys feierte, dann gehörten »Mädchen« wie die Nitribitt fast selbstverständlich dazu.

Rosemarie Nitribitt vor ihrem Mercedes 190 SL.

Auf diesen Festen lernte sie neue Kunden kennen, die sie wiederum weiterempfahlen.

»Ihr kometenhafter Aufstieg als Dame für bessere Stunden war unaufhaltsam in einer Zeit, in der vor allem in Frankfurt die Devise lautete: ›Haste was, biste was.‹ Das Auto signalisierte den Männern: kein Schmuddel, sondern Luxus – eine geniale Verkaufsstrategie. Ihr Name sollte zum Inbegriff des Verruchten in diesen miefigen, verlogenen Jahren des Wirtschaftswunders werden.«

Nach dem Motto, dass nicht sein kann, was nicht sein darf, wurden ihre öffentlichen Auftritte in Frankfurt von Polizei und Steuerbehörden ignoriert. Gemunkelt wurde auch über einflussreiche Freunde. Als ihre Leiche am Nachmittag des 1. November 1957 in ihrer Wohnung in der Stiftstraße gefunden wurde, da hatten Frankfurt und die ganze Republik eine pikante Sensation für Jahre. Rosemarie Nitribitt war ermordet worden, erwürgt nach einem Kampf in ihrem Wohnzimmer. Über Jahre wurden Zeugen vernommen und Alibis überprüft, wobei die Kriminalpolizei von einem falschen Todeszeitpunkt ausging. Vor Gericht kam schließlich ein langjähriger Freund der Nitribitt, der Handelsvertreter Heinz Pohlmann. Er hatte sich durch Lügen und Widersprüche verdächtig gemacht. Außerdem war aufgefallen, dass er kurz nach der Tat seine nicht geringen Schulden bezahlt und sich sogar noch ein neues Auto gekauft hatte. Über die Herkunft des Geldes konnte er nur ungenaue Angaben machen. Obwohl viele Indizien auf ihn als Täter hindeuteten, reichten die Beweise am Ende nicht aus. Das Frankfurter Schwurgericht sprach ihn am 12. Juli 1960 frei. Das Verbrechen blieb ungesühnt. Viel wurde in der Folgezeit über die reichen und mächtigen Freunde der Nitribitt spekuliert. Ihr Notizbuch weist in der Tat eine ganze Reihe von Telefonnummern auf, die auf eine prominente »Kundschaft« hindeuten. Das Foto eines Industriebarons aus dem Ruhrgebiet, der sie sehr verehrte, hing sogar in ihrer Wohnung. Aber noch immer umgibt diesen Mord, wie Helga Dierichs festgestellt hat, »ein erstaunliches Schweigegebot«. Vielleicht sind ihr Leben und vor allem ihr Tod deshalb so oft beschrieben und verfilmt worden. Das »Mädchen Rosemarie« ist noch immer gut für eine prickelnde Story.

Lit.: Martina Keiffenheim, Edelhure Nitribitt. Die Rosemarie aus Mendig, Aachen 1998
Helga Dierichs, Das Mädchen Nitribitt. Der Nitribitt-Mord in Frankfurt, in: Martin Maria Schwarz/Ulrich Sonnenschein (Hrsg.), Hessen kriminell. Orte des Verbrechens in Hessen, Marburg 1999, S. 57–60
Norbert Schneider, »Das Mädchen Rosemarie«, in: 190 SL-Revue 1/2005, S. 21–35
Christian Steiger, Rosemarie Nitribitt, Königswinter 2007

Nixen

Flossen und Schuppenschwanz: bei hessischen Nixen unbekannt.

Folgt man den Malern der Romantik und heutigen Cartoonisten, so unterscheiden sich Nixen und Nöcke vom Menschen durch ihren unübersehbaren Unterleib, der fischartig beschuppt dargestellt wird und gewöhnlich in eine horizontale Schwanzflosse mündet. Historische Quellen berichten indes von Tanzvergnügen im ländlichen Hessen, bei denen sich Seejungfrauen mit Dorfburschen im 3/4-Takt wiegten. Laut Überlieferung gab es eindeutig sexuelle Kontakte zwischen Mensch und Wasserwesen, die auch zu schwangeren Nixen führten. Alles Umstände, die sich mit einem glitschigen Unterleib samt Schwanzflosse nur schwerlich verbinden lassen. Dieser Widerspruch erklärt sich aus der Tatsache, dass Wassergeister beiderlei Geschlechts ähnlich den ➛ Elfen im Stande sind, menschliche Gestalt anzunehmen. Auf Kirchweihfesten und in Discotheken sind sie aber stets daran zu erkennen, »dass ein Saum ihres Gewandes immer feucht bleibt«. So kamen eine Zeitlang drei wunderschöne Jungfrauen aus dem Nixenborn bei Kirchhain in die Spinnstube von Niederklein, »brachen aber unweigerlich immer um elf Uhr mit dem ersten Glockenschlag auf. Ein Bursche des Ortes hatte sich in die eine Nixe verliebt und verstellte also die Wanduhr um eine ganze Stunde. Ahnungslos gingen die Jungfrauen fort. Doch am nächsten Tag schwammen drei Blutstropfen auf dem Wasser des Sees; und am dritten Tag verstarb der an der Täuschung Schuldige«. Erzählt wird auch von einer Nixe aus einem See bei Oberellenbach (Landkreis Hersfeld-Rotenburg), die aus eigener Entscheidung über Nacht bei einem Verehrer blieb. Neun Monate später wurde die örtliche Hebamme gebeten, einer Wöchnerin im See beizustehen. Über das Aussehen des Neugeborenen ist nichts überliefert.

Augenzeugen beschreiben hessische Wassergeister übereinstimmend als Wesen mit menschlichem Oberkörper, der unterhalb der Taille in »einen dünnen, farbigen Leib wie eine glatte Schlange« übergeht. Von Fischschuppen und Schwanzflossen ist nie die Rede. Die letzte Nixenbeobachtung in Hessen erfolgte im Oktober 1615 in der Lahn bei Marburg. Die damals gesichtete Wasserfrau war von schlangenartiger Gestalt und habe in allen Farben geschillert. Nixen und Nöcke gelten als grundsätzlich freundliche Wesen. Nur »wer sie ockert, atzelt und itzelt, der muss es büßen«.

Lit.: Hermann von Pfister, Sagen und Aberglauben aus Hessen und Nassau als Beiträge zum vaterländischen Volkstume, Marburg 1885, S. 50 f.

Die Sieg
O

ODENBERG

Sagenumwobener Berg bei Gudensberg, der unter Fachleuten als der »hessische Kyffhäuser« gilt. In seinem Inneren schläft ein ebenso sagenumwobener König mit seinem schauerlich anzusehenden Heer.

Der Quellenlage zufolge handelt es sich bei diesem Herrscher um Karl den Großen oder um einen gewissen ➤ Karlquintes, dem die Götter kurz vor einer blutigen Niederlage Asyl im Odenberg gewährten. Alle sieben und alle hundert Jahre öffnet sich nun das Gewölbe, und der Heerbann zieht zu einer nahen Quelle, um seine Pferde zu tränken. Berichtet wird von einem Müllerburschen, der hoch zu Ross in das Geisterheer geriet und wider Willen in den Berg einritt. König und Tross bewirteten ihn über Nacht. Als er am Morgen zur Mühle zurückkam, waren sieben Jahre vergangen. Konrad Umbach, der Schmied des Dorfes Besse, geriet der Sage nach ebenfalls unversehens ins Bergesinnere, wo er auf Karlquintes und etliche Ritter traf, die mit riesigen Eisenkugeln kegelten. Umbach erhielt als Gastgeschenk eine der Kugeln, die er nach seiner Rückkehr im Schmiedefeuer zur Weißglut trieb. Dabei entpuppte sich das vermeintliche Eisen als pures Gold.

Lit.: Gerd Bauer, Das unsichtbare Land. Hessische Sagen – neu erzählt, Frankfurt am Main 2004, S. 204 f.

ODENWÄLDER HAMMELKEULE

Nahrhaftes Fleischgericht, das vor allem im südlichen Odenwald den Mittelpunkt familiärer Feste bildet. Schafe aus dem Quellgebiet der Mümling sollen dafür besonders geeignet sein. Das sagen zumindest die dortigen Schäfer. Eine kräftige Keule wird zu diesem Zwecke entbeint und mit Speckstreifen gespickt. Dann wird aus Zitronenscheiben und Knoblauchfragmenten mit Hilfe von Bratenfond eine herzhafte Beize zusammengeköchelt. Nach deren Erkalten gibt man Rotwein hinzu und lässt die Keule darin vier Tage ziehen; zwischendurch mehrmals wenden. Danach nimmt man das Fleisch heraus, trocknet es ab und brät es in Butter an. Anschließend etwas Bratenfond in den Schmortopf und das Ganze bei mittlerer Hitze zwei Stunden garen. Gelegentlich Mümling-Quellwasser nachgießen, damit nichts anbrennt. Zwanzig Minuten vor Ende der Garzeit sollte der Braten zudem mit Sauerrahm bestrichen werden. Beilagenempfehlung: Kartoffeln und grüne Bohnen.

Lit.: Diethard H. Klein (Hrsg.), Hessisches Hausbuch, Freiburg 1982, S. 137

Odenwaldschule

Sie ist eine der bekanntesten Internatsschulen in Deutschland. Die Thomas-Mann-Kinder Erika und Klaus besuchten sie, Daniel Cohn-Bendit war da, der Sohn von Dieter Thomas Heck auch. Was hat es auf sich mit dieser legendären Einrichtung? Die Odenwaldschule Heppenheim/Ober-Hambach wurde 1910 von Paul Geheeb (1870–1961), einem Pionier der deutschen Reformpädagogik, gegründet. Außer ihr gibt es derzeit in Deutschland noch 17 weitere so genannte Landerziehungsheime. In ländlicher Umgebung liegt die Schule wirklich, am Ende einer kurvenreich ansteigenden Straße hoch über Heppenheim an der Bergstraße. Der Begründer wollte störende Einflüsse aus der Umgebung fernhalten, und das ist bis heute gelungen. Will jemand von den ca. 250 Schülerinnen und Schülern nach unten in die Stadt, muss gewartet werden, bis ein Auto kommt oder der Schulbus fährt. Sie leben in kleinen, altersgemischten Wohngruppen unter der Obhut eines »Familienoberhaupts«, einer Lehrerin oder eines Lehrers, die auch an der Schule unterrichten. Das verlangt von Schülern und Erziehern ein hohes Maß an Rücksicht, Aufmerksamkeit und Verbindlichkeit.

Von den etwa 110 Mitarbeiterinnen und Mitarbeitern ist etwa die Hälfte im Lehr- und Lernbetrieb beschäftigt. Die andere sorgt dafür, dass die stattliche Anlage mit Sporthalle, Bibliothek, Garten, Krankenstation und Verwaltungsgebäude in Ordnung bleibt. Eine Besonderheit der Odenwaldschule sind die beruflichen Ausbildungsgänge. Man kann seine Schulkarriere mit einem Gesellenbrief als

Schreiner oder Schlosser beenden oder seinen Abschluss als Chemisch-technischer Assistent machen. Als eine Art Gesamtschule bietet diese außergewöhnliche Einrichtung die Möglichkeit, einen Hauptschulabschluss, die mittlere Reife, das Fachabitur mit beruflichem Teil oder das allgemeine Abitur zu erwerben. Das alles führt zu einem sehr lebendigen Lehr- und Lernklima an der Schule. Jedes Gebäude trägt einen eigenen Namen, hat eine besondere Geschichte. Ob man im Goethe- oder im Platon-, Humboldt-, Geheebhaus wohnt, das macht einen bedeutenden Unterschied.

Das wichtigste Lernziel der »OSO« besteht darin, dass die Schüler für sich und ihre Lernsituation Verantwortung übernehmen. Gewalt in jeder Erscheinungsform ist tabu an dieser Schule. Wer es nicht lernt, seine Wünsche, seine Kritik oder auch seine Wut auf dem Verhandlungsweg zu äußern, gehört nicht dorthin. Der ideale Odenwaldschüler sucht ein Gleichgewicht zwischen »Kopf, Herz und Hand« (Pestalozzi), und er verfügt über die Fähigkeit, seine eigenen Bedürfnisse mit denen der Gemeinschaft zu verbinden.

Billig ist der Aufenthalt in der Odenwaldschule nicht; allerdings gibt es Ausnahmeregelungen für bedürftige Schüler und in einigen Fällen staatliche Zuschüsse.

Lit.: Walter Schäfer, Erziehung im Ernstfall. Die Odenwaldschule 1945–1972, Frankfurt am Main 1982

Ders./Wolfgang Edelstein/Gerold Becker, Probleme der Schule im gesellschaftlichen Wandel. Das Beispiel der Odenwaldschule, Frankfurt am Main 1982

Ellen Schwitalski, »Werde, die du bist«. Pionierinnen der Reformpädagogik. Die Odenwaldschule in Kaiserreich und der Weimarer Republik, Bielefeld 2004

Adam Opel

Adam Opel, der legendäre Gründer der Opel-Werke, hat nie ein Auto gebaut. Dazu kam er nicht mehr. Erst seine Söhne machten aus der Nähmaschinen- und Fahrradfabrik ein erfolgreiches Automobilwerk. Als Adam Opel am 9. Mai 1837 in Rüsselsheim geboren wurde, da war eigentlich klar, dass er einmal in die Fußstapfen seines Vaters treten und dessen kleine Schlosserwerkstatt übernehmen würde. Aber es kam anders. Nur widerwillig ließ ihn der Vater, bei dem er seine Lehre absolviert hatte, auf Wanderschaft nach Lüttich, Brüssel und Paris gehen. In der französischen Hauptstadt kam er im Mai 1858 an und war tief beeindruckt – nicht nur von der mit Gaslampen beleuchteten Millionenstadt, sondern auch von dem technischen Standard, der weit über dem deutschen lag. Neben England war Frankreich die führende Industrienation in Europa. Gegen die mit Dampfmaschinen ausgestatteten Fabriken symbolisierte eine Rüsselsheimer Schlosserwerkstatt die technische Steinzeit. Opel arbeitete in den großen Nähmaschinenfabriken, die sich anschickten, das gesamte Bekleidungsgewerbe zu revolutionieren. Bis zum August 1862 studierte Adam Opel die modernen Fertigungstechniken und ließ sogar seinen Bruder nach Paris kommen, der ihm später die notwendigen Teile für die Nähmaschinenfertigung nach Rüsselsheim lieferte. In seiner Heimatstadt stieß Adam Opel mit seinem Plan, eine eigene Nähmaschinenfabrik aufzubauen, auf erhebliche Widerstände, vor allem von Seiten seines Vaters. Aber er ließ sich nicht aufhalten und fertigte noch im selben Jahr seine erste Nähmaschine, die er an den Rüsselsheimer Schneidermeister Hummel verkauft haben soll. Mit dem zweiten selbstgebauten Exemplar lief es, jedenfalls nach der Legende, nicht so glatt. Adam Opel hatte die Maschine nach Flörsheim auf der anderen Mainseite verkauft und beschlossen, das schwere Gerät per Schiff anzuliefern. Die Schneidergesellen in Flörsheim bekamen davon Wind, und weil sie um ihre Arbeitsplätze fürchteten, empfingen sie Opel mit einem Steinhagel, drohten mit Knüppeln und verhinderten so das Anlegen des Schiffes. Adam Opel musste die Anlieferung in ruhigere Zeiten verlegen. Den Fortschritt in den Schneiderstuben konnte diese Aktion allerdings nicht aufhalten. Opel bastelte noch drei weitere Maschi-

Opel A Nr. 1, »Familiennähmaschine«.

Werbeplakat für Opel-Fahrräder von 1898.

nen in der Werkstatt seines Vaters, dann zog er in den Kuhstall seines Onkels um. Damit begann der rasante Aufstieg, der noch dadurch befördert wurde, dass seine Frau 10 000 Mark aus einem Lotteriegewinn als Mitgift in die Ehe brachte. 1869 wurde die erste eigene Fabrik errichtet, in der rund 30 Arbeiter fünf verschiedene Nähmaschinentypen herstellten. Als 1886 die einhunderttausendste Nähmaschine gefeiert wurde, kam als neuer Zweig die Fahrradproduktion hinzu, die sich ebenfalls glänzend entwickelte – nicht zuletzt durch Opels Söhne, die zahlreiche Preise auf Opel-Fahrrädern einfuhren. Adam Opel starb am 8. September 1895 an Typhus. Erst vier Jahre später wurde die Automobilproduktion aufgenommen – mit dem Kauf der Anhaltischen Patent-Motorwagenfabrik Lutzmann.

Lit.: Hans Pohl, Adam Opel. Unternehmer im Zeitalter der Industrialisierung, Rüsselsheim 1995

Organische Chemie

Den Grundstein für die Organische Chemie, also für die Chemie der Kohlenstoffverbindungen, legte der am 31. Juli 1800 in Frankfurt geborene Friedrich Wöhler, der bereits als Gymnasiast die Waschküche seiner Mutter in Brand gesetzt hatte. Später studierte er in Marburg und Heidelberg, wurde Mitarbeiter des berühmtesten Chemikers seiner Zeit, Jöns Jakob von Berzelius, in Stockholm und entdeckte, gerade nach Heidelberg zurückgekehrt, im Oktober 1827 das ➛ Aluminium. Nur drei Monate später, am 22. Januar 1828, gelang ihm eine weitere Sensation. Er stellte einen Stoff her, von dem alle bis dahin überzeugt waren, dass er nur in der Natur vorkommen könne: den von Wöhler so genannten »Pisseharnstoff«. Die Herstellung von organischen Stoffen war bis dahin dem lieben Gott vorbehalten, und besorgt fragten sich Philosophen und Theologen, ob überhaupt sein darf, was nicht sein kann. Die Aufregung war allgemein, legte sich aber bald. Seither gilt Wöhler als Begründer der Organischen Chemie, der wir so allerhand verdanken: vom Benzin bis zu Farben und Lacken, von Heilmitteln bis zum Kunststoff. Bis heute sind mehr als sechs Millionen Kohlenstoffverbindungen bekannt. Wöhler starb hoch geehrt am 23. September 1882 in Göttingen.

Friedrich Wöhler (1800–1882).

Lit.: Ernst F. Schwenk, Sternstunden der frühen Chemie, München 1998 (bes. S. 214–232)
Erwin Chargaff, Auf Flügeln des Gestanks. Friedrich Wöhler, in: Hans Sarkowicz (Hrsg.), Die großen Frankfurter, Frankfurt am Main und Leipzig 1994, S. 154–162

Orient-Express

Es gab eine Zeit, da machte der berühmte Orient-Express auf dem Weg von Ostende nach Wien auch in Frankfurt Station – wenn er denn anhielt. Das war zumindest einmal nicht der Fall. Am Morgen des 6. Dezember 1901 sauste die schwere Dampflokomotive mit angehängtem Kohletender, einem Post- und Packwagen sowie drei Schlafwagen auf den Frankfurter Hauptbahnhof zu. Statt schon ein gutes Stück vor der Halle mit dem Bremsen zu beginnen, um dann knapp vor dem Prellbock zum Stehen zu kommen, raste die Lok um kurz nach 5 Uhr mit mehr als 50 Stundenkilometern in Gleis 3, schob den Prellbock weg, zermalmte einen Stand des Bahnhofbuchhändlers,

Endstation Wartesaal.

schoss über den Querbahnsteig, durchbrach die Mauern des Empfangsgebäude und kam erst mitten im Wartesaal zum Stehen. Wie durch ein Wunder wurde niemand ernsthaft verletzt. Im Wartesaal hatten sich zu dieser frühen Stunde nur drei Bedienstete und die gleiche Zahl von Gästen ausgehalten. Ein Gast, der zwischen Sofa und Tisch eingeklemmt worden war, konnte sich ohne Blessuren befreien. Glück im Unglück hatten auch die zehn Passagiere des Zuges. Ihre Wagen blieben an den Resten des Prellbocks hängen. Am härtesten hatte es noch den Lokführer und seinen Heizer getroffen. Aber auch sie kamen mit leichten Quetschungen und Schürfwunden davon. Dagegen war der Sachschaden erheblich. Über die Unglücksursache ist lange gerätselt worden. Möglicherweise hatte der Lokführer zu viel Gas gegeben, um eine Verspätung von 80 Minuten einzuholen. Oder aber der Heizer wusste nicht genau, wie er mit der Bremse umzugehen hatte. Letztlich geklärt wurde die Ursache für diesen kuriosen Zugunfall nie.

Lit.: Wolfgang Schubert, Dampfend stand die Lok im Wartesaal, in: Frankfurter Rundschau vom 6.11.2001

Orleansrebe

Sehr alte weiße Rebsorte, die noch im 19. Jahrhundert im Rheingau weit verbreitet war, dann aber vom Riesling verdrängt wurde. Anbauschwerpunkt war damals der Rüdesheimer Berg, der vom Volksmund deshalb »Berg Orleans« genannt wurde.

Die letzten Trauben dieser Sorte wurden dort 1921 gelesen. Danach rodete man die Anbauflächen. Die Orleansrebe galt seither als ausgestorben. Ein Irrtum, wie man heute weiß, denn in den Weinbergen von Kloster Eberbach hatten sieben Rebstöcke unerkannt überlebt.

Doch nicht sie, sondern verwilderte Pflanzen von den alten Terrassen des Rüdesheimer Bergs, wurden in den 80er Jahren zum Ausgangspunkt einer Renaissance. Die Veredelung der Wildreiser zu wirtschaftlich brauchbaren Weinstöcken besorgte die ➛ Forschungsanstalt Geisenheim, und 1995 pflanzte dann der Rüdesheimer Winzer Georg Breuer die ersten Setzlinge. Im Herbst 2000 erbrachten die 500 Rebstöcke ihren Jungfernwein. Winzer Breuer war von seinem alten Neuen fasziniert und notierte in seinem Tagebuch:

> *»Strohgelb. Nase zeigt weiße Früchte und Blüten, eher etwas cremig, Charakter erinnert an weiße Burgundersorten wie Auxerrois. Wird mit der Zeit und der Luft etwas üppiger, tropischer – bis hin zu Ananas. Auch etwas Mineralität. Feines Säurespiel, ausdrucksvoll und mit einer gewissen Länge am Gaumen und im Abgang. Auch am Gaumen eine gewisse Cremigkeit. Der Ausbau in gebrauchten Barriques ist kaum zu schmecken. Erinnert ein wenig an Chablis. Wird sicher in den nächsten vier bis fünf Jahren noch besser. Verträgt auch gut das große breite Burgunderglas.«*

Die wechselvolle Geschichte der Orleansrebe ist in der älteren Fachliteratur gut belegt. So schreibt der Wieslocher Apotheker und Weingutsbesitzer Johann Philipp Bronner in seiner 1836 erschienenen Abhandlung »Der Weinbau in Süd-Deutschland« über die Rüdesheimer Weinlagen:

> *»Der Rebsaß an dem Berge auf süd- und südwestlicher Seite ist durchgehends der Orleans, selten mit einer anderen Rebsorte vermengt. Der Sage nach soll Karl der Große, von seinem Palaste zu Ingelheim aus, beobachtet haben, dass an dem Berge zu Rüdesheim vor allen andern Orten der Schnee zu erst geschmolzen sey, worauf er befohlen habe, Reben aus dem südlichen Frankreiche kommen, und hier anlegen zu lassen, welche Reb-*

sorte sich noch bis heute da erhalten hat. Sie hat die Eigenschaft, dass sie in diesem felsigen und heißen Boden selbst bei einem hohen Alter von 50 und mehr Jahren sehr tragbar bleibt, was bei einer andern Rebsorte nicht so der Fall ist. Da übrigens der Orleans doch nur in guten Jahrgängen einen guten Wein gibt, und die Rießling-Weine einen so enormen Preis haben, so werden die neueren Anlagen größtenteils mit Rießlingen bepflanzt; ob mit dem Vortheil, will ich nicht entscheiden, indem sie kein so hohes Alter erreichen, und weit weniger Wein geben, als diese fruchtbare, großbeerige und massige Traube, die nur hier und am gegenüberliegenden Scharlachberg ihre zweite Heimath hat.«

Die legendäre Verbindung zwischen Karl dem Großen und der Orleansrebe hat sich bis heute nicht belegen lassen. Vermutet wird aber, dass im Hochmittelalter die Mönche des Klosters Eberbach französische Rebsorten an den Rhein brachten. Möglicherweise auch den Vorläufer der Sorte Orleans.

Zu ihren prominenten Genießern gehörte Ludwig van Beethoven, dessen Mainzer Verleger J. B. Schott ihm 1827 etliche Flaschen Rüdesheimer Berg Orleans Wein an sein Krankenbett schickte.

Den späteren Karriereknick der Rebe belegt die beschreibende und statistische Darstellung des Rheingaukreises in den Jahren 1869 bis 1890:

»Die Orleansrebe braucht nach der Anpflanzung bis zum Eintritt einer guten Bestockung geraumere Zeit als alle anderen Sorten, allein dann hält sie, vermöge ihrer tiefgehenden Verwurzelung, auch weit länger aus als diese. Die Ursachen ihres zur Zeit noch andauernden Rückgangs sind die späte Reife, welche nur in den seltenen guten Jahren einen qualitativ befriedigenden Ertrag erbringt, das nunmehrige Gesuchtsein jüngerer, gährigerer, bouquetreicher Weine, während der Orleanswein – früher wegen seiner Haltbarkeit und Schwere geschätzt – erst nach längerem Lagern ausgebaut ist, sowie dessen eigenthümlicher, nicht jedem behagender Geschmack.«

Der Jahrgang 2000 »Berg Orleans« von Georg Breuer brachte ganze 300 Flaschen, die, bedingt durch die sortentypisch lange Ausbauzeit, erst im Frühjahr 2002 in den Verkauf kamen. Die Folgejahrgänge ergaben etwa 100 Flaschen mehr. Breuer zieht seinen Orleans nicht auf die blaue Rheingauflöte, sondern bevorzugt die traditionelle braune Schlegelflasche. Kostenpunkt ab Weingut: 37 Euro. Der neue Alt-Rheingauer ist eben eine aufwendige Rarität, und das wird sich auch nicht ändern. Die Anbaufläche am Rüdesheimer Berg soll nicht erweitert werden.

Lit.: Mario Scheuermann, Die erste Orleansrebe nach 80 Jahren aus Rüdesheim, in: www.best-of-wine.com/magazin.htm?id=5

P

Packsche Händel

Im Jahre 1526 war der Protestantismus zu einer politisch-militärischen Größe geworden. Am 21. April hatten sich die wichtigsten Reichsstädte zu einem Geheimbündnis zusammengeschlossen. Der hessische Landgraf Philipp der Großmütige wünschte einen europäisch-protestantischen Bund zwischen Kursachsen, Hessen und den evangelischen Schweizer Eidgenossen. Doch im Sommer des folgenden Jahres war Kaiser Karl V. in Augsburg zum ersten Mal nach längerer Zeit wieder persönlich bei einem Reichstag erschienen. Er wähnte sich in seiner Machtfülle in Deutschland und Europa stark und unbesiegbar und sah die Zeit gekommen, mit allen Mitteln gegen die protestantischen Mächte vorzugehen. Der folgende Reichstagsabschied war eine klare Kriegserklärung gegen sie, und die evangelischen Stände verließen empört den Reichstag. 1528 legte dann der sächsische Vizekanzler Dr. Otto von Pack Papiere vor, die ein Offensivbündnis der Altgläubigen gegen die Lutheraner zu beweisen schienen. Daraufhin bereitete Philipp einen Feldzug gegen die Bistümer Würzburg und Bamberg vor, bekämpfte den Wetterauer Grafenverein und erpresste vom Mainzer Erzbischof den Verzicht auf seine geistliche Gerichtsbarkeit. Die so genannten Packschen Händel erwiesen sich zwar als Fälschung, Philipp jedoch waren sie gerade recht gekommen. Es sollte nicht der letzte Krieg sein, der mit Hilfe gefälschter Dokumente erklärt wurde.

Lit.: Günther Wartenberg, Packsche Händel, in: Religion in Geschichte und Gegenwart, 4. Auflage, Band 6, Tübingen 2003, S. 775 ff.

Papageien

Während Naturschützer zu Recht das Verschwinden ganzer Tierarten beklagen, hat sich Hessens Vogelwelt weitgehend unbemerkt um zwei neue Spezies erweitert: Halsbandsittich und Alexandersittich. Etwa 230 Paare leben derzeit im Schlosspark von Wiesbaden-Biebrich und auf der benachbarten Rheininsel Rettbergsaue. Kleinere Trupps

Nachmieter in Grünspechthöhlen: Alexandersittiche im Biebricher Schlosspark.

durchstreifen auch die umliegenden Stadtteile. Die Halsbandsittiche sind etwa taubengroß, langschwänzig und leuchtend grün, die ähnlich aussehenden Alexandersittiche sind etwas größer und zeigen als einzigen Unterschied einen roten Schulterfleck auf den Flügeln. Ihr Anteil am Biebricher Bestand wird auf etwa 60 Vögel geschätzt. Ursprünglich vermutete man, die »Stammeltern« beider Arten seien vor etwa 25 Jahren in kopulationsfähiger Menge der Gefangenschaft im Rhein-Main-Raum entronnen und hätten sich in Biebrich angesiedelt. Mittlerweile kennt man aber ältere Vorkommen in Amsterdam und Düsseldorf und geht deshalb von einer Ausbreitung der ursprünglich indischen Papageienvögel rheinaufwärts aus. Deutsche Winter stören die Exoten übrigens nicht. Sie ernähren sich dann vorwiegend von Knospen, ergänzt durch Meisenknödel. Frost lässt die Inder kalt. In ihrer Heimat kommen sie auch an den Hängen des Himalaja vor. Da im Sommer vorwiegend Obst auf ihrem Speiseplan steht, hatten die Landwirte der Umgebung bereits das Schlimmste befürchtet. Mittlerweile hat sich aber gezeigt, dass die Vögel ihren engeren Lebensraum kaum verlassen und sich auch nicht – etwa in den nahen Rheingau hinein – ausbreiten. Für ihr Brutgeschäft sind sie nämlich auf die Schlafhöhlen des Grünspechts angewiesen, Höhlen kleinerer Spechte sind zu eng. Und Grünspechte bevorzugen alte Laubholzbestände, die im Nutzwald nicht überdauern, dafür aber vorzugsweise in Parks zu finden sind. Seit einigen Jahren bereichert noch eine weitere Exotenart die Wiesbadener Vogelwelt: Ein gutes Dutzend Gelbscheitelamazonen bevölkert die Parkanlagen rund um das Kurhaus. Die ebenfalls grünen Papageien gehören eigentlich nach Südamerika und unterscheiden sich von den Biebricher Großsittichen durch ihren kurzen Stoß und die gedrungene Figur. Sie gelten als Nachkommen von »Gefangenschaftsflüchtlingen«. In der Landeshauptstadt wurden noch sieben weitere Papageienarten gesichtet, zumeist nur Einzeltiere oder Paare. Mutmaßlich haben sie allesamt ein Käfigdasein hinter sich und genießen nun ihre Freiheit in Wiesbadens mildem Klima.

Lit.: Gerd Bauer, Geheimnisvolles Hessen, Frankfurt am Main 2005, S. 432

Parkhaus

Mitte 1956 stand Frankfurt vor dem Verkehrsinfarkt. Jedenfalls empfanden das die meisten Menschen so, vor allem die Polizisten. Denn die mussten an den großen Kreuzungen das tun, was Ampeln heute vollautomatisch erledigen: nämlich per Arm- und Handzeichen die Fahrzeugströme lenken. In Zeiten ohne Katalysator und Partikelfilter war das eine gesundheitsgefährdende und bis zum Himmel stinkende Tätigkeit. Dass die Polizisten die Nasen davon voll hatten, war ihnen nicht zu verdenken. Bereits im März hatte die »Frankfurter Rundschau« getitelt: »Der Verkehr sprengt alle Nähte.« Dabei waren damals nicht einmal 50 000 Autos in Frankfurt zugelassen (heute sind es weit über 300 000). Hinzu kamen allerdings 9500 Mopeds und 14 500 Motorräder, die blaue Zweitaktfahnen hinter sich herzogen.

Es musste also etwas geschehen.

Die erste wohlüberlegte Maßnahme war, wie Fred Kickhefel rückblickend berichtet, die Innenstadt für Pferdefuhrwerke zu sperren. Der Erfolg des Fahrverbots blieb überschaubar. Denn der fließende Verkehr wurde vor allem durch zwei städtebauliche Probleme behindert: Die Ausfallstraßen hatten in der Regel nur eine oder höchstens zwei Spuren, und Parkplätze gab es so gut wie keine.

Da sich zu ebener Erde der Abstellraum für Autos nicht erweitern ließ, wurde der Vorschlag gemacht, ein öffentliches »Parkhochhaus« zu errichten. Das war eine verwegene Idee, denn in Deutschland gab es dafür kein Vorbild. Nach einem Jahr Bauzeit wurde das erste deutsche Parkhaus am 18. September 1956 feierlich eröffnet. Frankfurts Oberbürgermeister Walter Kolb verkündete prophetisch: »Wir werden weitere Parkhäuser errichten und damit beweisen, dass wir die Zeichen der Zeit verstanden haben.«

Dass jetzt auch übereinander und nicht nur nebeneinander geparkt wurde, erforderte von den Wagenlenkern einigen Pioniergeist. Dafür waren die Preise niedrig: 20 Pfennige pro angebrochener Stunde plus 10 Pfennige für Versicherung.

Bis heute ist das Parkhaus Hauptwache am Kleinen Kornmarkt in Betrieb. Seit 1986 steht es sogar unter Denkmalschutz.

Lit.: Fred Kickhefel, Ein Autosilo für jedermann sollte alle Probleme lösen, in: Frankfurter Rundschau vom 17.8.2005

Bilderzeitung zum Angriff der Republikaner auf die Paulskirche am 18. September 1848.

Paulskirche

Ursprünglich war sie für einen ganz anderen Zweck vorgesehen. Als die Frankfurter Ende des 18. Jahrhunderts beschlossen, die gotische Barfüßerkirche abzureißen und durch einen nüchternen klassizistischen Bau zu ersetzen, da war allen klar, dass die »Paulskirche« der neue Mittelpunkt der evangelischen Christen in der Mainmetropole werden würde. 1833 war sie vollendet und bot von da ab den größten Versammlungsraum in Frankfurt, das damals die Hauptstadt des Deutschen Bundes war. Als die revolutionären Demokraten 1848 beschlossen, ein deutsches Parlament wählen zu lassen, das dann in der »Hauptstadt« Frankfurt tagen sollte, führte sie der Weg ganz selbstverständlich in die Paulskirche. Kein anderer Saal bot so viel Platz, dass 585 Abgeordnete bequem sitzen und streiten konnten. So wurde die Frankfurter Paulskirche zur Geburtsstätte der deutschen Demokratie. Am 18. Mai 1848 zogen zunächst 330 Abgeordnete ein und nahmen auf den Kirchenbänken Platz. Bis zum 30. Mai 1849 wurde an 230 Sitzungstagen debattiert. Die Ergebnisse sind bekannt. Die erste freiheitliche deutsche Verfassung wurde verabschiedet, und mit dem »Reichsverweser«, dem österreichischen Erzherzog Johann, stand wieder eine Zentralgewalt an der Spitze eines Staates, den es gar nicht gab. Sogar einen deutschen Kaiser wählten die Abgeordneten:

Friedrich Wilhelm IV. von Preußen. Aber der Monarch dachte nicht im Traum daran, die ihm angebotene »Ehre« auch anzunehmen. Eine Krone aus »Dreck und Lettern geknetet« könne er weder annehmen noch ablehnen. Und einem Ratgeber gegenüber brachte er sein Verständnis der Paulskirchenversammlung auf den Punkt: »Gegen Demokraten helfen nur Soldaten; Adieu!« Da das erste frei gewählte Parlament keine (militärischen) Möglichkeiten besaß, seine Beschlüsse auch durchzusetzen, endete der erste Versuch, in Deutschland die Volksregierung einzuführen, mit blutigen Kämpfen. Die alten Fürstenmächte, die noch einmal gesiegt hatten, wüteten unter den »aufrührerischen Mördern und Bluthunden«, wie Friedrich Wilhelm IV. die Revolutionäre nannte. Todesurteile wurden im Schnellverfahren verkündet, und viele, die an die Zukunft der Demokratie geglaubt hatten, verschwanden für Jahre hinter Gefängnismauern. Die im Zweiten Weltkrieg stark zerstörte Paulskirche ist heute keine Kirche mehr, sondern eine Gedenkstätte und ein Symbol dafür, wie schwer es in Deutschland war, das für uns heute so Selbstverständliche politisch durchzusetzen.

»Das Innere der Paulskirche«, Lithographie von 1848.

Lit.: Günter Mick, Die Paulskirche, Frankfurt am Main 1997
Christof Dipper/Ulrich Speck (Hrsg.), 1848. Revolution in Deutschland, Frankfurt am Main und Leipzig 1998
Lothar Gall (Hrsg.), 1848. Aufbruch zur Freiheit, (Ausstellungskatalog) Berlin 1998

Persil

Das berühmteste deutsche Waschmittel ist zwar nicht in Hessen, sondern in Düsseldorf erfunden worden, aber der geniale Fritz Henkel, dem das zu verdanken ist, stammt aus Vöhl im heutigen Kreis

Waldeck-Frankenberg. Dort wurde er 1848 geboren. Die Familie selbst war aus Wallau dorthin gezogen. Henkel hielt es allerdings nicht in Nordhessen. 1876 gründete der gelernte Kaufmann in Aachen seine Seifenfabrik, die er zwei Jahre später nach Düsseldorf verlegte. Dort brachte er 1907 als erste Firma in Deutschland ein Waschpulver mit gleichzeitiger Bleichwirkung auf den Markt, das er »Persil« nannte. Damit war die Rasenbleiche in der Sonne überflüssig geworden. Der Name setzt sich aus den beiden Hauptbestandteilen Perborat und Silikat zusammen.

Das Natriumperborat bezog Henkel von der Deutschen Gold- und Silberscheideanstalt (Degussa) in Frankfurt. Der Chemiker Otto Liebknecht, der von 1900 bis 1925 für die Degussa arbeitete, hatte das »hochhaltige Sauerstoffpräparat« (wie es damals beschrieben wurde) 1905 zum Patent angemeldet. Er war der Sohn des SPD-Mitbegründers Wilhelm Liebknecht und der Bruder von Karl Liebknecht, den Freikorpssoldaten 1919 zusammen mit Rosa Luxemburg ermordeten. Politisch engagierte sich Otto Liebknecht nicht. Er war zuerst Chemiker, der zwar sozial dachte, aber für den der Beruf im Vordergrund stand. Rund 80 Patente gehen auf seine Erfindungen zurück. Den Siegeszug des Natriumperborats konnte er nicht ahnen. Zunächst wurde der Stoff in einer Versuchsanlage in der Frankfurter Gutleutstraße hergestellt. Aber die Kapazitäten waren begrenzt. Als sich Henkel im Mai 1907 entschloss, sein neues Waschmittel mit dem Perborat der Degussa herzustellen, wurde die Produktion nach Rheinfelden am Oberrhein verlagert. Ohne die Erfindung Liebknechts wäre »Persil« nicht das geworden, was es heute ist. Die Degussa hat davon in hohem Maß profitiert. Liebknecht weniger. Unter veränderten Besitzverhältnissen wurde er 1925 vor die Tür gesetzt. Er arbeitete danach in Berlin als Chefchemiker und zuletzt in Essen. Er starb 1949.

Für die Degussa ist das Natriumperborat bis zum heutigen Tag ein wichtiges Produkt geblieben. Es wird allerdings nicht mehr in Deutschland hergestellt, sondern in Antwerpen.

Lit.: Henkel KGaA (Hrsg.), 90 Jahre Persil, Düsseldorf 1997
Birgit Bertsch-Frank, Eine etwas ungewöhnliche Karriere. Otto Liebknecht, in: Degussa AG (Hrsg.), Immer eine Idee besser. Forscher und Erfinder der Degussa, Frankfurt am Main 1998, S. 55–75

Pfingstmännchen

Umzug mit grünen Männchen: Röllshausen/Schwalm, 1998.

Die jahreszeitlich späteste Variante hessischer Frühlingsbräuche findet sich hauptsächlich in den Dörfern der Schwalm und im Alsfelder Land. Bei diesem so genannten Heischebrauch zieht ein Trupp Dorfkinder mit dem Pfingstmännchen von Haus zu Haus. Jenes erfreut die Bewohner mit einem »Heischespruch«, der in gereimter Form Eier, Brot und Speck einfordert (»erheischt«). Diese Gaben können als Tribut an den Frühling gedeutet werden. Unter dem Ganzkörperkostüm aus frischen Buchenzweigen steckt meist ein kräftiges Kind mit einer gewissen Leidensfähigkeit, denn die Männchen-Maskerade ist schwer, kratzig und schweißtreibend. Der Frühlingsbrauch war ursprünglich nicht an die Pfingsttage gebunden und hat zahlreiche Entsprechungen in ganz Europa. An der Saar und in der Westpfalz nennt man das belaubte Männchen »Quack«, in England kennt man den »Jack in the green«. Hessische Pfingstmännchen sind an beiden Feiertagen unterwegs. Sonntags zum Beispiel in Alsfeld-Berfa und montags in Röllshausen/Schwalm. Näheres wissen die Ortsvorsteher.

Pikkolo

Mitte der zwanziger Jahre lahmte die deutsche Wirtschaft, die Kaufkraft schwand, und die Leute wurden von Jahr zu Jahr ärmer. Schlechte Zeiten für luxuriöse Genüsse. Ein Riesenproblem für die 1856 gegründete Sektkellerei Henkell in Wiesbaden-Biebrich. Doch dann kam Firmen-Chef Otto Henkell die rettende Idee: Statt den edlen Schaumwein massenwirksam zu verbilligen, erfand er einfach eine kleinere Flasche und taufte sie »Pikkolo« (nach dem Pagen in einem Grandhotel). Ganze 200 ml passten da hinein. Mit ruhiger

Historisches Werbeplakat von Henkell.

Hand eingeschenkt, so die Philosophie, ergab so ein Pikkolo gerade mal zwei Gläser. Immerhin ausreichend für das Anstoßen in der Silvesternacht. Vorausgesetzt es sind nicht allzu viele Gäste da.

Erst 1935 ließ Henkell die Bezeichnung »Pikkolo« als Markenname schützen. Doch da hatte die Konkurrenz längst die Idee der Kleinstflasche kopiert. Den Erfolg des Originals konnte das kaum schmälern. Zum (offiziellen) 50. »Pikkolo«-Jubiläum im Jahr 1985 wurde das 444 444 444. Fläschchen abgefüllt. Heute ist der »Pikkolo« gängiges Synonym für die 0,2-Liter-Flaschen aller Sekthersteller.

Doch nur bei Henkell darf der Name auch aufs Etikett.

Lit.: Markus Schug, Der Schwarze Herr und der kleine Kellner, in: Frankfurter Allgemeine Zeitung vom 27.12.2002
Horst-Dieter Ebert, 150 Jahre kühl und trocken, in: Der Feinschmecker 7/2006, S. 110

Plexiglas

Schon in seiner Doktorarbeit beschäftigte sich Otto Röhm mit Kunststoffen. Das war 1901. Sechs Jahre später gründete er in Darmstadt ein Chemiewerk, um seine theoretischen Überlegungen in die Praxis umsetzen zu können. Es dauerte allerdings, bis ihm seine große Entdeckung gelang. Er suchte nach einem hochwertigen, transparenten Kunststoff, der Funktionen des Glases übernehmen konnte, ohne selbst leicht zerbrechlich zu sein. 1928 konnte er erstmals im Labor sein »Methylmethacrylat« (so der chemische Name) herstellen. Es dauerte allerdings noch einmal fünf Jahre, bis er einen Weg fand, seine Substanz zwischen zwei Glasscheiben zu gießen und so feste Platten herzustellen. Seiner Erfindung gab er den Namen »Plexiglas« und ließ sie noch 1933 markenrechtlich registrieren. Damit begann der Siegszug des Acrylglases, den Röhm so für nicht möglich gehalten hatte. Denn zunächst ließ er Uhrgläser produzieren, Haushaltsartikel,

Schutzbrillen, gebogene Scheiben für die Stromlinienautos der Adler-Werke und Pilotenkanzeln. Besondere Aufmerksamkeit erregte eine durchsichtige Geige aus Plexiglas, die Röhm 1937 bei der Weltausstellung in Paris zeigte. Dafür erhielt er den Großen Preis und eine Goldmedaille. Dass die Geige auch richtige Töne von sich gab, bewiesen vier Musiker im Berliner Hotel »Adlon«, wo sie als »Plexiglas-Quartett« auftraten. Otto Röhm starb 1939 im Alter von 63 Jahren. Nach dem Ende des Zweiten Weltkriegs wurden die Verwendungsmöglichkeiten für seine Erfindung immer vielfältiger. Heute werden aus »Plexiglas« und verwandten Produkten u. a. Solarien und Gewächshäuser, Lärmschutzwände und Unterwasseraquarien, Badewannen und Möbel hergestellt. Besonders spektakulär ist die Überdachung des Münchner Olympiastadions mit 80 000 Quadratmetern Plexiglas. Röhm gehört heute zur Evonik Industries AG.

Protestanten

Philipp der Großmütige (1504–1567).

Die Reformation begann in Deutschland mit Martin Luthers berühmtem Thesenanschlag an der Schlosskirche in Wittenberg. Das war am 31. Oktober 1517. Danach übernahmen viele Landesfürsten die Ideen Luthers und sprengten damit die religiöse Einheit Deutschlands, denn der Kaiser blieb katholisch. Der hessische Landgraf Philipp der Großmütige führte die Reformation Ende 1526 auf der »Homberger Synode« ein. Auf dem Reichstag von Speyer im Jahr 1529 sollte das Rad der Geschichte dann wieder zurückgedreht werden. Die »Reformation« wurde verurteilt und offiziell abgeschafft. Das ließ natürlich die Fürsten nicht ruhen, die sich zum Luthertum bekannten. Am 19. April 1529 legten sie formalen Protest gegen die Beschlüsse des Reichstags ein. Aus den »Lutheranern« oder »Reformierten« wurden nun »Protestanten«. An der Spitze dieser Bewegung stand von Anfang an Philipp der Großmütige, der damit zu Recht als der erste »Protestant« bezeichnet werden kann. Philipp war es auch, der die »Protestanten« im Schmalkaldischen Bund militärisch und politisch einte. Er selbst schwächte später seine Position und die der »Protestanten« durch seine Doppelehe, die ihn zu Kompromissen mit dem Kaiser zwang. Die Reformation setzte sich aber trotzdem durch. Zum Protestantismus gehören heute alle großen Bekenntnisgemeinschaften des Luthertums, der Reformierten und der Unionskirchen sowie zahlreiche andere religiöse Gruppen und freikirchliche Gemeinden.

Lit.: Walter Heinemayer, Philipp der Großmütige und die Reformation in Hessen. Gesammelte Aufsätze zur hessischen Reformationsgeschichte, Marburg 1997

Ursula Braasch-Schwersmann u. a. (Hrsg.), Landgraf Philipp der Großmütige 1504–1567. Hessen im Zentrum der Reformation, (Ausstellungskatalog) Neustadt an der Aisch 2004

Q

Quick Damm

Als im Januar 2003 eine Hochwasserwelle durch Hessen schwappte, da machte ein neues Zauberwort die Runde: Quick Damm. Es handelt sich dabei um ein Wasserrückhaltesystem, das der Gießener Unternehmer Reinhard Schneider 1997 erfunden hat. Den Anstoß gab das Oder-Hochwasser. Statt Sandsäcke zu füllen und mit zweifelhaftem Erfolg aufzuschichten, konstruierte der Bauingenieur einen künstlichen Damm. Über ein Stahlrohrgerüst spannte er wasserundurchlässige Planen und füllte in den Hohlraum Wasser oder Sand. Der Vorteil gegenüber Sandsäcken: Ein Zwei-Meter-Element, das 400 Sandsäcken entspricht, kann Platz sparend gelagert werden; es ist in kurzer Zeit aufgeklappt und befüllt. Durch den Innendruck schließen die einzelnen Elemente nahtlos aneinander. Ruck, zuck und die ganze Uferzone eines Hochwasser führenden Flusses ist abgedichtet. Den ersten größeren Einsatz hatten Quick Dämme im Sommer 2002, als sie beim Elbe-Hochwasser eingesetzt wurden. Und als ein halbes Jahr später der Main von Tag zu Tag anschwoll, orderte die Frankfurter Berufsfeuerwehr 600 Meter Quick Damm, um besonders bedrohte Stadtbereiche zu schützen. Die Erfahrungen waren ebenso positiv wie anderswo, und es scheint nur noch eine Frage der Zeit zu sein, bis die Erfindung des Heuchelheimer Tüftlers die Sandsäcke abgelöst hat.

Lit.: Petra Kirchhoff, Der Durchbruch des Quickdamms, in: Frankfurter Allgemeine Zeitung vom 16.1.2003

R

Räuber Hölzerlips

»Ich bin der Hölzerlips, ich muss jetzt sterben,
Hab lang genug gelebt in meiner Sünd.
Doch hoffe ich, dass dereinst meine *Erben*
Nicht allzu böse auf mich sind!«

So heißt es in einem anonymen Lied, das nach der Hinrichtung von Georg Philip Lang am 31. Juli 1812 in Heidelberg entstand. »Hölzerlips« wurde der Räuber genannt, weil er vor seiner verhängnisvollen Karriere ein kleiner Hausierer war, der mit hölzernem Gerät durch die Lande zog. Die Revolutionskriege mit Frankreich und die Napoleonischen Kriege hatten die kleinen Leute nicht nur mancherorts in Armut und Elend gestürzt, durch die Auflösung der staatlichen Ordnung herrschten sozusagen auch ideale Arbeitsbedingungen für Räuber, Strauchdiebe und Gauner. In dem Dreiländereck Baden, Hessen und Württemberg operierte der Hölzerlips zeitweise in der berüchtigten Odenwälder und Spessart-Bande. Einst war er in Bergen gefangen, das heute durch seinen (literarischen) Stadtschreiber bekannt ist. Als er freikam, brannte seine Räuberbraut mit einem anderem Räuber durch und hinterließ dem Hölzerlips die beiden gemeinsamen Kinder: ein klarer Fall von »allein erziehendem Vater«.

Der Hölzerlips ist wie viele seiner »Kollegen« zunächst ohne eigenes Verschulden auf die schiefe Bahn von Raub und Totschlag geraten. Er konnte lesen und schreiben und unterschied sich durch seine etwas gepflegteren Manieren vom Gros seiner Kumpane. Er mag nicht für Grausamkeit und Gewalt prädestiniert gewesen sein; in seinem Falle können wirklich einmal die »Umstände« mildernd ins Feld geführt werden. Das ändert nichts daran, dass er am Mord oder Totschlag eines Schweizer Kaufmanns beteiligt war, der in der Nacht zum 11. Mai 1811 auf dem Rückweg von der Frankfurter Messe in die Schweiz auf der Bergstraße bei Hemsbach in einer Postkutsche unterwegs war.

Georg Philip Lang wurde mit drei anderen Räubern gefangen genommen, nach Heidelberg geführt und dort mehrere Wochen lang verhört. Endlich hatte man einmal ein paar von den bekannten, vielleicht sogar legendären Räubern erwischt. Jetzt sollten sie nach allen Regeln der damaligen Justiz vernommen und schließlich in einem gewaltigen öffentlichen Spektakel hingerichtet werden.

Die Hölzerlips-Bande, zeitgenössischer Stich.

Dass der Hölzerlips wie der berühmtere ➛ Schinderhannes später zum edlen Räuber stilisiert wurde, zu einem Nachfahren des Robin Hood, das liegt wohl auch daran, dass er sich ausdrücken konnte. Er ist einer von den ganz wenigen Übeltätern, die schriftliche Zeugnisse hinterlassen haben. An die Wand seiner Heidelberger Todeszelle soll er mehrere Gedichte geschrieben haben. Wie auch immer: Einige Texte von ihm sind verbürgt, und die folgenden Zeilen klingen wirklich ein bisschen nach ➛ Büchner oder Brecht:

»Die Armut, die war freilich schuld.
Weil man sie nicht mehr hat geduld't.
Die großen Herrn sind schuld daran,
dass mancher tut, was er sonst nicht getan!«

Lit.: Michael Krausnick, Beruf: Räuber. Vom schrecklichen Mannefriedrich und den Untaten der Hölzerlips-Bande. Eine historische Reportage, Weinheim 1990
Heiner Boehncke/Hans Sarkowicz (Hrsg.), Die deutschen Räuberbanden, 3 Bde., Frankfurt am Main 1991

Räuber Leichtweiss

In Wiesbaden und Umgebung genießt ein Mann den legendären Ruf, einer der gefährlichsten Räuber seiner Zeit gewesen zu sein. Die versteckt gelegene Höhle, die ihm, dem Heinrich Anton Leichtweiß, als Unterschlupf gedient haben soll, wird heute stolz Schulklassen und sensationsliebenden Touristen gezeigt. Aber Leichtweiß war kein strahlender Räuber, kein Anführer einer gewaltigen Bande, kein unverwundbarer Wilddieb, kein Rebell gegen die Fürstenmacht und kein treuer Helfer der Armen. Er war schlicht ein Bürger auf Abwegen, der es in schon fortgeschrittenem Alter nicht mehr wagte, in die dörfliche Gesellschaft zurückzukehren.

Diese ernüchternde Erkenntnis verdanken wir Walter Czysz, einem Heimatforscher in des Wortes bester Bedeutung. 1990 legte er, herausgegeben vom Heimat- und Verschönerungsverein Dotzheim, die zweite, neu bearbeitete und erweiterte Auflage seiner kleinen Monografie über den »Räuber« vor, die ein »Bürgerleben im 18. Jahrhundert« von jeder romantischen Verklärung befreite.

Leichtweiß, am 29. Dezember 1723 als Sohn eines herrschaftlichen Jägers in nassauischen Diensten in Jugenheim bei Ingelheim geboren, erlernte zunächst das Bäcker- und Bürstenmacherhandwerk. Später trat er als Diener und Kurier in die Dienste der Adelsfamilie von Hohenfeld. 1757 ließ er sich in Dotzheim nieder und heiratete die Tochter des zwei Jahre zuvor verstorbenen Schultheißen. Als Wirt des Gasthauses »Zum Engel«, als Gemeinderechner und als Herrschaftlicher Gelderheber genoss er in dem 300-Seelen-Dorf hohes Ansehen und erwarb sich ein kleines Vermögen. Dann, im April 1788, Leichtweiß war 64 Jahre alt, verübte er den, wie es in den amtlichen Akten heißt, in »diebischer Weise unternommenen Einbruch in des Conrad Höhnen Keller allda«. In der darauf folgenden Untersuchung des Fürstlichen Hofgerichts wurde ihm außerdem »Wildpretdiebstahl« vorgeworfen, ein damals in der Regel besonders scharf verfolgter Frevel an den Jagdrechten des Landesherrn. Einen plausiblen Grund für den Einbruch kann auch Walter Czysz nicht angeben. Im Prozess spielte das Eigentumsdelikt nur eine untergeordnete Rolle. Viel schwerer wog der Wilddiebstahl. Fürst Carl Wilhelm zu Nassau und Saarbrücken wollte ein Exempel statuieren und verschärfte die vorgeschlagene halbjährige Zuchthausstrafe eigenhändig. Er entschied, »dass der Leichtweiß welcher gewiss ein Wilddieb ist oder ein Wildpretsverkäufer, zum Exempel für andere, in Wiesbaden wenigstens eine Stunde an den Pranger auf einen Wochen Marktstag gestellt, und von diesem Tag an, noch ein ganzes Jahr in dem Zuchthaus behalten und zur Arbeit condemniert werde«. Damit war die bürgerliche Existenz des Heinrich Anton Leichtweiß vernichtet. Am 30. Oktober 1788 wurde das Urteil rechtskräftig. Genau ein Jahr später durfte Leichtweiß das Zuchthaus am Michelsberg verlassen. Er kehrte nicht mehr zu seiner Familie zurück, sondern hauste teilweise in einer Höhle am hinteren Ende des verlängerten Nerotals und ernährte sich von Wilderei. Nach der Entdeckung der Höhle streifte er einige Monate umher und wurde schließlich im November 1791 im hessischen Amt Bergen festgenommen. Ohne Prozess saß er, wiederum auf Intervention des Fürsten, bis zu seinem Tod am 12. März 1793 im Zuchthaus am Michelsberg. Ein ordnungsgemäßer Prozess gegen Leichtweiß wäre auch gar nicht möglich gewesen, »weilen«, wie es in den Untersuchungsakten heißt, »doch zur Zeit kein Verbrechen bekannt ist, welches der Leichtweiß in den hiesig fürstlichen Landen begangen hat«.

Titel der Leichtweiß-Kolportage (um 1880).

Die Rache des absoluten Fürsten, der sich durch den Wilddieb in seinen eigenen herrschaftlichen Rechten verletzt sah, benötigte kein juristisches Feigenblatt. Carl Wilhelm entschied, wie er wollte. Vielleicht hat diese Wut des Fürsten nicht unwesentlich dazu beigetragen, in Leichtweiß später einen Sozialrebellen zu sehen. Auf die Idee, aus dem Unterschlupf des Hasen schießenden Einzelgängers eine richtige Räuberhöhle zu machen, kam der Wiesbadener Verschönerungsverein 1856. Um aus dem unwirtlichen Loch ein Ausflugsziel erster Sorte werden zu lassen, wurde, wie Walter Czysz schreibt, die Höhle »zu einem dreißig Meter langen, mindestens zwei Meter hohen unterirdischen Gang ausgebaut und so auf das Dreifache ihrer ursprünglichen Ausdehnung gebracht. Nach Norden wurde ein zweiter Ein- und Ausgang geschaffen. Seitwärts befindet sich eine runde Grotte mit einem steinernen Tisch und Bänken an der Wand. In der Nische, zu der man mit einer Leiter hinaufsteigen muss, findet man das ›Lager des Räubers Leichtweiß und seiner Geliebten‹. Schließlich wurde die Höhle ausgestattet mit alten Steinschlossflinten, nassauischen Reitersäbeln, Bildern vom Räuber und seiner Geliebten, einem hohlen Tischfuß als Versteck für geraubte Wertsachen, Kochstelle, Vorratskeller und ›Sprechrohr‹ nach oben ins Freie«. Der Erfolg war durchschlagend. Um 1880 erschien in zwei Bänden und 100 Heften der Kolportageroman »Heinrich Anton Leichtweiß – der verwegene Räuber und Wilddieb oder Dreizehn Jahre Liebe und Treue im Felsengrab«, der die passende Geschichte zur Höhle nachlieferte. 1905 stattete sogar Kaiser Wilhelm II. dem angeblich authentischen Ort Wiesbadener Geschichte einen Besuch ab. Fast in Vergessenheit geraten, ist die Höhle samt Inventar seit einigen Jahren wieder zu besichtigen und verbreitet den wohligen Schauer, den die Besucher von ihr erwarten.

Lit.: Walter Czyz, Heinrich Anton Leichtweiß. Ein Bürgerleben im 18. Jahrhundert, Wiesbaden-Dotzheim 2-1990.
Heiner Boehncke/Hans Sarkowicz (Hrsg.), Hessens große Räuber, Frankfurt am Main 1995, S. 279–325

Rechenmaschine

Lange vor der Erfindung des Computers gab es in Darmstadt einen Mann, der eine mechanische Rechenmaschine erfand, die nicht nur addieren und subtrahieren, sondern nach multiplizieren und dividieren konnte. Johann Helfrich Müller war landgräflicher Landbaumeister und ein findiger Kopf, der sich u. a. eine »Windpistole« ausgedacht hatte, die nicht nur einen Schuss (wie damals üblich), sondern sechs bis acht Schüsse nacheinander abgeben konnte. Allerdings waren die Kosten dafür so hoch, dass sich niemand so recht begeistern wollte. 1782 erhielt er die Aufgabe, für das Forstamt das genaue Volumen von Baumstämmen zu berechnen. Bis dahin war man von Durchschnittswerten ausgegangen. Das hatte aber beim Holzverkauf zu finanziellen Verlusten geführt. Zunächst machte sich Müller daran, eine Maschine zu konstruieren, mit der er lediglich Summen zusammenzählen konnte. Aber bald merkte er, dass er mit einer kleineren Änderung auch das Gegenteil erreichen konnte, nämlich das Abziehen von Zahlen. Da das Malnehmen eine Folge von Additionen ist und das Teilen fortgesetztes Subtrahieren, gelang es Müller, eine Maschine zu konstruieren, die alle vier Grundrechenarten beherrschte. Das 15 Zentimeter hohe Gerät mit 32 Zentimetern Durchmesser baute ein Darmstädter Uhrmachergeselle aus Messing, Stahl, Email und Elfenbein. Im Juni 1784 präsentierte Müller seine Rechenmaschine, auf die er das ganze Vermögen seiner Frau verwendet hatte, der Göttinger »Sozietät der Wissenschaften«. Georg Christoph ➛ Lichtenberg, der aus Ober-Ramstadt stammende Schriftsteller und Forscher, hatte die Vorführung vermittelt. Die Resonanz war außergewöhnlich. In dem »Göttingischen Magazin der Wissenschaften und der Litteratur« schrieb Lichtenberg euphorisch: »Fände der Erfinder, dessen ungewöhnliche Talente bisher leider! nur in dem Lande bekannt waren, wo er lebt, durch eine Belohnung für die auf diese Maschine gewandte Sorgfalt und Zeit, dereinst mehr Muße, so würde Mathematik und Naturlehre und unser Vaterland überhaupt sehr vieles von diesem unermüdeten und scharfsinnigen Mann erhoffen können.«

Lichtenbergs Wunsch erfüllte sich nicht. Müller wurde zwar hoch geehrt, aber für seine Rechenmaschine fand sich kein Abnehmer. Vor allem die Hoffnung, Handelshäuser und Kanzleien als Käufer gewinnen zu können, zerschlug sich bald. So musste Müller aus Geldmangel auch seinen Plan aufgeben, eine druckende Rechenmaschine zu bauen. Die Zeit war dafür noch nicht reif. Schließlich erwarb sein Dienstherr, Landgraf Ludwig X., die geniale Erfindung als Kuriosum für sein Physikalisches Kabinett. Den Kaufpreis von 4000 Gulden zahlte er in Raten. Heute zählt Müllers Rechenmaschine zu den herausragenden Ausstellungsstücken im Hessischen Landesmuseum in Darmstadt.

Müller konstruierte keine weitere Maschine mehr. 1792 wurde er zum Hofbaumeister ernannt. Er starb 1830 im Alter von 84 Jahren.

Lit.: Magistrat der Stadt Darmstadt (Hrsg.), Darmstadt in der Zeit des Barock und Rokoko, Band 1, Darmstadt 1980
Otto Weber, Ohne Bits und Bytes. Die Rechenmaschine von Johann H. Müller, in: Martin Maria Schwarz/Ulrich Sonnenschein, Hessen riskant. Orte des Scheiterns in Hessen, Marburg 2000, S. 100–103

Reformation ➛ Protestanten

Reformhaus

Das Reformhaus ist keine hessische Erfindung, ebenso wenig wie die ganze Reformbewegung, die seit Ende des 19. Jahrhunderts die Lebensweise der Menschen grundlegend verändern wollte. Zum Beispiel in der Pädagogik, aber auch im Umgang mit der Natur. Besonders in Deutschland entstanden Landkommunen als utopische Laboratorien, in denen ausprobiert wurde, ob es sich abseits der schon damals von Leistungsdenken und Konkurrenzkampf geprägten Zivilisation besser und friedlicher leben ließe. Die Künstlerkolonie in Worpswede ist dafür ein berühmtes Beispiel. Im Zuge dieser Lebensreformbewegung wurde 1887 in Berlin eine »Gesundheitszentrale« eröffnet, die nur naturbelassene Waren anbot. Seit 1900 setzte sich für Geschäfte dieser Art der Name »Reformhaus« durch. Die ersten Läden, die so hießen, gibt es schon lange nicht mehr – mit einer Ausnahme. 1894 hatte Johann Wilhelm Kumpf in Offenbach mit dem Verkauf von Produkten begonnen, die er direkt von der Berliner »Gesundheitszentrale« bezog. Zunächst bot er die Waren in seinem Wohnzimmer an. Als der Umsatz stetig wuchs, beschloss er im Jahr 1900, einen eigenen Laden zu eröffnen, den er seit 1912 Reformhaus nannte. Das Geschäft in der Offenbacher Herrnstraße besteht bis heute und ist damit von allen 2500 Reformhäusern in Deutschland das älteste.

Reliquien

Die wohl prominentesten Reliquien Hessens sind die der Hildegard von Bingen (1098–1179). Sie befinden sich in der Pfarrkirche von Rüdesheim-Eibingen in einem reich verzierten Schrein. Jedes Jahr am 17. September, dem Todestag der »Seherin vom Rhein«, wird er in feierlicher Prozession durch den Ort getragen. Nur an diesem Tag ist es gestattet, einen Blick in die geöffnete Truhe zu werfen. Hildegards Schädel und weitere 53 Teile ihres Skelettes sind in weiße Gaze gehüllt und mit Edelsteinen geschmückt. Doch die Heilige ist nicht allein im Schrein. Dort liegen ebenfalls fünf Knochen der Heiligen Giselbert und Wipert sowie ein Armknochen des heiligen Rupertus. Neben den verpackten Gebeinen fallen zwei Schmuckbehälter ins Auge. Eine zigarrenförmige Kapsel hängt von der Decke des Schreins herab. Sie birgt Hildegards Zunge. In einem zweiten Reliquiar wird ihr Herz aufbewahrt, genauer gesagt nur noch drei Viertel des Organs. Das fehlende Viertel erhielten die Benediktinerinnen der nahen Abtei St. Hildegard zur Neugründung ihres Klosters im Jahre 1900. Knochensplitter Hildegards wurden über die ganze Welt verteilt. Sie finden sich im französischen Lourdes ebenso wie in Säben/Tirol, im kroatischen Kloster Hvar, in Tokio, Neu-Guinea und auf den Bahamas.

Der für Heiden und Laien gleichermaßen erstaunliche Sachverhalt gründet sich auf den Umstand, dass ein katholisches Gotteshaus erst dann spirituell funktionsfähig ist, wenn sich in einer seitlichen Eintiefung des Altars, dem »Sepulkrum«, eine Reliquie befindet. Da genügen allerdings schon kleinste Knochenpartikel. Auch die Gebeine des heiligen Lubentius in der Pfarrkirche von Limburg-Dietkirchen kamen von weither und sind ebenfalls höchst unvollständig. In einem Steinsarkophag liegen lediglich einige Bein- und Armknochen. Der Kopf des Heiligen wird davon getrennt aufbewahrt: in einer kunstvollen Metallbüste, deren Schädelplatte wie ein Deckel hochgeklappt werden kann. Lubentius war im 4. Jahrhundert Pfarrer in Kobern an der Mosel. Erst im 9. Jahrhundert wurden seine Reliquien nach Dietkirchen gebracht. Einige Knochen blieben aber in Kobern und werden dort heute noch verehrt. Der Legende nach legte man den Heiligen nach seinem Ableben auf einen unbemannten Nachen und überließ ihn der Mosel. Da wo das Boot anlandete, sollte Lubentius begraben werden. Das Gefährt trieb den Fluss hinab bis Koblenz, wandte sich dann im Rhein stromauf, bog in die Lahnmündung ein und kam so bis Dietkirchen. Noch heute spricht man dort vom »Lubentiuswind«, der aus westlicher Richtung kommt und die Wasseroberfläche seltsam kräuselt. Dann sieht es so aus, als flösse die Lahn stromauf.

Lit.: Gerd Bauer, Geheimnisvolles Hessen, Frankfurt am Main 2005, S. 381 ff. und 295 f.

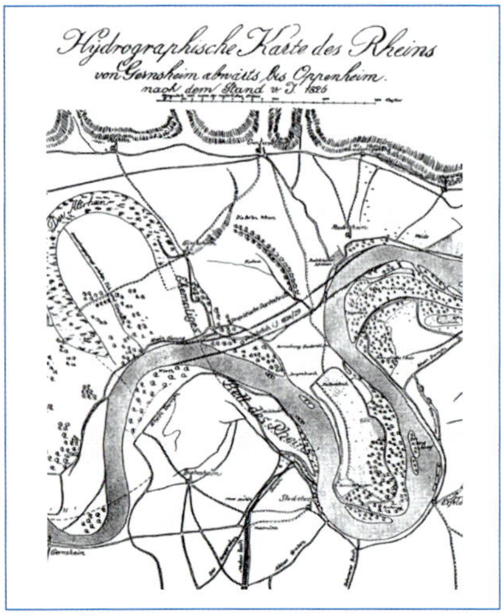

Karte von 1826: Der geplante »Durchstich« wurde von Hand eingezeichnet.

Rheindurchstich

Verkürzung des hessischen Oberrheins um 9,625 km durch einen 3,625 km langen Verbindungskanal. Gegraben wurde er in den Jahren 1828/29 quer durch die Feldmark von Guntersblum. Kostenpunkt 1 124 700 Mark. Das künstliche Flussbett degradierte die gut 13 km lange Erfelder Krümme zu einem rasch verlandenden Altrheinarm. Mit der Abtrennung der größten Flussschleife des Rheins gerieten die Dörfer Erfelden und Stockstadt ins nautische Abseits. Die Landzunge Kühkopf, die in der Flussbiegung lag, wurde zu Hessens größter Insel.

Das künstliche Eiland war größtenteils von Auwald bedeckt, aus dem sechs rheinhessische Dörfer ihr Brennholz bezogen. Das ging jetzt nur noch mit dem Boot. Etwa 200 Morgen Äcker und Wiesen auf dem Kühkopf gehörten nach wie vor Bauern in Guntersblum und Oppenheim. Sie mussten zur Feldbestellung jetzt über den Neurhein, und der hatte eine ziemlich starke Strömung.

Die Vor- und Nachteile dieser Oberrheinkorrektion waren im Parlament des Großherzogtums Hessen-Darmstadt über Jahre hinweg kontrovers diskutiert worden. Mehrmals lehnten die Abgeordneten das Großprojekt ab. Erst 1827 wurden die Gelder bewilligt, nachdem den betroffenen Dörfern neue Fährverbindungen zugesagt worden waren.

Hauptargument für den Rheindurchstich war allerdings nicht der Zeitgewinn für die Schifffahrt (eine Tagesreise stromauf, 4 bis 6 Stunden stromab), sondern die Abwehr der verheerenden Hochwasser, die vor allem durch die zahlreichen Eisstaus in der Krümme verursacht wurden. In dem weit nach Osten ausgreifenden Mäander war die Strömung ziemlich schwach. Das Treibeis konnte sich zu hohen Barrieren auftürmen. Der Fluss wurde aufgestaut und überschwemmte die Uferlandschaft.

»So sind die beiden nahe Erfelden gelegenen Orte Elmarsbach und Popfenheim von den Fluten des Rheins völlig zerstört (und danach aufgegeben) worden. Auch das linksrheinische Rudelsheim hatte sehr unter den Überschwemmungen zu leiden. So stürzten 1799 sieben, 1809 sogar neun Häuser ein. Ab 1822 wurde Rudelsheim nach und nach abgebrochen.
Seine Bewohner bauten ihr neues Dorf auf einen sicheren Hügel und nannten es nach ihrem Darmstädter Landesherrn Ludwigshöhe«.

In dem neuen, künstlichen Flussbett war die Fließgeschwindigkeit des Rheins dann tatsächlich derart hoch, dass Eisbarrieren nicht mehr zustande kamen.

Ein weiterer Grund für den Durchstich waren die schlechten Bedingungen für die Pferdegespanne, die die Schiffe entlang der Leinpfade zogen:

»Wenn die Lachen und Tümpel des Vorflutgeländes und die Hochwasserrinnen mit Wasser gefüllt waren, mussten die Pferde oft bis zum Bauch darin waten. An der Erfelder Stromkrümme lag eine starke Trift, und viele strudelreiche Löcher waren vorhanden, wo manches Schiff unterging. Die Halfterknechte und die Leinreiter hatten alle ein langes, scharfes, dolchartiges Messer im Stiefelschaft bereit, um das Seil zu kappen, wenn der Rheinstrom das Seil so spannte, dass die Pferde von der Gewalt der Strömung in die Fluten gerissen zu werden drohten.«

Für die Treidelgespanne brachte der Durchstichkanal mit seinen breiten Leinpfaden entscheidende Verbesserungen.

Geplant und geleitet wurde das Großprojekt von Dr. Claus Kröncke, Steuerrat und Rheinbauinspektor im Dienste des Großherzogtums Hessen-Darmstadt, dem ja 1816 auf dem Wiener Kongress auch das linksrheinische Rheinhessen zugeschlagen worden war. Hessen-Darmstadt hatte also die Souveränität über beide Rheinufer und konnte den Durchstich völlig eigenständig planen.

Die Arbeiten begannen im März 1828.

»Bei der Anlegung des Durchstichs wurde nicht die ganze Breite des Stroms, wie wir ihn heute sehen, durchgraben. Die Verbreiterung des Flusses überließ man der Strömung, da diese die Arbeit umsonst schaffte. Zunächst wurde nur ein breiter Graben ausgehoben, durch den man noch mit Fuhrwerken fahren konnte.«

Am 30. April 1829 wurde dieser Graben dann stromaufwärts geöffnet:

»Bereits nach den ersten Tagen konnte man sehen, dass die Verbreiterung und Vertiefung reißend erfolgte … Die Wassermassen schossen mit Gewalt in den neuen Kanal und rissen das Land an beiden Seiten weg, bis die Breite des Stromes von 308 m geschaffen war.«

Diese Ausdehnung erreichte der Neurhein aber erst nach 70 Jahren.

Fährt man heute mit einem Rheinschiff durch den Kanalabschnitt, findet man keine Hinweise mehr auf seine Entstehung aus Menschenhand. Ruhig fließet der Rhein.

Lit.: Theo Harsch, Der Durchstich am Geyer, in: Gerold Bielohlawek-Hübel (Hrsg.), Damals auf dem Kühkopf, Frankfurt am Main 1988, S. 94 ff.

Rheingauer Gebück

Historischer Grenzhag aus Buchen und Dorngestrüpp, der im ausgehenden Mittelalter den wohlhabenden mainzerischen Rheingau vor verarmten Raubrittern schützte. Die so genannten Bollwerke, befestigte Einlasstore vom Ende des 15. Jahrhunderts, lagen in unregelmäßigen Abständen im Grenzverhau. Das Abwehrgestrüpp entstand durch Aufforstung von Hain- und Rotbuchen, die ab dem zweiten Jahr regelmäßig »gebückt« wurden. Man schnitt ihre frischen Äste zurecht und bog sie nach unten, wo man sie am nächsten Ast befestigte. So entwickelte sich eine undurchdringliche Buchenwildnis, die durch wehrhafte Brombeerranken verstärkt wurde. Die grüne Grenze war 38 km lang. Sie begann am Rheinufer von Niederwalluf, zog sich bis Schlangenbad in den Taunus hinein, bog dort nach Westen, um dann bei Lorchhausen am Rhein zu enden. Das »Rheingauer Gebück« war bis Mitte des 17. Jahrhunderts funktionstüchtig. Erst 1770 wurden seine Bäume zum Holzeinschlag freigegeben. Sichtbar sind nur noch wenige verwachsene Rotbuchen bei Schlangenbad und im Walddistrikt »Bossenhain« bei Hausen vor der Höhe. Dort steht auch das einzige verbliebene Gebück-Bollwerk, die »Mapper Schanze«. Wanderlustigen sei der Rheingauer Gebück-Wanderweg empfohlen, der durchgehend markiert ist. Den Wanderführer erhält man in allen Rheingauer Buchhandlungen und beim Herausgeber: Naturpark Rhein-Taunus, Escher Str. 12, 65510 Idstein.

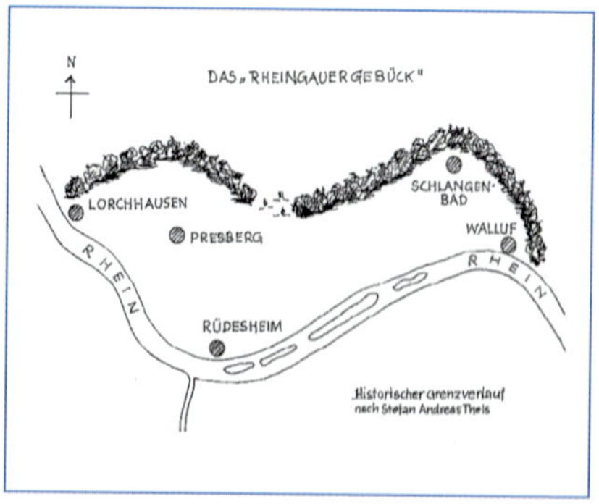

Gegen die Raubritter: der rekonstruierte Verlauf des dornigen Grenzverhaus.

Lit.: Christian Grubert, Rheingau, Taunus und Gebück, Bettendorf 2005 (Kult-Ur-Institut Imago Mundi Bd. 14)
Gerd Bauer, Geheimnisvolles Hessen, Frankfurt am Main 2005, S. 261 ff.

Rheinschnake

Bei diesem zierlichen Insekt dürfte es sich um das meistgehasste Tier in Hessen handeln. Wissenschaftlich heißt die Rheinschnake *Aedes vexans,* zu deutsch »quälender Taugenichts«. Und so wird sie von den Oberrhein-Anwohnern auch empfunden. Darum haben sie sich länderübergreifend zur KABS zusammengeschlossen. Diese »Kommunale Arbeitsgemeinschaft zur Bekämpfung der Schnakenplage e.V.« jagt das stechende und saugende Insekt zu Wasser, zu Lande und aus der Luft. Eingesetzt wird der tödliche Bazillus »Thuringensis israelensis«, der die Schnakenlarven innerlich zersetzt. Angeblich schädigt das Mittel außer den Schnaken nur noch ihre ganz nahe Verwandtschaft. Die Folgen für das Ökosystem seien gering. Das sagen zumindest die Biologen der KABS, die seit Mitte der neunziger Jahre ihren Luftkrieg auch in die Naturschutzgebiete tragen. Dagegen hatten sich Hessens Umweltverbände erfolglos gewehrt. Die Rheinschnake gehört zur Gattung der Überschwemmungsmücken, die ihre Eier in den Hochwasserzonen unserer Flüsse ablegen. Sie sieht der überall in Hessen vorkommenden Hausmücke (*Culex pipens*) auf den ersten Blick sehr ähnlich. Die Hausmücke legt ihre Eigebinde als graue »Schiffchen« überall ab, wo Wasser steht: bevorzugt in Regentonnen, aber auch in rostigen Dosen und in alten Autoreifen. Sie ist es zumeist, wenn irgendetwas nachts durch unsere Schlafzimmer summt und dabei schmerzende Spuren hinterlässt. Doch nur die weiblichen Stechmücken gelüstet es nach warmem Blut, mit dessen Hilfe sie ihre Eier ausbilden. Niemand kann genau sagen, warum manche Menschen heftig, andere gar nicht belästigt werden. Das ›süße Blut‹ bevorzugter Opfer gehört jedenfalls ins Reich der Legende, denn vor dem Stich ist das ja nicht zu ermitteln. Vermutlich steht die Mückenfrau auf attraktiven Körpergeruch, erotische Schweißabsonderung und spezielle Pheromone des Warmblüters, den sie mit Vorliebe befällt. Pheromone sind übrigens jene für uns »unriechbaren« Duft- und Lockstoffe, die auch in der zwischenmenschlichen Erotik eine tragende Rolle spielen.

Rhönrad-Mekka

Der Nabel der Rhönrad-Welt liegt augenscheinlich in Taunusstein. Zumindest aus hessischer Sicht. Die Leistungsbilanz des dortigen Turn- und Sportvereins glänzt mit 16 Europameistern und 12 Weltmeistern. Von Spitzenplätzen bei deutschen und hessischen Meisterschaften ganz zu schweigen.

Alles begann Mitte der sechziger Jahre, als der damalige Leiter der Turnabteilung, Fritz Fuchs, eine Rhönrad-Gruppe ins Leben rief. Die ersten beiden Räder waren ein Geschenk der Gemeinde Bleidenstadt, die später mit etlichen Nachbardörfern zu Taunusstein verschmolz. Bereits 1970 kam der hessische Rhönrad-Meister aus den

Reihen des TSV Bleidenstadt und 1974 ging der deutsche Meistertitel erstmals an den Oberlauf der Aar. Heute ist das Rhönrad in Taunusstein allgegenwärtig. Für die Kinder des Städtchens bedeutet der Gang in die Turnstunde in aller Regel das Vertrautwerden mit dem runden Sportgerät. Dessen Präsenz im Alltag erklärt sich vor allem mit den attraktiven Schauvorführungen der Rhönradturner, die bei den großen Stadtfesten von allen bejubelt werden: rollende Räder und Pop-Musik, mit einer Choreographie, die auf den Gleichklang der Bewegung setzt. Das Rhönrad-Show-Team gastierte auch schon in Kanada und in den USA.

Rhönrad-Produktion in Taunusstein-Bleidenstadt.

Das rollende Turngerät ist mittlerweile natürlich normiert: Das so genannte Universalrad besteht aus zwei gleich großen Stahlreifen, die mit einem Kunststoff ummantelt sind. Verbunden sind sie durch sechs Sprossen in genau festgelegtem Abstand. An einigen Sprossen sind Griffe, an anderen die Bretter mit den Lederbindungen montiert.

Die Taunussteiner Metallbau-Firma Zimmermann hat sich auf den Bau der verschiedenen Radtypen spezialisiert. Im Angebot sind 21 Größen mit Durchmessern von 1,35 m bis 2,40 m. Die Preise reichen von 626 bis 1007 Euro für Spitzenräder. Die Spezialfirma produziert im Jahr an die 160 Räder, die in alle Welt geliefert werden. Selbst Rhönradturner in Japan bestellen ihre Sportgeräte in Taunusstein-Bleidenstadt.

Entwickelt wurde das Rhönrad in der gleichnamigen Berglandschaft. Sein Konstrukteur Otto Feick, ein gelernter Schlosser, griff dabei auf ein Doppelrad aus seiner Kindheit im pfälzischen Reichenbach zurück. Das hatte ihm der Großvater in seiner Schmiede aus zwei starken Fassreifen gebaut und damit rollte er schon damals kopfüber die Wiesenhänge hinunter, um unten durchrüttelt und zerschunden anzukommen. Anfang der zwanziger Jahre kam Feick nach Schönau an der Brend. Das liegt zwar nur 20 km südöstlich von Gersfeld, aber schon im fränkischen Teil der Rhön. Er eröffnete dort eine Schlosserwerkstatt und entwickelte neben seiner täglichen Arbeit das ungewöhnliche Turnrad.

Zu Ehren der neuen Heimat nannte Otto Feick sein Gerät für Belustigungszwecke nicht Feick-Rad sondern Rhönrad. Das Patent wurde am 8. November 1925 erteilt.

Lit.: www.rhoenrad.de
Informationen Rhönrad-Bau: Metallbau Zimmermann, Schulstraße 16, Taunusstein-Bleidenstadt

Rhönschaf

Uralte, bodenständige Schafsrasse der Rhön, die in den sechziger Jahren des vergangenen Jahrhunderts auf ganze 300 mehr oder weniger reinrassige Tiere geschrumpft war. Die größte Herde war damals im Besitz des Barons von Buttlar, der sie allerdings nicht in der Rhön, sondern im Umland von Fritzlar weiden ließ.

1997 erwarb der Bund Umwelt und Naturschutz (BUND) den blaublütigen Restbestand und brachte die 241 Tiere (zurück) in die Rhön. Seither werden sie im dortigen Biosphären-Reservat erfolgreich zur Landschaftspflege eingesetzt. Dies war die Grundlage einer staatlichen Förderung, von der man aber unabhängig werden will. Effiziente Vermarktungsstrategien sollen die Rhönschafhaltung künftig auch rentabel machen. Derzeit versucht man dies mit einem Echtheitszertifikat. Rhöner Schaf oder Rhöner Lamm kann jeder Wirt skrupellos auf seine Speisekarte setzen – ganz egal, wo der Hammel herkam. Das Rhönschaf aber genießt Markenschutz. Diese Bezeichnung ist nur statthaft, wenn das Tier in der Rhön gezüchtet wurde, dort auf den Weiden aufwuchs und in der Region auch geschlachtet und zubereitet wurde. Die Kontrollen sollen streng sein.

Die Rasse ist in jener guten alten Zeit entstanden, in der das Schaf in erster Linie Wolle zu liefern hatte. 1844 wird sein Name erstmals schriftlich festgehalten. In den Akten des Fuldaer Hochstifts heißt es: »Das gewöhnliche Schaf des Rhönlandwirts ist ein gemeines teutsches Schaf in einer eigenthümlichen Art, welches selbst im Ausland unter dem Namen ›Rhönschaf‹ gekannt wird.« Anders als die heute gängigen Fleischrassen, die auf rasches Wachstum und hohes Schlachtgewicht gezüchtet wurden, ist das Rhönschaf von eleganter Statur, »hochbeinig, schlichtwollig, hornlos, ganz in Weiß mit einem aparten, schwarzen, schmalen Nofretete-Kopf, unbewollt bis hinter die Ohren« (BUND Hessen). Es erreicht eine Risthöhe von 72 bis 85 cm und kann bis zu 70 kg schwer werden.

Allerdings wächst es nicht nur recht gemächlich, sondern wird auch erst nach 18 Monaten fortpflanzungsfähig. Das ist schlecht für die Lammproduktion und daher ein weiterer wirtschaftlicher Nachteil gegenüber den Turborassen. Noch ein Grund für seinen Rückgang.

Im 19. Jahrhundert gab es noch einen Bestand von mehreren hunderttausend Tieren. Damals war das Rhönschaf jedoch nicht nur Wolllieferant, sondern galt wegen seines wildähnlichen Geschmacks auch als Delikatesse. Schließlich traf es sogar auf Napoléon Bonaparte und wurde zum begehrten Exportartikel. Glaubt man den alten Geschichten, so wurde der Franzosenkaiser 1813 durch ein Rückzugsgefecht aufgehalten und übernachtete notgedrungen auf dem Landsitz des Barons von Buttlar in der Thüringischen Rhön.

»Im Dorfgasthaus ›Schwarzer Adler‹ sollen er und seine Offiziere mit Rhönhammel verköstigt worden sein«, berichtet Heide Platen. »Er war begeistert und veranlasste den Import der Tiere nach Frankreich. Wanderschäfer trieben fortan große Herden bis nach Paris. Gourmets priesen den Geschmack des Fleisches und erhoben das Schaf in den Adelsstand. An den französischen Tafeln, so die Überlieferung, erhielt das Rhönschaf seinen Namen: ›mouton de la reine‹, ›Hammelfleisch der Königin‹.«

Denkbar wäre natürlich auch, dass die Pariser Feinschmecker mit Schafsadel gar nichts im Sinne hatten. Möglicherweise übertrugen sie einfach nur die deutsche Schafsheimat lautmalerisch in ihre Muttersprache: »mouton de la reine«, das »Schaf von der Rhön«.

Lit.: Heide Platen, Schaf im Adelsstand, in: die tageszeitung/tazmag vom 13./14.7.2002
Rhönprojekt: www.bund-hessen.de
Informationen der GEH: www.genres.de/tgr/geh-scha/rhoensch.htm

Monument für Riesling und Queen: das Königin-Victoria-Denkmal bei Hochheim.

Riesling

Die Riesling-Rebe gilt vor allem im Ausland als die deutsche Rebsorte schlechthin. Die Vorliebe der britischen Königin Victoria für den Rheingau-Riesling aus den Weinbergen um Hochheim dürfte daran entscheidenden Anteil haben. In England heißt deshalb heute noch jedweder deutsche Riesling »the Hock« – also »Hochheimer«. Das werbewirksame »Good hock keeps off the doc« (»Guter Hock hält einem den Arzt vom Leibe«) wird ebenfalls der Riesling liebenden Königin zugeschrieben. Victoria hat die Hochheimer Reblagen sogar einmal besucht. Aus diesem Anlass benannten die Winzer einen Weinberg nach der Queen und setzten ihr dort ein steinernes Denkmal.

Die Riesling-Rebe trägt weiße Trauben und gilt unter Fachleuten als kleinbeerig und spätreifend. Der Ertrag liegt deshalb weit unter den Erntemengen anderer Sorten. Hauptanbaugebiet in Hessen ist erwartungsgemäß der Rheingau. Die Herkunft des Gewächses ist nicht sicher nachgewiesen. Man nimmt aber an, dass es aus einer Wildrebe stammt, die früher im Rheintal heimisch war. Ein Umstand, der alle Geschichten von der Einführung des edlen Tropfens durch die Römer infrage stellt. Eine historische Rechnung aus Rüsselsheim von 1435 für den Bezug von »umsetzreben rießlingen« gilt als der früheste Beleg für den Sortennamen (➛ Spätlese). 1716 baute die Abtei Fulda auf dem Rheingauer Johannisberg 294 000 Reben an. 38 500 verzeichneten die Mönche als »rießling«. Der Rauschtrank aus Rieslingbeeren wird von passionierten Weinkennern (➛ »Schnudedunker«) als rassig und feinblumig mit edler Säure charakterisiert.

Lit.: Michaele Scherenberg/Karl-Heinz Stier, Hessen à la carte 1, Frankfurt am Main 1990, S. 48
Deutsches Wein-Institut, Mainz 1996

Rindswurst

Nicht nur das ➤ Frankfurter Würstchen, auch die Rindswurst stammt aus Hessen. Zum Durchbruch verhalf ihr der in Meerholz (heute Gelnhausen) geborene Metzgermeister Karl Gref. Er hatte in Frankfurt eine echte »Borjersdochter« mit Namen Wilhelmine Völsing geheiratet, einen Sohn gezeugt und schließlich 1894 in der Schnurgasse einen Laden eröffnet. Er nahm die Idee des Schlachtermeisters Laemlein auf und brachte Kochwurst aus reinem Rindfleisch in den Darm, und zwar vor allem zunächst für die jüdische Bevölkerung Frankfurts, die unkoschere Würstchen aus Schweinefleisch nicht aß. Als Karl Gref aber 1905 bei der Frankfurter Kochkunst-Ausstellung für seine Gref-Völsinger eine Goldmedaille errang und diesen Erfolg 1906 in Wien und 1908 in Wiesbaden wiederholen konnte, war der Siegeszug der knubbeligen Knacker nicht mehr aufzuhalten. Streng genommen ist zwar Metzger Laemlein der Erfinder, aber ohne Karl Gref und seine tatkräftige Familie wäre die Rindswurst schnell wieder vergessen worden. So konnte anlässlich des Firmenjubiläums 1944 gereimt werden:

Meisterbrief von Fritz Gref.

»Wenn's Sauerkraut regnet, / Und Rindswürstchen schneit,
So wünsch ich vom Herrgott, / Dass's Wetter so bleibt!«

Auch in BSE-Zeiten hat die Gref-Völsinger Rindswurst nichts von ihrer Beliebtheit eingebüßt. Ihre Fans essen sie am liebsten in der Hanauer Landstraße 132: im Laden der Familie, direkt neben der Wurstküche.

Lit.: 100 Jahre Gref-Völsing 1894–1994. Eine Jubiläumsschrift, ein Zeitdokument, Frankfurt am Main 1994

Burgruine Rodenstein (Stich von 1849).

Rodensteiner

Ortsgebundener, mobiler Spuk in Form eines unsichtbaren Geisterheeres, das, ähnlich dem ➛ Wilden Jäger, einen festen Zugweg einhält. Der Tross des Rodensteiners gilt im Odenwald als Vorbote eines Krieges. In Friedenszeiten wird er in der Ruine Schnellerts bei Ober-Kainsbach lokalisiert. Dort ist er auch als Schnellertsherr bekannt. Kurz vor Kriegsbeginn zieht er dann auf seiner traditionellen Route unter lautem Getöse, Hundegekläff und Pferdegewieher das Kainsbachtal hinunter bis nach Brensbach. Von dort geht der unsichtbare Heerzug dann durch das Gersprenztal zur Burgruine Rodenstein bei Fränkisch-Crumbach. Kurz vor Kriegsende zieht er den gleichen Weg zurück. Die Wirklichkeit dieses Geschehens bestätigen nicht nur Dokumente wie die »Reichenbacher Protokolle« (1741–1796), sondern zahlreiche Ohrenzeugen, die den Rodensteiner zwischen 1848 und 1945 wahrgenommen haben. Dazu gehört auch ein gestandener Handwerksmeister aus Fränkisch-Crumbach, der sich noch 1992 genau daran erinnerte, kurz vor dem Ersten Weltkrieg »einen gewaltigen Lärm in der Luft« gehört zu haben, »von dem man nicht sehen konnte, wo er herkam«. Zusammen mit anderen Kindern sei er dann zu einem Bauern auf einem nahen Feld gelaufen und habe gefragt, was das zu bedeuten habe. »Es gibt Krieg«, antwortete der Mann, «das ist der Anfang. Der Rodensteiner zieht«. Unter anderen hat Joseph Victor von Scheffel dem Geisterzug ein literarisches Denkmal gesetzt:

»Es regt sich was im Odenwald.
Und durch die Lüfte hallt's und schallt.
Der Rodenstein zieht um.
Vom Rhein her streicht ein starker Luft,
Der treibt den Alten aus der Gruft.
Der Rodenstein zieht um.«

Lit.: Die Rodensteiner – Geschichte und Sagen, hrsg. von der Interessengemeinschaft Heimatmuseum Rodenstein e.V., Fränkisch-Crumbach 1982.
Gerd Bauer, Geheimnisvolles Hessen, Frankfurt am Main 2005, S. 165 ff.

Röhr Automobilwerke

Fast wäre Ober-Ramstadt zu einer internationalen Metropole des Automobilbaus geworden. Viel hat tatsächlich nicht gefehlt. 1926 kaufte der Berliner Flugzeugkonstrukteur Hans Gustav Röhr die verlassenen Werkshallen einer kleinen Autofabrik, die kurz vorher in Ober-Ramstadt Pleite gegangen war. Röhr wollte sich dem lukrativen Bau von Kraftfahrzeugen widmen und mit seiner Erfahrung besonders leistungsstarke und zukunftsweisende Modelle entwickeln. Bereits nach einem Jahr war der erste Prototyp des »Röhr 8« fertig gestellt. Das eindrucksvolle Gefährt war mit einem Acht-Zylinder-Motor ausgestattet und ausgesprochen fortschrittlich konstruiert. Als der »Röhr« auf den Markt kam, war er der erste deutsche Serienwagen mit Einzelradaufhängung, Tiefbett-Kastenrahmen und Zahnstangenlenkung. Bei nationalen und internationalen Vergleichsfahrten machte das Auto eine derart gute Figur, dass schon 1929 zwölf Fahrzeuge pro Tag produziert wurden. Der »Röhr« galt, wie Otto Weber in seinem Aufsatz über die Ober-Ramstädter Fabrik schreibt, als das sicherste Auto seiner Zeit. Trotzdem geriet die Firma schon nach kurzer Zeit ins Schlingern. Die Weltwirtschaftskrise mit ihrer hohen Arbeitslosigkeit machte es kleineren Unternehmen schwer, die leistungsstarke Luxusautos wie den »Röhr« fertigten. Als der Hauptgeldgeber ausstieg, konnte auch eine Bürgschaft der Stadt den Konkurs nicht mehr abwenden. Hans Gustav

Röhr 8-Zylinder, Typ F auf der Automobilausstellung in Berlin (1933), Zeichnung von Theo Matejko.

Röhr ging nach Frankfurt zu den Adler-Werken. Den Betrieb in Ober-Ramstadt übernahm eine Schweizer Holding, die als »Neue-Röhr-Werke« firmierte und u. a. mit der Hilfe von Ferdinand Porsche die Konstruktionen von Röhr weiterentwickelte. Der 1933 vorgestellte »Röhr 8 Typ F« galt wegen seiner überragenden Fahrleistungen als »Flugzeug der Landstraße«. Daneben wurde ebenfalls seit 1933 als Lizenz der tschechischen Tatra-Werke der »Röhr-Junior« produziert. »Die Zeit nach 1933«, so Otto Weber, »brachte einerseits großartige Erfolge bei vielen motorsportlichen Veranstaltungen, andererseits jedoch politische Schwierigkeiten, weil bei dem Betriebskapital aus der Schweiz auch Geld jüdischer Finanziers enthalten war. Schon 1935 war der Betrieb durch politische Machenschaften ruiniert«.

Heute existieren weltweit nur noch 28 Röhr-Automobile. Die Geschichte der Firma ist eindrucksvoll im Ober-Ramstädter Museum dokumentiert.

Lit.: Otto Weber, Der Traum von der Autometropole. Hans Gustav Röhr in Ober-Ramstadt, in: Martin Maria Schwarz/Ulrich Sonnenschein (Hrsg.), Hessen riskant. Orte des Scheiterns, Marburg 2000, S. 41–45

Römer

Römische Geschichte auf dem Boden des heutigen Hessen begann in den letzten Jahrzehnten vor der Zeitenwende. Das historische Gallien samt dem Gebiet des heutigen Belgien war unterworfen. Der Rhein markierte die Ostgrenze des Imperiums. Doch immer wieder drangen rechtsrheinische Stämme in die Besatzungszone vor. Das führte dann zu etlichen kleinen Strafexpeditionen und schließlich 12 v. Chr. unter Drusus zu einem regelrechten Feldzug in die Gebiete östlich des Rheins. Römische Quellen bezeichnen die renitenten Stämme als Germanen. Ein unscharfes Etikett, das vermutlich sowohl keltischen Völkern als auch keltogermanischen Stämmen angeheftet wurde, die sich aus der Verschmelzung von ansässigen Kelten und einwandernden Germanen gebildet hatten. Drusus schlug sich auch mit den → Chatten herum, jenem offenbar sehr kriegerischen Stamm, der –

weil eigentlich »Hatten« ausgesprochen – als Namensgeber für die Hessen gilt. Um jene Chatten im Auge zu behalten, ließ Drusus einen Stützpunkt errichten. Er lag irgendwo zwischen Main und Sieg und gilt als das erste römische Bauwerk in diesem Bereich. Rom hielt an seiner Rheingrenze fest, versuchte aber die Stämme rechts des Grenzflusses zu »befrieden«. Dies geschah in der Regel durch Verträge, denen notfalls militärisch nachgeholfen wurde. Kurz nach der Zeitenwende hatten die Völker rechts des Rheins die Römer satt. Es begann ein umfassender Guerilla-Krieg, an dem sich so gut wie alle Stammesführer beteiligten. Schließlich änderte Rom seine »Befriedungsstrategie« und forcierte die Errichtung rechtsrheinischer Grenzbezirke. Mit Gewalt versteht sich. Bei einer dieser Militärunternehmungen gerieten römische Legionen unter Quinctilius Varus in einen Hinterhalt der Cherusker und wurden nahezu vollständig vernichtet. Das war im Jahre 9. Eine unerwartete Niederlage, die dem römischen Selbstbewusstsein einen harten Schlag versetzte und dem Cheruskerfürsten Hermann zu einem Denkmal im Teutoburger Wald verhalf. Rom legte seine Bezirksprojekte erst mal auf Eis. Das hinderte aber die Feldherrn Tiberius und Germanicus nicht, wenige Jahre später erneut in die Gebiete der Chatten und Cherusker einzufallen. Bei dieser Gelegenheit zerstörten die Legionen den Chattenhauptort Mattium, der in der Nähe von Fritzlar vermutet wird. Die Entscheidungsschlacht blieb jedoch aus, die Chatten zogen sich in die Tiefe ihrer Wälder zurück. Dennoch wurde Germanicus in Rom gefeiert, und man errichtete ihm später am rechten Rheinufer einen monumentalen Ehrenbogen. Die riesigen Fundamente eines solchen Bauwerks wurden in Mainz-Kastel freigelegt und sind dort im Keller eines Wohnhauses zu besichtigen. Es könnten die Relikte des Germanicus-Bogens sein. Auf jeden Fall handelt es sich um das größte römische

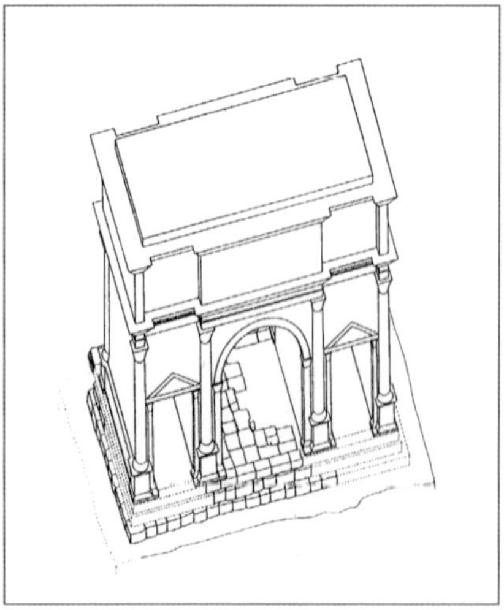

Der Römerbogen in Kastel (Rekonstruktionszeichnung).

Gott der Händler und Diebe: römische Merkur-Statuette aus Offenbach, 11 cm hoch.

Gebäude in Hessen. Zu seiner Zeit war es der gewaltigste Bogenbau nördlich der Alpen.

Ende des 1. Jahrhunderts hatte Rom seine Macht gefestigt. Die neue Provinz Obergermanien reichte weit ins rechtsrheinische Gebiet und schloss die fruchtbare Wetterau als regionale »Kornkammer« mit ein. Hauptort war Moguntiacum, das heutige Mainz. Von hier aus organisierte man die Markierung der östlichen Provinzgrenze durch einen leichten Palisadenzaun, der später durch Wall und Graben ergänzt wurde. Der damit sichtbar gemachte Grenzverlauf ging als ➛ Limes in die Geschichte ein (Grenzlinien: lat. limites). In seinem Schutz entwickelte sich eine römisch geprägte Zivilisation mit befestigten Handelsstraßen und Siedlungen sowie einer Vielzahl ländlicher Gutshöfe, die Ackerbau und Viehzucht betrieben. Die Einheimischen übernahmen langsam die Alltagskultur der Besatzer: Sprache, Mode, Haartracht und Küchenzettel. Es entwickelte sich ein kulturelles Amalgam aus keltischen, germanischen und römischen Elementen. Sogar der Götterhimmel wurde davon erfasst und »multikulturell« erweitert.

Knapp 200 Jahre blieb der Limes Grenze des Imperiums. Mitte des 3. Jahrhunderts bedrängte dann eine neu entstandene Macht das römische Obergermanien: die Alamannen. Der Druck dieses germanischen Stammesverbandes war so stark, dass Rom im Jahre 260 den Limes aufgab und seine Ostgrenze an den Rhein zurückverlegte.

Lit.: Dietwulf Baatz/Fritz-Rudolf Hermann (Hrsg.), Die Römer in Hessen, Stuttgart 1982

Rot-grüne Koalition

Das Foto wurde zur Ikone. Der seinerzeit nach der grün-alternativen Kleider(un)ordnung angezogene Joschka Fischer trat in Turnschuhen zu seiner ersten Vereidigung als Minister an. Das war am 12. Dezember 1985. Die von Anfang an spannungsgeladene erste rot-grüne Koalition in Deutschland hielt nur 452 Tage. Ministerpräsident Holger Börner (SPD) war den Grünen, die sich erst 1980 als Partei formiert hatten, noch nicht einmal in Hassliebe verbunden. Die Differenzen im politischen Stil, im Auftreten, bei der Gewichtung des Verhältnisses von Ökonomie und Ökologie waren entschieden zu groß. So kam es Börner und auch den Grünen gelegen, dass man sich im Streit um die Atompolitik alsbald trennen konnte. Börner allerdings verfolgte sein unglückliches »Dachlatten«-Zitat sein Leben lang. Er soll gesagt haben, dass man derlei Konflikte früher, als er noch auf dem Bau arbeitete, mit der Dachlatte ausgetragen hätte. Börner will das so aber nie gesagt haben. Die Turnschuhe wurden zum Fetisch, der für die wilden Jahre der Grünen stand, bevor Joschka Fischer in feinstem Tuch und immer ziemlich arrogant als Außenminister der rot-grünen Koalition unter Bundeskanzler Gerhard Schröder die Interessen der Bundesrepublik Deutschland vertrat. Die Turnschuhe sollen im Bonner Haus der Geschichte gelandet sein. Vielleicht findet sich daneben noch eine Vitrine für einen der repräsentativen Nadelstreifenanzüge des Ministers, der gelegentlich seine Konfektionsgröße zu ändern pflegte.

Rothschild

Ihr Name steht für Geld, sogar für viel Geld. Aber die geschäftlichen Anfänge der Familie Rothschild waren alles andere als rosig. Der sagenhafte Aufstieg begann in einem engen und stickigen Ghetto, das zu den übelsten in Deutschland gehörte: in der Frankfurter Judengasse. Eingepfercht wie Tiere, ohne die Möglichkeit, sich in der Stadt frei zu bewegen, fristeten die Frankfurter Juden ihr kümmerliches Dasein. Der Name Rothschild stammt aus dem 16. Jahrhundert, als die Familie das Haus zum Roten Schild errichtete (später zog sie dann in das Haus Hinterpfann). Darin lebten kleine Kaufleute und Geldwechsler. Und sicher wäre es so geblieben, hätte nicht mit dem 1743 oder 1744 geborenen Meyer Amschel Rothschild ein ungeheuer tatkräftiger Mann die Geschäfte in die Hand genommen. Ihm gelang es, zum »Fürstlich-Hessen-Hanauischen Hoffaktor« aufzusteigen, nachdem er dem Erbprinzen Wilhelm u. a. wertvolle Münzen geliefert hatte. 1770 heiratete er die siebzehnjährige Gutle Schnapper, die Tochter eines reichen Kaufmanns, die ihm neunzehn Kinder gebar, von denen zehn das Erwachsenenalter erreichten. Die Wohn- und Arbeitsverhältnisse müssen katastrophal gewesen sein. Da die Häuser nicht erweitert werden durften, mussten alle Kinder in einem Raum schlafen. Der Durchgang zwischen den Zimmern diente als Küche. Auf dem Herd hatte nur ein Topf Platz. Trotzdem wurden darauf die Mahlzeiten für zwölf Personen gekocht. Das Büro Meyer Amschel Rothschilds war nur 9 mal 9 Meter groß. Gearbeitet wurde an einem Stehpult. In einem Regal lagen die Schriftstücke. Die ihm anvertrauten Schätze barg eine eichene Truhe, und in einem Schrank lagerten die Goldstücke in Lederbeuteln. Das Ganze wirkte eher wie ein kleiner Kaufmannsladen, in dem Salz, Zucker und Brot verkauft wurden. Aber es war die Keimzelle für das einstmals größte und mächtigste Bankhaus der Welt. Als Münzhändler, Bankier und Lieferant der habsburgischen Armee vergrößerte Meyer Amschel Rothschild sein Geschäft beständig. Er und sein ältester Sohn Amschel wurden Hoffaktoren des Kaisers, des Johanniterordens und der Fürsten von Thurn und Taxis. Saftige Gewinne brachte das Geschäft mit Staatsanleihen, die gegen Ende des 18. und zu Beginn des 19. Jahrhunderts modern wurden. Als Bankier des damals durch den ➛ »Soldatenverkauf« sehr vermögenden Landgrafen von Hessen-Kassel gelang es ihm, einen Teil des landgräflichen Geldes vor dem Zugriff Napoleons zu verstecken, als Hessen-Kassel besetzt und zu einem Teil des

»Das Grüne Schild« in der Frankfurter Judengasse, Sitz der Firma Rothschild seit 1787.

Königreichs Westfalen gemacht wurde. Meyer Amschel Rothschild legte die Fluchtgelder gewinnbringend in London an, wo sein Sohn Nathan unterdessen eine Filiale gegründet hatte. Da die Rothschilds wussten, wie wichtig präzise und schnelle Informationen waren, unterhielten sie einen eigenen Kurierdienst und setzten sogar Brieftauben ein. Ihr spektakulärster Coup gelang ihnen 1815, nachdem Napoleon die Schlacht bei Waterloo verloren hatte. Durch ihr Kuriersystem erhielten sie schnell Nachricht davon. Da der Sieg der Engländer an der Börse noch nicht bekannt war, kauften die Rothschilds rasch englische Staatspapiere, die dann rasant im Wert stiegen. Meyer Amschel Rothschild hatte diese spektakuläre Aktion nicht mehr miterlebt. Er war bereits am 19. September 1812 in Frankfurt gestorben. Sein Haus hatte er wohlbestellt hinterlassen. Die fünf Söhne leiteten das Stammhaus in Frankfurt und Filialen in London und Paris, bald auch in Wien und Neapel. Das Frankfurter Stammhaus starb 1901 mit Wilhelm Carl von Rothschild aus. Die Spuren der Familie versuchten die Nationalsozialisten ganz zu tilgen. Es ist ihnen zwar nicht gelungen, aber in Frankfurt erinnert heute außerhalb des Jüdischen Museums nur noch wenig an die große Dynastie.

Die fünf Rothschild-Brüder, Lithographie nach Moritz Daniel Oppenheim (1852).

Lit.: Georg Heuberger (Hrsg.), Die Rothschilds, 2 Bde., (Ausstellungskatalog) Sigmaringen 1994
Amos Elon, Der erste Rothschild, Reinbek 1998

S

SAALBURG

Die Saalburg: rekonstruiertes Römer-Kastell und Museum.

Die eindrucksvolle Anlage liegt gut 7 km außerhalb Bad Homburgs auf einer Taunushöhe und birgt die bedeutendsten Exponate der Römerzeit auf hessischem Boden. Die Konturen der Saalburg sind die Rekonstruktion eines römischen Kohorten-Kastells, das an gleicher Stelle Teil der imperialen Grenze war (➛ Limes). Das Freilichtmuseum verdankt seine Existenz einer Initiative des letzten deutschen Kaisers. Alles begann, als man 1723 im Waldesdunkel einen Inschriftenstein entdeckte, der dem Brudermörder Caracalla gewidmet war. Die Umgebung wurde erkundet, und man stieß in der Nähe auf Mauerreste der Römerzeit, die der Wissenschaft völlig unbekannt waren, obwohl sie den umliegenden Taunusdörfern seit Jahrhunderten als Steinbruch dienten. Erst 1818 verbot der Landesherr die ruinierende Steingewinnung. 1870 begannen die ersten Grabungen in dieser so genannten römischen Schanze. Um die Jahrhundertwende engagierte sich dann Wilhelm II. für die Idee, das Grenzkastell auf dem alten Grundriss neu zu errichten. Als Vorlage dienten die Beschreibungen römischer Autoren und vergleichbare Anlagen, wie etwa die Ruinen der Provinzhauptstadt Lambaesis in Nordafrika. Rekonstruiert wurde schließlich die Architektur des Kastells nach einem Umbau Anfang des 3. Jahrhunderts.

Der 1907 fertig gestellte Neubau umfasste die gesamten Außenmauern mit ihren Wehrgängen, die vier großen Einlasstore und das Stabsgebäude mit Innenhof, Verwaltungsräumen und Fahnenheiligtum. Auch die Mannschaftsunterkünfte sollten nicht fehlen. Das erste antike Bauwerk an dieser Stelle war ein kleines Erdkastell, das im 1. Jahrhundert einen wichtigen Taunuspass zu sichern hatte.

Etwa im Jahre 135 bauten die ➛ Römer den Wehrbau zum Kohorten-Stützpunkt aus. Die bis dato in Butzbach stationierte II. Raetische Kohorte wurde dorthin verlegt. Die damalige Kastellbesatzung bestand aus etwa 500 Soldaten. Man hatte sie zumeist bei den keltogermanischen Stämmen in der Nachbarschaft rekrutiert.

Lit.: Margot Klee, Die Saalburg, Stuttgart 1995
Egon Schallmayer, Hundert Jahre Saalburg, Mainz 1997

Sacher-Masoch in seinem Arbeitszimmer in Lindheim.

Sacher-Masoch, Leopold Ritter von

Der 1836 in Lemberg geborene Schriftsteller Leopold Ritter von Sacher-Masoch ist bis heute vor allem deshalb berühmt, weil eine sexuelle Perversion nach ihm benannt wurde.

1870 hatte er die Novelle »Venus im Pelz« veröffentlicht – die Geschichte eines Mannes, der es lustvoll erlebt, von seiner Geliebten körperlich und seelisch gequält zu werden. Der Psychiater und Sexualforscher Richard von Krafft-Ebing beschrieb dieses Phänomen erstmals wissenschaftlich und nannte es 1890 nach Sacher-Masoch »Masochismus«. Damit war ein Begriff geboren, der den Schriftsteller in seinen letzten Lebensjahren wie ein Fluch verfolgte. Krafft-Ebing ging sogar so weit, von dem Romanautor auf den Menschen zu schließen und ihn selbst als praktizierenden Masochisten zu bezeichnen, wofür er allerdings keine Beweise hatte. Zu dieser Zeit lebte Sacher-Masoch schon im hessischen Lindheim. Seine Lebensgefährtin und spätere Ehefrau Hulda Meister hatte 1886 das ehemals von Venning'sche Landhaus erworben, um dem unsteten Schriftsteller ein festes Zuhause zu geben und ihn zur (schöpferischen) Ruhe kommen zu lassen. Seit 1887 lebte Sacher-Masoch gelegentlich und seit Sommer 1891 ganz in Lindheim. Wie Karl E. Demandt in seinem Aufsatz über ihn schreibt, war Oberhessen in dieser Zeit eines der Zentren des politisch sehr aktiven Antisemitismus. Bei den Reichstagswahlen 1893 konnten die Antisemiten im Großherzogtum Hessen drei von neun Mandaten gewinnen.

Der Marburger Otto Böckel und seine Gefolgsleute hetzten gegen jüdische Vieh- und Getreidehändler, von denen gerade die ländliche Bevölkerung in hohem Maß abhängig war. Sie nutzten geschickt immer noch vorhandene Ressentiments und wirtschaftliche Notlagen, um ihr Allheilmittel anzupreisen: Allen, also den kleinen Bauern, Handwerkern, Angestellten und Beamten, könnte es besser gehen, gäbe es keine jüdischen Geschäftsleute mehr. In diesem Sinn hatte schon der Lindheimer Pfarrer Rudolf Ludwig Oeser (der sich O. Glaubrecht nannte) 1859 in seiner immer wieder aufgelegten Erzählung »Das Volk und seine Treiber« agitiert.

In dieser Atmosphäre gründete der den Sozialdemokraten nahestehende Sacher-Masoch im Januar 1893 seinen »Oberhessischen Verein für Volksbildung«. In einer Grundsatzerklärung wurden die Ziele klar definiert: »Der soziale Gedanke, das Charakteristikum der Gegenwart und ihr hervorstechendster Zug hat eine große volkserzieherische Aufgabe. Die ungeheuren Fortschritte der Industrie, des Handels und des Verkehrs haben einerseits den Großkapitalismus geschaffen, andererseits den ›vierten Stand‹, der heute, gut organisiert und geleitet, energisch Aufbesserung seiner – vielfach allerdings trostlosen – Lebensverhältnisse verlangt.«

Das war ein ehrgeiziges Ziel: Durch Bildung und Kultur wollte Sacher-Masoch das Los der oberhessischen Bauern verbessern und sie dazu befähigen, selbst ihr Schicksal in die Hand zu nehmen. Daneben sah er seinen Verein auch als Bollwerk gegen den Antisemitismus und rechnete es sich als sein Verdienst an, dass es dem antisemitischen Kandidaten im Wahlkreis Friedberg-Büdingen nicht gelang, 1893 in den Reichstag einzuziehen.

In kurzer Zeit schaffte es Sacher-Masoch, mindestens 29 Ortsgruppen zu gründen, u. a. in Büdingen, Ortenberg, Altenstadt, Echzell, Nidda, Glauberg und Groß-Karben. Er richtete Volksbibliotheken ein, veranstaltete Vortragsabende, rief Gesang-, Musik-, und Theatervereine ins Leben, vergab Stipendien und ließ Lehrmittel für die besonders schlecht ausgestatteten Volksschulen anschaffen. Es war enorm, welche Wirkung sein Verein in der Wetterau und am Vogelsbergrand erzielte. Immer misstrauisch beäugt von denen, die Sacher-Masoch für sittlich verkommen hielten, ihm seine sozialistische Einstellung nicht verziehen und ihm seinen Kampf gegen den Antisemitismus verübelten. Als der Schriftsteller am 9. März 1895 in seinem Haus in Lindheim starb, war auch das Ende seines Vereins besiegelt. Ohne ihn, den prominenten Initiator und Motor, löste sich der Verein langsam auf. In sein Haus zog später der Historiker Karl E. Demandt. Es ist noch heute im Besitz der Familie.

Lit.: Karl E. Demandt, Leopold v. Sacher-Masoch und seine Oberhessischer Volksbildungsverein zwischen Schwarzen, Roten und Antisemiten, in: Hessisches Jahrbuch für Landesgeschichte, 18. Bd. (1968), S. 160–208
Lisbeth Exner, Leopold von Sacher-Masoch, Reinbek b. Hamburg 2003

Heinz Schenk

Kellner im »Blauen Bock«: Heinz Schenk und Reno Nonsens.

Die meisten kennen Heinz Schenk als babbelnden Oberkellner der Fernsehschänke »Zum blauen Bock« des ➛ Hessischen Rundfunks. Von 1966 bis 1984 verteilte er dort die Apfelwein-Bembel an gastierende Künstler. Zumeist an Sängerinnen und Sänger, die überwiegend der leichten Muse verpflichtet waren. Doch Heinz Schenk sang auch selbst mehr schlecht als recht, was er geschickt zu kaschieren wusste, indem er gleichwertige Talente zum Mitsingen zwang. Prominente Studiogäste des »Blauen Bocks« ließen das meist klaglos über sich ergehen. Selbst der eher steife Frankfurter Zoodirektor Bernhard Grzimek soll dereinst ein paar Strophen der »Bock«-Hymne gekrächzt haben: »Im Blauen Bock beim Äbbelwoi, da lass disch ruhisch nieder, da gehen nur brave Mensche noi unn singe frohe Lieder.«

Schenks Vater besaß eine Drogerie, seine Mutter war Tänzerin. Offenbar die passende Mischung für einen Typ Kleinkunst, den man heute Comedy nennen würde. Zum 60. Geburtstag gab es dafür das Bundesverdienstkreuz. Nun gratulierte sogar die F.A.Z. und adelte

Schenk zur volkstümlichen Ikone, die »gerade diejenigen Gaben nicht mitbringt, die man gemeinhin für sein Gewerbe als unerlässlich erachtet: Schönheit, Gesangstalent, Sprachkunst, Umgänglichkeit«.

Aber hallo!

Geboren wurde der kleine Heinz im Dezember 1924 in Mainz. Als Hesse auf hessischem Boden. Erst 1945 gliederte man seine närrische Vaterstadt samt Umland aus Hessen aus. Erste Schritte ins Rampenlicht machte er bereits als Zehnjähriger bei der Mainzer Fassenacht und verfeinerte dann mit 15 sein Naturtalent durch Schauspielunterricht am Wiesbadener Konservatorium. Vorsichtshalber lernte er aber auch noch Kaufmann. Wiederum bei einer Narretei wurde schließlich Hans-Joachim Kulenkampff auf Schenk aufmerksam und ebnete ihm den Weg zum Hessischen Rundfunk. Der Meenzer Bub avancierte zum »Frankfurter Wecker«, genauer gesagt zu einem der Moderatoren jener frühmorgendlichen Radiosendung des hr, die in den fünfziger Jahren in Hessen Kult war. Weitere »Wecker«-Moderatoren waren neben Kulenkampff auch Peter Frankenfeld und Lia Wöhr, die spätere Produktionsleiterin der »Familie ➛ Hesselbach« und noch spätere Wirtin im »Blauen Bock« – also Oberkellner Schenks Bembel-Chefin.

Nach dem Ausklang der »Bock«-Ära 1984 spielte Heinz Schenk weiter Theater, textete Deutsches für Heino und besang eigene Platten. Sein Chanson »Es ist alles nur geliehen« schaffte es sogar in die Hitparaden.

Lit.: Michael Völkel, Das Lexikon der TV-Moderatoren, Berlin 2003, S. 465 f.

Schifffahrtstunnel

Wenn die Preußen nicht so gedrängt hätten, wäre das kuriose und für die Industriegeschichte höchst bedeutsame Bauwerk nie entstanden. Aber die Preußen hatten es eilig. Denn 1815, auf dem Wiener Kongress, war ihnen der eisenerzreiche Kreis Wetzlar zugesprochen worden. Der lag aber meilenweit von den nächsten preußischen Besitzungen entfernt, so dass es ein Transportproblem gab. Zu lösen war das

Einfahrtschleuse zum Weilburger Schifffahrtstunnel.

damals nur (in Zeiten ohne Autobahnen und Gleisanschlüsse) auf dem Wasserweg. Über Lahn und Rhein konnte das Erz zu den Hüttenanlagen im Ruhrgebiet gelangen. Aber: Die Lahn war nur in Teilen schiffbar und schon gar nicht für Eisenerzkähne. Also beschlossen die nassauische, hessen-darmstädtische und preußische Regierung im Jahre 1844, die Lahn von der Mündung bis Gießen entsprechend auszubauen. Das Herzogtum Nassau hatte dabei den längsten Streckenabschnitt zu bewältigen. Da aber bei allen Beteiligten das Geld fehlte, ging der Ausbau nur sehr schleppend voran. Als das Herzogtum 1866 seine Selbstständigkeit einbüßte, steckte das Projekt immer noch in den Kinderschuhen und sollte schon bald nicht mehr weiterverfolgt werden, weil die Eisenbahn den Transport billiger und schneller bewältigen konnte. Aber einiges war doch gebaut worden. So auch der Lahntunnel, der unter Weilburg hindurchführt. Nach abenteuerlichen, in bergmännischer Technik ausgeführten Arbeiten und dem Einsatz von 182 500 Gulden war er 1847 vollendet. Nach neuesten Berechnungen misst er 195 Meter. Er ist der einzige Fluss-Schifffahrtstunnel in Deutschland, auch wenn er heute ausschließlich den Freizeitkapitänen gehört.

Lit.: Herzogtum Nassau 1806–1866, (Ausstellungskatalog) Wiesbaden 1981

Schinderhannes

Johann Bückler, genannt Schinderhannes, ist der bekannteste deutsche Räuber mit einem legendären Ruf. Mit Hessen wird er kaum in Verbindung gebracht, eher mit dem Hunsrück und Mainz, wo er am 21. November 1803 hingerichtet wurde. Wie alt er bei seinem Tod war, ist mit letzter Sicherheit nicht zu sagen. Sein Geburtstag liegt irgendwann zwischen 1777 und 1783. Fest steht dagegen der Ort, an dem er das Licht der Welt erblickte: Miehlen bei Nastätten. Heute liegt das Dörfchen in Rheinland-Pfalz, ganz knapp hinter der hessischen Grenze. Damals war es im gemeinschaftlichen Besitz der Grafen von Nassau-Usingen und Nassau-Weilburg. Das schmale Geburtshaus, in dem der aus dem Saargebiet stammende Abdecker (Schinder) Johann Bückler mit seiner Frau Anna Maria und ihren Kindern lebte, hat sich bis auf den heutigen Tag erhalten. Der Vater ging aber wohl schon bald nach der Geburt seines kleinen Johann auf das linke Rheinufer und ernährte die Familie mehr schlecht als recht mit Arbeiten als Feldhüter und Tagelöhner in Kirschweiler. Der Beruf des Schinders galt als unehrenhaft, und wer aus einer Schinderfamilie stammte, hatte eigentlich keine Chance, außer er wurde Räuber. Johann Bückler nutzte die unruhigen Zeiten, als französische (Revolutions-)Truppen das Rheinland besetzten. Er wusste genau, was ihn bei Bauern, Handwerkern und Tagelöhnern beliebt machte: Attacken gegen die französische Besatzungsmacht und gegen jüdische Kaufleute. Obwohl er mit seiner Bande keine großen Raubzüge unternahm, besaß er bald einen legendären Ruf. Die Franzosen behandelten ihn als Staatsfeind und hängten Steckbriefe aus. Der Polizeiminister Fouché erließ sogar eine »Schinderhannes-Note«, in der er die Länder der rechten Rheinseite zum gemeinsamen Vorgehen aufforderte. In dieser Note wurde Schinderhannes zum Synonym für alle Räuber, die damals im Rheinland, in Hessen und Franken ihr Unwesen trieben. Im Vergleich zur mafiaähnlich organisierten »Großen niederländischen Bande« war er aber nur ein kleiner Fisch. Wenn er mit den Profis aus Holland, Köln oder Neuwied auf Beutezüge ausging, diente er in untergeordneten Funktionen, die Befehlsgewalt hatten andere. Während er im Hunsrück mit seiner Bande kleine, für ihn ungefährliche Überfälle durchführte, drehten seine Kollegen das große Rad. Er durfte aber dabei sein, als im Januar 1801 die Poststation von Würges bei Lim-

Johann Bückler, genannt Schinderhannes, Porträt von Karl Mathias Ernst.

Die Schinderhannes-Bande nach ihrer Verhaftung.

burg überfallen wurde. Es gelang ihm dabei, seinem Räuberhauptmann Geld und andere Kostbarkeiten zu stehlen. Beim Überfall selbst hatte er weniger Mut bewiesen. Auch in Eckardroth und Romsthal bei Steinau, wo ein korrupter Amtmann den Räubern Unterschlupf gewährte, war Schinderhannes immer wieder zu Gast.

Seine Festnahme am 31. Mai 1802 erfolgte nicht weit von seinem Geburtsort, nämlich bei Wolfenhausen im Hintertaunus. Ein wachsamer kurtrierischer Hofgerichtsrat und Amtsverwalter in Limburg hatte Verdacht geschöpft, als ein fremder Mann plötzlich aus einem Kornfeld trat und sich bei Befragen nicht ausweisen konnte. Schinderhannes, der sich Jakob Schweikhard nannte, wurde einem Streifkommando übergeben, erst nach Runkel, dann nach Limburg gebracht, wo ein anderer Räuber seine wahre Identität enthüllte. Schinderhannes hatte verloren. Über Wiesbaden ging es nach Frankfurt, wo er den französischen Behörden übergeben wurde. Seine Hinrichtung in Mainz wurde zu einem großen öffentlichen Spektakel. Das hat sicher, wie Theaterstücke und Romane, dazu beigetragen, den kleinen Räuber aus Miehlen noch populärer werden zu lassen. Dass er die Reichen nur überfallen hätte, um den Armen geben zu können, ist sicher die schönste Legende, die sich um die Figur des Schinderhannes rankt. Sie entbehrt aber jeder Grundlage. Was Johann Bückler anderen wegnahm, behielt er für sich. Darin unterschied er sich nicht von den anderen hessischen Räubern, die getreu dem Motto der Bremer Stadtmusikanten lebten: »Etwas Besseres als den Tod findest du überall.«

Lit.: Ernst Erich Metzner: Schinderhannes, in: Wolfenhausen. Ein Dorf und seine Leute, Rüsselsheim 1993, S. 314–329
Heiner Boehncke/Hans Sarkowicz (Hrsg.), Hessens große Räuber, Frankfurt am Main 1995
Harald Siebenmorgen (Hrsg.), Schurke oder Held? Historische Räuber und Räuberbanden, (Ausstellungskatalog) Sigmaringen 1995

Schlangenbader Creme

Alle paar Wochen schickt Apotheker Helmut Hammon eine seiner Angestellten mit einem Kanister zur Heilquelle im Schlangenbader Kurpark. Nachschub für die traditionsreiche Creme-Produktion in der örtlichen »Schlangen-Apotheke«. Die grobe Zusammensetzung jener heilsamen Talgmischung steht auf der Packung, die Herstellung selbst ist Betriebsgeheimnis und daher Chefsache. Lokalspezifische Zutat ist das Thermalwasser des Staatsbades, dessen Laboranalyse allerdings von gewöhnlichem Leitungswasser wenig abweicht. Seine Heilwirkung hat womöglich mit dem eigentümlich blauen Schimmer zu tun, den das Wasser annimmt, wenn man es gegen die Sonne hält. Ein optischer Effekt, der sich nach dem Abfüllen nur vierzehn Tage hält. So die Beobachtung des Apothekers. Der mischt das schillernde Nass nun mit Bienenwachs, Glycerol und Zinkoxyd und fügt Oliven- und Rosenöl dazu. Mehr will er über die komplizierte Herstellung nicht sagen. Die Rezeptur ist über hundert Jahre alt. Erfunden hat sie der Schlangenbader Apotheker William Heyden. Doch erst sein Nachfolger, Johann Striegler, stellte nach 1900 die Creme in größeren Mengen her und verschickte sie quer durch Europa. Er nutzte das Wasser auch zur Fertigung von Schlangenbader Seife und Schlangenbader Toilettenwasser. Letzteres war allerdings nicht für die WC-Spülung gedacht, wie man irrtümlich meinen könnte, sondern diente der Reinigung des Angesichts. In seinen Verkaufsanzeigen pries Striegler die heilwirkenden Bestandteile des »altberühmten teintverbessernden Schlangenbader Wassers«. Seine Produkte seien daher für zarte und empfindliche Haut bestens zu empfehlen.

Zeitungsreklame aus der Kaiserzeit (etwa 1910).

Noch heute gehen die Creme-Packungen auf dem Postweg in alle Welt. Herbert Hammon beliefert sogar Stammkunden in den USA, in Kanada und Südafrika. Die medizinische Wirkung des Schlangenbader Wassers erfuhr der Apotheker einst am eigenen Leibe: Gleich nach der Ausbildung ins kleine Staatsbad gekommen, kurierte er dort mit Erfolg sein eigenes Hautproblem – und seitdem schwört er drauf.

Das hautfreundliche Wasser hat mittlerweile auch Großbetriebe überzeugt. Seit 1972 verwendet es die Stuttgarter Kosmetik-Firma Speick für ihre Produktion. Ihre Pflege-Serie »Phytokosma« wirbt mit einer ausgiebigen Würdigung des Heilwassers aus dem Taunus.

Lit.: Susanne Stoppelbein, Der eigentümliche blaue Schimmer ist das Geheimnis, in: Wiesbadener Kurier vom 9.1.2001

Schüttelfrosch unter Glas. Eine Kugel von Koziol.

Schneekugel

Wer wann und wo die Schneekugel erfand, weiß man nicht genau. In einem der ersten historisch bezeugten Exemplare, das 1878 auf der Pariser Weltausstellung zu sehen war, stand ein Mann mit aufgespanntem Regenschirm. Als Urahn der Kugel kann vielleicht der Alchimist Leonhard Thurneysser gelten. Er ließ 1572 in einer Grimnitzer Glashütte eine Kugel blasen, in der Vögel schwammen. Ein Wunder aber ist, dass es sie noch gibt; denn ihr fehlt jeder elektronische Schnickschnack, und sie wird nach wie vor mit der Hand betrieben: durch sanftes Schütteln. Mit derart geringem Aufwand lassen sich die meteorologischen Verhältnisse in der Kugel grundlegend verändern. Wo Häuser, Tiere und andere Figuren in einer winzigen Welt im flüssigen Kugelinnern erscheinen, herrscht dann ein bezauberndes Schneegestöber. Manchmal sogar unter Wasser; denn auch Fische oder Seepflanzen werden seltsamerweise beschneit. Schneekugeln werden geliebt und gesammelt. Produziert werden die meisten von ihnen bei Koziol in Erbach im Odenwald. Der Vater des Firmengründers eröffnete 1912 in Erbach eine Kunsttöpferei, und sein Sohn Bernhard Koziol meldete am 27. November 1927 ein Gewerbe als Elfenbeinschnitzer an. Auch heute noch ist die Firma im Familienbesitz. In Erbach, dem Zentrum der Elfenbeinschnitzerei, entwickelte sich im Fall der Firma Koziol das »weiße Gold« zu Plastik, aus dem jedoch ebenso raffinierte wie formschöne Dinge zu machen sind. Und weil nunmehr auch der Schneekugelmarkt global funktioniert, heißen Schneekugeln »Dreamglobes«, Traumkugeln. Und wirklich: Ausgeträumt hat die Schneekugel noch lange nicht.

Lit.: Heiner Boehncke/Klaus Bergmann, Die Galerie der kleinen Dinge, Zürich 1988
www.koziol.de

Schnudedunker

Rheingauer Mundartbezeichnung für den passionierten Weinliebhaber, die auch im Norden Rheinhessens gebräuchlich ist. Die »Schnud« steht für den hochdeutschen »Mund«, der in den Wein getaucht, eben »gedunkt« wird. Der Schnudedunker der Weinregion entspricht in etwa dem ➤ Schoppepetzer des Apfelweingebiets.

Schoppepetzer

In der Frankfurter Mundart die Bezeichnung für einen routinierten Apfelweintrinker. Gelegentlich auch als »Schobbepetzer« verschriftlicht. Das »Petzen« steht für exzessiven Trinkgenuss, während sich der »Schoppe« vom alten Hohlmaß »Schoppen« (500 ml) ableitet. Die kleinste akzeptierte Apfelwein-Einheit ist der »halwe Schoppe« (250 ml), der zum »Halwe« verkürzt auch in den Weinregionen Hessens gebräuchlich ist. Dort allerdings gehen die Wirte zunehmend dazu über, diese Bestellung nicht als Viertelliter, sondern als 0,2-l-Maß zu interpretieren. Dagegen hilft nur lautstarker Protest.

Englische und französische Damenschuhe aus dem 18. und 19. Jahrhundert im Deutschen Schuhmuseum.

Schuhmuseum

Schon die alten Ägypter trugen sie. Allerdings sahen die Schuhe vor 4000 Jahren anders aus als heute. Es war das Privileg der Herrschenden, eine Art Sandale zu tragen. Als älteste wirkliche und bis heute erhaltene Schuhe gelten die Mokassins der Waldlandindianer in Nordamerika. Sie zeichnen sich dadurch aus, dass Sohle und Oberteil aus einem Stück geschnitten sind. In Europa wurden Schuhe schnell zu einem Status- und Standessymbol. So trugen zum Beispiel mittelalterliche Edelleute den Schnabelschuh, während Handwerker und Bauern in Halbstiefeln gehen mussten. Erst im 17. Jahrhundert entstand in Europa der Absatz, besonders bei Damenschuhen. Wie spannend die Geschichte der Fußbekleidung sein kann, zeigt das Deutsche Schuhmuseum, das im Rahmen des Deutschen Ledermuseums seit 1951 in Offenbach als eigenständige Institution geführt wird. Von holländischen Klumpjes bis zu chinesischen Stelzschuhen und von Kinderstiefeln aus Grönland bis zu breitflächigen Schneeschuhen reicht die Sammlung, die auch einige Kuriosa anschaulich erläutert. Denn nicht nur zum Schutz des Fußes, zum besseren Gehen oder zum standesgemäßen Auftreten dienten und dienen Schuhe. Wer weiß denn schon, dass in China die Füße der Frauen durch Bandagen und spezielle Schuhe künstlich verkleinert (und damit verkrüppelt) wurden, weil die chinesischen Männer fest davon überzeugt waren, dass sich durch eine angeblich veränderte Blutzirkulation und eine anders ausgeprägte Muskulatur der Genuss beim Sex erhöhen würde. Der so genannte »Lotus-Fuß« war deshalb auch ein besonders intimes Körperteil, das in der zeitgenössischen Pornographie eine entscheidende Rolle spielte. Das und noch viel mehr verbirgt sich hinter dem alles andere als erotisch angehauchten Namen »Deutsches Schuhmuseum«.

Lit.: Deutsches Ledermuseum, Katalog. Heft 6: Deutsches Schuhmuseum, Offenbach 1980

Schwacke-Liste

Der eigene Wagen ist an und für sich nicht für den Verkauf geeignet. Es ist der automobile Teil des Menschen, mit ihm fest in einer hochemotionalen Beziehung verwachsen. Man putzt, saugt, bewacht, bewundert sein Auto und verschafft ihm sogar ein Zimmer im eigenen Haus, genannt Garage. Und dann kommt das neue Modell, und die Trennung ist angesagt. Jetzt soll der geliebte Altwagen den Verlust dadurch erleichtern, dass er möglichst viel Geld bringt.

Es meldet sich ein Interessent. Er hört sich in aller Ruhe die Aufzählung der Fahrzeugvorteile an. Er räuspert sich kurz, und dann sagt er: »Na ja, laut Schwacke-Liste ist das Auto ein Drittel weniger wert.« Schwacke-Liste? Es handelt sich dabei um das Premiumprodukt der von Hanns W. Schwacke 1957 gegründeten Firma Eurotax-Schwacke GmbH. Sitz des Unternehmens ist Maintal. Mittlerweile, nach der Fusion mit der Firma EurotaxGlass AG ist daraus ein international agierendes Unternehmen mit 650 Mitarbeitern geworden, das rund ums Auto den Wert eines jeden Fitzelchens taxieren kann. Herzstück für Einzelmenschen aber bleibt die Schwacke-Liste, die Auskunft über den Zeitwert eines jeden Automobils erteilt. Leider kann die Schwacke-Liste die emotionale Qualität der Autobeziehung eines Eigentümers oder einer Eigentümerin nicht berücksichtigen, was für den Käufer von Vorteil ist.

Lit.: www.schwacke.de

Schwarzhalstaucher

Mit einer Körperlänge von nur 30 cm gehören sie zu den kleinsten einheimischen Tauchvögeln. Nur die Zwergtaucher sind noch etwas kürzer. Dennoch gebührt Hessens Schwarzhalstauchern das Verdienst, die Wandlung der Tongrube Mainhausen zum Naturareal entscheidend vorangetrieben zu haben. Dafür genügte schon der Beschluss von sieben Paaren, auf dem Gewässer im östlichen Rhein-Main-Gebiet ihre Kinderstuben einzurichten. Den Rest besorgten

Wissenschaftler und Naturschutzverbände. Mittlerweile gilt die Zukunft des Biotops als gesichert. Der Plan der Gemeinde, das Brutgewässer weitgehend zuzukippen, wird nicht mehr verfolgt. Der »Bund Umwelt und Naturschutz« beantragte die Anerkennung des Geländes als EU-Vogelschutzgebiet. Bis 2009 können sich nun Fauna und Flora ungestört entwickeln. Dann wird über eine endgültige Unterschutzstellung entschieden.

Das alles konnte nur geschehen, weil der seltene Tauchvogel dort heimisch wurde. Das gute Ende einer wechselvollen Geschichte. Überschrift: »Natur im Ballungsraum«.

Die Mainhäuser Grube entstand, weil man den dort anstehenden Ton zum Brennen von Backsteinen nutzte. Erst nach dem Ende der Ziegelproduktion liefen die Gruben mit Wasser voll. Pflanzen und Tiere siedelten sich an. Natur aus zweiter Hand.

In den achtziger Jahren warf dann die »Hessische Industriemüll GmbH« (HIM) ein Auge auf das Grubengelände. Sie wollte dort eine Sondermülldeponie einrichten und stieg recht bald in die Vorarbeiten ein. Die Tongrube wurde entsprechend umgestaltet (modelliert) und mit den notwendigen Gebäuden und technischen Einrichtungen versehen. Doch dann stieß der landeseigene Giftmüllentsorger auf Widerstand.

Eine engagierte Bürgerinitiative und die Gemeinde Mainhausen wehrten sich gemeinsam gegen die Pläne der HIM. Nach langem Streit und hohen Kosten setzte sich die Gemeinde schließlich durch und erwarb das Gelände 1994 für fast 9 Millionen Mark. Um diese Summe wieder in die Gemeindekasse zu bekommen, hatte man zunächst vor, die 14 Hektar Seefläche und das 10 Hektar große Ufergelände als Deponie zu nutzen. Zwei Drittel sollten mit Erdaushub und Bauschutt verfüllt und anschließend aufgeforstet werden. Im verbliebenen Drittel sollte dann ein Flachwasserteich neu angelegt werden. Gewissermaßen als Restbiotop für die Schwarzhalstaucher und Zwergtaucher, die ebenfalls dort leben. Dazu hätte man das Wasser zunächst abpumpen müssen, um es nach der Verfüllung wieder einzuleiten. Die Ornithologen der Staatlichen Vogelschutzwarte und die Naturschutzverbände wandten sich gegen dieses Projekt, das ihrer Meinung nach den Fortbestand der Wasservogelpopulation massiv infrage stellte. Schließlich beugten sich Gemeinde und Regierungspräsidium dem öffentlichen Druck. Man legte die Deponiepläne auf Eis und die Aussichten sind gut, dass sie dort auch bleiben.

Bleiben können deshalb auch die Schwarzhalstaucher, deren hessischer Bestand auf höchstens 12 Brutpaare geschätzt wird. Neben Mainhausen gibt es noch kleinere Vorkommen im Hohen Vogelsberg und im Lahntal bei Dutenhofen.

Lit.: Frieder Sauer, Wasservögel, München o. J., S. 30 f.
www.hr-online.de/fs/servicenatur/archiv/241101e.html
www.vogelschutz-komitee.de/Bird News/Tongrube/tongrube.html

Schwarzstorch

Der etwas kleinere Vetter des ➛ Weißstorchs bevorzugt menschenleere Waldareale mit vielen Bachläufen und Teichen. So konnte er in Hessen nahezu unbemerkt zu einem Bestand von mehr als 80 Brutpaaren anwachsen. Sie verteilen sich hauptsächlich im nord- und osthessischen Raum. Hessen ist damit das Bundesland mit der größten Schwarzstorch-Population in Deutschland. Als eine Ursache wird vermutet, dass eine gute Bestandsentwicklung im Baltikum dazu führte, dass immer mehr Jungstörche nach Westen zogen, um dort neue Reviere zu besetzen. Seinen Horst baut *Ciconia nigra* bevorzugt in alten Bäumen, deren Äste stark genug sind, um das schwere Nest zu tragen. Gerade im Wirtschaftswald sind solche Altbäume aber äußerst rar, da sie häufig schon früher gefällt werden. Die Nahrung des schwarzen Storches reicht von Insekten und Würmern bis zu Amphibien und Mäusen. Er ist weit häufiger auf Fischjagd als sein weißes Pendant. Dabei holt er bis zu 25 cm lange Exemplare aus den Bächen seines Waldreviers. Er zieht nach wie vor im Herbst sehr viel weiter als der Weißstorch. Etliche erreichen regelmäßig China, andere überwintern im tropischen Afrika. Im Frühjahr kehren die Schwarzen meist erst zwei Wochen nach den Weißen in ihre Brutreviere zurück.

Lit.: Frieder Sauer, Wasservögel, München/Amsterdam o. J., S. 78
Mitteilungen der Staatlichen Vogelschutzwarte für Hessen, Rheinland-Pfalz und Saarland, in: Zeitschrift für Vogelkunde und Naturschutz, (Vogel und Umwelt), Heft 8/1995, S. 232
»Die größte Schwarzstorch-Population lebt in Hessens Wäldern«, Pressemitteilung Hessen-Forst vom 21.7.2006

Mechanischer Maikäfer, um 1600.

Schwimmpferd

Die Kunst- und Wunderkammer des Kasseler Landgrafen Carl (1677 bis 1730) enthielt als besondere Attraktion ein aus Leder gefertigtes Pferd mit Sattel und Zaumzeug. Es war mit Luft gefüllt und hatte einen für Pferde höchst ungewöhnlichen Verwendungszweck. Sein Erfinder, ein hessischer Landesspritzenmeister, war damit nämlich in der Fulda herumgeritten. Um nicht umzukippen, hatte der kluge Mann an den vier Pferdebeinen Gewichte befestigt. Leider ist kein Bild dieser landesspritzenmeisterlichen Flussritte überliefert. Allerdings war es der kühne Reiter ja wohl gewöhnt, mit Wasser umzugehen und dabei gelegentlich nass zu werden. Ob sich das nordhessische Flusspferd auch steuern ließ und ob es über Stromschnellen springen konnte, ist ebenso wenig bekannt wie die Existenz von Reitturnieren im feuchten Element. Dem Landgrafen jedenfalls gefiel das Wundertier so gut, dass er es in seiner privaten Sammlung verwahrte. Übrigens stand es da nicht alleine. Das fürstliche Kuriositätenkabinett enthielt daneben noch weitere Kleinodien der Technik- und Menschheitsgeschichte: Zauberlaternen, eine Schnellwaage für 150 Zentner (die damals niemand brauchte), Uhren in Männchenform, die mit dem Kopf wackeln konnten, einen mechanischen Maikäfer, um die Hofdamen zu erschrecken, und alle Landgrafen als Wachsfiguren (➤ Katzenklavier).

Lit.: Eduard Vehse, Badische und hessische Hofgeschichten, München 1922

Segelflug

Hermann Henzen in seinem Segelflugzeug »Vampir« beim 3. Rhönwettbewerb 1922.

Das Mekka des Segelflugs liegt am Rande von Hessen, genauer: an der Grenze zu Thüringen. Denn dort erhebt sich mit 950 Metern Hessens höchster Berg, die Wasserkuppe, die ideale Bedingungen für das Gleiten im Wind bietet. Lokalpatrioten gehen sogar so weit, auch die Geburtsstätte des Segelflugs auf die Wasserkuppe zu verlegen. Im engeren Sinn ist das sicher richtig, im weiteren allerdings dürften Otto Lilienthal und die Brüder Wright mit ihren Drachengleitern die wirklichen Pioniere sein. Aber ohne die ausdauernden Versuche und die Wettbewerbe an der Wasserkuppe hätte sich der Segelflug nie so rasant entwickelt. Bereits vor dem Ersten Weltkrieg experimentierten dort Darmstädter Schüler, allerdings ohne durchschlagenden Erfolg. 1916, mitten im Ersten Weltkrieg, führte der Bamberger Regierungsbaumeister Friedrich Hardt am Heidelstein nahe der Wasserkuppe seine Flugversuche durch und konnte sich immerhin dreieinhalb Minuten in der Luft halten. Seinen Hochdecker hatte übrigens der damals gerade fünfzehnjährige Willy Messerschmitt gebaut. Den großen Aufschwung brachte dann der Versailler Vertrag, der den Deutschen den Gebrauch von Motorflugzeugen verbot. Nun waren es die Akademische Fliegergruppe Darmstadt und der Flugtechnische Verein aus Dresden, die ab 1919 an der Wasserkuppe ihre Fluggeräte ausprobierten. Im Zentrum der Bewegung stand Oskar Ursinus, der nur der »Rhönvater« genannt wurde und der am 24. März 1920 zum ersten Rhönwettbewerb aufrief. Im Sommer trafen sich dann fünfundzwanzig Flugenthusiasten und einige Wissenschaftler, die endlich einmal in freier Natur ihre Theorien überprüfen wollten. Nach eher primitiven Gleitflügen am Hang begann die Rekordjagd: acht Sekunden in der Luft, Sprünge von 400 bis 500 Metern, fünfzig Sekunden in der Luft – und dann ein tödlicher Absturz. Aber schon damals hieß es: »The show must go on!« Und am Ende des Wettbewerbs sollte es noch zu einem für damalige Verhältnisse atemberaubenden Rekord kommen: Der Aachener Wolfgang Klemperer blieb mit seinem »Schwarzen Teufel« zwei Minuten und zweiundzwanzig Sekunden in der Luft, legte dabei 1830 Meter zurück und bewegte sich über eine Minute über der Starthöhe. Ein weiteres Ergebnis der »ersten Rhön« war die Erkenntnis, dass der aufsteigende Wind die Voraussetzung für den Segelflug ist, und der findet sich vor allem an Berghängen. Auf den ersten Wettbewerb folgten zahlreiche weitere mit immer neuen Rekorden. Die Wasserkuppe wurde so zum Zentrum des Segelsports, und sie ist es heute noch, zumal in Gersfeld seit 1970 das »Deutsche Segelflugmuseum« steht, das die Geschichte des lautlosen Gleitens im Wind dokumentiert.

Lit.: Rolf Strehl, Der Himmel hat keine Grenzen, Düsseldorf und Wien 1962

Seidenspinner

Der dickleibige Nachtfalter stammt ursprünglich aus Asien, gelangte aber schon im späten Mittelalter als domestiziertes Nutztier nach Europa, wo man sich mehr oder weniger erfolgreich mit der Seidenerzeugung aus seinem Kokongespinst abmühte.

Die Wildform des Seidenspinners gilt heute als ausgestorben.

Im 17. Jahrhundert brachten protestantische Glaubensflüchtlinge aus Frankreich, die so genannten ➛ Hugenotten, ihr Wissen um die Seidenherstellung auch nach Hessen. Maulbeerbäume wurden gepflanzt, um das nötige Raupenfutter zu haben. Man unternahm zaghafte erste Versuche, die offenbar scheiterten. Eine funktionierende Produktion ist damals nicht entstanden. Auch nach der Französischen Revolution, als adelige Emigranten zum zweiten Mal für den entsprechenden Wissenstransfer sorgten, kam keine hessische Seide auf den Markt.

Mitte des 19. Jahrhunderts wagte dann ein Lehrer aus Allendorf (am Meißner) den erneuten Anlauf.

»Man erwäge nur hierbei die großen Vortheile«, schrieb Heinrich Wilhelm Landgrebe, »welche die Beschäftigung vieler Hände durch den Betrieb der Seidenzucht, dann durch Erhaltung der bis jetzt für Seide ins Ausland gegebenen Summe gewähren«. Landgrebe empfahl die Seidenproduktion seiner kurhessischen Regierung vor allem als Arbeitsbeschaffungsmaßnahme für Frauen, deren Sittlichkeit durch Armut in Gefahr geraten könne. Die Pflege und Fütterung der Raupen galt als Frauenarbeit.

Doch die vom Staat erhoffte Subventionierung seiner »Allendörfischen Seidenbau-Anstalt« wurde verweigert, ebenso eine Abnahmegarantie für das textile Endprodukt. Den Behörden war das ganze Projekt offenbar zu exotisch. Hochfahrende Pläne zur Gründung einer Aktiengesellschaft sackten in sich zusammen.

Schließlich warf Lehrer Landgrebe das Seidentuch.

Als vorerst letzter Kokon-Pionier trat nun Graf Carl von Ysenburg und Büdingen aus dem Schatten seiner Wälder. Im Herbst 1850 beauftragte er seine gräfliche Gärtnerei mit der Anlage von Maulbeer-Plantagen im Umfeld von Meerholz, das heute zu Gelnhausen gehört. Die Zuchtanlage mit ihren Raupenlokalen war bestens vorbereitet. Kämme und spezielle Spinngeräte standen für die Verarbeitung bereit. Die haarlosen, weißen Raupen, ihrer Grazie wegen auch Seidenwürmer genannt, mussten jetzt nur noch wachsen und sich in ihre Kokons verspinnen.

Das taten sie dann mit wechselndem Erfolg: zwei gute, eine schlechte und dann wieder eine gute Seiden-Saison verzeichnen die Chronisten. Der Hanauer Textilfabrikant Lukas erwarb die gräfliche Seide und rühmte die Qualität des Materials.

Die folgenden Jahre brachten Probleme mit der Qualität der Gelege. Genaueres ist nicht bekannt. Möglicherweise schlüpften aus den Eiern viel zu wenig Raupen. Denkbar wären auch hohe Verluste im heiklen Frühstadium der Seidenwürmer. Jedenfalls verlor Graf Carl die Lust an der Raupenmast.

Er schloss 1862 seine Zuchtanlage und verkaufte später seine beiden Maulbeerplantagen an einen Schulmeister. Dessen Aktivitäten verlieren sich dann im Gespinst der Geschichte.

Lit.: Ruth Führer, Kleinmut und Ungeduld. Der Traum vom seidenen Reichtum, in: Martin Maria Schwarz/Ulrich Sonnenschein (Hrsg.), Hessen riskant. Orte des Scheiterns in Hessen, Marburg 2000, S. 22 ff.

Der Brunnen von Selters (Stich von 1862).

SELTERSWASSER

Das Herzogtum Nassau, das von 1806 bis 1866 bestand, war zwar ein armes Land, aber reich an Wäldern und an Wasser. Während vom Holzeinschlag nur wenige leben konnten, war der Wasserverkauf die wichtigste Einnahmequelle des Ministaates. Sechs bedeutende Brunnen gab es in Nassau, der wichtigste davon sprudelte in Niederselters. Pro Minute lieferte er aus vier Quelladern vierzig Liter Wasser, die in runde, gehenkelte Tonkrüge gefüllt und versandfertig gemacht werden mussten. Wie das am Anfang des 19. Jahrhunderts geschah, schilderte der Abenteurer Johann Konrad Friederich so: »Mit großem Vergnügen sahen wir den schmucken, flinken Fülldirnen zu, die viele tausend Krüge in einer Stunde unter beständigen possierlichen Bücklingen füllen. Die Krüge tauchen sie auf ein Tempo, wie auf ein militärisches Kommando, zugleich ein, und zwar eine jede zehn Krüge zumal, sind sie ermüdet, so werden sie durch andere Füllmädchen abgelöst und verpichen die Krüge. Es sind gewisse Stunden bestimmt, an denen es jedermann erlaubt ist, Wasser zu holen und so viel zu nehmen, als einer tragen kann, aber mit Eseln, Pferden oder gar Fuhren darf niemand kommen. Das Wasser, an der Quelle getrunken, hat jedoch einen ganz anderen Geschmack und eine ganz andere Kraft, als in Krügen versendet.« Aber alle diejenigen, die in London sechs Shilling, in Paris drei Francs oder in Ostindien eine Guinee für den Krug Wasser bezahlten und den »quellfrischen« Geschmack nicht kannten, waren mit der Qualität mehr als zufrieden. »Selters« wurde weltweit das Wasser schlechthin, eine geschätzte und nicht gerade billige Spezialität, die in den besseren Kreisen als Statussymbol galt. Entsprechend wuchs das Versandvolumen, besonders nachdem 1823 eine kranartige Füllanlage installiert worden war, die den Umschlag erheblich beschleunigte. Wurden um 1790 etwa eineinhalb Millionen Krüge zu ein oder zwei Liter in alle Welt verschickt, so waren es 1865 bereits 3,75 Millionen Krüge. Mit einem Reingewinn von 500 000 Gulden deckte der Brunnen ein Fünftel des gesamten nassauischen Haushalts ab. Heute liefern die Quellen rund

25 000 Liter Wasser pro Stunde. Der Name Selters ist, dank einer klugen Geschäftspolitik der früheren Brunnenbesitzer, weltweit zu einem Synonym für Mineralwasser geworden – ob als »Selterz« in den USA oder als »Selterskaja« in Russland.

Lit.: Herzogtum Nassau 1806–1866. Ausstellungskatalog, Wiesbaden 1981

Soldatenverkauf

Gefangene hessische Soldaten auf dem Weg nach Philadelphia (Stich von 1784).

Für den Kasseler Landgrafen Friedrich II. (der von 1760 bis 1785 regierte) war es ein Glück, dass er eine englische Prinzessin heiraten konnte. Denn die britische Krone war reich, und Geld liebte Friedrich mehr als seine Gemahlin, die er nach Strich und Faden betrog. Was sie allerdings nicht miterleben musste, denn sie wohnte, seit ihr Mann katholisch geworden war, mit ihren ehelichen Kindern in Hanau. Über die Zahl der unehelichen Kinder des Landgrafen waren die sagenhaftesten Gerüchte im Umlauf. Hunderte sollen es gewesen sein. Das alles kostete natürlich viel Geld, außerdem wollte man ja auch noch standesgemäß leben – und dafür sollten die Engländer sorgen. Denn in dem riesigen Empire brannte es an allen Ecken und Enden. Um die Aufstände im Zaum zu halten, wurden Soldaten benötigt, und die lieferte zuverlässig und in höchster Qualität der Kasseler Landgraf. War man doch schließlich durch die englische Heirat verbündet. Hessische Soldaten galten als mutig, gut ausgebildet und hervorragend ausgerüstet. Und da die Ausrüstung selbstverständlich nicht zum Selbstkostenpreis mitgeliefert wurde, war das Ganze für den Landgrafen sogar ein doppeltes Geschäft. Durch den »Soldatenverkauf« (den nordhessische Historiker gern mit dem Begriff »Subsidienverträge« umschreiben) gehörten die Kasseler zu den reichsten Fürsten in Deutschland und in Europa. Sie konnten es sich sogar erlauben, Kredite zu vergeben.

Das Elend, das sie mit den Soldatenlieferungen anrichteten, fiel dabei für die Regierenden nicht ins Gewicht. Dass bei den zum Teil gewaltsamen Rekrutierungen (➛ »Ab nach Kassel«) Familien auseinandergerissen und (bäuerliche) Existenzen vernichtet wurden, war spätestens dann vergessen, wenn die Pfund Sterling in der landgräflichen Schatulle klimperten. In den umfangreichen Verträgen waren alle Eventualitäten berücksichtigt. Selbst an seinen toten Landsleuten verdiente der Landgraf noch kräftig, weil dafür eine Entschädigung gezahlt werden musste, selbstverständlich an ihn und nicht an die verzweifelten Hinterbliebenen. Zwar profitierte auch die Bevölkerung über Werbegelder und Löhne von dem sagenhaften Gewinn, der bei der Vermietung der Soldaten erzielt wurde, aber die dadurch angerichtete Not war erheblich größer. Insgesamt gingen knapp 20 000 Soldaten aus Hessen-Kassel und Hessen-Hanau nach Amerika. Zurückgekehrt sind 12 000. Wie viel genau den Einsatz nicht überlebt haben, ist unbekannt. Aber zumindest 5000 Soldaten verloren in Amerika ihr Leben. Der Rest blieb dort, wo er sich ein besseres Leben erhoffte. In seiner Zeit war der »Soldatenverkauf« oder die »Soldatenvermietung« nichts Ungewöhnliches. Aber die Kasseler (die bei der Rekrutierung nicht zimperlich waren und auch zufällig anwesende Nicht-Hessen in ihre Uniformen zwangen) hatten mit ihren »Lieferungen« den größten Erfolg. Die Waldecker Fürsten zum Beispiel, die immer kurz vor der Pleite standen und sowohl die Niederländer als auch die Engländer mit Regimentern versorgten, waren 1776 so knapp an Soldaten, dass sie sogar einen Teil ihres Hofstaates in Marsch setzen mussten, um die eingegangenen Verträge zu erfüllen. Die heutigen Historiker gehen mit dem »Soldatenverkauf« nicht mehr so streng ins Gericht, wie das noch im 18. und 19. Jahrhundert der Fall war, aber alle Erklärungsversuche können nicht vergessen lassen, welches Unglück die Aushebungen wirklich bedeuteten und wer davon profitierte.

Lit.: Friedrich Knapp, Der Soldatenhandel deutscher Fürsten nach Amerika, Berlin 1864

Spätburgunder

Selbst in der traditionellen Weißwein-Region Rheingau gilt der rote Spätburgunder als Edelgewächs, das dem ➛ Riesling ebenbürtig ist. Auch an der Bergstraße liegt der Rote im Trend. Seine Anbauflächen nehmen zu. Dennoch bringen es die Rotweine in beiden hessischen Weinregionen nicht über 10% der Rebfläche. Die Gesichtsfarbe des Winzers ist eben überwiegend weiß, nur die Nase leuchtet rot. Spätburgunder gilt als bester deutscher Rotwein.

Die althergebrachte Spitzenlage ist der »Assmannshäuser Höllenberg«, dessen Weine als samtig und voll charakterisiert werden. Diese Vorrangstellung wird ihm allerdings inzwischen von badischen Spätburgundern aus der Ortenau und dem Kaiserstuhl streitig gemacht. Neben der Burgunderrebe gewinnt mittlerweile auch der rote Dornfelder in Hessen an Bedeutung.

Spätlese

Neben dem ➛ Kabinett-Wein ist auch die Spätlese eine hessische Erfindung. Und bei so sagenhaften Genüssen wie einer Spätlese ist die Erinnerung an ihre »Erfindung« zumindest etwas sagenhaft. Ereignet hat sich die Geschmacksrevolution im Jahre des Herrn 1775, und die Hauptakteure saßen in Fulda und auf Schloss Johannisberg. Denn damals gehörte der berühmte Traubenhügel noch den Fuldaer Fürstäbten, und die überwachten höchstpersönlich die Weinlese. Das hieß, ohne die Erlaubnis aus der Domstadt durfte am Johannisberg keine Traube vom Stock geschnitten werden. Nun wollte es der Zufall in diesem Herbst 1775, dass der reitende Bote, der die allerhöchste Genehmigung zu überbringen pflegte, sich unziemlich verspätete. Als der Bote schließlich das Schloss erreichte, keimte nur noch wenig Hoffnung im Weinberg des Herrn. Saft- und kraftlos hingen die Beeren an ihren Stöcken und boten den Schimmelpilzen reiche Nahrung. Aber ein ganz mutiger der frommen Winzer brachte die angehenden Rosinen doch zur Kelter, und es geschah ein für damalige Verhältnisse fast unerklärliches Wunder. Aus den Beeren kam Saft, und aus dem

Saft wurde Wein – die späte Lese oder Spätlese, die den Johannisberger so berühmt machte, dass der Dichter Heinrich Heine später schreiben sollte: »Mon Dieu, wenn ich doch so viel Glauben hätte, dass ich Berge versetzen könnte, der Johannisberg wäre just derjenige Berg, den ich mir überall nachkommen ließe.«

Lit.: Diethard H. Klein (Hrsg.), Hessisches Hausbuch, Freiburg 1982, S. 18

Speierling

Botanisch wird der Speierling (*Sorbus domestica*) zu den Rosengewächsen gerechnet. Sein Fiederblatt ähnelt dem der verwandten Eberesche. Der stattliche Baum hat eine ovale Kronenform und kann bis zu 20 Meter hoch werden. In Hessen findet man ihn als Einzelbaum in den Streuobstgebieten am Untermain, in den Randlagen des Taunus und vereinzelt auch in Oberhessen. Dort ist sein nördlichstes Verbreitungsgebiet. Wirklich häufig wächst er in Südeuropa und Nordafrika, wo er als Wildbaum vorkommt.

Seinen Anbau in Hessen verdankt der Speierling seiner 3–5 cm langen birnenförmigen Frucht, die extrem säurehaltig ist. Ein unvorsichtiger Biss erzeugt rasch jenen Speieffekt, der dem Baum seinen Namen gab.

Die Speierling-Früchte werden beim Ausbau des ➛ Apfelweins zugesetzt. Ihre Inhaltsstoffe verleihen dem »Eppler« seinen hessentypisch herben Akzent, klären den Wein und machen ihn haltbarer. Mittlerweile gibt es in Hessen jedoch auch mildere Apfelweintypen, die ohne den Speierling erzeugt werden.

Spundekees

Lachsfarbene Frischkäsezubereitung, deren regionaler Ursprung ebenso schwer festzumachen ist wie ihre Transformation ins Hochdeutsche: »Spundenkäse« geht Eingeweihten nur schwer über die Zunge, regionale Kochbücher sprechen von »Spundekäs'«. Meist wird die sahnige Masse dem Rheingau zugeordnet, dessen Straußwirtschaften den selbst erzeugten Wein nebst einem Angebot kleiner Speisen offerieren. Dort findet sich in der Regel auch der »Spundekees« auf der Karte. Allerdings schwören auch Wirte in der Dreieich, in Rheinhessen und im Odenwald Stein und Bein, dass das einschlägige Gemisch seit Jahrtausenden zu ihrer Region gehört. Doppelrahm-Frischkäse und Butter werden mit Sahnequark zusammengerührt. Kapern, Zwiebeln und Paprikapulver sowie geringe Mengen Kümmel und Senf, ergänzt durch wohldosierte Prisen Pfeffer und Salz, geben dem Ganzen die typische Würze und machen den »Spundekees« weitaus verdaulicher als diesen Schachtelsatz.

Lit.: Michaele Scherenberg/Karl-Heinz Stier, Hessen à la carte 1, Frankfurt am Main 1990, S. 47

Steinkammergrab von Züschen-Lohne

Wandstein in der Züschener Steinkammer: Die Gravuren werden als stilisierte Rindergespanne interpretiert.

Bei diesem vorgeschichtlichen Monument handelt es sich um die am besten erhaltene Grabkammer der Jungsteinzeit in Hessen. Das in der freien Landschaft zwischen Fritzlar-Züschen und Fritzlar-Lohne gelegene Bauwerk wurde aus Sicherheitsgründen vergittert und durch ein Regendach geschützt. Dadurch gleicht es von weitem eher einer Feldscheune als einem Gemeinschaftsgrab der Megalithkultur. Die eingetiefte Gangkammer ist 20 m lang und 3,50 m breit. Die Wände bestehen aus 12 großen Sandsteinquadern. Die Decksteine sind fast alle verschwunden und wurden wohl in den umliegenden Dörfern zum Häuserbau verwendet. Der Innenraum ist durch eine Querplatte mit einer kreisrunden Öffnung, dem so genannten Seelenloch, von einer Vorkammer abgetrennt. Dort vermutet man kultische Handlungen, bei denen durch diese Öffnung Kontakt mit der Ahnenwelt gesucht wurde. Gefunden wurden 46 menschliche Schädel und etliche Tieramulette wie Wolfszähne und Unterkiefer von Füchsen. Die Archäologen nehmen an, dass über Generationen hinweg dort 200–300 Tote eines Steinzeitdorfes ihre letzte Ruhe fanden. Sehenswert ist das Kammergrab aber vor allem wegen seiner Gravuren, die mehrheitlich als abstrakte Darstellung von Rindergespannen gelten. Deshalb vermutet man im Zentrum dieser Kultur einen Rinderkult. Eine anschauliche Rekonstruktion des Megalithgrabes kann im Landesmuseum in Kassel besichtigt werden.

Lit.: Archäologische Denkmäler in Hessen, Heft 22, hrsg. vom Hessischen Landesamt für Denkmalpflege, Wiesbaden o. J.

Landgraf Wilhelm IV. von Hessen-Kassel.

Erste Sternwarte Europas

Als Philipp der Großmütige 1567 starb, vererbte er die Landgrafschaft Hessen an seine vier Söhne. Der älteste war der 1532 geborene Wilhelm (IV.). Er erhielt den nördlichen Teil des Landes mit Kassel als Residenz. Der neue Landgraf scheint ein friedfertiger Mensch gewesen zu sein. Kriege lagen ihm nicht. Er war eher defensiv eingestellt und ließ Kassel zur Festung ausbauen. Was ihn wirklich interessierte, waren die Naturwissenschaften, allen voran die Astronomie. Schon seine Zeitgenossen nannten ihn deshalb »den Weisen«. Er korrespondierte mit den Gelehrten der Welt, experimentierte und zeigte sich allem Neuen gegenüber aufgeschlossen. So sollen in den landgräflichen Gärten schon Kartoffeln gewachsen sein, die die Spanier erst wenige Jahre zuvor aus Südamerika mitgebracht hatten. Besonders stolz war Wilhelm auf seine Sternwarte, die in Europa kein Vorbild hatte. An der Südfront seines Stadtschlosses ließ er 1560 an beiden Ecken turmartige Anbauten errichten, die statt in einem Dach in Beobachtungsplattformen mündeten. Von dort hielt er nach unbekannten Sternen Ausschau und katalogisierte, was er gefunden hatte. Allein bis zu seinem Regierungsantritt waren von ihm 58 Sterne neu vermessen worden. Und das ganz ohne Fernrohr, das erst um die Wende zum 17. Jahrhundert in Holland erfunden wurde. Dafür gab es aber schon weit entwickelte mechanische Instrumente, mit denen vor allem Messungen durchgeführt werden konnten. Wie leidenschaftlich Wilhelm seinen astronomischen Forschungen nachging, schildert der frühere Kasseler Museumsleiter Ludolf von Mackensen: »Wahr scheint zu sein, dass sich Wilhelm 1572 beim Auftreten eines neuen Sterns, einer sog. Supernova, nicht durch einen Brand in seinem Schloss davon abhalten ließ, das astronomische Schauspiel ungestört weiter zu beobachten.« Wilhelm beschäftigte ein ganzes Heer von Astronomen, Mechanikern, Uhrmachern und Instrumentenbauern. 1575 besuchte ihn der berühmte dänische Astronom Tycho Brahe, der wenige Jahre später in seiner Heimat die erste frei stehende Sternwarte Europas errichtete. Von herausragender Bedeutung für die astronomische Forschung in Kassel wurde der Schweizer Jost Bürgi, den Wilhelm 1579 an seinen Hof berief. Die von dem genialen Uhrmacher, Mathematiker und Astronomen gebauten Beobachtungsinstrumente und Himmelsgloben sind heute Glanzstücke des Museums für Astronomie und Technikgeschichte in der Kasseler Orangerie. Auf Bürgi geht es wohl auch zurück, dass, wie Mackensen schreibt, »auf dem Kasseler Observatorium zum ersten Mal in der Geschichte der Naturwissenschaften die Kategorie des Raumes systematisch durch diejenige der Zeit ersetzt« wurde. »Denn unsere ganze Zeitrechnung beruhte ja bis zur Erfindung der Quarz- und Atomuhren im 20. Jh. ausschließlich auf der täglichen Achsendrehung und jährlichen Bahnbewegung der Erde, die sich in einem Sterntag von rund 23 Stunden und 56 Minuten Dauer um 360 Grad, also einmal, herumdreht.« Bürgi gelang es mit seinen neuen Erkenntnissen, die genauesten Uhren des 16. Jahrhunderts zu konstruieren. Durch den Brand des Stadtschlosses im Jahr 1811 hat sich von der ersten Sternwarte nichts erhalten außer einigen Instrumenten. Das Observatorium hatten bereits die Nachfolger Wilhelms in den Zwehrenturm verlagert, der ab 1780 unter Landgraf Friedrich II. zur letzten Sternwarte in Kassel ausgebaut wurde. Die astronomischen Instrumente aus dem Zwehrenturm, der jetzt Teil des Fridericianums ist, werden heute ebenfalls in der Orangerie ausgestellt.

Lit.: Ludolf von Mackensen u. a., Die erste Sternwarte Europas mit ihren Instrumenten und Uhren. 400 Jahre Jost Bürgi in Kassel, München 2-1982

Struwwelpeter

Er ist bestimmt die berühmteste deutsche Kinderbuchfigur. Und das vielleicht deshalb, weil er so gar nicht dem Bild entspricht, das sich liebevolle Eltern von ihrem braven Nachwuchs machen. Der »Struwwelpeter« ist genauso der Urahn aller Gammler und Hippies wie der Schrecken aller Erziehungsberechtigten. Langes Haar, lange Fingernägel und der Begegnung mit Wasser abgeneigt, hat der böse Bube eine erstaunliche Karriere gemacht. Den Kindern ist die Bilderbuchfigur des Frankfurter Arztes Heinrich Hoffmann schon lange keine Mahnung mehr. Sie sehen in ihr eher ein heimliches Vorbild als ein Angst einflößendes Beispiel. Zeigt sie doch den Eltern die ungeputzten Zähne und die schwarz geränderten Krallen. Gedacht war der Struwwelpeter vor gut 150 Jahren natürlich ganz anders. Wie Heinrich Hoffmann in seinen Lebenserinnerungen erzählte, ist er durch Zufall entstanden, und zwar kurz vor Weihnachten des Jahres 1844, als er für seinen Sohn Carl erfolglos ein passendes Bilderbuch zur Bescherung gesucht hatte: »Endlich kam ich heim und brachte ein Heft mit, welches ich meiner Frau mit den Worten überreichte: ›Hier habe ich, was wir brauchen.‹ Verwundert öffnete sie die Blätter und sagte: ›Das ist ja ein leeres Schreibheft!‹, worauf sie die Antwort erhielt: ›Jawohl, aber da will ich dem Jungen schon selbst ein Bilderbuch herstellen!‹« Ganz ohne Vorarbeiten musste Hoffmann nicht beginnen. Seine Figuren hatte er schon an den Betten von kranken Kindern erprobt, denen er mit einem Trick die Angst vor der Untersuchung verscheuchte: »Da nahm ich rasch das Notizbuch aus der Tasche, ein Blatt wird herausgerissen, ein kleiner Bube mit dem Bleistift schnell hingezeichnet und nun erzählt, wie sich der Schlingel nicht die Haare, nicht die Nägel schneiden lässt; die Haare wachsen, die Nägel werden länger, aber immer lässt er sich dieselben nicht schneiden, und immer länger zeichne ich Haare und Nägel, bis zuletzt von der ganzen Figur nichts mehr zu sehen ist als Haarsträhne und Nägelklauen. Das frappiert den kleinen Desperaten derart, dass er schweigt, hinschaut, und mittlerweile weiß ich, wie es mit dem Pulse steht, wie seine Temperatur sich verhält, ob der Leib oder die Atmung schmerzhaft ist – und der Zweck ist erreicht.« Das fertige Bilderbuch, in dem der Struwwel-

Der »Struwwelpeter« von Heinrich Hoffmann.

»Struwwelhitler« von Robert und Philip Spencer (um 1940).

»Der Anti-Struwwelpeter« von F. K. Waechter (1970/1982).

peter noch ganz am Schluss stand, lag dann auf dem Weihnachtstisch und erfreute nicht nur den kleinen Carl, sondern alle, die es sahen. Schließlich fand es sogar einen Verleger. Damit trat der Struwwelpeter seinen einmaligen Siegeszug durch die Welt an. Das Struwwelpeter-Museum in der Frankfurter Schirn dokumentiert heute den Erfolg der Geschichten um den ungewaschenen Knaben, den fliegenden Robert, den Hans-guck-in-die-Luft, den Zappelphilipp, das unvorsichtige Paulinchen, den Suppenkasper, den bösen Fritz, den Tintenjungen, den täppischen Jäger und den Daumenlutscher. Längst sind die Namen zu Begriffen geworden, nicht nur in Deutschland, sondern auch in anderen europäischen und außereuropäischen Ländern. Sogar in Japan gehört das Buch zur beliebten Lektüre von Kindern. Und immer wieder diente der Struwwelpeter auch für Parodien und politische Agitation, als »Struwwelhitler« etwa oder als »Anti-Struwwelpeter« der 68er. Dass heutige Pädagogen die Nase rümpfen, wenn sie die bunten Bildergeschichten in die Finger bekommen, hat den Erfolg der Rasselbande nicht schmälern können.

Lit.: Heinrich Hoffmann, Lebenserinnerungen, Frankfurt am Main 1985
G. H. Herzog/Marion Herzog-Hoinkis/Helmut Siefert, Heinrich Hoffmann. Leben und Werk in Texten und Bildern, Frankfurt am Main/Leipzig 1995
Reimar Klein, »Sieh einmal, hier steht er!« Struwwelpeters beschädigte Kinderwelt, Frankfurt am Main und Leipzig 2005

Schmackhaftes Brauchtum: Die »Stutewecken« werden verteilt.

Stuteweck

Dreigliedriges Gebäck von gut 25 cm Länge, das den Hofgeismarer Kindern alljährlich am Mittwoch vor Ostern geschenkt wird. Der Brauch stammt aus dem 15. Jahrhundert und soll auf die Stiftung einer lokalen Adligen zurückgehen. Das Wort »Stute« hat nichts mit Pferden zu tun, sondern bedeutet »weißes Brot« und steht im niederdeutschen Dialektraum für vielerlei Gebäck mit hohem Weizenanteil. Hofgeismar liegt nördlich der ik/ich-Linie, die die oberdeutschen von den niederdeutschen Mundarten trennt (➛ Hessisch). Das küstennah anmutende Platt wurde in der Fachwerkstadt bis ins 20. Jahrhundert hinein gesprochen. Der mittlerweile an die »Stute« angehängte »Weck« ist oberdeutschen Ursprungs und eine sprachliche Verdopplung, die nach dem Schwinden des Plattdeutschen zur besseren Verständlichkeit hinzukam. Im Standarddeutschen trifft man heutzutage noch auf die »Rosinenstute«, ein Stollengebäck aus Brioche-Teig, das bundesweit in Bäckereien feilgeboten wird.

In Hofgeismar vollzieht sich der Stutewecken-Brauch nach einer festen Choreographie. Am Mittwoch der Karwoche ziehen gegen 10 Uhr an die 100 Kinder von der Schule zur Altstädter Kirche. Während des Gottesdienstes erzählt der Pfarrer die überlieferte Herkunft des Brauchs. Dann wird das Stutewecken-Danklied vorgetragen und das Traditionsgebäck verteilt.

Der Ursprung der alljährlichen Schenkung erschließt sich aus einer Sage, die sich um die Edlen von Schöneberg rankt. So soll um 1428 die verwitwete Freifrau den Heiratsantrag ihres Hofmeisters zurückgewiesen haben. Ein Umstand, der den Mann so kränkte, dass er aus Rache ihren kleinen Sohn entführte. Die verzweifelte Mutter bat nun die Hofgeismarer Kinder, ihr bei der Suche zu helfen. Schließlich fand ein Schulkind in einem Brunnen die Mütze des jungen

Herrn von Schöneberg. Daraus schloss man dann, dass das Kind ertränkt wurde. Seine Leiche blieb offenbar verschwunden. Dennoch galt der Hofmeister als überführter Täter. Ein Sagengeflecht mit etlichen Lücken. Gleichwohl soll die Edelfrau ihr ganzes Vermögen in eine Stiftung eingebracht und verfügt haben, dass damit das Gebäck gekauft werden soll, mit dem die Kinder der Stadt an jedem Mittwoch vor Ostern zu beschenken seien. Da die Stiftungsgelder längst verfuttert sind, werden die Stutewecken heutzutage aus der Stadtkasse bezahlt.

Lit.: www.reinhardswald.de

SV Wehen Wiesbaden

Im hellen Licht der Zweiten Liga.

Der etwas von Mitleid zeugende Spitzname SV Weh Weh ist beim SV Wehen Wiesbaden überhaupt nicht (mehr) angebracht. Er beendete die Saison 2007/08 auf dem 8. Platz der 2. Bundesliga, bekam mit der Brita-Arena ein neues Stadion und verzeichnet allerhand Rekorde. Neben dem schnellsten Stadion-Neubau gelang einem seiner Spieler mit acht Sekunden das schnellste Tor im deutschen Profifußball im Spiel gegen Greuther Fürth, und in einem Match gegen den 1. FC Köln schoss Ronny König in sieben Minuten den schnellsten Hattrick in der Geschichte der 2. Bundesliga.

1926 wurde der Verein gegründet, der als Gesamtverein den Namen »SV Wehen 1926 Taunusstein e.V.« trägt. Die Fußballsparte hieß bis 2007 »SV Wehen-Taunusstein«, nun aber, nach der Umsiedlung ins etwas bekanntere Wiesbaden nennt sich der Verein schlicht und schnittig »SV Wehen Wiesbaden«.

1933 war er aufgelöst und erst 1946 wieder gegründet worden. Bis 1989 wechselten Auf- und Abstiege zwischen der C-, B- und A-Klasse in Wiesbaden und der Bezirksliga, in der 1968 beinahe das

Kreispokalendspiel gewonnen wurde. Es ging aber gegen den FC Bierstadt leider doch verloren.

Die Zeiten änderten sich ab 1989. Zunächst der Aufstieg in die Oberliga, 1992 bis 1994 spielte der Verein in der Hauptrunde des DFB-Pokals. 1996 folgte der Aufstieg in die Regionalliga. 2005 schrappte man haarscharf am Aufstieg in die 2. Bundesliga vorbei. Ein Jahr darauf wurde wieder nur der verflixte dritte Tabellenplatz in der Regionalliga Süd erreicht. Und dann kam der Durchbruch. Nach 81 Jahren Vereinsgeschichte wurde in der Spielzeit 2006/07 durch einen 2:0-Sieg beim FK Pirmasens der Aufstieg in die 2. Bundesliga geschafft. Zwischendurch gewann der Verein in den Jahren 1988, 1996 und 2000 den Hessenpokal.

Seit der Saison 2007/08 spielt der SV Wehen Wiesbaden nicht mehr im Stadion am Halberg, das den Anforderungen der Deutschen Fußballliga nicht mehr genügte. Sensationell waren die ersten vier Spiele in der Frankfurter Commerzbank Arena, bevor die Brita-Arena im Oktober 2007 eingeweiht wurde; denn keines ging verloren. Nach dem Umzug ins neue Stadion allerdings wurde nicht eines der ersten sechs Heimspiele gewonnen. Dann folgten in der Saison drei Siege und vier Unentschieden, und das reichte bei Saisonende für den 8. Platz. Der SV Wehen Wiesbaden wird wohl noch für so manche Überraschung sorgen.

Lit.: www.svwehen-wiesbaden.de

T

Original-Telefon von Philipp Reis im Frankfurter Museum für Kommunikation, 1863.

Telefon

Interessiert soll sich der österreichische Kaiser gezeigt haben, als ihm im September 1863 ein Apparat vorgeführt wurde, den ein gewisser Philipp Reis »Telephon« nannte. Aber was, so seine Majestät weiter, soll man mit einem solchen Gerät schon anfangen können. So wie der legendäre Franz Josef dachten viele, denen der 1834 in Gelnhausen geborene Bäckermeistersohn seine Erfindung präsentierte: schön, aber nicht sinnvoll. Denn dass sich einmal Menschen durch einen solchen Apparat unterhalten könnten, lag weit außerhalb der damaligen Vorstellungswelt. Für die Nachrichtenübermittlung gab es die elektrische Telegraphie, und Samuel Morse hatte bereits seine leicht verständlichen Morsezeichen erfunden. Warum also ein, wie hieß das noch: »Telephon«? Philipp Reis hat den Triumphzug seiner Erfindung nicht mehr erlebt – auch nicht, dass der Amerikaner Graham Bell 1876, zwei Jahre nach seinem Tod, eine praktisch verwendbare Version zum Patent anmeldete und es, Reis zu Ehren, Telephon nannte. Dass ihm dann in Frankfurt ein Denkmal enthüllt wurde, dem noch andere folgen sollten, bestätigt nur den Satz, dass ein Prophet so lange im eigenen Land nichts gilt, wie er lebt. Und ein Prophet war Philipp Reis. Der geniale Erfinder hatte als Lehrer am Garnierschen Institut in Friedrichsdorf lange getüffelt, ehe er sich am 26. Oktober 1861 an die Öffentlichkeit wagte. An seinem Arbeitsplatz führte er Frankfurter Honoratioren seinen Apparat vor. Eine 300 Fuß lange Leitung verband zwei Gebäude miteinander. Dann sagte sein Schwager Philipp Schmidt an dem einen Ende der Leitung die zwei berühmten Unsinnssätze: »Die Sonne ist aus Kupfer« und »Das Pferd frisst keinen Gurkensalat«. Philipp Reis verstand sie nicht genau; so gut dürfte die erste Übertragung also nicht gewesen sein. Aber sie war die Geburtsstunde des Fernsprechers, auch wenn noch niemand etwas davon ahnte. Auch Philipp Reis nicht, der seine Erfindung eher als Möglichkeit für Musikübertragungen verstand, und deshalb war auch am Ende der Premiere Gesang und

Musik zu hören – ebenfalls »live« übertragen aus dem benachbarten Bürgerhospital. Weitere Vorführungen dieser Art folgten in Frankfurt und Gießen, die ebenfalls auf großes Interesse, aber auf wenig Resonanz stießen. Es blieb bei einigen Demonstrationsobjekten, die in alle Welt verschickt wurden. Reis selbst schien sich von seiner Erfindung abzuwenden und knobelte weiter an neuen Entdeckungen. Klaus Beyrer hat in seinem Reis-Porträt das aufgeführt, was dem unermüdlich Werkelnden noch so alles einfiel: »Ein Velociped soll er noch gebaut haben und Rollschuhe, ein Gerät zur Beobachtung und Aufzeichnung des Wetters und eine per Luftdruck betriebene ›Maschine zum Umblättern von Notentexten auf dem Klavier‹, zahlreiches Spielzeug soll er gebastelt haben, und eine Hand-Tiegelpresse, auf der er von ihm selbst verfasste Märchen für Kinder druckte. Sein Beitrag zur Versammlung der Deutschen Naturforscher und Ärzte im Jahre 1872 schließlich sollte, wie es hieß, aus einer ›neuen, genial erdachten Schwerkraft-Maschine‹ bestehen. Doch kam es dazu nicht mehr. Eine zunehmende Schwächung seiner Gesundheit ließ ihn von öffentlichen Auftritten mehr und mehr absehen. Am 14. Januar 1874 starb Reis im Alter von 40 Jahren an Tuberkulose.«

Lit.: Klaus Beyrer, Johann Philipp Reis, in: Hans Sarkowicz/Ulrich Sonnenschein (Hrsg.), Die großen Hessen. Frankfurt am Main und Leipzig 1996, S. 217–223

Treppenstrasse

Auch die Fußgängerzone ist eine hessische Erfindung. Jedenfalls wurde die erste in Deutschland in Kassel eingerichtet. Aber nicht so, wie sie uns heute geläufig ist – mit Verbundpflaster quer durch die Einkaufsmeile, sondern als Treppenstraße und damit garantiert autofrei. Kassel war im Zweiten Weltkrieg weitgehend zerstört worden. Stadtplaner und Architekten hatten damit ein weites Feld für mehr oder weniger gute Ideen. So kam es auch zu der Überlegung, den Höhenunterschied zwischen Hauptbahnhof bzw. Scheidemannplatz und Friedensplatz mit einer Treppenstraße zu überwinden, die schon von der Struktur her ausschließlich den Fußgängern vorbehalten bleiben

Die Kasseler Treppenstraße im Bau (1953).

musste. Für damalige Verhältnisse war das ein revolutionärer Schritt, den der Architekt und Leiter des städtischen Planungsamtes, Werner Hasper, vorbereitet hatte. Die Treppenanlage, die in regelmäßigen Abständen von platzähnlichen Freiflächen unterbrochen wird, wurde am 11. Oktober 1953 eingeweiht und bald von Stadtplanern aus ganz Europa besucht. Auch heute hat die in jeder Hinsicht ungewöhnliche Idee einer Treppenstraße nichts von ihrem Reiz verloren, vielleicht weil die einst revolutionäre »Fußgängerzone« zu einer wenig attraktiven Patentlösung für Probleme jeder Art verkommen ist.

Lit.: Kassel 1955. Die Stadt im Jahr der ersten documenta, (Ausstellungskatalog) Marburg 1992

Tut-ench-Amun und Bad Schwalbach

Der Zusammenhang zwischen dem Kurstädtchen im Taunus und dem toten Pharao erscheint auf den ersten Blick weit hergeholt. Gleichwohl, es gibt ihn.

Das folgert zumindest der in Kelkheim lebende Historiker und Journalist Manfred-Guido Schmitz aus den Ergebnissen seiner akribischen Untersuchung. Dieser Zusammenhang ist die zentrale These seines 1999 publizierten Buches »Bad Schwalbach, Lord Carnarvon und das Grab des Tut-ench-Amun«. Dabei beruft sich Schmitz auf vier als gesichert geltende Tatsachen:

1. Lord Carnarvon, britischer Weltenbummler und betuchter Antiquitätenfreund, hatte 1901 auf der Bäderstraße bei Bad Schwalbach einen schweren Autounfall.

2. Nach dem Unfall litt er unter Atemnot. Die britischen Winter machten ihm schwer zu schaffen, und ab 1903 verbrachte er deshalb die kalte Jahreszeit in Ägypten.
3. Dort wurde er auf die Pharaonengräber im Tal der Könige aufmerksam und engagierte später den Archäologen Howard Carter für ein Grabungsprojekt.
4. Im November 1922 entdeckten Carter und Carnarvon die nahezu unberührte Grabkammer Tut-ench-Amuns.

Kühne Kausalkette: die Publikation von Manfred-Guido Schmitz (1999).

Für Buchautor Schmitz gilt die Karambolage auf der (heutigen) B 260 als archäologisch bedeutsamer Unfall, ohne den der englische Lord nicht nach Ägypten gekommen wäre. Seine weiteren Schlüsse liegen auf der Hand: ohne die Winter am Nil keine Grabungen. Womöglich wäre die Totenruhe des Pharao bis zum heutigen Tage ungestört. Und der Wissenschaft fehlte eine Weltsensation.

Die Ereignisse im Taunus ergeben sich aus den Schilderungen von Carnarvons Schwester und der unveröffentlichten Lebensgeschichte seiner Gattin, die das damalige »Langenschwalbach« öfter als Kurgast besuchte. Am Tag des lebensgefährlichen Unfalls war der Lord auf dem Weg zu seiner Frau, deren Aufenthalt zu Ende ging.

Reiche Kurgäste aus Großbritannien und den USA waren im Aartal keine Seltenheit. Die Schwalbacher Kur-Statistik belegt bereits im 19. Jahrhundert jährlich an die 1000 englische und amerikanische Gäste. Sie alle kamen, nachdem in ihren Heimatländern wahre Wunderdinge über die Heilkraft des Schwalbacher Wassers berichtet worden waren. Besonders werbewirksam war wohl die 1832 in London erschienene Schrift »Bubbles from the Brunnens of Nassau by an Old Man«, in der Autor F. Head auch auf Langenschwalbach einging. In der Folge wurde im Ort sogar eine Englische Kirche errichtet. Ab 1875 ergänzte sie die Heilwirkung der Badekuren durch die Heilsbotschaft anglikanischer Gottesdienste.

Der Earl of Carnarvon jedenfalls steuerte im Sommer 1901 seinen Wagen auf der Landstraße Richtung Langenschwalbach. Er fuhr einen der insgesamt drei Personenkraftwagen, die zu dieser Zeit im Vereinigten Königreich zugelassen waren. Gleich hinter dem Örtchen Kemel verschwand die Fahrbahn damals in einer schlecht einsehbaren Senke, der Heimbacher Delle. Der Lord liebte die schnelle Fahrt und vermutlich auch deshalb erkannte er viel zu spät die zwei mächtigen Ochsenkarren, die sich dort gerade begegneten. In der Hoffnung vorbeizukommen, lenkte er den Wagen scharf an den Straßenrand. Aber er geriet dabei in einen Steinhaufen; zwei Reifen platzten, der Wagen überschlug sich vollständig und stürzte auf Carnarvon. So die Schilderung seiner Schwester, die weiter berichtet, der rasch herbeigeholte Arzt habe bei dem Verunglückten schwere Verbrennungen an den Beinen, Bruch eines Handgelenks, zeitweilige Erblindung und Verletzung des Gaumens und Kiefers festgestellt.

Ein dramatischer Einschnitt im Leben des englischen Lebemanns. Auch nach der Genesung plagen ihn weiterhin Atembeschwerden. Sie führen schließlich zum Erwerb eines Hauses in Ägypten mit den bekannten Entwicklungen, die – folgt man Manfred-Guido Schmitz – allesamt ihren Ursprung in der Heimbacher Delle hatten.

Denkt man den kühnen Bogen konsequent zu Ende, so waren es eigentlich jene Nassauer Zugochsen, die sich im richtigen Moment dem britischen Lord in den Weg stellten. Sie blockierten die Bäderstraße und öffneten so den Weg in die Grabkammer des Pharao.

Lit.: Gerd Elgo Lampel, Die Heimbacher Delle und das Grab des Tut-ench-Amun, in: Heimatjahrbuch des Untertaunuskreises 1962, Bad Schwalbach 1962, S. 141 ff.
Manfred-Guido Schmitz, Bad Schwalbach, Lord Carnarvon und das Grab des Tut-ench-Amun, Kelkheim 1999

U

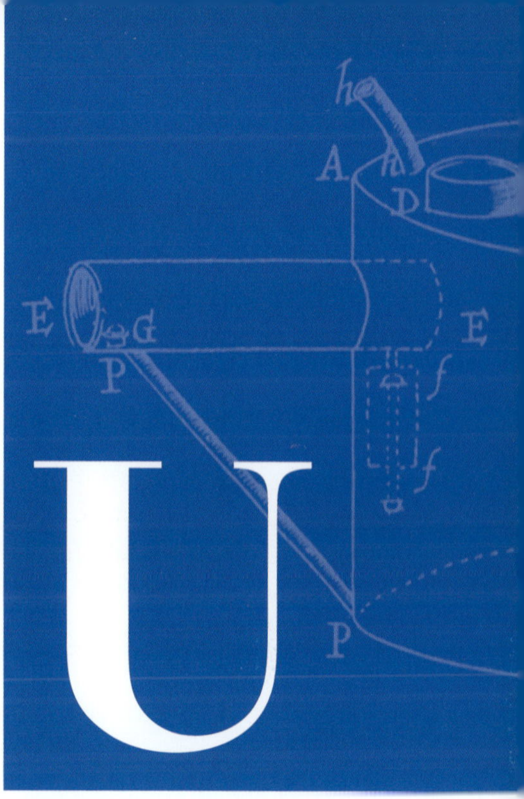

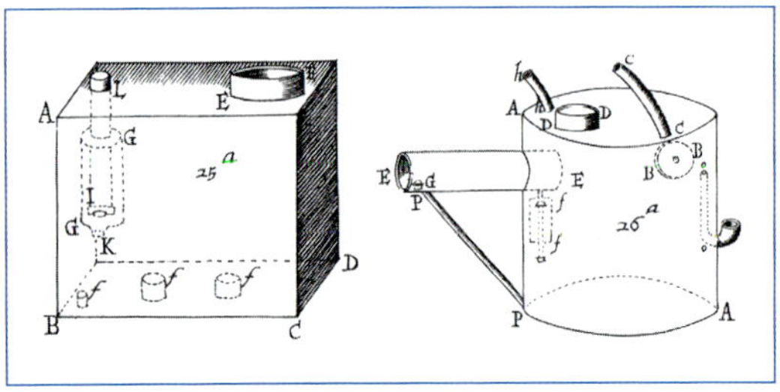

Das zuerst viereckig und später gießkannenförmig konstruierte Unterseeboot von Papin.

Unterseeboot mit Ruderantrieb

Der französische Erfinder Denis Papin, von dem schon der ➛ Dampfzylinder und die ➛ Hessenpumpe stammten, konstruierte 1691 und 1692 in Diensten des Kasseler Landgrafen zwei Unterseeboote mit Ruderantrieb, die militärischen Zwecken dienen sollten. Die Idee, Schiffe auch unter Wasser fahren zu lassen, hatte zuerst ein Holländer entwickelt, aber Papin führte die ersten nachgewiesenen Versuche durch. Sein Clou war, dass mittels einer Pumpe und zwei Schläuchen die Luft in dem U-Boot ausgetauscht wurde. Der erste Versuch, seine Konstruktion in die Fulda abzusenken, scheiterte im August 1691 am dafür benutzten Kran, der unter der Last zusammenbrach. Das Publikum war entsetzt, Papin blamiert, und der Landgraf hatte 2000 Taler verloren. Trotzdem wurde ein zweites U-Boot gebaut, sogar eine verbesserte Version, bei der die Ruder nicht am Boden, sondern seitlich angebracht waren. Papin selbst tauchte zusammen mit einem Gehilfen im Mai 1692 erfolgreich in die Fulda bei Kassel. Damit waren die Experimente aber auch beendet, da feindliche Galeeren auf hessischen Flüssen, die ein solches U-Boot hätte rammen können, bis dato noch nie gesichtet worden waren. Papin wandte sich neuen Erfindungen zu, die einen größeren militärischen Nutzen haben sollten, und baute unter anderem einen Luftmörser, bei dem der Luftdruck einer aufgepumpten Messingkugel eine Kanonenkugel aus einem Trichter schleuderte. Ein Unfall in der Werkstatt Papins, bei dem einem Gehilfen das Kinn abgeschossen worden sein soll, könnte den raschen Abschied des genialen Konstrukteurs aus Kassel bewirkt haben. Mit einem von ihm erdachten und gebauten Schaufelradboot mit Handantrieb verließ er im Herbst 1707 die nordhessische Residenz, kam aber nur bis Münden. Dort zerstörten aufgebrachte Schiffer Ende September 1707 sein Reisegefährt, weil er angeblich die Regeln ihrer Gilde missachtet hatte. Papin gelangte trotzdem nach London, wo er wahrscheinlich 1712 völlig verarmt starb.

Lit.: 300 Jahre Denis Papin. Ausstellungskatalog, hrsg. vom Universitätsarchiv Marburg und Hessischen Landesmuseum Kassel, Marburg 1987

Urpferdchen

Die Urpferdchen aus dem Alttertiär sind die wohl bekanntesten Fossilien aus der ➤ Grube Messel bei Darmstadt. Die Paläontologen entdeckten zwei Arten. Eine größere, *Propalaeotherium hassiacum* und eine kleinere, *Propalaeotherium messelense.* Die Tiere sehen heutigen Pferden halbwegs ähnlich, sind aber keineswegs deren direkte Vorfahren. Sie hatten keine Hufe, sondern Zehen. Vorne vier und hinten drei.

P. messelense glänzte mit einer Schulterhöhe von 30 cm und einer Kopf-Rumpf-Länge von 55 cm. Aus den Zähnen mit ihren niedrigen Kronen schlossen die Forscher auf Laubäsung, zumal sie auch in den Mägen Blattreste und Obstkerne fanden. Drei der Messeler Urpferdchen erwiesen sich unzweideutig als Stuten. Man entdeckte zwischen ihren Knochen die Skelette ungeborener Fohlen.

Lit.: Fossilien in der Messel-Formation, hrsg. vom Hessischen Landesmuseum Darmstadt, Darmstadt 1987

V

Viehmännin ➛ Brüder Grimm

Vogelsberg

Das größte Basaltgebirge Europas umfasst rund 2500 Quadratkilometer und erreicht heute als flacher Kegel eine durchschnittliche Höhe von 600 Metern. Entstanden ist der Vogelsberg, als im Tertiär Basaltlava die Buntsandsteindecke durchbrach und sich strahlenförmig ausbreitete. Dabei flog die glühend heiße Lava bis in die Wetterau. So besteht zum Beispiel der Friedberger Burgberg aus Vogelsbergbasalt. Ursprünglich war das Gebirge noch bedeutend höher. Aber durch Verwitterung hat der Vogelsberg schon einiges von seiner einst noch imponierenderen Größe verloren. Etwas unwirtlich ist er mit seinen zum Teil kahlen Fluren bis heute geblieben. Die langen Winter und der späte Frühling haben dem Gebiet den Spitznamen »Hessisch Sibirien« eingetragen. Reich konnte man früher als Bauer dort nicht werden. Wer die Chance hatte, der wanderte ab – vor allem in die wärmeren und gemütlicheren Städte des Rhein-Main-Gebiets. Heute wissen die Vogelsberger daraus Kapital zu schlagen. Je stärker es schneit und je länger der Schnee liegen bleibt, desto höher sind die Einnahmen aus dem Wintersport, vor allem um den Hoherodskopf herum. Und es ist noch nicht lange her, da galt es unter Frankfurter Intellektuellen (und denen, die sich dafür hielten) als schick, eine »Datscha« im Vogelsberg zu besitzen. So können sich die Zeiten ändern.

W

Wagengrab von Offenbach

Der rekonstruierte Prunkwagen im Stadtmuseum Offenbach.

Prunkgrab eines wohlhabenden Kriegers aus der frühen Eisenzeit. Dieser Zeitraum umfasst das 7. und 6. Jahrhundert vor der Zeitenwende und wird, nach einem Fundort im Salzkammergut, auch Hallstattzeit genannt. Einige Wissenschaftler bezeichnen diese Periode auch als vorkeltisch, da sich im Stil der späteren Keltenzeit ähnliche Formen finden. In Offenbach-Rumpenheim wurde der hochgestellte Leichnam auf einem vierrädrigen Zeremonialwagen bestattet. Das Hügelgrab ist eines von 240 Wagengräbern, die in Mittelböhmen, Oberösterreich, im süddeutschen Raum und in Ostfrankreich gefunden wurden. Auf hessischem Boden wurden bislang nur zwei hallstattzeitliche Prunkgräber entdeckt. Das Fürstengrab im Flurstück Eichlehen bei Frankfurt-Oberrad barg allerdings keine Wagenbestattung.

Das Offenbacher Wagengrab kennt man erst seit 1972. Damals stießen Archäologen bei Grabungsarbeiten im Rumpenheimer Mainbogen auf eine Ansammlung von ortsfremden Kalk- und Basaltbruchsteinen, die zu einer in sich zusammengestürzten Grabkammer gehörten. Die Vermessung ergab eine Grundfläche von 4,30 m mal 2,80 m. Vermutlich bestand der Innenraum aus einer Holzkonstruktion, die außen von Trockenmauern abgestützt wurde. Üblicherweise wurde darüber noch ein großer Hügel aufgeschüttet, von dem sich aber keine Spuren mehr fanden.

»Bei dem Toten handelt es sich nach anthropologischen Untersuchungen um einen etwa 1,73 m großen Mann, der im Alter von ca. 50 Jahren gestorben ist«, heißt es in einem Informationsblatt des Stadtmuseums Offenbach. »Er wurde in gestreckter Rückenlage auf einem hölzernen Wagen beigesetzt. Rechts neben dem Toten lag eine Lanze mit eiserner Spitze, in die eine Bronzeverzierung eingelegt war.

Ein eisernes Hiebmesser fand sich neben dem linken Bein. In Reichweite der linken Hand lagen Teile des Kopfes und ein Vorderbein eines jungen Schafes oder einer Ziege als Fleischbeigabe. Ein großes Kegelhalsgefäß und ein Schälchen aus Keramik vervollständigen die Grabausstattung.«

Im Vergleich zu anderen Prunkgräbern dieser Zeit sind die Beigaben eher spärlich. Die Archäologen gehen davon aus, dass die Lanze nie im Alltag verwendet wurde, sondern eine Repräsentationswaffe war, die den sozialen Status des Toten belegt. Ähnliches gilt für den Wagen, der mutmaßlich nur für das Begräbnis gefertigt wurde. Möglicherweise nutzte ihn der hochgestellte Krieger auch schon zu Lebzeiten bei zeremoniellen Umzügen. Reste des Wagenkastens wurden nicht gefunden. Von den Rädern sind nur noch die eisernen Radreifen und die Nabenbeschläge erhalten. Der Raddurchmesser beträgt 0,86 m. Die Spurbreite wird auf etwa 1,30 m geschätzt. Der Achsabstand dürfte etwa 1,60 betragen haben. Die eisernen Relikte des Fahrzeugs geben nur wenig Aufschluss über sein wirkliches Aussehen. Man kennt allerdings in Europa zeitgleiche Zeremonialwagen, die besser erhalten sind. Das rekonstruierte Modell im Stadtmuseum Offenbach stützt sich auf diese Vergleichsfunde.

Lit.: Wagengrab von Offenbach, Informationsblatt des Stadtmuseums Offenbach
Fritz-Rudolf Herrmann/Albrecht Jockenhövel (Hrsg.), Die Vorgeschichte Hessens, Stuttgart 1990, S. 370 und S. 462

Wäldchestag in Frankfurt

Wenn man die Frankfurter nach ihrem Lieblingsfeiertag fragen würde, bekäme man wohl den Wäldchestag genannt. Dabei passiert am Dienstag nach Pfingsten im Wäldche, das heißt im Stadtwald, der südlich von Frankfurt liegt, gar nicht viel. Zwar gibt es Rummel mit Riesenrad und Autoscooter, die aber sind bei der Dippemess viel größer und spannender. Mehr, viel mehr Kultur hat das Museumsufer-Fest zu bieten, im Sommer werden die Frankfurter ohnehin von einer grassierenden Fest-Sucht ergriffen. Das Geheimnis des Wäldchestags liegt in der Mischung aus Wald und Familie beziehungsweise Freundeskreis. Mit den oft anstrengenden Lieben friedlich und entspannt mitten in der Natur zu sitzen und nach Herzenslust zu futtern und zu trinken: Das macht Spaß – alle Jahre wieder. Wer hätte das schönste Gedicht über den Wäldchestag schreiben sollen, wenn nicht Frankfurts größter Sohn.

Da werden die Mägde mit Speisen und Wein
Voraus schon ins Wäldche gesendet,
Was mancher ersparte jahraus und jahrein,
Wird hier nun auf einmal verschwendet.

Da geht es ganz schwarmweis mit Menschen hinaus,
Mit Reutern, mit Kutschen und Pferden,
Da lagert sich alles ins Grün zum Schmaus,
Als wie das Wild auf der Erden.

Die Stolzesten fragen jetzt gar nicht danach,
Wenn sie auch die Kleider verreißen.

Als wäre im Jahr kein einziger Tag
Da man in dem Wäldchen könnt speisen.

Goethe kannte ihn also, den Wäldchestag, und Felix Mendelssohn Bartholdy kam dort auf seine »Waldlieder«. Niemand aber weiß genau, seit wann der Tag gefeiert wird. Die einen sagen, er ließe sich auf die große Holzversteigerung Ende des 18. Jahrhunderts zurückführen, als viele Frankfurter in den Wald kamen, um preiswertes Brennholz zu besorgen. Andere führen ihn auf den »Walzetag« zurück, an dem seit dem 16. Jahrhundert Frankfurter Patrizierfamilien ihre Hochzeitsfeste ausrichteten und der ebenfalls auf den dritten Pfingstfeiertag fiel.

Jedenfalls wurde der Wäldchestag während der beiden Weltkriege nicht gefeiert, und 1925 wollte ihn der Magistrat verbieten, weil die Frankfurter Fußballfans anlässlich des Endspiels der Deutschen Meisterschaft am Sonntag vor Pfingsten im gerade eröffneten Stadion heftigst randaliert hatten. Der Magistrat kam damit nicht durch. Die Nazis, die sich Feste gern unter den Nagel rissen, wollten aus dem Wäldchestag ein »Volksgemeinschaftsfest« machen, was ihnen nicht gut gelang. 1950 wollte der bettelarme Magistrat den Wäldchestag abschaffen, weil für Zuschüsse kein Geld vorhanden war. Der Tag lässt sich aber nicht abschaffen, und so macht sich am Pfingstdienstag ganz Frankfurt auf den Weg ins Wäldche, bei Regen hat man einen Schirm dabei.

Weckewerk

Schlachtfestspezialität aus frischen Fleischresten und steinharten Brötchen. Weckewerk kennt man in Nordhessen und in den Küchen der Wetterau.

Man braucht dazu 2–3 altbackene Weck, 1/4 Liter Fleischbrühe, 750 g Restfleisch (Schwarten, Bauchfleisch, Gehacktes), 2 gehackte Zwiebeln, 1 TL Majoran, 1 TL Kümmel sowie etwas Salz und Pfeffer.

Zunächst werden die Brötchen in der Fleischbrühe eingeweicht, dann dreht man die Fleischreste durch den Wolf. Nun wird das Ganze mit sämtlichen Zutaten zu einem Teig verarbeitet, den man anschließend wie einen Hackbraten formt. Der wird nun in einer Pfanne in vorerhitztem Fett etwa 15 Minuten durchgebraten. Währendessen hin und wieder wenden. Pellkartoffeln und grüner Salat gelten als brauchbare Beilagen.

Bei der Eschweger Variante wird übrigens zusätzlich noch mit Koriander und Piment gewürzt. Statt eines großvolumigen Hackbratens bevorzugt man im Werratal frikadellengroße Portionen. Man paniert sie mit Ei und Semmelbröseln und brät sie dann in Flomenfett aus.

Lit.: Anne Vollmerhaus, Köstliches aus der alten hessischen Küche, Bielefeld/Frechen o. J., S. 80
Michaele Scherenberg/Karl-Heinz Stier, Hessen à la carte 1, Frankfurt am Main 1990, S. 77

Weihnachtskerze

Die größte Weihnachtskerze der Welt steht in Schlitz, allerdings nur während der Adventszeit. Und sie ist auch nicht aus Wachs, sondern aus soliden Vogelsberger Mauersteinen. Denn die schlauen Stadtväter und -mütter von Schlitz lassen seit 1991 zum Weihnachtsmarkt ihren mittelalterlichen Bergfried in rotes Tuch hüllen und mit einer Glühbirnenkerze krönen. Der 36 Meter hohe Turm stammt aus dem 14. Jahrhundert und beherbergte früher eine Wachstube und mehrere Verliese. Zum Weihnachtsmarkt wird er durch die elektrische Kerzenflamme noch einmal um 5,73 Meter verlängert. So hat es die »Weihnachtskerze« auch in das Guinness-Buch der Rekorde geschafft. Eigentlich hätte sie sogar zweimal darin auftauchen müssen. Denn sie dürfte auch die einzige Weihnachtskerze der Welt sein, durch die man mit einem Aufzug fahren kann. Von oben genießt man übrigens einen wunderbaren Blick über den weihnachtlich geschmückten Marktplatz. An den Buden werden auch Schlitzer Spezialitäten angeboten, die »Krautwurst« zum Beispiel und ein in Schlitz hergestellter Likör, der selbstverständlich »Kerzenfeuer« heißt.

Weininsel Marianneaue

Mit ihren 89 Hektar Fläche ist sie die größte natürliche Insel im Rhein: die Mariannenaue zwischen Erbach und Hattenheim. Die Betonung liegt auf »natürlich«, denn die Rheininsel Kühkopf ist weitaus größer, entstand aber erst 1829 durch den ➛ Rheindurchstich bei Guntersblum.

Rheininsel mit Reben: die Mariannenaue.

Die Gemarkungsgrenzen der beiden Rheingaudörfer zerteilen die 23 Hektar Weinbau der Mariannenaue in die Lagen »Erbacher Rheinhell« und »Hattenheimer Rheingarten«. Der große Rest ist unberührter Auwald und Naturschutzgebiet. Der Untergrund des Eilands besteht aus alpinem Kalk, den der Strom aus seinem gebirgigen Oberlauf mitbrachte. Darüber liegt angeschwemmter Auenlehm, der sich mit dem Rheinsand mischt. Das garantiert raschen Wasserabfluss und eine optimale Durchlüftung des Bodens. Damit nimmt die Insel im Rheingau eine geologische Sonderstellung ein, die auch spezielle Rebsorten gedeihen lässt. Seit den sechziger Jahren bewirtschaftet das Weingut Schloss Reinhartshausen die Flächen nicht nur mit Riesling und Silvaner, sondern auch mit Weißburgunder und dem verwandten Chardonnay. Die Reben profitieren zudem vom ganzjährig milden Inselklima, das dem der Bodenseeinsel Mainau nahekommt. Dadurch hat die Mariannenaue einen Vegetationsvorsprung von ein bis zwei Wochen gegenüber dem hessischen »Festland«. Deutlicher Beleg sind die dornigen Zitronenbüsche am Gutshof der Insel, die übrigens im Sommer per Schiff erkundet werden kann.

Hauptklimafaktor ist der Rhein, dessen Wasser am Tag die Sonnenstrahlen reflektiert und in der Nacht seine Wärme an die Insel abgibt. So werden Temperaturschwankungen ausgeglichen und Spätfröste zur Seltenheit. All dies führt bei Weißburgunder und Chardonnay zu einer eleganten Säurestruktur, die das klassische Burgunder-Spektrum erweitert. In der Lage »Rheinhell« werden denn auch beide Sorten zusammen gekeltert und zu einem Wein ausgebaut. Neuerdings verzichtet das Weingut ganz auf die traditionellen Lagenamen und vermarktet die edlen Tropfen als Weine »von der Insel«.

Lit.: www.gourmet-classic.de
www.schloss-reinhartshausen.de

Weissstorch

Nach einem stetigen Rückgang in den Jahrzehnten des Wirtschaftswunders hat sich der Weißstorchbestand in Hessen mittlerweile erholt. Schon in den neunziger Jahren waren wieder regelmäßig acht bis zehn Horste besetzt. Die Ursachen liegen zum einen in wirkungsvollen Biotopmaßnahmen durch den Naturschutz, zum anderen aber auch in einem mutmaßlich neuen Zugverhalten. Verstärkter Reisanbau in Südspanien, verbunden mit der Ausbreitung einer amerikanischen Krebsart führte dort zur Verdopplung des Brutaufkommens. Die mitteleuropäischen Störche, so wird angenommen, haben die günstigen Bedingungen erkannt und mittlerweile mehrheitlich ihr Winterquartier dorthin verlegt. Sie ziehen also nicht mehr in die Sahelzone und vermindern damit deutlich die alten Zugrisiken. Bisweilen überwintern einzelne Tiere auch bei uns und ernähren sich von Müllkippen. Im Sommer 2005 zählte man bereits 100 Brutpaare in Hessen. Einschränkend ist aber festzuhalten, dass dabei auch Storchenpaare mitgezählt wurden, die im Umfeld von Storchengehegen brüten und teilweise zusätzlich gefüttert werden. Diese »halbwilden« Vögel sind also nicht unbedingt der Beleg für ein intaktes Storchen-Biotop.

Lit.: Erhebungen der Staatl. Vogelschutzwarte für Hessen, Rheinland-Pfalz und das Saarland, Frankfurt am Main 1999
»Klappern gehört zum Geschäft«, NABU-Pressedienst Hessen, 5.4.2006

Wels

Im Stillwasser des Inselrheins haben junge Wildenten schlechte Karten. Wenn sie in putziger Reihe hinter ihrer Mutter schwimmen, passiert es nicht selten, dass eines der Kleinen von einer plötzlichen Bugwelle erfasst wird und sich ein riesiges Maul auftut: ein kurzes Gurgeln des Wassers und das Entenküken ist verschluckt.

Doch wer sich jetzt an die Alligator-Hysterie des Sommers 2001 erinnert, liegt völlig falsch. Das entenschluckende Ungetüm ist bodenständig: *Silurus glanis*, der Wels, auch Waller genannt. Berichtet wird von Entenfamilien, deren Kükenzahl so im Laufe einer Saison auf mickrige 2 bis 3 Jungtiere schrumpfte. Verluste zwischen 50 und 70 Prozent.

Welse sind die größten Fische in hessischen Gewässern. Ihr schuppenloser Körper wird bis zu drei Meter lang. Der Rücken der Tiere ist dunkelgrau, die Bauchseite hellgrau bis weiß gefärbt. Die

Flanken sind grau-schwarz marmoriert. Der Kopf des Welses trägt winzige Augen, besitzt jedoch ein mächtiges Maul mit unzähligen spitzen, rachenwärts gekrümmten Bürstenzähnen. Dem Oberkiefer entspringen zwei sehr lange Barteln, vier kürzere befinden sich an der Kopfunterseite.

Der lang gestreckte Raubfisch lebt versteckt am Grund größerer Flüsse und Stillgewässer. Sein Nahrungsspektrum umfasst vor allem Fische, aber auch Frösche und Molche und bei Gelegenheit auch Wasservögel und Kleinsäuger. Etwa Wasserspitzmäuse sowie Wanderratten und Bisame passender Größe.

> *»Der Wels ist bei Angelfischern äußerst beliebt, so dass in vielen Gewässern intensiver Besatz durchgeführt wurde. Der auf diese Weise künstlich erhöhte Raubdruck richtet bei hoher Individuendichte große Schäden, insbesondere an Schleienbeständen, an.«*

Der Wels zeigt ein ausgeprägtes Brutpflegeverhalten: In der Laichzeit im Frühjahr bauen die männlichen Tiere ein einfaches Nest aus Pflanzenteilen oder heben in Ufernähe eine Mulde aus, in die zahlreiche kleine Eier gelegt werden. Das Männchen bewacht das Gelege bis zum Schlupf der Jungen.

Der Wels ist hauptsächlich in den Flusssystemen von Elbe und Donau zuhause. Alte Berichte deuten auf eine frühere Verbreitung im Oberrhein und in der Rheinmündung hin. Durch menschliche Eingriffe ist *Silurus glanis* mittlerweile in fast allen Gewässersystemen heimisch und vermehrt sich dort auch. Gelegentlich nimmt er derart überhand, dass Schonzeiten wieder aufgehoben werden, um so den gefräßigen Grundfisch einzudämmen. Doch er ist weiter auf dem Vormarsch. Dafür sorgen schon die vielen Freizeit-Angler, die einmal im Leben einen Dreimeterwels am Haken haben wollen.

Dabei geht es vermutlich nur ums kapitale Anglerglück, denn als Speisefisch steht der Wels nicht sonderlich hoch im Kurs. Exemplare von mehr als 60 Zentimetern schmecken nämlich meistens tranig. Dieser Wal-Geschmack lässt sich aber angeblich abmildern, wenn man vor der Zubereitung anhaftendes Fett, Haut und Bindegewebe sorgfältig entfernt.

Kleinere Welse (bis Unterarmlänge) sind aber in der Regel weitaus schmackhafter und daher für die Küche vorzuziehen. Hier ein Rezept aus dem mittleren Maintal:

Etwa 1,5 kg küchenfertigen Wels in grobe Würfel schneiden und in eine ausgebutterte Auflaufform legen. Salzen, pfeffern und mit Zitronensaft beträufeln. 750 g Tomaten und 200 g rohen Schinken würfeln und über das Fischfleisch geben. Mit zwei Bechern saure Sahne übergießen, die mit einem Esslöffel Stärke und etwas Salz verrührt wurden, und etwa 20 g geriebenen Käse (Emmentaler oder Gouda) darüberstreuen. Zum Schluss Butterflöckchen auflegen. Im vorgeheizten Ofen bei 200 Grad etwa 30 Minuten backen. Mit Salzkartoffeln und einem frischen Salat servieren.
(Peter Wondrak/Horst Hanse, Meefischli, Würzburg 1987)

Lit.: Fachinformation Steckbrief Wels, Institut für angewandte Ökologie, Neustädter Weg 25, 36320 Kirtorf-Wahlen, www.schwevers.de / schwevers@vobis.net

Werther ➛ Goethe, Johann Wolfgang

Werwolf

Mitte des 19. Jahrhunderts, als es in Hessens Wäldern den letzten echten Wölfen an den Kragen ging, muss der Werwolf noch ziemlich häufig gewesen sein. In den Sagensammlungen dieser Zeit ist er meist mit »h« als »Wehrwolf« verzeichnet. Dort wird auch der eindrucksvolle Nachweis erbracht, dass jene magischen Bestien zum Alltag der Landbevölkerung gehörten. Bestimmten Menschen schrieb man damals die Fähigkeit zu, sich nach Bedarf in ein wolfartiges Wesen verwandeln zu können. Dies gelang auf Grund schwarzmagischer Fähigkeiten und häufig unter Zuhilfenahme eines Zaubergürtels. Eine weitere Methode war, dreimal durch die Haut eines Selbstmörders oder eines Hingerichteten zu kriechen. Manche warfen sich auch einfach nur ein Wolfsfell über und murmelten dazu einschlägige Zauberformeln.

Allerdings gab es probate Mittel, um die Ungeheuer in die Flucht zu schlagen oder gar die im Werwolf steckenden Übeltäter zu entzaubern und damit zu überführen. Bewährt hatte sich der Schuss mit einer silbernen Kugel. Traf man das Untier, so lag es »sofort als nackte, menschliche Gestalt vor den Füßen des Schützen«. Kannte man die wahre Identität eines Werwolfs, so genügte schon das Rufen seines menschlichen Namens, um ihn zu entzaubern. Häufig waren die Wolfswesen aber an einen umgrenzten Ort – etwa eine Wegkreuzung oder Waldlichtung – gebunden. Dann war man bereits in Sicherheit, wenn man jenes »Revier« verließ. Neben dem Silber kommt auch gewöhnlichem Eisen eine Schutzfunktion zu. So warf einmal eine Bäuerin im Vogelsberg dem anspringenden Tier ihre Sichel entgegen. Kaum hatte das Werkzeug den Wolf überflogen, da verwandelte der sich auch schon in einen irritierten Mann aus dem Nachbarort.

Die Unterscheidung von gewöhnlichen Wölfen und Werwölfen ist nicht einfach. Laut Theodor Bindewald, einem Pfarrer aus Groß-Eichen, sind die Zaubermonster »dicker und klumpiger« als die wirklichen Tiere. Eine äußerst vage Differenz, die selbst Wildbiologen ratlos lassen dürfte. Sehr unterschiedlich wird die Gefährlichkeit beschrieben. Im Vogelsbergdorf Sichenhausen war ein Werwolf des Brotdiebstahls verdächtig, im Lautertal wurden Schafe gerissen, und in Klein-Eichen fiel ein Werwolf sogar einen Bauern an, wurde aber von dessen Hund in die Flucht geschlagen. Andernorts hatten Werwölfe nur die dumme Angewohnheit, »den nächtlich Heimkehrenden doch manchen Schabernack zu spielen«. Bemerkenswert ist eine sexuelle Komponente im Wesen der Untiere. Immer wieder geht es um notzuchtverdächtige Angriffe auf die eigene Ehefrau (Hopfmannsfeld) oder die Verlobte (Hoher Vogelsberg). Die Notzucht wird meist abgewehrt, der Missetäter aber nach seiner Rückverwandlung als Werwolf überführt: Die Opfer erkannten zwischen den Zähnen der Herrn die Fäden ihrer zerrissenen Unterwäsche. Ein Aspekt, der offenbar aus der vermeintlichen Triebhaftigkeit natürlicher Wölfe abgeleitet wurde. Hier schloss die ländliche Bevölkerung vermutlich von ihren läufigen Hunden auf deren wilde Vorfahren. Werwölfe hatten ihre hessenweit stärksten Bestände eindeutig im Vogelsberg, aber auch aus Waldhessen, dem Meißner-Gebiet und der Söhre kommen entsprechende Belege. Unklar ist, wie das Phänomen schließlich zum Erliegen kam. Schon Ende des 19. Jahrhunderts gab es keinerlei Vorkommnisse mehr. Und dabei ist es bis heute geblieben. Oder schweigen da nur Hessens Wälder?

Lit.: Theodor Bindewald, Oberhessisches Sagenbuch, Frankfurt am Main 1873, S. 117
Ulrich Benzel, Märchen, Sagen und Schwänke aus Lauterbach und dem Vogelsbergkreis, Kallmünz 1991, S. 93
Gerd Bauer, Das unsichtbare Land, Hessische Sagen – neu erzählt, Frankfurt am Main 2004

Wetterauer Tintenfass

Burg Münzenberg (Stich von 1849).

Der kleine Afrikaner war von dunkler Hautfarbe, und weil die bösen Buben ihn deshalb neckten, bestrafte sie der riesige Niklas. Er steckte sie alle drei in sein ebenso riesiges Tintenfass. So jedenfalls steht es in Heinrich Hoffmanns ➛ »Struwwelpeter« von 1844. Und wer auf der A5 durch die Wetterau fährt, dem leuchtet unmittelbar ein, dass einer der Türme der Burg Münzenberg den Frankfurter Kinderbuchautor inspiriert haben könnte. »Wetterauer Tintenfass« nennt der Volksmund mittlerweile die gesamte Burganlage auf der markanten Basaltkuppe.

Kuno von Hagen und Arnsburg baute sie im 12. Jahrhundert im Auftrag seines Dienstherrn, Kaiser Friedrich I., besser bekannt als »Barbarossa«. Doch die Reichsministerialen von Münzenberg hatten wenig Glück mit ihrem geräumigen Amtssitz. Bereits im 13. Jahrhundert wurde die Anlage weitgehend zerstört und verlor ihre militärische Funktion. Heute ist sie im Besitz des Landes Hessen, und die

Bauhistoriker schwärmen von ihrem romanischen Palas, einem staufischen Wohnturm. Für sie rangiert die verfallene Burgruine auf Augenhöhe mit der gleichfalls staufischen Wartburg, die allerdings um 1900 in romantischer Rückbesinnung wieder aufgebaut wurde. Die Originaltreue des Thüringer Wahrzeichens gilt in Fachkreisen als zweifelhaft. Die Ruine in Münzenberg dagegen wurde über die Jahrhunderte nur wenig verändert.

In den achtziger Jahren sicherte man die Bausubstanz des östlichen Burgteils. Für die Sanierung des Westteils ging nach der deutschen Vereinigung das Geld aus.

Alle paar Jahre kommt Leben in die unbewohnte Burg. Dann wird sie zur Bühnenkulisse des Münzenberger Kultursommers, dessen historische Theaterstücke mittlerweile einen guten Namen haben. Auftakt war 1989 die Inszenierung von ➛ Büchners »Danton«. Man hatte das Revolutionsdrama des hessischen Freigeistes anlässlich der 200-Jahr-Feier des Pariser Bastille-Sturms ausgewählt. Auf der Freilichtbühne im Burghof agierten über 100 einheimische Laiendarsteller. Den Danton spielte damals Eberhard Feigk, bundesweit bekannter »Tatort«-Ermittler. Im Sommer 2000 füllte ein lokales Historienstück die Zuschauerbänke im »Wetterauer Tintenfass«. Es spielte diesmal im Dreißigjährigen Krieg. Bühnenautor war der Pfarrer von Münzenberg.

Lit.: Rudolf Knappe, Mittelalterliche Burgen in Hessen, Gudensberg-Gleichen 1994

Wilde Frauen

Weibliche Wesen, die in der Abgeschiedenheit hessischer Wälder ihr heimliches Leben führen. Mancherorts schreibt man ihnen magische Kräfte zu und rückt sie in die Nähe von ➛ Feen. Überwiegend aber gelten sie als leibhaftige Menschen. Sie sind jedoch etwas größer und muskulöser als landläufige Hessinnen und am ganzen Körper behaart. Meist leben sie allein in einer Höhle. Nur ganz wenige haben sich mit einem Partner zusammengetan (➛ Wilde Männer). So etwa am Wildfrauberg nahe Grünberg-Weickartshain. Einschlägige Berichte schildern die jeweiligen Männer als schläfrige Trottel, deren Apathie die Gattinnen zur Weißglut treibt. So geschehen in der einstigen Wohnhöhle bei Weickartshain, wo der Gatte bei der kochenden Milch einnickte und dabei den hölzernen Topf verbrennen ließ. Die wilde Gattin warf dem Dösel einen riesigen Stein nach, der aber leider die eigene Höhle zum Einsturz brachte und nur einen Haufen verstürzte Felsen zurückließ. Der Flüchtende wurde offenbar nicht getroffen. Das Wurfgeschoss ist noch zu besichtigen. Man nennt es den »Wildfraustein«. Bei den Wohnstätten der Wilden Weiber handelt es sich überwiegend um markante Felsformationen, die als Reste von Behausungen oder gar eines Schlosses gedeutet werden. So etwa beim »Wilden Weib von Birstein« im Vogelsberg, das als frühere Herrin des Landes gilt. Eine Steinsetzung bei Dauernheim/Wetterau heißt »Der Wilden Frau Gestühl«. Sie besteht aus einem Steinkreis und einer Art »Steinsofa« mit drei eingetieften Sitzmulden. Die dortige Wilde Frau hat unübersehbar Aspekte einer Fruchtbarkeits- und Liebesgöttin, vielleicht auch nur Beziehungen zum Klapperstorch. Eine Liebesnacht auf dem Wildfrauensofa, so weiß man in Dauernheim, kann bislang versagte Kinderwünsche wahr werden lassen. Die wilden Damen finden sich fast überall in Hessen, zeigen aber eine auffällige Verdichtung im Vogelsberg (u. a. Grünberg-Lumda, Ulrichstein-Wohnfeld, Schotten-Betzenrod, Schotten-Eschenrod, Schotten-Sichenhausen). Gesicherte Vorkommen kennt man auch bei Haiger-Langenaubach (Lahn-Dill-Kreis) und nahe Fränkisch-Crumbach im Odenwald. Eine phantasielose Interpretation vermutet hinter der Existenz Wilder Weiber ein schlichtes Missverständnis. Vorgeschichtliche Grabfunde mit Skeletten, Waffen und Schmuck seien in alter Zeit als Beweise für zeitgenössische Wilde verstanden worden und nicht als Relikte prähistorischer Vorfahren. Auch die auffällige Überzahl der Damen wäre so erklärlich: Die Ohrringe, Spangen und bunten Glasperlen konnten nach Meinung der Finder auf keinen Fall zu Männern gehören. So etwas galt als typisch weiblich.

Lit.: Die Wilde Frau in Oberhessen, in: 550 Jahre Weickartshain, Programmheft zum Jahr der »Wilden Frau«, hrsg. v. Kulturring Weickartshain, 1993

Keule und Eichenlaub: ein »Wilder Mann« am Büdinger Schloss.

Wilde Männer

Es handelt sich hier um eine Sorte Männer, die in fast allen Regionen Hessens in unterschiedlichster Gestalt anzutreffen ist. Als Gatten ebenso wilder Damen treten sie vornehmlich in der Rolle trotteliger Schlafmützen in Erscheinung – eine sagenhaft unrühmliche Variante. Näheres unter dem Stichwort ➛ Wilde Frauen. Am häufigsten aber sieht man die männlichen Wilden im Gefüge alter Fachwerkhäuser. Dort zieren sie zumeist einen zentralen Balken im Giebelfeld oder einen breiten Eckbalken. In der Regel sind sie ohne Körper dargestellt. Nur ihre Gesichter wurden maskenhaft ins Holz geschnitzt und sollen gemäß volkskundlicher Deutung Unheil vom Haus abwenden. Genauer gesagt ging es im Ursprung um die Abwehr von Dämonen. Dem liegt die magisch-homöopathische Vorstellung zugrunde, dass Ähnliches durch Ähnliches vertrieben werden kann. Jene Konterfeis strecken nicht selten dem Betrachter ihre Zunge entgegen und werden wissenschaftlich exakt als »Neidköpfe« bezeichnet. Der Volksmund aber spricht unbeirrt von Wilden Männern. Die ältesten Exemplare wurden im Odenwald ausgemacht und stammen aus dem 16. Jahrhundert. Eine besonders skurrile Variante findet sich an einem Haus in Laubach. Der dortige Wilde Mann hat Körper und Gliedmaßen und wurde aus einem Eichenbalken geschnitzt. Er ist überwiegend nackt und trägt lediglich einen kurzen Rock aus Blumen und Getreideähren. Sein Gesicht ziert ein zweizipfeliger Backenbart, und sein schulterlanges Haar wird von einer Blattkrone verschönt. Die Arme liegen über den Bauch verschränkt, und darüber erkennt man ganz zweifelsfrei zwei weibliche Brüste. Der hölzerne Hermaphrodit findet auf einem Nachbarbalken seine eindeutig weibliche Entsprechung: eine ähnlich gekleidete wilde Frau, die nur in der Armhaltung variiert. Andernorts wurden die wilden Männer auch aus heimischem Stein gehauen. So etwa in Büdingen, wo sie im Zweierpack den Eingang zum inneren Hof des Wasserschlosses bewachen. »Pünktlich zur Mitternacht werden sie quicklebendig und tauschen exakt auf den zwölften Schlag ihre Plätze. Und wer sie dabei sieht, wird augenblicklich auch zum ›wilden Kerl‹ und muss einen der beiden ablösen. Deshalb gibt es auch keine Augenzeugen für dieses nächtliche Geschehen«. Eine stattliche Anzahl hessischer Schankstuben hat aus solchen Gestalten ihren Wirtshausnamen abgeleitet und nennt sich »Zum wilden Mann«.

Lit.: Zur Geschichte und Kultur des Odenwaldes, hrsg. im Auftrag des Breuberg-Bundes von Winfried Wackerfuß u. a., Breuberg-Neustadt 1982, S. 199 ff.
Gerd Bauer, Geheimnisvolles Hessen, Frankfurt am Main 2005

Wilder Jäger

Der wilde Jäger ist eine Geistererscheinung, die in fast allen Regionen Hessens beobachtet wird. Die Rede ist dann meist von einer lautstarken Jagdgesellschaft, die zu Pferde und von bellenden Hunden begleitet durch die Nacht zieht. Hörnerklang erfüllt die Luft und auch die Kommandos für Reiter und Meute sind zu hören. Angeführt wird die Erscheinung von eben jenem wilden Jäger, der im Taunus auch Nachtjäger genannt wird. In einer Sage aus dem Knüllgebirge ist sogar vom »tauben Jäger« die Rede, dessen Jagdhund bei einem Müller Unterschlupf sucht. In allen Fällen dürfte es sich um dieselbe mythologische Gestalt handeln, deren Ursprung in der Nimrod-Sage beschrieben wird. Der zufolge war der alte König Nimrod ein Jäger von großer Passion, der sein ganzes Leben mit der Jagd zugebracht hatte. In seiner Todesstunde hatte er dann die Wahl: friedliches Entschlafen oder ewige Jagd. Ohne zu zögern entschied er sich für Letzteres und geistert seither als »wilder Jäger« durch das Land. Ein Geisterphänomen, das in den meisten Regionen nur zu hören ist. Im Habichtswald und im Vogelsberg ist der Jägertrupp jedoch auch deutlich sichtbar. Alte Geschichten von einem »wilden Heer« beschreiben mit großer Wahrscheinlichkeit die gleiche Erscheinung, und auch der ➛ Rodensteiner des Odenwalds dürfte zur Verwandtschaft gehören.

Heimatforscher deuten auch die gespenstischen Begräbnisse und Geisterzüge im Lautertal (Vogelsberg), bei Frankenberg und bei Eschenstruth (Söhre) als Phänomene ähnlicher Art. Allen gemeinsam ist das Einhalten der immer gleichen Route, die den Bewohnern der umliegenden Dörfer seit alters her bekannt ist.

Lit.: Gerd Bauer, Das unsichtbare Land. Hessische Sagen – neu erzählt, Frankfurt am Main 2004

Bitte Ruhe: das Denkmal des »Schweigers« vor der Marktkirche in Wiesbaden.

Wilhelm von Oranien und die Befreiung der Niederlande

Für die Niederländer ist Dillenburg ein richtiger Wallfahrtsort. Denn dort wurde der Mann am 24. April 1533 geboren, den sie als ihren Befreier feiern: Wilhelm von Oranien. Der Sohn des Grafen von Nassau-Dillenburg erbte bereits als Elfjähriger die Grafschaft Nassau-Breda, zu der auch das Fürstentum Orange (Oranien) in der Provence gehörte. Wilhelm zog nach Breda und lernte dort den Glanz fürstlichen Lebens kennen, denn nun gehörte er zu den reichsten und wichtigsten Adligen der damals von Spanien besetzten Niederlande. Seine Art, nur dann etwas zu sagen, wenn es dringend nötig war, brachte ihm den Beinamen »der Schweiger« ein. Mit den (katholischen) Habsburgern aus der spanischen Linie kam Wilhelm gut aus, bis sie beschlossen, den einheimischen Adel aus den politischen Schlüsselstellungen zu entfernen und durch spanische Edelleute zu ersetzen. Als Wilhelm schließlich noch die protestantische Tochter des Kurfürsten von Sachsen in zweiter Ehe heiratete und Religionsfreiheit forderte, war der Bruch perfekt.

Wilhelm floh 1567 nach Dillenburg, wo ihm am 14. April 1568, unter der Wilhelmslinde, eine niederländische Gesandtschaft den Oberbefehl im Kampf gegen Spanien antrug. Wilhelm fand Rückendeckung bei seiner Familie, die in dem Freiheitskampf fast ihr ganzes Vermögen einbüßte. Drei Brüder von Wilhelm verloren dabei ihr Leben. Militärisch war der später zum Calvinismus übergetretene Wilhelm dem spanischen Herzog von Alba zwar unterlegen, es gelang ihm aber, die Niederlande über die Religionsgrenzen hinweg zu einen. 1579 schlossen sich die Nordprovinzen zur so genannten »Utrechter Union« zusammen und lösten sich zwei Jahre später von Spanien. Aber Wilhelms ungestümes und teilweise selbstherrliches Auftreten verhinderte weitere Erfolge. Als er am 10. Juli 1584 in Delft einem Mordanschlag zum Opfer fiel, schien der Aufstand schon fast gescheitert. Erst seinen Nachkommen und seiner Familie in Dillenburg gelang es, die niederländische Republik zu gründen. Als Initiator und erster Heerführer des Freiheitskampfes wird er von den Niederländern heute noch verehrt. Und in der Nationalhymne ist ihm als »Wilhelmus von Nassaue« ein bleibendes Denkmal gesetzt worden. Seine Statue steht in Wiesbaden, Nassaus alter Residenz. Die Flaniermeile der hessischen Landeshauptstadt heißt ihm zu Ehren Wilhelmstraße. Gleichnamige deutsche Kaiser haben damit nichts zu tun.

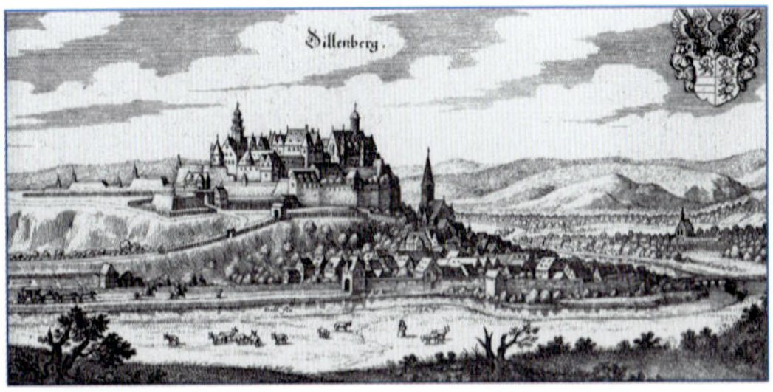

Dillenburg, Stich von Matthäus Merian (1655).

Lit.: Wilhelm I. von Nassau-Oranien (1533–1584), (Ausstellungskatalog) Wiesbaden 1984

Klaus Eiler, Wilhelm von Oranien, in: Hans Sarkowicz/Ulrich Sonnenschein (Hrsg.), Die großen Hessen. Frankfurt am Main und Leipzig 1996

Wilhelmsbader Fest

Im Juli 1830 hatten die Franzosen ihren König zur Abdankung gezwungen und eine Verfassungsreform durchgesetzt. Auch in Deutschland kam es zu Unruhen, durch die sich der Kasseler Kurfürst Wilhelm II. schließlich gezwungen sah, die liberale ➛ Kurhessische Verfassung in Kraft zu setzen. Aber der erhoffte Frieden kehrte damit nicht ein. Denn Missstände gab es noch genug. Ein besonderes Ärgernis war die Gräfin Reichenbach, die eigentlich Emilie Ortlöpp hieß und aus einer Goldarbeiterfamilie stammte. Wilhelm, der mit der Tochter des preußischen Königs verheiratet war, hatte sie in Berlin kennen gelernt. Dorthin war er vor Napoleons Truppen geflüchtet. Er machte sie zu seiner Mätresse und verlieh ihr den Adelstitel. Das brachte, nach der Rückkehr des Kurfürsten, die Kasseler Bürgerseelen in Wallung. Denn die Gräfin regierte kräftig mit und soll, so die zahllosen Gerüchte, ordentlich Geld verprasst haben. Schließlich wurde der Druck so groß, dass sie Kassel verließ und nach Hanau ging. Wilhelm folgte ihr und übertrug im September 1831 die Regierungsgeschäfte auf seinen Sohn Friedrich Wilhelm. Die Gräfin saß nun in Schloss Philippsruhe und erregte alleine durch ihre Anwesenheit die Gemüter in Hanau. Und sie wurde zum Ziel von Spott und Hohn. Zum Beispiel beim »Wilhelmsbader Fest«, das nicht einmal vier Wochen nach dem berühmten »Hambacher Fest« stattfand, auf dem von 30 000 Menschen die bürgerlichen Freiheiten und ein vereintes Deutschland gefordert worden waren. Im Park von Wilhelmsbad kamen am 22. Juni 1832 zwar nur 8000 Menschen zusammen, aber auch das war eine imponierende Kulisse. Immerhin regnete es in Strömen. Die Bürger, die das Fest organisiert hatten und die stattliche Summe von einem Kronentaler für das »Mittagsmahl« bezahlen konnten, kamen im Kurhaus zusammen, was für einigen Unmut bei den Wartenden sorgte. Aber die Tarnung als festliches Essen war nötig, weil die Versammlung sonst von Polizisten und Soldaten sofort aufgelöst worden wäre. Aber bald schon kam revolutionäre Stimmung auf, als der Burschenschaftler Heinrich Brüggemann vom Balkon des Kurhauses eine feurige Rede gegen Adelsherrschaft und gegen die Macht der Mätressen hielt, womit er natürlich die Gräfin Reichenbach meinte. Der Frankfurter Schriftsteller Wilhelm Sauerwein, der schon am Hambacher Fest teilgenommen hatte, verkaufte sein satirisches »ABC-Buch der Freiheit«, das der Hanauer Verleger Friedrich König in einer Auflage von 300 Exemplaren gedruckt hatte. Darin heißt es über den »Landesvater«:

Ansicht von Wilhelmsbad (um 1850).

> *»Kein Vater in der Welt hat so viele Kinder, als der Landesvater, und diese Kinder sind ihm alle mit blindem Gehorsam ergeben … Es ist sehr ungezogen von Kindern, wenn sie Geld für sich behalten und es nicht lieber dem Vater bringen. Denn Kinder wissen nicht mit Geld umzugehen; aber der Landesvater weiß, wie man es durchbringt … Es ist sehr unschicklich, wenn Landeskinder sich um die Staathaushaltung bekümmern oder gar Teil daran nehmen wollen. Kinder sind unverständig und müssen sich leiten und führen lassen, und es wäre ganz die verkehrte Welt, wenn der Vater das Kind erst um seine Beistimmung fragen wollte, wenn er etwas durchzuführen im Sinne hätte. Kindern darf man keine Freiheiten lassen, also auch keinen Landeskindern … Darum seid ruhig ihr Landeskinder, bis ihr einmal groß werdet: und wenn ihr recht geschickt seid, dann kriegt ihr auch einen ganzen Sack voll – Versprechungen.«*

Sauerwein nahm alle aufs Korn, die seiner Meinung nach eine demokratische Entwicklung in Deutschland behinderten. Seine Agitation wurde verstanden. Auch von den zahlreich erschienenen Spitzeln, die genauen Bericht erstatteten. Das Buch wurde eingezogen. Nur ein paar wenige Exemplare haben sich bis heute erhalten. Sauerwein musste ins Schweizer Exil gehen, aus dem er erst 1840 wieder zurückkehrte. Noch härter traf es Heinrich Brüggemann. Als Aufrührer zum Tod verurteilt und dann zu lebenslänglicher Haft begnadigt, kam auch er erst 1840 wieder frei. Neben dem »Hambacher Fest« ist das »Wilhelmsbader Fest« fast in Vergessenheit geraten. Aber so wie der ➛ »Hessische Landbote« (➛ Büchner) oder der ➛ Frankfurter Wachensturm gehört es zu den Marksteinen der demokratischen Tradition in Deutschland.

Lit.: Gerd Bauer/Heiner Boehncke/Hans Sarkowicz, Die Geschichte Hessens, Frankfurt am Main 2-2002

Wilhelmshöhe

»Das Riesenschloss und die Kaskaden« (Stich von 1842).

Der größte Bergpark Europas entstand seit 1606 am Osthang des Habichtswaldes. Zunächst errichtete Landgraf Moritz dort, wo früher ein Augustinerkloster stand, ein Jagdschloss. Unter Landgraf Karl begann dann der zügige Ausbau. Aus Italien wurde der Architekt Giovanni Francesco Guerniero geholt, dem vor allem das Riesenschloss, das Oktogon mit dem Herkules und den Kaskaden zu verdanken sind. Später, unter Wilhelm IX., kamen noch die Löwenburg, die Teufelsbrücke und der Steinhöfer-Wasserfall dazu – und natürlich der Neubau des Schlosses. Der Park war ursprünglich ein barockes Kunstwerk mit vielen kleinen architektonischen Elementen, das allerdings schon bald im englischen Stil zu einem Landschaftsgarten umgestaltet wurde. Für die Besucher immer wieder beeindruckend sind die Wasserspiele auf einer Länge von 250 Metern. Vom Oktogon stürzt das Wasser über 885 Stufen in das Neptunbecken, allerdings nur mittwochs, sonn- und feiertags, und auch da nur zwischen 14.30 und 15.30 Uhr. Die Kosten wären sonst zu hoch. Denn im Schloss residieren keine Kurfürsten mehr, sondern die Staatlichen Museen von Kassel. Und bekanntlich sind die öffentlichen Hände leer, selbst wenn es um so elementare Dinge wie Wasser geht. Nur die 52 Meter hohe Fontäne vor dem Schloss darf weiterhin Wasser in die Wolken sprühen, denn ihr Strahl wird durch natürlichen Druck erzeugt. Schon die Zeitgenossen der Kasseler Landgrafen und späteren Kurfürsten hat die Schloss- und Parkanlage tief bewegt. Noch 1871 schrieb Theodor Fontane mit großer Bewunderung: »War je ein Ruhm verdient, so ist es dieser; es ist alles ersten Ranges. Man versteht hier völlig den scherzhaften Ausspruch eines hohen Herrn, der, auf Balkon oder Terrasse stehend, in gewohnter guter Laune seinem kurfürstlichen Vetter proponierte: ›Gib mir Wilhelmshöhe, und ich baue dir ein Serail am Goldenen Horn.‹ Er lehnte ab.«

Woihinkelsche (Weinhühnchen)

Die in den Küchen rechts und links des Rheins bekannte Version des französischen »coq au vin«. Da unsere Rezeptur aus Assmannshausen stammt, wird das schlachtfrische Hähnchen erwartungsgemäß mit ➛ Spätburgunder veredelt. Andernorts schwört man auf trockenen Weißwein. Besagtes Hühnertier wird ausgelöst, die Einzelteile mit Salz und Pfeffer eingerieben und erst mal in Butter angebraten. Dörrfleischwürfel, Knoblauchzehen, Perlzwiebeln und Champignons kommen hinzu. Alles zusammen mittels Weinbrand flambieren. Danach noch gewürfelte Tomaten beigeben und mit Wein und Geflügelfond auffüllen. Nach zehnminütigem Köcheln bindet man die Flüssigkeit mit gemehlter Butter. Nach weiteren 10 Minuten hat das Woihinkelsche sein Endstadium erreicht. Frischer Majoran und Schnittlauch sorgen nun für den letzten Pfiff.

Lit.: Michaele Scherenberg/Karl-Heinz Stier, Hessen à la carte 1, Frankfurt am Main 1990, S. 48

Wunder von Borken

Am 1. Juni 1988 erschüttert eine gewaltige Kohlenstaubexplosion die Grube Stolzenbach im nordhessischen Borken. 51 deutsche und türkische Bergleute kommen dabei ums Leben. Unter ihnen ist auch ein achtzehnjähriger Abiturient, der an diesem Tag seinen Ferienjob angetreten hatte. Ein Unglück, dass bis dahin beim Braunkohleabbau für undenkbar galt. Staubexplosionen kannte man nur aus Steinkohlezechen.

Mehr als 450 Helfer nehmen die Suche nach Überlebenden auf. Zwei Tage später ist aller Optimismus geschwunden. »Nach menschlichem Ermessen kann es keine Überlebenden mehr geben«, sagt der Leiter des Kasseler Bergamts den zahlreichen Reportern. Auch Hessens Innenminister Gottfried Milde »glaubt nicht mehr an ein Wunder«. Doch das Wunder von Borken geschieht:

Schon in der folgenden Nacht glauben Helfer schwache Klopfsignale zu hören. Man bringt eine Bohrung nieder. Doch dann bleibt alles still.

Schließlich lässt ein Kamerateam des ➛ Hessischen Rundfunks ein hochempfindliches Richtmikrofon in den Bohrschacht hinunter.

Und plötzlich hört man über Tage Gesprächsfetzen von Eingeschlossenen: »Die haben ein Loch gebohrt«, sagt da einer von den sechs Bergleuten, die sich in eine Luftblase retten konnten und nun schon 65 Stunden im Dunkeln ausharren. Ein Trupp der Grubenwehr dringt rasch zu ihnen vor. Die Bergung gelingt.

Schon bald kursieren Gerüchte über Sicherheitsmängel in den Stollen. Doch sechzehn Monate später stellt die Staatsanwaltschaft ihre Ermittlungen ein. Die Vorkehrungen von Preußen Elektra seien ausreichend, das Unglück nicht vorhersehbar gewesen. Deshalb sei dem Unternehmen nichts vorzuwerfen. Doch der Konzern zieht Konsequenzen: Der Braunkohleabbau in Borken wird eingestellt, die Förderanlagen nach und nach abgerissen.

Mit dem Wegfall von 2000 Arbeitsplätzen sah sich die Stadt auf dem Weg in den wirtschaftlichen Abgrund. In der Stadtkasse fehlten nun jährlich knapp 17 Millionen Mark Gewerbesteuer. Man entwickelte ein Gegenkonzept. Der Borken-Plan setzte auf neue Wirtschaftsansiedlungen an Stelle der alten, einseitig auf Bergbau ausgerichteten Gewerbestruktur. Trotz großer Schwierigkeiten durch die deutsche Vereinigung, die Investitionen vor allem nach Osten lenkte, hat das Programm später gegriffen. Zehn Jahre nach dem Grubenunglück vermeldet die 15 000-Einwohner-Stadt nicht ohne Stolz die Schaffung von 1400 neuen Arbeitsplätzen. Doch den Borken-Plan gab es nicht umsonst. Seit 1992 war er mit fast 80 Millionen Mark aus Landesmitteln gefördert worden.

Dort wo einst die Schachtanlage stand, erinnert heute eine Gedenkstätte an die schwerste Katastrophe im deutschen Braunkohlebergbau.

In einem kleinen Buchenhain wurde ein Bronzering in den Boden eingelassen, in den die Namen von 111 Grubenopfern eingraviert sind. Hier gedenkt man nicht nur der 51 Toten von 1988, sondern auch all jener Bergleute, die in früheren Jahren in Borken unter Tage blieben.

Drei der alten Tagebau-Gruben sind mittlerweile vollgelaufen und zur Seenlandschaft geworden: Naturschutzgewässer, Badesee und Surfer-Paradies. Nebeneinander, aber sauber getrennt. Die Geschichte der einstigen Braunkohle-Stadt ist jedoch auch weiterhin zu besichtigen: Im ältesten Gebäude von Borken, dem Domizil des Bergbaumuseums.

Lit.: Gundula Zeitz, Erinnern tut weh, aber der Schmerz ist auszuhalten. Das Grubenunglück von Borken, in: Frankfurter Rundschau vom 29.5.1998
Ralf Euler, Die Katastrophe und das Wunder von Stolzenbach. Zehn Jahre nach dem größten Unglück im Braunkohleabbau, in: Frankfurter Allgemeine Zeitung vom 2.6.1998

X

X (Sprich: Iggss)

Typisch hessische Bezeichnung für eine unbestimmte, aber große Menge von allem Möglichen. Wer's nicht genau weiß, der kann das mit »x« andeuten. Er macht damit auch klar, dass eine genaue Bestimmung gar nicht möglich ist. Wer zum Beispiel x Frauen hatte, der muss ein wahrer Casanova gewesen sein. Und wenn einer bei seiner Arbeit x Fehler macht, dann ist es höchste Zeit für die Entlassung. Das hessische Rekordmaß gibt es auch in Zusammensetzungen. Am beliebtesten ist die Verwendung in »x-mal«, was nicht x-beliebig bedeutet, sondern vielleicht die Zahl der Versuche umschreibt, einen anderen Menschen telefonisch zu erreichen. Eine gewisse Vorsicht bei der Anwendung der Bezeichnung ist allerdings geboten. Denn nicht jede gängige Kombination mit x lässt sich auch im hessischen Sinn verwenden. Sonst müsste es sich bei einem x-beinigen Menschen ja um einen Tausendfüßler handeln.

Y

Yorktown

Der Ort im Staat Virginia in den USA hat, je nach Blinkwinkel, eine traurige oder eine glückliche Berühmtheit erlangt. Denn am 18. Oktober 1781 kapitulierte dort die britische Hauptarmee gegen die französisch-amerikanischen Truppen unter George Washington. Damit war der amerikanische Unabhängigkeitskrieg entschieden. Denn schon wenig später beschloss das Parlament in London, den Krieg nicht weiter fortzuführen. Was die Belagerung und anschließende Kapitulation von Yorktown auch zu einem hessischen Kuriosum macht, ist die Zusammensetzung der Heere. Durch den ➤ Soldatenverkauf der Kasseler Landgrafen kämpften nämlich auch hessische Soldaten im englischen Heer. Bei Yorktown standen sie Deutschen sowohl im amerikanischen als auch im französischen Heer gegenüber. Dass die Hessen als Verteidiger der Festung nicht mehr zum Kampfeinsatz kamen, rettete ihnen das Leben und sicherte den USA die Unabhängigkeit. Nur wenige wollten allerdings auf dem neuen Kontinent bleiben. Das hängt wohl auch damit zusammen, dass die Hessen zu den Verlierern gehörten. Es sollte allerdings nicht lange dauern, bis viele Hessen gerade ihr Glück in der Neuen Welt suchten, weil sie dort Freiheit und Wohlstand vermuteten, was sie in ihren hessischen Fürstentümern nicht finden konnten.

Z

Zander

Der Zander, auch Hechtbarsch oder Schill genannt, gehörte ursprünglich zur Fischfauna Osteuropas, wurde aber mittlerweile durch Zucht und Besatzaktionen auch in Mittel- und Westeuropa eingebürgert. Der gastronomische Edelfisch bevorzugt wärmere, sommertrübe Flussläufe, Seen und Stauseen.

In Hessen ist er in allen größeren Flüssen und zahlreichen stehenden Gewässern anzutreffen. Vor gut 200 Jahren beschränkte sich sein Vorkommen in Deutschland noch auf die Flusssysteme von Weser und Donau. Doch bereits in der zweiten Hälfte des 19. Jahrhunderts siedelte man ihn auch im Rhein und seinen Nebenflüssen an. Da der Zander als Speisefisch sehr beliebt ist, wurde und wird er oft in derart großen Mengen ausgesetzt, dass die Biologen drastische Einbrüche bei den angestammten Friedfischen verzeichnen. Lokale Ökosysteme geraten dann in Schieflage. Die Wissenschaft hält den (künstlichen) Zander-Besatz in Hessen ohnehin für ökologisch bedenklich, da sich die Hinweise mehren, dass die einheimischen Hechtbestände aufgrund der Nahrungskonkurrenz auf dem Rückzug sind.

Der grünblaue Fremdling lebt als Einzelgänger. Er meidet die dichten Pflanzenbestände der Uferregion und jagt lieber im Freiwasser. Figürlich eher schlank und hechtähnlich, gehört er dennoch zur Familie der (eher gedrungenen) Barsche, die sich vorwiegend von Kleinfischen ernähren. In der Laichzeit im Frühjahr heften die weiblichen Fische, fachlich Rogner genannt, ihre Eier an Wurzeln und versunkenem Geäst. Bis zum Schlupf werden sie dann von den Männchen bewacht. Hechtbarsche haben nadelspitze Zähne und werden bis zu 130 cm lang.

Das Zanderrezept aus Kirtorf-Wahlen wurde von dort ansässigen Fischbiologen entwickelt und in Selbstversuchen wissenschaftlich erprobt:

»Einen fangfrischen Zander aus heimischen Gewässern filetieren und mit folgender Farce füllen: 1 Rettich (auch Radi genannt) sowie eine große Möhre (auch Karotte genannt) fein raspeln und

zusammen in Butter glasig dünsten. Mit Salz, Pfeffer und einer Prise Muskat abschmecken. Dann den so gefüllten Fisch in einer ausgebutterten Form bei 200 Grad etwa 20 Minuten garen.
Sauce: 1/8 Liter Weißwein und 1/8 Liter Fischsud reduzieren. Crème fraîche hinzugeben und zwei Esslöffel kalte Butter unterrühren. Mit Salz und Pfeffer abschmecken und mit Safran oder Kräutern verfeinern. Vor dem Servieren geschlagene Sahne unterziehen. Dazu passen Salzkartoffeln und ein trockener Riesling.

Lit.: Fachinformation Steckbrief Zander und das Rezept: Institut für angewandte Ökologie, Neustädter Weg 25, 36320 Kirtorf-Wahlen, www.schwevers.de / schwevers@vobis.net
Fritz Terofal, Süßwasserfische, München/Amsterdam o. J.

Zementwerke Dyckerhoff

»Die Qualität unserer Waren ist vorzüglich«, schrieb Gustav Dyckerhoff 1864 an seinen Vater Wilhelm, »und wir werden besonders darauf achten, dass sie unabänderlich die gleich gute bleibt«.

Die Sentenz aus dem Gründungsjahr der »Portland-Cement-Fabrik Dyckerhoff und Söhne« ziert heute als »Firmenphilosophie« den Internet-Auftritt des Konzerns.

Die Dyckerhoff AG mit ihrem Stammwerk in Wiesbaden gehört nach wie vor zu den Riesen in der Zementbranche, ist aber längst nicht mehr in hessischer Hand: Größter Anteilseigner ist die italienische Buzzi Unicem SpA. Dyckerhoff hat heute 8 Standorte in Deutschland und 15 in Luxemburg, Osteuropa und den USA.

Eine unternehmerische Sternstunde war für Firmenchef Wilhelm Gustav Dyckerhoff und seine Söhne Rudolf und Gustav der Bau der Freiheitsstatue in New York. Ihr Fundament galt 1886 als der größte Betonkörper der Welt, und die Zementbrenner in Amöneburg bei Wiesbaden lieferten dafür 8000 Holzfässer ihres Qualitätsprodukts. 1931 entwickelte die Firma den »weißen Zement«, und 1949 waren die Amöneburger die Ersten, die ihr Pulver in Silowagen an die Baustellen brachten und dort in Standsilos umfüllten. Ende der fünfziger Jahre begann das lukrative Transport-Beton-Geschäft. Man investierte in Zementwerke in Luxemburg und Spanien. 1988 kamen Firmenstandorte in den USA dazu. Nach der Ostöffnung wurden auch in Thüringen, Tschechien, Polen und der Ukraine Zementfabriken übernommen. In Wiesbaden kennt man den Zementriesen auch als Förderer von Kunst und Kultur und als Sponsor des jährlichen Pfingstreitturniers im Schlosspark Biebrich.

Lit.: www.dyckerhoff.de

ZIPPAMMER

Rheingauer Rarität: die Zippammer.

Mindestens einmal im Jahr fahren engagierte Hobby-Ornithologen nach Rüdesheim, erklimmen dort schweigend die Weinberge, zücken die Ferngläser und hoffen.

Doch Hessens seltenste Vogelart, die Zippammer, verhält sich ziemlich unauffällig. Häufig gehen die Exkursionen ins Leere und man muss sich mit Landschaft und Riesling trösten.

Der etwa spatzengroße Vogel ist halt eine Rarität. Um die 40 Brutpaare gibt es noch im Land und die trifft man eben nur an den Rheinhängen zwischen Rüdesheim und Lorch. Bundesweit wird der Bestand auf 300 bis 350 Paare geschätzt. Schwerpunkt ist das untere Moseltal, das nördlichste Ammern-Areal liegt am Drachenfels bei Bonn.

Hauptverbreitungsgebiet von *Emberiza cia* ist der Mittelmeerraum. Das erklärt die Vorliebe für sonnige Hanglagen. Falls man die graubraunen Ammern dort zu Gesicht kriegt, erkennt man den männlichen Vogel an den schwarzen Längsstreifen auf dem hellgrauen Kopf, beim Weibchen ist die Zeichnung weitaus blasser. Die Männchen singen von April bis Ende Juli auf erhöhten Positionen im Brutrevier. Im Rheingau werden die Weinbergspfähle gerne als Singwarten genutzt. Der Gesang erinnert an den Zaunkönig, aber ohne dessen Geschmetter. Die Zippammern ernähren sich im Sommer hauptsächlich von Insekten und Kerbtieren. Sie können im Rüttelflug eine Spinne aus dem Netz holen. Im Herbst werden dann auch kleinere Sämereien gefressen. Die Rheingauer Zippammern ersparen sich unseren insektenarmen Winter und verbringen ihn vorsichtshalber bei den Artgenossen rund ums Mittelmeer. Im Frühjahr sind sie dann wieder in den Weinbergen und können besichtigt werden. Für Hobby-Ornithologen, kurz Ornis genannt, ist der Blick auf die Zippammer ein echter Klassiker. Darum versucht man es immer wieder und lässt sich nicht entmutigen.

Nach gänzlich ammerfreien Exkursionen treffen frustrierte Vogelfreunde dann in Rheingauer Straußwirtschaften nicht selten auf freundliche Rentner. Die erkundigen sich ausgiebig nach dem Aussehen der vermissten Vögel, um dann verwundert zu erzählen, dass die doch hier überall zu sehen wären. Gerade vorhin habe nebenan auf einem Weinbergspfahl noch einer gesessen und gesungen.

Das gibt den Ornis dann den Rest.

Lit.: www.birdinggermany.de
www.hgon.de/AK/WI_RT.htm

Zopfmanie

Der Kasseler Kurfürst Wilhelm I., der zwischen 1803 und 1821 regierte, hatte einen ganz besonderen Tick. Er liebte Zöpfe – nicht bei Frauen, sondern bei Männern. Nachdem Napoleon verjagt worden war, sollte im Kurfürstentum alles wieder so sein wie früher. Und dazu gehörten für Wilhelm Soldaten mit Zöpfen. Also erging eine entsprechende hochfürstliche Anordnung, die allerdings einen Haken hatte. Nicht jedem Soldaten wuchsen zopflange Haare. Daher wurde befohlen, dass den zopflosen Soldaten künstliche Zöpfe angehängt werden sollten, was zu kuriosen Situationen führte. Hofhistoriker Eduard Vehse schildert einen folgenschweren Zwischenfall: »Der Kurfürst bemerkte einst, als er aus dem Schlosse kam und die Wache schnell ins Gewehr trat, einen Offizier mit zwei Zöpfen. ›Warum hat man zwei Zöpfe?‹, donnerte die alte Hoheit. Der Offizier hatte den Hut eines Kameraden, an dem dessen Zopf festgemacht war, ergriffen; der seinige hing an dem eigenen Haare. Unnachsichtig erhielt dieser Offizier Arrest«. Und eine neue hochfürstliche Anordnung wurde erlassen, nämlich dass die Zöpfe nur noch an dem Uniformkragen und keineswegs an dem Hut zu befestigen seien. Außerdem setzte der Kurfürst eine Prämie für denjenigen aus, der eine Haarwuchssalbe erfinden würde. Offiziere mit Originalzöpfen erhielten zudem eine Zopfgratifikation. Außerhalb Kassels hatte man dafür nur Spott übrig. So soll ein Engländer gleich mit fünf bodenlang herabhängenden Zöpfen vor dem Schloss Wilhelmshöhe auf und ab marschiert sein. Der Engländer, Kunde beim → Soldatenverkauf, blieb übrigens im doppelten Wortsinn ungeschoren. Mit Wilhelms Tod wurden dann auch die letzten Zöpfe abgeschnitten.

»Bezopfte« Soldaten des hessischen Leibregiments (Lithographie von 1816).